TURN TO
15

Ok Jim!

Beginning Spanish

Beginning Spanish:

A Concept Approach

FOURTH EDITION

Zenia Sacks Da Silva

HOFSTRA UNIVERSITY

HARPER & ROW, PUBLISHERS
New York   Hagerstown   San Francisco   London

Special Projects Editor : Ellen Antoville
Project Editor : Robert Ginsberg
Designer : Rita Naughton
Production Supervisor : Marion Palen
Photo Researcher : Myra Schachne
Compositor : Santype International Limited
Printer and Binder : The Murray Printing Company
Art Studio : J & R Technical Services Inc.

Cover photograph by Heron, Monkmeyer
Cartoons by Sam Q. Weissman

BEGINNING SPANISH : A Concept Approach, **Fourth Edition**

Library of Congress Cataloging in Publication Data

Da Silva, Zenia Sacks.
  Beginning Spanish.

  Includes index.
  1. Spanish language—Grammar—1950—   I. Title.
PC4112.D26   1978   468'.2'421   77-13591
ISBN 0-06-041506-1

Para Gary y Russell, siempre

CREDITS

Pages 3–4 David Mangurian; *page 30 (top)* Kolda, Monkmeyer *(bottom)* Ministerio de Información y Turismo; *page 49 (top)* David Mangurian *(bottom)* United Nations; *page 60 (left)* Metropolitan Museum of Art (table, Spanish, XVII century, Gift of Russell Cowles, 1954) *(right)* Metropolitan Museum of Art (chair, Spanish XVI century, Gift of George Blumenthal, 1941); *page 82* American Museum of Natural History; *page 83 (top left)* American Museum of Natural History *(top right)* Museo Prehistoria, Valencia (Foto Gil Carles–España), *(bottom)* Museo Prehistoria, Valencia (Foto Gil Carles–España); *page 84 (left)* MAS-Art Reference Bureau *(right)* Museo del Prado; *page 85* MAS-Art Reference Bureau; *page 86 (top and bottom)* MAS-Art Reference Bureau; *page 87 (top)* Stephen Negrycz *(bottom)* Lanks, Monkmeyer; *page 88* Museo Arqueológico, Madrid, Art Reference Bureau; *page 89* Spanish National Tourist Office (foto Dominguez García); *page 90* Huffman, Monkmeyer; *page 91* Hispanic Society of America; *page 119* Metropolitan Museum of Art (sculpture, Spanish, XIII century, Dodge Fund, 1913); *page 120* Ministerio de Información y Turismo; *page 121 (top and bottom)* Peter Menzel; *page 122* New York Public Library; *page 123 (left and right)* Ministerio de Información y Turismo; *page 124* The Hispanic Society of America; *page 125 (top)* Ministerio de Información y Turismo *(bottom)* The Hispanic Society of America; *page 126* Foto MAS, Art Reference Bureau; *page 127* MAS, Art Reference Bureau; *page 128* Ministerio de Turismo, Madrid; *page 129* The Hispanic Society of America; *page 161 (left and right)* Instituto Nacional Antropológica e Historia; *page 162* Ministerio de Información y Turismo; *page 163 (left and right)* Instituto Nacional Antropológica de Historia; *page 164* Mexican National Tourist Bureau; *page 165* The American Museum of Natural History; *page 166* The American Museum of Natural History; *page 167* Mexican National Tourist Bureau; *page 168* Mexican National Tourist Bureau; *page 169* Franken, Stock, Boston; *page 170 (top)* The American Museum of Natural History *(bottom)* Franken, Stock, Boston; *page 171* The Hispanic Society of America; *page 172* Pan American Union; *page 173* Pan American Union; *page 183* Wide World; *page 184* Rare Book Division, The New York Public Library; *page 185 (top)* The New York Public Library Picture Collection *(bottom)* Hispanic Society of America; *page 186* Editorial Photocolor Archives; *page 187* Museo del Prado; *page 188 (top)* MAS-Art Reference Bureau; *(bottom)* Museo del Prado; *page 189* Museo del Prado; *page 190 (top and bottom)* Museo del Prado; *page 191 (top left)* National Gallery of Art, Washington (Velázquez, *The Needlewoman*, Andrew Mellon Collection) *(top right)* Metropolitan Museum of Art (Velázquez, *The Infanta María Teresa*, The Jules S. Bache Collection, 1949), *(bottom)* Museo del Prado; *page 192* National Gallery of Art, Washington (El Greco, *The Holy Family*, Samuel H. Kress Collection); *page 193 (top)* National Gallery of Art, Washington (Zurbarán, *Santa Lucía*, Gift of Chester Dale), *(bottom left)* Museo del Prado, *(bottom right)* Academia de Bellas Artes de San Fernando; *page 194 (top)* National Gallery of Art, Washington (Veláquez, *Pope Innocent X*, Andrew Mellon Collection) *(bottom)* MAS-Art Reference Bureau; *page 207* Museo del Prado; *page 208* Academia de Bellas Artes de San Fernando; *page 209* Museo del Prado; *page 210 (top left and top right)* Pan American Union *(bottom)* Editorial Photocolor Archives; *page 211 (left)* Metropolitan Museum of Art (Goya, *Majas en el Balcón*, Bequest of Mrs. H. O. Havemeyer, 1929. The Havemeyer Collection.) *(right)* Metropolitan Museum of Art (Baixeras y Verdaguer, *Los Pescadores de Barcelona*, Gift of George I. Seney, 1886); *page 222* Robert Capa, Magnum; *page 223* Contifoto, Sygma; *page 224* Pavlovsky, Sygma; *page 225* Mexican National Tourist Office; *page 226 (left)* Philadelphia Museum of Art (Rivera, *Zapata*) *(right)* Mexican National Tourist Office; *page 236* Spanish National Tourist Office; *page 238* Pan American Union; *page 239* David Mangurian; *page 262* Wide World; *page 263* Goldberg, Sygma; *page 264* Wide World; *page 265* Wide World; *page 266* UPI; *page 267* Korody, Sygma; *page 268* UPI; *page 289* Peter Menzel; *page 290* David Mangurian; *page 291* David Mangurian; *page 292* David Mangurian; *page 293* David Mangurian; *page 294* George Gardner; *page 330* David Mangurian; *page 331* Peter Menzel; *page 332* Goldberg, Sygma; *page 333* Wide World; *page 334* Ministerio de Información y Turismo; *page 335* United Nations; *page 336* David Mangurian; *page 337* Wide World; *page 338* Peter Menzel; *page 358* Ministerio de Información y Turismo; *page 359* Peter Menzel; *page 360* Peter Menzel; *page 361* Wide World; *page 385 (top and bottom)* Wide World; *page 386* The Hispanic Society of America; *page 387 (top left, bottom left, right)* Stephen Negrycz; *page 388* National Gallery of Art, Washington (Picasso, *Family of Saltimbanques*, Chester Dale Collection); *page 389 (top)* National Gallery of Art, Washington (Picasso, *Still Life*, Chester Dale Collection) *(bottom)* Galería Juana Mordo (Muñoz, *Técnica Mixta Sobre Materia*); *page 390 (top)* Museum of Modern Art (Dalí, *Persistance de la mémoire*, 1931, oil on canvas, $9\frac{1}{2}'' \times 13''$) *(bottom)* M. Knoedler and Co., New York (Dalí, *Twist in the Studio of Velázquez*); *page 391* M. Knoedler and Co, New York (Dalí, *El Conde Duque de Olivares*); *page 392* Museum of Modern Art (Miró, *Dutch Interior*, oil on canvas, 36–1/8″ × 28–3/4″, Mrs. Simon Guggenheim Fund); *page 393 (top)* San Francisco Museum of Art (Pettoruti, *The Quintet*) *(bottom)* Galería Juana Mordó (Canogar, *Imagen de una Revolución*; *page 394* Fundação Bienal de São Paulo; *page 395 (top left)* Wide World, *(top right* The Hispanic Society of America, *(bottom)* Wide World; *page 396* Wide World.

Contents

Preface

Back again! For the fourth time! And my friends are in dismay. What can there be this time that wasn't there before? Actually, many things. For example, there's a more functional format, one that introduces both active and passive structures, the active treated for full command, the passive, only for recognition. (Passive structures and exercises are marked with daggers †, so that you may cut them out entirely, if you choose!) The total program is also slightly curtailed—22 lessons instead of 24. And so the first semester's work now consists of the opening Lección de Conversación plus Lessons 1–10; the second semester's, of Lessons 11–22. There are ten new stories (Momentos de Vida and Cuentos, we call them), and most of the old ones have been shortened and restyled. The cultural readings—six that view Hispanic history through art, and six that scan the contemporary scene—have been updated, abridged, and then elaborated with many photographs. And the Horas de Conversación, optional alternates for the cultural Lecturas, have been illustrated with delightful new cartoons.

What else? The introductory six-day Lección de Conversación, with its ear-training, tongue-tuning drills and its free response from the very first day, has been partially restructured and augmented with illustrations. Active vocabulary is presented in a new way, through lesson by lesson Asociaciones, and vocabulary lists have been relegated to the Reviews that follow Lessons 5, 10, 16 and 22. The grammar explanations and exercises have been revamped and tightened. The lab program, with its Manual-Workbook and supplementary self-help exercises, has been revised to accord.

So much for the new. The old? As ever, it reflects the conviction that language is the most personal of instruments, the most vital and variable of the human arts, and that therefore language learning must be an experience in communication from the start. And it can be done, despite the limitations of structure and vocabulary, if we base our progress on concepts, not on rote; on drawing from within, not imposing from without. That is what I mean by the "concept approach," and I think it will work even better this time around. With your collaboration, how can it not? Believe me, as always, most grateful.

ZSD

Lección de Conversación

Uno 1

Hola.   Yo soy...
(Hi.   I am...)

¿ Cómo se llama Ud.?   Me llamo...
(What's your name?)   *(My name is...)*

Alberto   Carlos
Agustín   Diego
Alejandro   Domingo
Alfonso   Eduardo
Alfredo   Enrique
Álvaro   Esteban
Andrés   Eugenio
Ángel   Federico
Antonio   Felipe
Arturo   Francisco (Paco, Pancho)
Benjamín

Jorge Felipe Alvarado. Managua, Nicaragua.

Miguel Angel Bonaire, estudiante de medicina. Colón, Panamá.

Gerardo	Joaquín	Ramón
Germán	Jorge	Raúl
Guillermo	José (Pepe)	Ricardo
Gustavo	Juan	Roberto
Héctor	Luis	Rodrigo
Herberto	Manuel	Salvador
Horacio	Mariano	Samuel
Isidro, Isidoro	Miguel	Teodoro
Jaime	Pablo	Tomás
Javier	Pedro	Vicente
Jesús	Rafael	Víctor

María Ester Chasi, habitante de
la región andina (*Andean*).

Adela
Aida
Alicia
Amada
Ana
Anita
Antonia
Bárbara
Blanca
Carlota
Carmen
Carolina
Catalina
Caterina

Gustavo Jarrín Ampuda,
capitán de Marina. Quito,
Ecuador.

María Consuelo y Graciela Rivera, secretarias ejecutivas. San José, Costa
Rica.

Clara
Concha
Consuelo
Constanza
Cristina
Dolores
Dorotea
Elena
Eloísa
Elvira
Enriqueta
Esperanza

Felicidad
Felipa, Felipita
Francisca (Paquita)
Gertrudis
Gloria
Gracia
Inés
Irene
Isabel
Josefa (Pepita), Josefina

Juana, Juanita
Leonor
Lucía
Luisa
Magdalena
Manuela
Margarita
María, Mariana, Marisela
Marta
Nilda

Raquel
Rosa
Rosalía
Rosalinda
Rosario
Rufina
Sara
Sofía
Susana
Teresa

VAMOS A CONVERSAR *(Let's...)*

Once your ear is tuned to the sounds of Spanish, there will be thousands of words that you will recognize immediately—¡ **inmediatamente!** So listen carefully and repeat exactly what you hear. ¿ **Está bien?** *(All right?)*

1. Repita :

> importante, necesario, paciente, fenomenal; independiente, inteligente, brillante, normal; inferior, imposible, optimista, intelectual; romántico, fantástico, religioso, sentimental; estudioso, generoso, sincero, excepcional; creativo, impulsivo, cruel, natural

Ahora[1] conteste en español *(Now answer in Spanish):*

> ¿ Es usted paciente? *(Are you...)*   **Sí, soy paciente.** *(Yes, I am...)*
>   **No, no soy...** *(No, I'm not...)*
>
> ¿ Es usted diligente?
> ¿ Es usted sentimental?
> ¿ Es usted muy *(very)* intelectual?
> ¿ Es usted romántico (romántica, *fem.*)?
> ¿ Es usted muy práctico (práctica)?
> ¿ Es usted generoso (generosa)? ¿estudioso(a)? ¿sincero(a)? ¿cruel?
> ¿ Es usted muy independiente? ¿muy responsable? ¿muy impulsivo(a)?
>   ¿muy creativo(a)?
> ¿ Es usted tolerante o *(or)* inflexible? ¿optimista o pesimista?[2] ¿materialista
>   o idealista? ¿muy razonable o muy emocional?
>
> En su opinión, ¿es importante la educación?   **Sí, la educación es...**
> *(In your opinion, is education...?)*   **No, no es...**
>
> ¿ Es necesaria? ¿Es indispensable?
> ¿ Es indispensable el amor *(love)*? ¿Es indispensable el matrimonio?
> ¿ Es indispensable la religión?

Magnífico. Vamos a continuar.

2. Repita otra vez *(again)*:

> profesor, profesora, médico, dentista; actor, actriz, arquitecto, artista; ingeniero, mecánico, carpintero, plomero; millonario, republicano, demócrata, socialista

---

[1] Notice that h is silent in Spanish. Never pronounce it, except in the consonant group **ch**.
[2] *-ista* endings are both masculine and feminine.

Ahora conteste otra vez:

¿ Es médico su padre?	Sí, mi padre es médico. *(Yes, my...)*
(Is your father a doctor?)	No, mi padre no es médico.

¿ Es dentista? ¿ Es profesor? ¿ mecánico? ¿ ingeniero? ¿ millonario?
¿ Es republicano o demócrata? ¿ Es socialista? ¿ Es comunista?
¿ Es profesora su madre *(mother)*?
¿ Es artista? ¿ arquitecta? ¿ secretaria? ¿ actriz?

Finalmente (-mente = -*ly*):

¿ Es americana su familia? ¿ Es canadiense *(Canadian)*? ¿ Es hispana?
¿ asiática? ¿ africana? ¿ europea?

Excelente. Ahora estudie bien *(study well)*:

Tarea

Pronunciación

LAS VOCALES *(Vowels)*

All vowels in Spanish are short, pure sounds that maintain their essential value even when they are unstressed. Unlike English, each vowel has only one basic sound, with slight variations according to its placement within the phrase or word. That basic sound will be our only concern here.

Since the English equivalents are only approximations, read the description of each sound, and then listen carefully as the words are pronounced by your instructor. (The stressed syllable is in boldface.)

A: In Spanish, **a** is always pronounced like the *a* in *ha, ha* or the *o* in *pop.*

pa**pá**, ma**má**, **ca**sa, **al**ma, **ma**pa, **ap**ta, **Pa**blo Ca**sals**

E: The usual sound of Spanish **e** is halfway between the *e* in *let* and the *a* in *late.*

pelo, **te**la, **me**sa, **me**te, **tie**ne, te**lé**fono, **le**ma, **len**gua

I: In Spanish, **i** is always like the *ee* in *see.* Remember—smile when you say an **i** in Spanish!

sí, **dí**a, **mi**na, a**quí**, **pi**so, **si**no, **tin**ta, **mis**mo

O: The English *o,* as in *go,* is a diphthong formed by the rapid succession of *o* and *u: ou.* Spanish **o** corresponds to the first part of that diphthong—a short, pure *o:*

gota, **co**mo, **lo**co, som**bre**ro, **po**llo, **go**ma, **hom**bre

U: In Spanish, **u** is very much like the *u* in *fluid.* It is slightly shorter in length than the English *u:*

cuna, luna, **mu**la, **pu**ro, la**gu**na, **nu**lo, cu**cú**

Y: When **y** stands alone or is the final letter of a word, it is pronounced like the vowel **i** : *ee.*

y, ley, buey, ay, hoy

DIPTONGOS *(Diphthongs)* [3]

Spanish vowels do not change their basic sound when they form part of a diph-thong. However, since "**u** and **i** are weak, and everyone else is strong," the emphasis falls more heavily on the strong vowels : **a, e, o.**

siete, **pei**ne, **dia**rio, **bai**le, **dio**sa, **boi**na, **Bue**nos **Ai**res

When the diphthong contains both **u** and **i**, the stress falls on the second one.

fuimos, **fui**ste, **viu**da, **Miu**ra

Acentuación

Spanish words that end in a consonant, except **n** or **s**, are stressed on the *last* syllable :

es/pa/**ñol**, pro/fe/**sor**, li/be/**ral**, com/pren/**der**, nor/**mal**, a/**mor**

Words that end in a vowel or in **n** or **s** are stressed on the *next to the last* syllable :

pa/dre, a/**mi**/go, fa/**mo**/sa, es/pa/**ño**/la ; re/**pi**/ta, re/**pi**/tan, con/**tes**/ten, es/**tu**/dien ; mo/**der**/nos, sin/**ce**/ros, pro/fe/**so**/res, es/pa/**ño**/les

Words that bear a written accent are stressed on the syllable so marked :

com/pren/**sión**, pro/nun/cia/**ción**, ro/**mán**/ti/co, ri/**dí**/cu/lo

Incidentally, Spanish has only one accent mark : **'**. It is placed over a vowel to indicate an unusual stress on that syllable :

fan/**tás**/ti/co, ca/**rác**/ter, to/**mé**, co/**mió**

It is used with all interrogative words and exclamations :

¿ **Có**mo...? ¿ **Qué**...? ¿ **Dón**de...? ¿ Por **qué**...? ¿ **Cuán**to...?

---

[3] A diphthong is any two-vowel combination involving *u* or *i.*

And in a few instances, it serves to distinguish between two words that otherwise are identical in spelling:

si   *if*   sí   *yes*
solo *alone*   sólo *only*

The accent mark never affects the pronunciation of the vowel above which it stands.[4]

Ejercicios

A. Conteste en español:
1. ¿Cómo se llama su madre? (Mi madre se llama...) ¿Es una *(a)* madre perfecta? ¿Es una persona muy superior?
2. ¿Cómo se llama su padre? ¿Es una persona muy industriosa? ¿Es una persona «importante» o famosa?
3. ¿Cómo se llama su mejor amigo o amiga *(your best friend)*?
4. ¿Es usted liberal o conservador(a)? ¿Es usted muy idealista? ¿Es usted muy radical?

B. Ahora complete en una forma original:
1. Yo soy...
2. Mi padre (o mi madre, o mi familia) es...
3. Mi profesor(a) de español es...
4. El amor es...
5. La guerra *(War)* es...

---

[4] The accent mark may be omitted over capital letters: LECCION DE CONVERSACION, Africa.

Dos 2

Amenidades *(Amenities)*

Buenos días.	Good morning.
Buenas tardes.	Good afternoon.
Buenas noches.	Good evening. Good night.
Hola.	Hello. (Hi!)
Adiós.	Good-bye.
Hasta luego.	So long.

— Buenos días, señor Campos.   — Good morning, Mr. Campos.
— Muy buenos. ¿Cómo está usted?   — And to you. How are you?
— Bien, gracias, ¿Y usted?   — Fine, thanks. And you?

— Buenas tardes, señora Blanco   — Good afternoon, Mrs. Blanco.
— Muy buenas. ¿Cómo está?[1]   — Good (afternoon). How are you?
— Muy bien, gracias.   — Very well, thanks.
— Pues adiós.   — Well, good-bye.
— Adiós.   — Good-bye.

— Buenas noches, señorita Molina.   — Good evening, Miss Molina.
— Muy buenas. ¿Cómo le va?   — Good evening. How are things?
— Excelente, gracias.   — Excellent, thank you.
— Pues hasta luego.   — Well, so long.
— Sí. Adiós.   — Yes. Good-bye.

— Hola, amigo. ¿Qué tal?   — Hi, friend. How goes it?
— Así así.   — So-so.
— Pues adiós.   — Well, good-bye.
— Hasta luego.   — So long.

Práctica

Practice these greetings and farewells with other students in your class, making up your own variations of the dialogues.

---

[1] **Usted** (often abbreviated **Ud.**) is used or omitted at the discretion of the speaker. The plural of **usted** is **ustedes (Uds.)** and its verb form simply adds **-n** to the singular: ¿ **Cómo está Ud.?** ¿ **Cómo están Uds.?** **Repita. Repitan.**

Diversiones

VAMOS A CONVERSAR

1. Repita una vez más *(Repeat once more)*:

radio, televisión, programa, drama, comedia, música, instrumento, piano, violín, saxofón, clarinete, trompeta, fútbol, béisbol, básquetbol, vólibol, tenis

Ahora conteste: *Now*   ↑ *Pronounced like b*

¿Le gusta la televisión?	Sí, me gusta la televisión.
(Do you like…?)	No, no me gusta la televisión.

¿Le gusta el radio?
¿Le gusta más *(more or better)* el radio o la televisión?
¿Le gusta la música? ¿la ópera? ¿el teatro?
¿Le gusta más la música clásica o la música popular?
¿Le gusta el piano?
¿Le gusta el violín? ¿el saxofón? ¿la trompeta?
¿Le gusta el fútbol *(football or soccer)*?
¿Le gusta más el fútbol universitario o el fútbol profesional?
¿Le gusta más el fútbol o el béisbol?
¿Le gusta más el béisbol o el básquetbol?
¿Le gusta el tenis? ¿Le gusta el golf?

¿Le gustan los programas musicales?	Sí, me gustan…
(Do you like musical programs?)	No, no me gustan…

¿Le gustan los programas dramáticos?
¿Le gustan las comedias? ¿los misterios? ¿las novelas sentimentales?
¿Le gustan más los dramas o las comedias?
¿Qué *(What)* instrumentos musicales le gustan más *(most)*?
¿Qué deportes *(sports)* le gustan más?

2. Repita finalmente:

> *→you*

¿Toca usted un instrumento musical?	Sí, toco… *(Yes, I play…)*
(Do you play…?)	No, no toco…

Y *(And)* conteste una vez más:

¿Toca usted el piano? ¿el violín? ¿el saxofón? ¿el acordeón? ¿el clarinete? ¿el trombón? ¿la trompeta? ¿la guitarra? ¿Toca usted muy bien *(very well)*? ¿Es Ud. muy musical?

Tarea

Pronunciación

H: H is the only silent consonant in Spanish. It appears often at the beginning of a word and sometimes within a word. Escuche *(Listen)* y repita:

man Hunger   Now   today

hotel, habla, hielo, hombre, hambre, hilo, hay, ahora, alcohol, hoy

LL: Ll is considered *one* consonant in Spanish. In Spain, it is pronounced like the *lli* in *million*:

horse   Chicken   hen

caballo, millón, brillante, pollo, sello, gallina

In Spanish America, it usually sounds like the *y* in *Yule.*

Ñ: Ñ is like the *ny* in *canyon,* the *ni* in *onion*: *Ni*

caña, otoño, niño, cariño, señor

(The sign ˜ is called a **tilde**; only the **ñ** has one.)

S: S between vowels is always unvoiced, like the *ess* in *dresser.* This is an important difference from the voiced *s* (the *z* sound) between vowels in most English words. Escuche y repita otra vez:

Listen   Posistion   cause

museo, casa, presidente, presente, vaso, cosa, posición, causa

Before a voiced consonant, **s** is slightly voiced, like a softly uttered English *z*:

mismo, entusiasmo, comunismo, los días, los botones

Before an initial **r, s** often disappears completely.

Z: In most of Spain, **z** is pronounced like the *th* in *think.* In Spanish America it is like the *s* in *sink.* Listen to the two pronunciations—and decide which of them you prefer to use:

tatha

zapato, zona, taza, mozo, caza, lanza, pozo, sazón

C: C, before an **e** or **i**, is pronounced just like the Spanish **z**: that is, in most of Spain like the *th* in *think*; in Spanish America like the *s* in *sink.* Here again, listen to the two pronunciations and repeat the one you prefer. However, remember that you must always be consistent. If you chose the *th* sound for **zapato**, you *must* choose the *th* sound for **cinco**, and so forth. If you chose the *s* sound for **zapato**, you must pronounce **cinco**, etc., with the sound of *s.*

cinco, cero, celoso, nación, ciudad, hace, dice, obligación, invitación

In all other positions, **c** is hard, like the *c* in *corn*:

> capa, copa, cuna, saco, pica, claro, acción, lección

Qu: In Spanish, **qu** is pronounced like *k*, and appears only before an **e** or an **i**:

> que, quita, quien, quiero, toqué, saqué, quemé

División en Sílabas *(Division into syllables)*

A single consonant (including the combinations **ch**, **ll**, and **rr**) goes with the following vowel:

> to/ma, ni/ño, mu/cho, pe/ro, po/llo, mu/cha/cho, im/po/si/ble

Two consonants are separated, except if the second is **l** or **r**:

> pal/ma, cap/ta, pos/tal, tan/to, bom/ba, a/par/te, im/por/tan/te
> *But:* pue/blo, o/tro, a/pren/der

In groups of three consonants, only the last goes with the following vowel, except, of course, if there is an inseparable combination involving **l** or **r**:

> ins/tan/te, trans/crip/ción
> *But:* com/pren/der, im/pro/ba/ble

Diphthongs form one syllable:

> vein/te, cui/do, sois, ai/re, bue/no, sien/to, dia/rio, es/tu/diar

A written accent on **i** or **u** breaks the diphthong: Ma/rí/a, con/ti/nú/a
Other vowels placed consecutively are separated: ca/os, le/al

Ejercicios

A. Divida y pronuncie *(Divide and pronounce)* ahora:

> madre, cara, costa, fantástico, lección, llama, importante, superior, música, instrumento, piano, violín, natural, fútbol, españoles, América, Buenos Aires, California, doble, hombre

B. Conteste en español:
1. ¿Qué deporte le gusta más? ¿Es usted muy atlético(a)?
2. ¿Qué instrumento musical le gusta más? ¿Le gusta más la música sinfónica o la música popular?
3. ¿Le gustan más las artes o las ciencias? ¿Le gustan las matemáticas?
4. ¿Cómo se llama su profesor (o profesora) de español? ¿Es hispano(a)?
5. Y más importante, ¿le gusta su clase de español?

Tres 3

Cortesías

Escuche y repita, por favor: *(handwritten: Listen)*

Por favor.	Please.
Con mucho gusto.	Gladly. I'd be glad to.
Gracias. Muchas gracias.	Thank you (very much).
De nada.	You're welcome.
Perdón. Perdóneme.	Excuse me (for my mistake, etc.)
Con permiso.	Excuse me. (I must leave, I'd like to pass, etc.)

Práctica

Act out each of these commands, working them into short, but very polite dialogues.

Por ejemplo *(For example)* :

Pase Ud. (usted). *(Come right in.)*   —Por favor, siéntese (usted).

—Pase Ud., por favor.   —Con mucho gusto.
—Con mucho gusto.   —Muchas gracias.
—Gracias. *(handwritten: Do it yourself)*   —De nada.

Siéntese.[1] *(Sit down.)*

Ahora vamos a continuar.
1. Abra la ventana. *(Open the window.)*
2. Cierre la ventana. *(Close…)*
3. Abra la puerta. *(Open the door.)*
4. Cierre la puerta. *(handwritten: plural)*
5. Abran Uds. (ustedes) el libro. *(You-all, open your books.)*
6. Cierren (Uds.) el libro. *(You-all, close…)*
7. Pasen a la pizarra. *(Go to the blackboard.)*
8. Repitan ahora. *(Now repeat.)*

---

[1] **Usted (Ud.)** may be used or omitted, as you please.

Números 1–12

1	uno (un, una)	7	siete
2	dos	8	ocho
3	tres	9	nueve
4	cuatro	10	diez
5	cinco	11	once
6	seis	12	doce

Uno is shortened to **un** before a masculine noun. It becomes **una** before a feminine noun:

Es un peso.	It's one peso.
Es una peseta.	It's one peseta.

Problemas de Aritmética

+	y (*or* más)	=	son
−	menos	×	por *or* veces

Diga ahora en español *(Now say in Spanish)* :

$1 + 1 = 2$	$10 - 6 = 4$
$5 - 2 = 3$	$12 - 7 = 5$
$2 \times 3 = 6$	$9 + 2 = 11$
$4 + 5 = 9$	$2 \times 4 = 8$

La Hora del Día *(Time of day)*

—¿ Qué hora es ?	—Es la una… *(It's 1:00)*
(What time is it?)	Ah, no. Son las dos. *(It's 2:00)*

Son las tres.

Son las _____.

Son _____.

Son las seis y media.

Son las siete y _____.

Son _____.

Son las nueve y <u>cuarto</u>.

Son las nueve menos cuarto.

Son las diez y _____.

Son las once menos _____.

Son las once y _____.

Son las doce.

Tarea

Jimmy is Fucked up Oct, 19, 1978 - Wednesday 3rd Floor LATHROP

Pronunciación

J: In Spanish, **j** is a soft guttural sound that does not exist in English. It is formed in the throat, and is somewhat similar to the *ch* in the German *ach!*:

pájaro, cojo, jamón, lejos, jota, jabón *(jabon)*

G: G before an <u>e</u> or an <u>i</u> is pronounced just like the Spanish **j**:

general, gitano, giro, gente, coge, ágil

In all other cases, **g** is hard, like the *g* in *girls*:

goma, gato, laguna, grupo, iglesia, legumbre, pagué, guiñé

Notice that the **u** that precedes the **e** or **i** is not pronounced. It serves merely to keep the **g** hard, as in English *guest, guitar*.

P: The Spanish **p**, although not voiced, does not have the light, breathy quality of the English. This effect is obtained by keeping the lips closed until the next sound is enunciated, thus preventing the slight escape of air that follows the English *p*:

padre, papa, patata, popa, para, por, importante, parte, pampa

The **p** that appears before an **s** at the beginning of a word is not pronounced. Some words of this type may also be written without the initial **p**:

psicología, psiquiatra, pseudo, psicoterapia

B and **V:**   B and v are *absolutely identical* in pronunciation. For example, there is no difference whatever in the sound of **las aves** and **la sabes**, of **a ver** and **haber**. However, the pronunciation of **b** or **v** depends on its position in the sentence, phrase, or word.

When **b** or **v** appears at the beginning of a sentence or of a group of words spoken together, its sound is much like that of the English *b*. Repeat now exactly what you hear:

> Váyase. Ven acá. Vámonos. Voy. Véalo. Bésame.

The same **b** appears after **m** or **n**. The **n**, incidentally, is pronounced **m** before **b** or **v**:

> hombre, tumba, cumbre, hambre, un vaso, un beso, un vapor

In all other positions within the word or within the phrase, **b** or **v** is formed as follows: *Start to say* **b**, *but at the last moment, do not quite close your lips.* In this way, the breath continues to escape through the slight opening between the lips, and the sound does not have the explosive quality of the initial **b**:

> la boca, la vaca, las aves, la sabes, lavo, labio, hablaba, iba

Ejercicios

A. ¿ Qué hora es ?

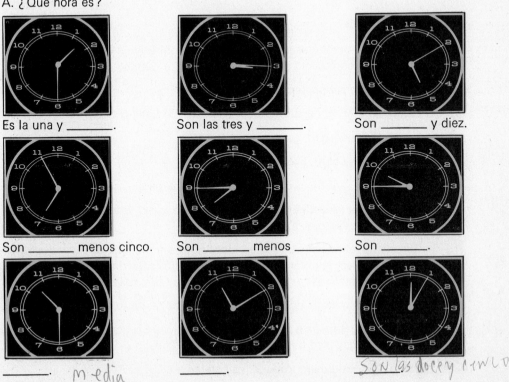

Es la una y _____ .

Son las tres y _____ .

Son _____ y diez.

Son _____ menos cinco.

Son _____ menos _____ .

Son _____ .

_____ .   *media*

_____ .

Son las doce y cinco

B. Continúe Ud. de una manera original las conversaciones siguientes *(following)* :

1. —Hola, Pedro...

   _____

   _____

   Pues adiós.

2. —Buenos días, doctor Hurtado.

   _____

   _____

3. —Por favor, abra Ud. la ventana.

   _____

   _____

4. —Perdone Ud., pero son las...

   _____

   _____

5. —Buenas tardes, yo soy el señor (la señora)..., su nuevo(a) profesor(a). Señorita, ¿ cómo...?

   _____

   ¿ Y Ud., señor?

   _____

   Muy bien. ¿ Qué hora...?

   _____

   Gracias. Vamos a...

Cuatro 4

La Familia

Notice that all nouns in Spanish are either masculine or feminine, singular or plural. When a group is composed of both males and females, we use the masculine plural form. For example: **padres** means *parents* as well as *fathers*; **hermanos**, *brother(s)* and *sister(s)* as well as *brothers*; **tíos**, *uncle(s) and aunt(s)* as well as *uncles*. The feminine plural refers only to females: **hermanas** means only *sisters*; **tías**, only *aunts*, etc.

el padre la madre	*the father* *the mother*	los padres
el hermano la hermana	*the brother* *the sister*	los hermanos
el hijo la hija	*the son* *the daughter*	los hijos
mi tío mi tía	*my uncle* *my aunt*	mis tíos
mi abuelo mi abuela	*my grandfather* *my grandmother*	mis abuelos
mi primo mi prima	*my cousin (m.)* *my cousin (f.)*	mis primos
el sobrino la sobrina	*the nephew* *the niece*	los sobrinos
el esposo la esposa	*the husband* *the wife*	los esposos
el niño la niña	*the child, the boy* *the child, the girl*	los niños

Conversación

1. ¿Cómo se llama su padre? (Mi padre se llama...)
2. ¿Cómo se llama su madre? (Mi madre...)
3. ¿Tiene Ud. *(Do you have any)* hermanos? (Sí, tengo... No, no tengo...)
4. ¿Cuántos *(How many)* hermanos tiene Ud. y cuántas hermanas? (Tengo...)
5. ¿Tiene Ud. esposo? ¿Tiene Ud. esposa?
6. ¿Tiene Ud. sobrinos?
7. ¿Cuántos primos tiene Ud.? ¿Le gustan mucho?
8. ¿Qué es el padre de su padre? *(What is your father's father?)* (El padre de mi padre es mi...)
9. ¿La madre de su padre? (La madre de mi padre es mi...)
10. ¿El hermano de su madre? (El hermano de mi madre es mi...)
11. ¿El hijo de su tío? (El hijo de mi tío es mi...)
12. ¿La hija de su hermano? (La hija de mi hermano es mi...)
13. ¿La esposa de su padre? (La esposa de mi padre es mi...)

Ahora repita otra vez:

¿Hay una persona famosa en su familia?   Sí, hay... en mi familia.
(Is there a...?)   No, no hay...

¿Hay personas muy artísticas?   Sí, hay...
(Are there...?)   No,...

Conteste ahora:

¿Hay médicos en su familia? ¿Hay profesores? ¿Hay políticos? ¿Hay personas muy creativas?

¿Hay más *(more)* demócratas o republicanos en su familia? ¿Hay socialistas o comunistas?

¿Hay una persona muy pobre *(poor)* en su familia? ¿Hay una persona muy rica? ¿Hay una persona «imposible»? ¿Hay una persona maravillosa?

¿Hay latinoamericanos en su familia? ¿Hay canadienses? ¿italianos? ¿portugueses?

Muy bien. Vamos a continuar.

Números 13–31

13	trece	17	diez y siete (diecisiete)
14	catorce	18	diez y ocho (dieciocho)
15	quince	19	diez y nueve (diecinueve)
16	diez y seis (dieciséis)[1]	20	veinte

[1] As you can see, Spanish also has one-word forms for the numbers 16–29. They are equally correct and particularly common in business letters, but since they do involve certain spelling changes and written accents, I would suggest that you use the long forms and just recognize the others.

| las cuatro y quince | las siete menos quince | las ocho y veinte | las once menos veinte |

20   veinte

21	veinte y un(o), veinte y una (veintiún, veintiuno, veintiuna)	25	veinte y cinco (veinticinco)
22	veinte y dos (veintidós)	26	veinte y seis (veintiséis)
23	veinte y tres (veintitrés)	27	veinte y siete (veinti____)
24	veinte y cuatro (veinticuatro)	28	veinte y ocho (_____)
		29	_____ (_____)

30   treinta

31   treinta y un(o), treinta y una

Práctica

Recuerde *(Remember)* :

$$+ \quad \text{y } or \text{ más} \qquad = \quad \text{son}$$
$$- \quad \text{menos} \qquad \times \quad \text{por } or \text{ veces}$$

Diga ahora en español:

1. $2 \times 10 = 20$, $15 - 8 = 7$, $12 + 7 = 19$, $19 - 10 = 9$, $13 + 4 = 17$, $11 + 3 = 14$, $6 \times 3 = 18$
2. $7 \times 4 = 28$, $16 + 15 = 31$, $25 - 12 = 13$, $30 - 20 = 10$, $21 + 11 = 32$
3. ¿ Qué hora es ? : 3 :15, 4 :20, 7 :40 *(eight minus...)*, 9 :42, 10 :27

Tarea

Pronunciación

T: In Spanish, **t** is a heavily dentalized sound. It is *not* followed by the light breath that is heard after the English *t*. Instead, it is formed by placing the tip of the tongue directly behind the upper front teeth. Although the sound is not really voiced, it does not have the totally unvoiced, breathy quality of the English. Escuche bien y repita :

te, tú, tanto, tonto, tinta, tetera, tintero, título, tener, tiempo, tío, tía, total, torta, tortilla, tuerto

D: The pronunciation of **d** in Spanish depends largely on its position within the word or phrase. At the beginning of a sentence or of any group of words, the **d** is a hard, strongly dentalized sound, very much like the **t**, but voiced:

Dámelo. Diga. Duérmete. Doble. Durante el verano.

The same sound appears after an **n** or **l**:

cuando, hablando, diciendo, balde, dando, caldo, donde

Between vowels, and in most other positions *within* the word or phrase, the Spanish **d** is very similar to the voiced *th* in the English words *these, they,* or *rather.* It is pronounced more softly than the English, with the tongue protruding less between the teeth:

nada, cada, todo, toda, mi vida, hablado, vivido, tenido

At the end of a word, the final **d** is formed like the *th,* but is barely sounded. It is so soft that at times it disappears completely:

libertad, ciudad, unidad, voluntad, salud, virtud, verdad, usted

R: R in Spanish is formed by placing the tip of the tongue very gently on the hard palate. When the breath hits it forcibly, it causes the tongue to bounce.[2] Remember: In English, your lips move when you say an **r**. In Spanish they do not!

pero, para, cara, toro, cero, mero, moro, torero, coro, caro, muro, puro, comer, por, andar, hablar, decir, poner, ahora

RR: Rr is formed exactly like **r**, but the tongue is made to bounce several times against the hard palate by the even more forcible expulsion of breath.

perro, parra, carro, torre, cerro, corro, ahorra, correr, cerrar, tierra, carrera, barrera, carretera

When **r** begins a word, it is pronounced **rr**, and an **s** that precedes it often disappears:

rato, rata, rico, rey, rebelde, los reyes, los ricos

Ejercicio
Conteste las preguntas siguientes *(following questions):*

1. ¿ Tiene Ud. un primo favorito (o una prima favorita) ? ¿ un tío favorito (o una tía) ? ¿ un hermano o una hermana ?
2. ¿ Le gusta mucho su familia ? ¿ Quién *(Whom)* le gusta más ? ¿ Quién le gusta menos *(least)* ?
3. ¿ Hay una persona realmente excepcional en su familia ? Si *(if)* hay, ¿ quién es ?
4. ¿ Son *(Are)* americanos sus abuelos ? (Sí, mis abuelos… No,…)
5. ¿ Son nativos de aquí *(of here)* sus padres ? ¿ Es Ud. nativo (nativa) de aquí ?

---

[2] Try saying *pot o' tea* several times very rapidly, and listen to the Spanish **r** sound you'll get.

6. Si hay once personas en un equipo *(team)* de fútbol, ¿ cuántas personas hay en dos equipos ?

7. ¿ Cuántas personas hay en dos equipos de béisbol ? ¿ en dos equipos de sóquer ? ¿ en tres equipos de básquetbol ?

8. ¿ Hay treinta personas en su clase de español ? ¿ Hay más ?

9. ¿ Cuántos muchachos *(fellows)* y cuántas muchachas hay, aproximadamente ?

10. Y una pregunta más : ¿ Qué hora es ?

Fantástico.

Cinco 5

Los Días de la Semana *(The days of the week)*

hoy *today*   mañana *tomorrow*   ayer *yesterday*

Notice that days of the week and months of the year are *not* capitalized in Spanish:

lunes   *Monday*
martes   *Tuesday*
miércoles   *Wednesday*
jueves   *Thursday*
viernes   *Friday*
sábado   *Saturday*
domingo   *Sunday*

mayo						
lunes	martes	miércoles	jueves	viernes	sábado	domingo
		1	2	3	4	5
6	7	8	9	10	11	12
13	14	15	16	17	18	19
20	21	22	23	24	25	26
27	28	29	30	31		

Ejercicio
Conteste en español:

1. ¿Qué día es hoy? (Hoy es lunes, etc....)
2. ¿Qué día es mañana?
3. ¿Qué día fue *(was)* ayer?
4. Si hoy es lunes, ¿qué día es mañana? (Si hoy es lunes, mañana es...)
5. Si hoy es miércoles, ¿qué día es mañana?
6. Si hoy es viernes, ¿qué día es mañana?
7. Si hoy es domingo, ¿qué día fue ayer? (Si hoy es domingo, ayer fue...)
8. Si hoy es jueves, ¿qué día fue ayer?

23

9. Si hoy es martes, ¿qué día fue ayer?
10. ¿Qué días de la semana tiene Ud. la clase de español? (Tengo la clase de español los...)
11. ¿Tiene Ud. sesión de laboratorio *(lab session)* hoy? ¿y mañana?
12. ¿Hay clases los sábados *(on Saturdays)*? ¿y los domingos?

Las Estaciones y los Meses del Año *(The seasons and months of the year)*

el invierno   *winter*   enero   *January*
                             febrero   *February*
                             marzo   *March*

la primavera   *spring*   abril   *April*
                             mayo   *May*
                             junio   *June*

el verano   *summer*   julio   *July*
                             agosto   *August*
                             septiembre   *September*

el otoño *autumn*

octubre *October*
noviembre *November*
diciembre *December*

Ejercicio

Conteste, por favor:

1. ¿Cuántos días hay en septiembre? ¿en abril? ¿en junio? ¿en noviembre?
2. ¿Cuántos días hay en diciembre? ¿En qué otros *(other)* meses hay treinta y uno?
3. ¿Cuántos días hay usualmente en febrero? ¿Y cada *(every)* cuatro años?
4. ¿Qué mes del año *(What month of the year)* le gusta más? (Me gusta...)
5. ¿Cuáles son *(Which are)* los meses del invierno? ¿de la primavera? ¿del verano? ¿del otoño?
6. ¿Le gusta más el invierno o el verano?
7. ¿Qué estación del año le gusta más? ¿Qué estación le gusta menos?
8. ¿En qué mes es su cumpleaños *(is your birthday)*? (Mi cumpleaños es en...)
9. ¿En qué mes es el cumpleaños de su padre *(is your father's...)*? (El cumpleaños de mi padre es en...)
10. ¿En qué mes es el cumpleaños de su madre?
11. ¿En qué mes son los exámenes finales?
12. ¿En qué meses son las vacaciones de verano *(summer vacation)*?

Más Números: 40–100

¿Recuerda Ud.? *(Do you remember?)*   10 diez   20 veinte   30 treinta

Bueno *(Well)*, vamos a continuar:

40	cuarenta	70	setenta
50	cincuenta	80	ochenta
60	sesenta	90	noventa

100 ciento, cien
101 ciento uno, ciento una[1]
196 ciento noventa y seis

Ciento becomes **cien** when it immediately precedes a noun or the numbers **mil** (1000) and **millón**.

cien dólares *$100*   cien mil personas *100,000 people*

---

[1] Numbers ending in **one** (21, 31, etc.) change **uno** to **un** before a masculine noun, **uno** to **una** before a feminine.

Práctica

noω

1. Vamos a contar de diez en diez hasta *(Lets count by tens up to)* 100... Ahora vamos a contar, muy rápidamente, ¡ al revés *(backwards)* !
2. Vamos a contar de cinco en cinco hasta 150.
3. Y un poco de *(a little)* aritmética. Diga en español :
   20 + 30 = 50 ; 100 − 40 = 60 ; 75 + 10 = 85 ; 91 + 8 = 99 ; $100 ; $150 ; 180 pesetas ; 72 pesos

Conteste una vez más :

1. ¿ Cuántas semanas hay en un año ? ¿ en dos años ? ¿ y en tres ?
2. ¿ Cuántos estados *(states)* hay en los Estados Unidos ? ¿ Cuántos senadores hay en el Senado ?
3. ¿ Cuántos centavos *(cents)* hay en un dólar ? ¿ Cuántos años hay en un siglo *(century)* ?
4. Si una persona gana *(earns)* cincuenta dólares por *(per)* semana, ¿ es rica o pobre ? ¿ Si gana cien dólares por mes ? ¿ cien dólares por día ? ¿ cincuenta dólares por hora ?

Tarea

Pronunciación

X: X is pronounced in two ways. Before a consonant, it is an *s* in Spain and many other places. In parts of Spanish America, the English *x* sound prevails.

> explicar, extraordinario, extranjero, extraño, expresión, extremo

Between vowels, the Spanish **x** is a compromise between the English *egz* as in *exact,* and *eks* as in *excellent*. In Spanish it sounds like a rather softly spoken hard *g*, followed by an *s* : *egs*.

> examen, examinar, hexámetro, exorbitante, exageración, exaltar, hexágono

In Mexico, the words **México** and **mexicano** are written with an **x**, but pronounced with the Spanish **j**. In Spain, these words are written with a **j** :

> México (Méjico), mexicano (mejicano)

Y: The consonant **y** is pronounced like the *j* in *judge* when it follows an **n** :

> inyectar, conyugal, inyección

Otherwise it is pronounced as in English.

LINKING AND INTONATION

Linking is one of the most important factors that determine the rhythm of Spanish speech. Without it, accurate intonation is impossible. In short, this is what it involves :

The final vowel of a word must be joined with the initial vowel of the following word, unless, of course, the words are separated by a comma or by a logical pause.

Repita, por ejemplo:

a. mi hijo, mi hermano, mi abuela, mi prima Antonia, mi tío Oscar, su amiga Inés, su único hijo
b. veinte y uno, veinte y dos, treinta y uno, treinta y seis
c. Señora Hurtado, Señorita Ortiz, doña Amanda, doña Isabel
d. doce estudiantes, quince estudiantes, la clase de español, una estudiante excelente
e. No me gusta Alonso. Me gusta más su hermano. ¿ Cómo está hoy?

As for patterns of correct intonation, sufficient variety exists among individuals and area groups to make an exact rule impossible. Furthermore, the patterns of a woman's speech are usually quite different from those of a man; the patterns of a young person's much different from those of the aged. And there are patterns of leisure, patterns of stress, patterns of the very cultivated, patterns of the less. Still, certain rhythms and stresses, a certain rise and fall of the voice, do characterize native speech and distinguish it from that of the foreigner. And so, the best thing for you to do is to mimic the intonation of your instructor and of the many speakers on our tapes. And should you choose to identify with one of them, then let those speech patterns be the ones you select to work on and perfect. You can do it!

Ejercicios
A. Calendario personal

enero	febrero	marzo	abril
mayo	junio	julio	agosto
septiembre	octubre	noviembre	diciembre

Aquí *(Here)* tiene Ud. su calendario personal. Indique mes por *(by)* mes:

1. los cumpleaños y aniversarios de los miembros de su familia—y de Ud., por supuesto *(of course)*.
2. los principales días de fiesta *(holidays)* nacionales: el día de la independencia; el día de acción de gracias *(Thanksgiving)*; el día de las elecciones; el día del año nuevo *(New Year's Day)*; el cumpleaños de Jorge Washington, Abrahán Lincoln, Martín Lutero King, Jr., Roberto E. Lee, etc.
3. las importantes fiestas religiosas: la Navidad *(Christmas)*, las Pascuas *(Easter)*, etc.
4. el primer día de clases, la semana de los exámenes finales, el fin *(end)* del semestre, la época de las vacaciones, etc.

B. Problemas

1. Hay treinta apartamentos en mi casa *(house)*. Tres apartamentos están desocupados *(are vacant)*. ¿Cuántos apartamentos ocupados hay?
2. Tengo veinte y dos primos. Doce son muchachos. ¿Cuántas primas tengo?
3. Hay sesión de laboratorio dos veces por *(two times per)* semana. El semestre tiene *(has)* catorce semanas. ¿Cuántas sesiones de laboratorio hay en un semestre?
4. Hay treinta y un jugadores *(players)* en nuestro *(our)* equipo de fútbol. Diez y seis son veteranos. ¿Cuántos jugadores nuevos *(new)* hay?
5. Ahora es la una y media. El concierto comienza *(begins)* en treinta y cinco minutos. ¿A qué hora es el concierto?

Seis 6

¿ Qué tiempo hace? *(How is the weather?)*

Repita, ¿ está bien?

Hace calor hoy. —Sí, hace mucho calor.

It's warm out today. —Yes, it's really hot.

¿ Hace fresco? —No. No hace fresco. Hace mucho frío.

Is it cool out? No, it's not cool. It's very cold.

Hace sol.

It's sunny.

Llueve.

It's raining.

Nieva.

It's snowing.

Verano en la costa del
Mediterráneo. Javea, España.

Deportes de invierno en
Huesca, España.

Ahora díganos *(Tell us)* :

1. ¿ Hace mucho frío hoy ? ¿ Hace calor ? ¿ Llueve ? ¿ Hace sol ?
2. ¿ Qué tiempo hace *(What is the weather like)* en el invierno ? ¿ en el verano ? ¿ y en abril ?
3. ¿ Nieva mucho aquí ? ¿ En qué meses nieva más ? ¿ En qué meses llueve más ?
4. ¿ Hace calor o frío en las zonas tropicales ? ¿ y en la zona ártica ?
5. Normalmente, ¿ hace más frío en el norte o en el sur *(south)* ?
6. ¿ Le gusta más a Ud. el calor o el frío ? ¿ Le gusta esquiar *(to ski)* ?

Los Colores

blanco *white*   negro *black*   rosado *pink*

rojo *red*   amarillo *yellow*   anaranjado *orange*

verde *green*   azul *blue*   pardo *brown*

Díganos ahora *(Tell us now)* :

1. ¿ Cuál *(Which)* es su color favorito ?
2. ¿ Cuáles son los colores de la primavera ? ¿ y del otoño ?

3. ¿ Cuáles son los colores del 4 de julio ? ¿ de la Navidad ? ¿ del día de San Patricio ? ¿ del día de San Valentín ?
4. ¿ Cuál es el color del océano ? ¿ de sus ojos *(your eyes)* ? ¿ del comunismo ?
5. ¿ Qué colores asocia Ud. *(do you associate)* con el tráfico ?
6. ¿ De qué color es el amor ? ¿ el silencio ? ¿ el matrimonio ? ¿ la pasión ? ¿ la virtud *(virtue)* ? ¿ el diablo *(devil)* ? ¿ el odio *(hate)* ? ¿ el ideal ?

Y una cosa más *(one more thing)* :

Otra Vez, Números : 100 –1000

¿ Recuerda ? : 100   ciento (**cien** before a noun)

200	doscientos	600	seiscientos
300	trescientos	700	**setecientos**
400	cuatrocientos	800	ochocientos
500	**quinientos**	900	**novecientos**

1000   mil
5000   cinco mil

Beyond 1000, Spanish does not count in hundreds. 1950, for example, is **mil novecientos cincuenta** *(one thousand nine hundred fifty)* :

1502   mil quinientos dos
2008   dos mil ocho
93.716   noventa y tres mil setecientos diez y seis
May 2, 1973   el dos de mayo de mil novecientos setenta y tres

Notice that **y** appears *only* between 16 and 99 (**diez y seis... noventa y nueve**) !

Problemas de aritmética
Haga sus cálculos en español, ¿ está bien ?

a. 200	b. 700	c. 940	d. 592	e. 100	f. 50
+350	−185	−300	−492	×10	×20

Y finalmente :

¿ Cómo relaciona Ud. los Grupos A y B ? (Por favor, lea los números en voz alta.)

A	B
1776	el descubrimiento de América... la Revolución francesa...
1914–1918	la Primera Guerra Mundial... la independencia de los
1492	Estados Unidos... la Guerra Civil... la Segunda Guerra
1789	Mundial... la primera expedición a la luna *(moon)*
1968	
1939–1945	
1861–1865	

El Alfabeto *(The alphabet)*

a	*a*	j	*jota*	rr	*erre*
b	*be*	l	*ele*	s	*ese*
c	*ce*	ll	*elle*	t	*te*
ch	*che*	m	*eme*	u	*u*
d	*de*	n	*ene*	v	*(u)ve*
e	*e*	ñ	*eñe*	x	*equis*
f	*efe*	o	*o*	y	*i griega*
g	*ge*	p	*pe*	z	*zeta*
h	*hache*	q	*cu*		
i	*i*	r	*ere*		

W and **k** are not really letters of the Spanish alphabet and appear only in foreign words, or names. All letters of the alphabet are feminine.

Vocabulario Activo de la Lección de Conversación

Mi familia *My family*

mi padre *my father*
    madre *mother*
    hijo, hija *son, daughter*
    hermano, hermana *brother, sister*
el niño, la niña *child*

tío, tía *uncle, aunt*
primo, prima *cousin*
abuelo, abuela *grandfather, grandmother*
esposo, esposa *husband, wife*

Los colores

blanco *white*
azul *blue*
amarillo *yellow*

negro *black*
verde *green*
rojo *red*

Expresiones comunes

y *and*
a *to*
¿Cuánto? *How much?*
¿Qué? *What?*
si *if*
¿Cómo se llama Ud.? *What is your name?*
Me llamo… *My name is…*
Buenos días. *Good morning.*
Buenas tardes. *Good afternoon.*
Buenas noches. *Good evening. Good night.*

o *or*
de *of; from*
¿Cuántos? *How many?*
¿Cómo? *How?*
hay *there is, there are*
Sí *Yes*
Hola. *Hello.*
Adiós. *Goodbye.*
¿Cómo está Ud.? *How are you?*
Muy bien, gracias. *Very well, thanks.*
Por favor. *Please.*
De nada. *You're welcome.*

Los días de la semana *The days of the week*

lunes *Monday*
martes *Tuesday*
miércoles *Wednesday*
jueves *Thursday*

viernes *Friday*
sábado *Saturday*
domingo *Sunday*

hoy *today*

mañana *tomorrow*

Los meses del año   *The months of the year*

enero *January*
febrero *February*
marzo *March*
abril *April*
mayo *May*
junio *June*

julio *July*
agosto *August*
septiembre *September*
octubre *October*
noviembre *November*
diciembre *December*

Las estaciones   *The seasons*

el invierno *winter*
la primavera *spring*

el verano *summer*
el otoño *autumn*

¿Qué hora es?   *What time is it?*

Es la una. *It is one o'clock.*
Son las dos. *It is two o'clock.*

Señor *Mr.*
Señora *Mrs.*
Señorita *Miss*

Los números

1	uno	11	once
2	dos	12	doce
3	tres	13	trece
4	cuatro	14	catorce
5	cinco	15	quince
6	seis	16	diez y seis
7	siete	17	diez y siete
8	ocho	18	diez y ocho
9	nueve	19	diez y nueve
10	diez	20	veinte

30	treinta	70	setenta
40	cuarenta	80	ochenta
50	cincuenta	90	noventa
60	sesenta		

100	ciento (**cien** before a noun)	600	seiscientos(as)
200	doscientos(as)	700	**setecientos(as)**
300	trescientos(as)	800	ochocientos(as)
400	cuatrocientos(as)	900	**novecientos(as)**
500	**quinientos(as)**	1000	mil

¿Qué tiempo hace?   *How is the weather?*

Hace (mucho) frío.   *It is (very) cold.*
Hace (mucho) calor.   *It is (very) warm out.*
Hace (mucho) viento.   *It is (very) windy.*
Hace (mucho) sol.   *It is (very) sunny.*
Llueve.   *It is raining.*
Nieva.   *It is snowing.*

Parte Primera

Lección Primera

Momento de Vida: Día de Matrícula

Registration day

Es el **comienzo** del semestre, y Anita Castro **camina al gimnasio para matricularse. En el camino ve a un amigo,** Miguel Abad.

beginning of the • is walking to the gym to register. On the way she sees a friend

Anita: ¡Miguel! **¡Hombre!**

Man!

Miguel: ¿Qué tal, Anita?

Anita: Así, así. **Voy a matricularme** ahora.

I'm going to register

Miguel: Si **deseas, te espero** a las once, **¿está bien?**

you wish, I'll wait for you • all right?

Anita: Fantástico. **Pero, ¿dónde?**

But where?

Miguel: **En la puerta** del gimnasio.

At the door

Anita: **De acuerdo.** Hasta luego, **entonces.**

OK • then

Miguel: Y **suerte, chica,** mucha suerte.

good luck, girl

Anita entra al gimnasio. **Estudia por** un momento la lista de las clases. **Saca una pluma, escribe un poco en unos papeles y va a la mesa de su consejero.**

She studies for

She takes out a pen, writes a little on some papers, and goes to the desk of her advisor.

Anita: Buenos días, doctor Fernández.

Dr. Fernández: Ah, sí, señorita… Perdón. ¿Ud. es…?

Anita: Anita Castro.

Dr. Fernández: **Claro.** Anita Castro. ¿Cómo está?

Of course

Anita: Bien, gracias, señor. ¿Y Ud.?

Dr. Fernández: Muy bien. Pero, **vamos a ver.** ¿Qué clases **desea tomar este** semestre?

let's see • do you wish to take this

Anita: **Aquí tengo** la lista, señor. Inglés, francés, historia y arte.

Here I have

Dr. Fernández: Ajá… Inglés 21: martes y jueves a las nueve. Novela **Contemporánea.**

contemporary

Anita: Sí, me gusta mucho la literatura moderna.

Dr. Fernández: Claro, Juanita…

Anita: Anita.

Dr. Fernández: Perdón. Anita… No. No es posible… La clase **está llena. Hay otra** sección a las ocho.

is full

another

Anita: Por favor, señor. **No vivo** aquí en la universidad.

I don't live

Dr. Fernández: ¿Ud. no vive aquí? Pero Ud. **siempre…**

always

Anita: Por favor, doctor Fernández...

Dr. Fernández: **Bueno.** Hay otra sección a las seis **de la tarde.** — All right • p.m.

Anita: ¡Ay, no! Entonces **no como. Trabajo** a las siete y media. — I don't eat. I work

Dr. Fernández: ¿**Por qué no toma Ud.** entonces el Inglés 42: Prosa Religiosa Medieval? — Why don't you take

Anita: ¿A qué hora?

Dr. Fernández: A las nueve **de la mañana.** — a.m.

Anita: De acuerdo. Ahora, señor, ¿el Francés 13, a las diez?

Dr. Fernández: Vamos a ver... Ay, no, Martita. Perdón. Juanita. **Esa** clase **también** está llena. **Ahora bien...** — That / also • Now, then

Media hora más tarde. Anita habla **con** Miguel. — Half an hour later • with

Miguel: Entonces, Anita, ¿qué clases **tomas**? — are you taking

Anita: **Escucha,** Miguel. Prosa Religiosa Medieval; **Urdu 1; Bioquímica Avanzada** y Problemas Constitucionales del Congo **Oriental.** — Listen • (a language of India) • Advanced Biochemistry / Eastern

Miguel: Pero, **mujer.** ¿Urdu? ¿Problemas Consti...? ¿Y Bioquímica Avanzada? ¡ **No sabes nada de** Bioquímica elemental! — woman (girl) / You don't know anything about

Anita: **No importa. Tengo todas mis** clases los martes y jueves **de** nueve a dos. El resto del **tiempo** estudio en la **escuela de la vida.** — It doesn't matter • all my • from / time • school of life

Miguel: ¡Magnífico! En **esa escuela enseño** yo. — that school / teach

Anita: ¿Ah, sí? **Pues**... buenos días, profesor. — Well

ASOCIACIONES

(Here are some associated groupings of words you may want to know. Please note: Only the words in heavy print are *Active Vocabulary* for this lesson.)

el hombre *the man;* **la mujer** *the woman, wife*—esposos, amigos, familia
la escuela *the school;* **la clase** *the class, classroom*—estudiantes
la pluma *the pen;* **el papel** *paper;* **la mesa** *table, desk*—escribir

_____

hablar *to speak*—con amigos, por teléfono
comer *to eat*—una mesa, frutas, cereales, etc.; **vivir** *to live*—una casa
estudiar *to study*—español, ciencia, historia, etc.; **enseñar** *to teach*—en una escuela; **tomar** *to take*—cursos, un examen; **trabajar** *to work*—mucho, poco
escribir *to write*—pluma, papel, un ejercicio, una carta *(a letter)*
caminar *to walk*—a la escuela, en el parque, al gimnasio

_____

en *in, on, at (a place)*—en la clase, en la mesa, estudiar en una universidad
con *with*—vivir con una persona, trabajar con una persona también *(also)*
ahora *now;* **siempre** *always*
pero *but;* **también** *also*
¿**Dónde**? *Where?*—**aquí** *here*

VAMOS A CONVERSAR

1. ¿ Es estudiante de universidad o de escuela superior *(high school)* Anita Castro ? ¿ Es estudiante de primer *(first)* año ?
2. ¿ Cómo se llama su *(her)* amigo ? ¿ Cómo se llama su consejero ? (Se llama el doctor...)
3. ¿ Qué clases desea tomar Anita ? A propósito *(By the way)*, ¿ toma Ud. una de estas *(these)* clases ?
4. ¿ Por qué no toma Anita el Inglés 21 a las nueve de la mañana ?
5. ¿ Por qué no desea tomar la sección de las ocho ? ¿ y de las seis de la tarde ?
6. ¿ Qué clases toma por fin *(finally)* ?
7. ¿ Por qué está muy contenta con sus clases ?
8. ¿ Dónde estudia Anita el resto del tiempo ?
9. ¿ Quién enseña en esa escuela ?
10. En su opinión, ¿ es Anita una estudiante buena, mala *(good, bad)* o típica ?
11. ¿ Es Ud. como ella *(like her)* ?

Estructura

1. ABOUT NOUNS AND THEIR ARTICLES

All nouns are either masculine or feminine, singular or plural. These are the articles that go with them :

A. The definite article *the*

	MASCULINE		FEMININE	
SINGULAR	**el** hombre	*the man*	**la** mujer	*the woman*
PLURAL	**los** hombres	*the men*	**las** mujeres	*the women*

El is also used before a feminine singular noun that begins with a stressed **a or ha**. The plural remains **las** :

el agua   *the water*   el hambre   *hunger*
But: las aguas   *the waters*

B. The indefinite article *a, an*

un chico   *a boy*   **una** chica   *a girl*

Un is also used before a feminine singular noun that begins with a stressed **a** or **ha** :

un alma   *a soul*   un hambre   *a hunger*

The plural **unos, unas** means *some*: **unos amigos, unas amigas**

C. The gender of nouns

Nouns that refer to males and almost all that end in -o are masculine.

el padre	*the father*	el hijo	*the son*
un libro	*a book*	un tópico	*a topic*

Nouns that refer to females and most nouns ending in -a are feminine.

la madre	*the mother*	la hija	*the daughter*
la ventana	*the window*	la puerta	*the door*

An important exception: **el** día   *the day,*   **un** día   *a day* (Recall: **Buenos días.**)

D. The plural of nouns

A noun is made plural by adding -s if it ends in a vowel, -es if it ends in a consonant. A final -z becomes -ces in the plural:

el maestro	*the teacher*	los maestros
la clase	*the class, the classroom*	las clases
la mujer	*the woman*	las mujeres
una lección	*the lesson*	unas lecciones[1]
un lápiz	*the pencil*	unos lápices

Ejercicios

1. Place the definite article before each of the following nouns and read aloud:

   hombre, chicos, casa, libro, señora, señoritas, muchacho, mesa, familia, padre, madres, tío, tía, amiga, amigos, agua, día, días, historia

2. Place the indefinite article before these:

   lección, libro, idea, día, madre, hermana, carta, padre, escuela, clase

3. Make the following nouns plural:

   primo, lección, carta, padre, amigo, mujer, hijo, lápiz, pluma, puerta, papel

4. How would you associate the ideas of Group A with those of Group B?

A	B
el maestro	escribir... enseñar... entrar... la
un examen	madre... el invierno... el verano...
una pluma	en una casa... estudiar... a las ocho,
una puerta	a las doce y a las seis... cinco cursos
los hijos	
tomar	
vivir	
comer	
las ventanas cerradas *(closed)*	
mucho calor	

---

[1] Notice that the plural form of nouns ending in -ción does not need an accent mark: lec/cio/nes.

2. CONTRACTIONS

a + el = al   de + el = del

There are only two contractions in Spanish. The preposition **a** *(to, toward)* plus the masculine singular article **el** becomes **al**. De *(of, from)* plus **el** becomes **del** :

Camina **al** gimnasio	She is walking to the gym.
¿ Hablas **al** maestro ?	Are you talking to the teacher ?
Es el primer día **del** semestre.	It's the first day of the semester.

No other form is ever contracted :

Camina **a la** escuela.	She is walking to the school.
¿ Hablas **a los** estudiantes ?	Are you talking to the students ?
Es el primer día **de la** semana.	It's the first day of the week.

Ejercicios

A. Complete usando *(using)* **al, a la, a los**, etc., or **del, de la, de los**... Por ejemplo :

Escribo **al** profesor.   Es el comienzo **del** año.

Escribo **a la** profesora.   Es el comienzo **de la** semana.

1. Enero es el primer mes _del_ año. 2. El martes es el segundo día _de la_ semana. 3. Por favor, abra las ventanas _del_ apartamento. 4. Deseo la sección de la una, no _de la_ tres. 5. ¿ Por qué no habla Ud. _al_ médico ? 6. Voy *(I'm going)* _al_ teatro mañana. 7. El sábado voy _a la_ ópera también. 8. Preparo la comida *(dinner)* _de los_ niños. 9. La esposa _de la_ médico trabaja en la clínica también. 10. El doctor López enseña física _a los_ estudiantes avanzados.

B. Ahora conteste según *(according to)* los modelos :

¿ Toma Ud. la clase *de la noche* ?   (No... día)
No. Tomo la clase del día.

¿ Habla Ud. *al profesor Suárez* ?   (No... profesora García)
No. Hablo a la profesora García.

1. ¿ Camina Ud. *a la escuela* ?   (No... gimnasio)
2. ¿ Escribe Ud. *al presidente* de la compañía ?   (No... directores)
3. ¿ Vive Ud. en la casa *del famoso actor* ?   (No... famosas artistas)
4. ¿ Pedro es el sobrino *del señor Fernández* ?[2]   (No... la señora Arias)
5. ¿ Hoy es el primer día *del semestre* ?   (No... primavera)
6. ¿ Es Ud. amigo *de la señora Campos* ?   (No... los Morelos)
7. ¿ Julio es un mes *del invierno* ?   (No... verano)
8. ¿ Le gustan más los meses *de la primavera* ?   (No... otoño)
9. ¿ Va Ud. *(Are you going)* a la fiesta ?   (No. Voy... partido de fútbol)
10. ¿ Va Ud. *a las tres sesiones* ?   (No... la primera solamente)

---

[2] The definite article is used before a person's title when one is speaking *about* (not *to*) him or her.

3. THE SINGULAR OF REGULAR VERBS—PRESENT TENSE

In the singular of regular verbs, the infinitive ending is replaced as follows:
(Read aloud, stressing the syllable whose vowel is in boldface.)

PERSON		hablar	comer	vivir
1	*I*	hablo	como	vivo
2	*you, my pal (fam.)*	hablas	comes	vives
3	*he, she, it, you*	habla	come	vive
	(Ud.—polite)			

Since the verb ending generally tells who the subject is, subject pronouns are used in Spanish only for clarification or emphasis. Get accustomed to using the verb, then, without any subject pronoun.

¿Comes ahora?—No.   Are you eating now?—No.
 Como más tarde.   I eat later.

Notice that the simple present tense in Spanish has three translations in English.

Hablo inglés.   I speak English.
          I am speaking English.
          I do speak English.

Even in questions or in negative statements, where English must use an auxiliary verb (*Is* he coming? *Do* you speak? They *aren't* going. She *doesn't* know.), Spanish maintains the simple tense:

¿Habla inglés?   Does he speak English?
          Is he speaking English?

No habla inglés.   He doesn't speak English.
         He isn't speaking English.

Ejercicios

A. Escriba las formas correspondientes *(Write the corresponding forms)*:

yo: hablar, tomar, entrar, llamar, comer, vivir, recibir *(to receive)*
María: estudiar, enseñar, desear, comprender *(to understand)*, abrir, escribir
Ud: tocar, trabajar, preparar, aprender *(to learn)*, insistir
tú: caminar, pasar, entrar, permitir, admitir

B. Ahora conteste según el sujeto indicado entre paréntesis *(Answer according to the subject indicated in parentheses)*. Por ejemplo:

¿Quién toma café? (Yo) Who takes *(drinks)* coffee?
 Yo tomo café.   *I* take coffee.

1. ¿Quién toma té? (Pepe) 2. ¿Quién enseña el Español 1? (El doctor García) 3. ¿Quién camina al gimnasio para matricularse? (Anita) 4. ¿Quién

escribe los ejercicios hoy en la pizarra? (Tú—*you, my pal*)   5. ¿Quién toma el coche *(car)* hoy? (Yo)   6. ¿Quién come primero—Miguel o yo? (Ud.)   7. ¿Quién desea hablar ahora? (Yo)   8.¿ Quién vive aqui? (Mi amiga Carmen)   9. ¿Quién estudia más—Ud. o Juanito? (Yo)   10. ¿Quién trabaja más—su madre o su padre? (Mi madre)

C. Busque en el Grupo B una contestación lógica para cada pregunta del Grupo A·
(Look in Group B for a logical answer to each question of Group A.)

A	B
1. ¿ Toca Ud. el clarinete?	_____ El doctor Fernández.
2. ¿ Trabajas aquí?	_____ No. Con sus tíos.
3. ¿ Camina Ud. a la universidad?	_____ No. En la cafetería.
4. ¿ Escribo en la pizarra?	_____ No. El piano.
5. ¿ Vive María con sus padres?	_____ Por favor, no. Comes mucho.
6. ¿ Quién enseña el Inglés 22?	_____ Sí, si deseas.
7. Deseo comer otra vez ahora.	_____ No. Tomo el bus.

4. NEGATIVE SENTENCES

A sentence is made negative by putting *no* before the verb.

No trabajas mucho.—Al contrario, estudio día y noche.

You don't work very hard.—On the contrary, I study day and night.

No me gusta la ciencia.—¿ Por qué?—No sé.

I don't like science.—Why?—I don't know.

Ejercicio

Cambie las frases siguientes a la forma negativa *(Change the following sentences to the negative form)* :

1. Juan vive aquí.   2. Deseo estudiar filosofía.   3. Me gusta mucho el invierno.
4. Tomo mis vacaciones en el verano.   5. Hablo muy bien el español.   6. Caminas muy rápidamente (-mente=-*ly*).   7. Trabaja con Pepe Mera.   8. Escribes con mucha imaginación.   9. Ud. entra por esta puerta.   10. Son amigos de mi familia.
11. Cierre Ud. las ventanas.   12. Abran Uds. el libro.

5. QUESTIONS

A question is formed by placing the subject *after* the verb, and most frequently, at the end of the sentence. (Have you noticed that every question is preceded by an inverted question mark as well as followed by the usual question mark?)

¿ Estudia Ud. español?

Are you studying Spanish?

¿ Vive su familia en México?
¿ Vive en México su familia?

Does his family live in Mexico?

¿ Es médico su padre?

Is your father a doctor?

If the subject is not expressed, the question is indicated by a rise in the speaker's voice:

¿ No trabajas mañana ?	Aren't you working tomorrow ?
¿ Tomo el tren o el autobús ?	Do I take the train or the bus ?

The questions *don't you?, isn't he?, haven't they?,* etc., placed at the end of a positive statement are usually translated in Spanish by ¿ **no** ?

Ud. estudia biología, ¿ no ?	You study biology, don't you ?
Son españoles, ¿ no ?	They are Spaniards, aren't they ?
Está bien, ¿ no ?	It's all right, isn't it ?

Do you?, is it? etc., after a negative statement are usually expressed by ¿ **verdad** ?

No es Paco, ¿ verdad ?	It's not Frank, is it ?
Ud. no habla ruso, ¿ verdad ?	You don't speak Russian, do you ?

Ejercicios

A. Cambie a preguntas, primero afirmativas, después negativas *(Change to questions, first affirmative, then negative)* :

1. Julia toca *(plays)* el piano. 2. Su hermano es dentista. 3. Ud. toma cinco cursos este semestre. 4. Entro por la otra puerta. 5. La clase de las diez está llena *(full).* 6. Tomas el tren de las siete y media. *(the seven thirty train)* 7. Su familia es de California. 8. Sus padres son muy ricos. 9. Pablo estudia música española. 10. El niño escribe con pluma.

B. Exprese ahora en español :

1. The class is full, isn't it ? 2. You're taking English, aren't you ? 3. José doesn't live here, does he ? 3. There are five professors in the department, aren't there ? 4. You don't speak French, do you ? 5. María is very intelligent, isn't she ? 6. You don't like football much, do you ? 7. I take the train at six-thirty, don't I ?

Teatro

Now *you* make up a short scene (perhaps 10–12 lines) of your own and be ready to act it out in class. The subject : you go to see your advisor about changing your program. You want certain courses at certain times, or with certain professors. Or you meet one of your friends and exchange information about what you're both taking this semester, about what you like and don't like, and so forth. You may use whatever parts of the **Momento de Vida** you choose, plus whatever vocabulary you may know from the **Lección de Conversación** or elsewhere. But do try to be original, and see if you can give the scene a twist ending. **Buena suerte, mis actores**. And be brilliant, ¿ **está bien** ?

Hora de Conversación I

SOBRE LA EDUCACIÓN *(About education)*

escuela elemental o primaria
   grade school
la universidad *college*
el semestre *semester, term*
profesor(a), maestro, maestra

escuela superior *high school*
colegio *high school, junior college*
el examen *examination*
estudiante

estudiar *to study*
leer *to read*
aprender *to learn*

escribir *to write*
enseñar *to teach*
tocar *to play (an instrument)*

biblioteca *library*
novela
cuento *story*
cuaderno *notebook*
comedia *play*
periódico *newspaper*
revista *magazine*

libro *book*

pluma *pen*
el lápiz *pencil*
el papel *paper*
la (sala de) clase *classroom*

mesa, escritorio *desk*
pizarra *blackboard*
tiza *chalk*

cursos

filosofía y letras   *humanities*
medicina
derecho   *law*
la contabilidad   *accounting*

ingeniería   *engineering*
periodismo   *journalism*
lenguas   *languages*
negocios   *business*

música
literatura
el arte
  escultura   *sculpture*
  arquitectura
  pintura   *painting*

bellas artes   *fine arts*

ciencias

biología
física   *physics*
química   *chemistry*
matemáticas

geología   *geology*
botánica   *botany*
antropología
astronomía

Conversación

1. ¿Qué clases toma Ud. este semestre? ¿Cuál le gusta más? ¿y menos?
2. ¿Le gusta aprender lenguas? ¿Habla Ud. otra lengua extranjera *(foreign)*?
3. En su opinión, ¿cuál es la ciencia más importante?
4. ¿Le gusta a Ud. el arte? ¿Prefiere Ud. el arte abstracto o el arte realista? ¿Quién es su pintor *(painter)* favorito?
5. ¿Le gusta la música? ¿Quién es su compositor *(composer)* favorito?
6. ¿Le gusta leer? ¿Qué tipo de libros prefiere Ud.? ¿Quién es su autor favorito?
7. ¿Qué usa Ud. para escribir? ¿En qué escribe Ud. sus lecciones?
8. ¿Qué tiene Ud. ahora en su escritorio?

9. ¿Cómo se llama su profesor (o profesora) de matemáticas? ¿de ciencia? ¿de inglés?

10. ¿Dónde hay una gran colección de libros, revistas, periódicos, etc.? ¿Va Ud. frecuentemente a la biblioteca? ¿Tiene Ud. muchos libros en casa? ¿Qué clase *(kind)* de libros son?

Escuela rural. Ecuador.

Instituto de telecomunicaciones
en Asunción, Paraguay.

Lección Segunda

Momento de Vida: La Subasta

La escena es un **lugar de veraneo cerca del mar** y **hay** turistas **por todas partes**. En una **tienda grande celebran** una subasta. Vamos a entrar.

Vendedor: Cien pesos **por este** genuino **camello disecado**... cien pesos **por segunda vez**... ¡y **se vende** al señor **de la camisa roja**! **Felicitaciones**, señor... y **señora**. (Hay aplausos.)

Turista: Gracias.

Vendedor: **Dígame**, ¿cómo se llaman Uds.?

Turista: **Nos llamamos** Rivera, Ernesto Rivera y **señora**.

Vendedor: ¿Y Uds. son **de aquí**?

Turista: Sí y no. **Somos de la ciudad.** Pero **vivimos** aquí en el verano.

Vendedor: Estupendo, señor Rivera, y felicitaciones **otra vez. Bueno**, amigos, ¿qué **vendemos** ahora? ¡Ajá! **Sólo para** Uds., señores y señoras, una **cosa** especial. Aquí **tenemos**... aquí tenemos ...un momento, por favor. (El vendedor **susurra al oído de su ayudante.**) ¿Qué demonios es **esto**?

Ayudante (al oído **del otro**): Es un... **no sé**... **creo que** es un **abrelatas**.

Vendedor (a los **clientes**): Aquí tenemos una cosa excepcional— ¡un abrelatas auténtico de la época de...

Ayudante (**otra vez** al oído del vendedor): No. Son **pinzas**... pinzas.

Vendedor: Perdonen. Un **par** de pinzas extraordinarias de la época de... ¡Napoleón! Ahora bien, ¿cuánto **pagan Uds. por estas** magníficas...

Ayudante (siempre al oído del otro): **Tijeras.** Son tijeras.

Vendedor: ¿... por estas magníficas tijeras... **del palacio** de Fontainebleau? (Silencio. **Nadie dice nada.**) Pero amigos, **son del más puro** aluminio... (Silencio absoluto.) Bueno, ¿**quién compra** por diez pesos estas magníficas... (Nadie. **Algunos clientes se levantan. De repente**, el ayudante **interrumpe.**)

Ayudante: Con permiso, señores. Deseo hablar en privado por un momento con mi **colega** aquí. Por favor, **no escuchen** Uds. Es una cosa personal.

Auction

summer resort near the sea •
everywhere • large store
they're holding

for this • stuffed camel

twice • (it is) sold • with the
red shirt • Congratulations

Tell me

Our name is • wife

from

We're from the city • we live

All right

are we selling • only for

thing • we have

whispers into the ear of his
assistant. What the devil is
this?

other one • I don't know • I
think that • can opener
customers

tongs

pair

will you pay for these

scissors

from the palace

No one says anything • they're
made of the purest •
who will buy
Some customers get up. •

Suddenly • interrupts

colleague • don't you listen

El vendedor y su ayudante hablan en un **susurro muy alto mientras** los clientes escuchan **atentamente.**

Ayudante: Pero hombre, ¿ **eres tonto** ?

Vendedor: ¿ Yo ? ¿ Por qué ?

Ayudante: **Porque** estas tijeras son de **plata,** ¡ de pura plata !

Vendedor: ¿ **Realmente** ?

Ayudante: ¡ Con **oro dentro** ! **Valen mil** pesos, o más.

Vendedor: ¡ No ! Entonces, ¿ qué **debemos hacer** ?

Ayudante: **Chist.** (**Señala** al público.) **Ellos escuchan.**

Vendedor: No. **No oyen nada.**

Ayudante: Bueno. Hay sólo una solución. **Retiramos** las tijeras **de la venta,** y más tarde…

Vendedor: No. Yo no soy **así.** Si yo **prometo algo** a mis clientes, **no retiro nunca mi palabra.** (**Se dirige** otra vez al público.) Amigos, ¿ quién desea comprar por cinco pesos estas magníficas tijeras… de la mesa de María Antonieta ?

Muchas **voces:** Yo… **Nosotros…** Aquí, aquí… Diez pesos… Veinte… Cincuenta… Cien…

Vendedor: ¿ Cien pesos ? Bueno. Cien pesos, señores… cien pesos por segunda vez… ¡ y **se venden** a la señora **del sombrero blanco** ! Felicitaciones, señora. Y ahora, señores y señoras, aquí tenemos una cosa realmente excepcional. ¡ Un **reloj** eléctrico… de la casa de Jorge Washington… !

(Right margin glosses:)
very loud whisper while
attentively

are you a fool?

Because • silver

gold inside. They're worth 1000

should we do?

Shh. He points • They're listening
They don't hear a thing

We withdraw • from the sale, and later

like that • promise something • I never take back my word. • He turns

voices • We

(they're) sold • with the white hat

clock

ASOCIACIONES

una casa *house, home*—un apartamento, la familia, vivir
una tienda *store*—cliente *(m. & f.) customer* ; muchas **cosas** *many things*
la ciudad *city*—muchas personas, muchos automóviles, tiendas grandes

---

comprar *to buy* ; **vender** *to sell* ; **pagar** *to pay (for)*—una tienda
escuchar *to listen (to)* ; **creer** *to think* ; *to believe*—en una persona, en un ideal
deber *should, ought to; to owe*—una obligación
***ser** *to be (someone or something), to be (from, for, or made of)*

¿ Quién ? *Who ?*—**nadie** *nobody*
algo *something*—**nada** *nothing*
entonces *then*—**nunca** *never*
cerca de aquí *near here*—muy **cerca** *very nearby*
que *(conj.) that, who*—Creo que… *I think that…* ; el hombre que trabaja aquí *the man who works here*
¿ Por qué ? *Why ?*—**porque** *because* ; **sólo** porque… *only because…*
por *(in exchange) for; by* ; **para** *(intended for)*

VAMOS A CONVERSAR

1. ¿ Le gustan a Ud. las subastas ? ¿ Compra Ud. en ellas *(them)* ? En su opinión, ¿ son legítimas o no, generalmente ?

2. ¿ Dónde ocurre la escena *(scene)*, «La Subasta» ? ¿ Hay más residentes o turistas allí *(there)* ?

3. ¿ De dónde son los señores Rivera ? ¿ Qué compran en la subasta ? ¿ Es una cosa muy útil *(useful)* ? ¿ Tiene Ud. uno en su casa ?

4. ¿ Qué tiene ahora para el público el vendedor ? ¿ Cree Ud. que es genuino el artículo ? ¿ Desean comprar los clientes ?

5. ¿ Quién interrumpe en este *(at this)* momento ? ¿ Cómo hablan los dos vendedores ?

6. Según *(According to)* el ayudante, ¿ de qué son las tijeras ? ¿ y cuánto valen ?

7. ¿ Desean comprar las tijeras ahora los clientes ? ¿ Cuánto pagan por ellas ?

8. ¿ Qué tiene el vendedor ahora para el público ? ¿ Es genuino esta vez *(this time)* el artículo ?

Estructura

6. THE PLURAL OF REGULAR VERBS—PRESENT TENSE

PERSON		hablar	comer	vivir
1	*we*	hablamos	comemos	vivimos
2	*you, my pals* (Spain only)	habláis	coméis	vivís
3	*they, you-all* (Uds.)	hablan	comen	viven

Ejercicios

A. Escriba las formas correspondientes del presente:

Juana y yo: desear, estudiar, entrar, escuchar; comer, creer, comprender; vivir, recibir, abrir

Paquito y tú *(Spain only)*: comprar, vender, pagar, deber, aprender, admitir, escribir *(Now how would this be said using Uds.?)*

los estudiantes: trabajar, preparar, caminar, creer, beber *(to drink)*, vivir, insistir

B. Cambie según las indicaciones:

1. **Estudiamos** ahora la Lección Dos.
   aprender, preparar, escribir, enseñar, terminar *(to finish)*

2. **Vendo** estas tijeras por diez pesos.
   nosotros, el señor Masa, las tiendas grandes, ¿ Vosotros...?, ¿ Uds...?

3. No **comen** mucho.
   beber, tomar, desear, recibir, preparar, comprender

4. Me gustan **los deportes** *(sports)*.
mis clases, las personas sinceras, las cosas simples, las casas cerca del mar, las subastas

C. Conteste ahora en español:

1. ¿Come Ud. mucho? 2. ¿Comprenden Uds. la lección? 3. ¿Bebes mucha Coca Cola? ¿Tomas vino *(wine)*? 4. ¿A qué hora come su familia? 5. ¿Escriben Uds. los ejercicios en español? 6. ¿Vivís cerca, amigos? 7. ¿Cree Ud. en la democracia? 8. ¿Reciben muchas visitas sus padres? 9. ¿Hablan Uds. otra lengua en casa *(at home)*? 10. ¿Desean Uds. pasar a otra cosa ahora?

7. SUBJECT PRONOUNS

SINGULAR		PLURAL	
yo	*I*	nosotros (nosotras, *f.*)	*we*
tú	*you* (familiar)	vosotros (vosotras, *f.*)	*you* (familiar)
él	*he*	ellos	*they*
ella	*she*	ellas	*they* (*f.*)
usted (Ud.)	*you* (polite)	ustedes (Uds.)	*you* (polite)

A. All about "you"

Usted (abbreviated **Ud.** or **Vd.**) and **ustedes** (abbreviated **Uds.** or **Vds.**) are third person polite forms for *you*. **Usted** should be used when speaking to anyone with whom one is *not* on an intimate, first-name basis. The plural, **ustedes** *(all of you* or *both of you)*, applies in these same circumstances in Spain, but in Spanish America it is used for both polite and familiar forms:

Buenas tardes, señoras. ¿Cómo están Uds.?
—Muy bien, gracias. ¿Y Ud., señor?

Good afternoon, ladies. How are you?
—Fine, thank you. And you, sir?

The second person forms, **tú** and **vosotros**, are used only when speaking to a relative, a child, or anyone with whom a close relationship exists. (In Spanish America, **ustedes** generally replaces **vosotros**. The singular **tú** usually remains.)

Hola, chico. ¿Cómo estás?
—Bien. ¿Y tú?

Hi there, kid. How are you?
—Fine. And you?

¿No trabajáis hoy, hombres?

Aren't you working today, guys?

B. When to use the subject pronouns

Subject pronouns are normally *omitted* with a Spanish verb, unless they are needed for emphasis or clarification. Keep this rule in mind: use the subject pronoun in Spanish only when you stress it with your voice in English!

1. Emphasis:

Yo soy el presidente, y él es mi ayudante. ¿Quién eres tú? —Nadie, señor, nadie.	*I'm* the president, and *he's* my assistant. Who are *you*?— Nobody, sir, nobody.

2. Clarification:

Él come mucho; ella come poco. Uds. trabajan. Ellos sólo hablan.	*He* eats a lot; *she* eats little. *You* work. *They* only talk.

The subject pronoun may stand alone, or it may follow **ser** *(to be)*.

¿Quién habla?—Ella.	Who's speaking?—She.
¿Quiénes son los primeros? —Nosotros.	Who are the first ones?—We (are).
¿Quién es?—Soy yo.—¿De verdad? ¿Eres tú?	Who is it?—It's I.—Really? Is it you?

Ejercicio

Answer in Spanish, using subject pronouns in place of the given nouns. Por ejemplo:

¿Quién habla?: *Juan*...—**Él**...
¿Quién paga?: *I*...—**Yo**...
¿Quiénes trabajan hoy?: *Pepe y yo*...—**Nosotros**...

Ahora conteste:

1. ¿Quién toca primero?: *I*... 2. ¿Quién toma el coche?: *Miguel*... 3. ¿Quiénes caminan?: *Los niños*... 4. ¿Quiénes viven en España?: *Mis abuelos*... 5. ¿Quién escribe la carta?: *Ana*... 6. ¿Quién es brillante?: *You, señor*... 7. ¿Quién es la muchacha más hermosa del mundo *(the prettiest girl in the world)*?: *You, amor mío*... 8. ¿Quién es el estudiante más inteligente de la clase?: *I*... 9. ¿Quién es la persona más difícil *(most difficult)* del mundo?: *Mi profesor(a) de español*... 10. ¿Quiénes hablan español magníficamente?: *We (do)*... 11. ¿Qué estudiantes nunca *(never)* preparan la lección?: *You-all*... 12. ¿Quiénes son más materialistas, los hombres o las mujeres? (Respuesta libre—*Free response!*) ¿Quiénes son más idealistas? ¿más sentimentales? ¿más fuertes *(stronger)*? ¿más responsables?

8. SER *to be*

A. Its present tense

	soy	I am
	eres	you (tú) are
	es	he, she (Mary, etc.), it is; you (Ud.) are
	somos	we (John and I, etc.) are
	sois	you (vosotros) are
	son	they (my parents, etc.) are; you (Uds.) are

Sólo para practicar, diga rápidamente las formas correspondientes de **ser**:

Paco _____, yo _soy_, mis padres _son_, tú _eres_, Uds. _sois_, ¿Quién _es_?, ellas _son_, vosotros _eres_, mi amigo _es_, Ud. _es_, María _es_, Manolo y yo _somos_, ¿Quiénes _son_?

B. Its meaning and uses

Spanish has two verbs that mean *to be*. These verbs are **ser** and **estar**. (Recall: **¿ Cómo está Ud. ?**) Each has its own meaning and functions and one may never be substituted for the other without making a difference in the *idea* of the sentence.

In general, **ser** tells *who* or *what* the subject is essentially. It identifies. It states basic qualities or characteristics. For example:

1. **Ser** joins the subject with a noun or pronoun:

¿ Qué es su hijo ?—Es médico.[1] Es un gran genio.—Por supuesto.	What is your son ?—He's a doctor. He's a great genius. —Of course.
¿ Quiénes son <u>esos</u> hombres ?— Son policías.	Who are those men ?—They're policemen.
¡ Dios mío ! ¿ Qué es <u>eso</u> ?—Es tu comida, querido.	Good Lord ! What's that ?—It's your dinner, dear.
No somos niños.—Claro que no.	We're not kids.—Of course not.

2. **Ser** is used when stating *origin* (where the subject is from), *material* (what it is made of), or *destination* (whom or what it is intended for):

¿ De dónde es Ud. ?—Soy de Lima. Soy peruano.	Where are you from ?—I'm from Lima. I'm Peruvian.
La mesa es de aluminio. ¿ Le gusta ?—Depende. ¿ Es para la cocina ?	The table is (made of) aluminum. Do you like it ?—It depends. Is it for the kitchen ?
¿ Para quién es ? ¿ Es para mí ? Gracias, ¡ un millón de gracias ! Pero, ¿ qué es ?	Whom is it for ? It's for me ? Thank you, thanks a million ! But... what is it ?

3. When **ser** joins the subject to an *adjective* (*not* followed by a noun), it implies that the subject is *characterized* by the quality the adjective describes:

Juan es brillante. Es fantástico.	John is brilliant. He's fantastic.
Las casas son grandes, pero no son modernas.—No importa.	The houses are large, but they're not modern.—It doesn't matter.
¡ Amor mío, eres maravilloso ! —Sí, es verdad.	Darling, you're wonderful !—Yes, that's true.

[1] After **ser**, the indefinite article *(a, an)* is omitted in Spanish when a noun of occupation, religion, or nationality is not accompanied by an adjective.

Ejercicios

A. Estudie por un momento las cosas siguientes:

ladrillo *(brick)*   madera *(wood)*   piedra *(stone)*   vidrio *(glass)*

cemento   aluminio   metal   plástico

Y ahora conteste:

1. ¿De qué es su casa? *(What is your house made of?)*   2. ¿De qué es la escuela?   3. ¿De qué son las puertas?   4. ¿De qué son las ventanas? 5. ¿De qué es su silla *(chair)*? ¿y su mesa?

B. Usando la lista de los países *(Using the list of countries)* en las páginas 417–421, conteste las preguntas siguientes:

1. ¿De dónde es Ud.?   2. ¿De dónde son sus padres? ¿y sus abuelos? 3. ¿Cuáles son los países más importantes de Hispanoamérica? ¿y de Europa? 4. ¿Cuáles son los países más grandes?   5. ¿Cuáles son los más pequeños *(smallest)*?   6. Por lo general, ¿cuáles son más ricos *(richer)*—los países industriales o los países agrícolas *(agricultural)*?   7. ¿Somos nosotros los líderes *(leaders)* económicos del mundo *(of the world)*? ¿Somos los líderes intelectuales? ¿y morales?

C. Exprese ahora en español:

1. I'm (a) Canadian. What are you?—I don't know. My grandparents are from England. My parents are from France. I'm studying in the United States, and my family lives in Iran.—It's easy *(fácil)*. You are the United Nations! 2. Do you like my new *(nuevas)* scissors? They're from the table of Marie

Antoinette.—But are they genuine?—It doesn't matter. *(No importa.)* They're fantastic, they're different, and they're cheap *(baratas)*!

9. THE DOUBLE NEGATIVE

In Spanish, you "don't know nothing," "don't talk to nobody," etc. In other words, a double or even a triple negative still adds up to a negative:

No sé nada.	I don't know anything.
No habla con nadie.	He doesn't speak with anyone.
No estudiamos nunca.	We never study.

Ejercicios

A. Substituya *(Substitute)* según las indicaciones:

1. No creen nada.
   Yo _creen nadie_.
   Yo toman nadie. (tomar)
   Elda y yo _toman nadie_.

2. No viajamos nunca.
   ¿Tú _____?
   Mis hermanos _____.
   _____. (entrar)

3. Los Molina no hablan con nadie.
   Nosotros _____.
   ¿Vosotros _____?
   ¿_____? (trabajar)

B. Conteste ahora de la manera más negativa *(in the most negative way)*. Por ejemplo:

   ¿Qué toma Ud?—No tomo nada.
   ¿Hay *muchas personas* hoy?—No hay nadie hoy.
   ¿Comen *siempre* aquí?—No comen nunca aquí.

1. ¿*Siempre* trabajan con Pepe? 2. ¿Hay *algo* para José? 3. ¿Con quién hablas? 4. ¿*Siempre* caminan Uds. a la universidad? 5. ¿Qué desea Ud.? 6. ¿Qué sabe Ud. *(do you know)*? 7. ¿Qué escriben ahora? 8. ¿Quién vive aquí? 9. ¿Debo pagar *algo*? 10. Hay *muchos clientes* en la tienda?

†10. OTHER GROUPS OF FEMININE NOUNS

All nouns that end in **-ción** (equivalent of English *-tion*) or **-tad, -dad** (equivalent of English *-ty*) are feminine. Almost all that end in **-ión** are also feminine.

la nación	la unión	la revolución
la reacción	la libertad	la fraternidad

Ejercicios

A. ¿ Cómo asocia Ud. *(do you associate)* las ideas del Grupo A con las del Grupo B ?

A	B
la libertad	14 de julio... muchas personas y mucho
la revolución norteamericana	tráfico... Jorge Washington... solidaridad
la revolución francesa	internacional... el amor... democracia...
la ciudad	educación profesional
las Naciones Unidas	
la universidad	
la pasión humana	

B. Ahora conteste una vez más :

1. ¿ Hay libertad absoluta en este mundo ?   2. ¿ Cuál es la más importante emoción humana ?   3. ¿ Cree Ud. en las Naciones Unidas ?   4. La educación universitaria, ¿ debe ser una preparación para una profesión o una introducción a las humanidades ?   5. Finalmente, ¿ cree Ud. en la evolución de la sociedad o en la necesidad de la revolución ?

Teatro

Escriba un diálogo corto *(short)* original basado en el **Momento de Vida** de esta lección, pero si es posible, con una terminación diferente. Entonces, ¡ a la escena ! *(*to *the boards !)*

Hora de Conversación II

LA CASA *(The house)*

cocina *kitchen*
el comedor *dining room*
baño, cuarto de baño *bathroom*
sala *living room*
ventana *window*
puerta *door*
la pared *wall*
escalera *stairs*
piso *floor, storey*
suelo *floor*

alcoba *bedroom*
estudio *study*
cuarto, la habitación *room*
el **pasillo** *hall*
sótano *basement*
el desván *attic*
armario *closet, cupboard*
el **estante** *shelf*
techo *roof*

los muebles *furniture*

silla *chair*
mesa *table, desk*
alfombra *rug*
cortinas *curtains*
escritorio *desk*
el **sillón** *armchair*
el tocador *dresser*
el **sofá** *sofa*
lámpara *lamp*
cómoda *chest (of drawers)*

cama *bed*

utensilios y aparatos *utensils and appliances*

estufa *stove*
horno *oven*
el tostador *toaster*
cafetera *coffee pot*
el refrigerador
el acondicionador *air conditioner*

máquina de lavar *washing machine*
secadora *dryer*
el enchufe *plug, socket*
el lavaplatos *sink*
el lavaplatos eléctrico *dishwasher*

59

cuchillo   *knife*
cuchara   *spoon*
cucharita   *teaspoon*
el mantel   *tablecloth*
servilleta   *napkin*
plato   *plate; dish*
taza   *cup*
vaso   *glass*

el tenedor   *fork*

Mesa y silla de estilo morisco. Siglos XVI y XVII.

Conversación

1. ¿Vive Ud. en un apartamento o en una casa? ¿Cuántas habitaciones tiene? ¿Cuántos baños?

2. ¿En qué cuarto duerme Ud. *(do you sleep)*? (Duermo en...) ¿En qué cuarto come la familia?

3. ¿Qué muebles tiene Ud. en su alcoba? ¿cuántos armarios? ¿Qué muebles hay en la sala?

4. ¿Dónde preparan Uds. las comidas? ¿Qué aparatos eléctricos tienen?

5. ¿Cuántas ventanas tiene su sala? ¿Cuántas puertas tiene? ¿cuántas lámparas?

6. ¿Dónde estudia Ud. en su casa? ¿Donde está la televisión? ¿Cuál es su cuarto favorito?

7. ¿En qué duerme Ud.? ¿En qué come Ud.? ¿En qué escribe? ¿Qué usa Ud. para tomar sopa *(to drink soup)*? ¿café? ¿leche *(milk)*? ¿para comer carne *(meat)*?

8. ¿De qué color es su alcoba? ¿el comedor? ¿la cocina? ¿la sala? ¿el baño?

9. ¿Cómo es su casa ideal? *(What is it like?)*

Lección Tercera

Momento de Vida: Dormitorio de Estudiantes (1)

Son las diez de la noche en un dormitorio de estudiantes, y el **ruido** es **increíble**. Pablo Camacho **grita** a Cuco Rodríguez, uno de **sus compañeros de cuarto**. — *noise / incredible • shouts • his roommates*

Pablo: **En fin**, hombre, ¿**no apagas nunca tu** radio? **Tengo que** estudiar. — *Come on • don't you ever turn off your • I have to*

Cuco: No es mi radio. Es el **tocadiscos**. — *record player*

Pablo: **Entonces**, ¿no apagas nunca tu tocadiscos?

Cuco: **Es de Felipe**. Mi tocadiscos **no funciona**. **Oye**, Pablo, **tal vez** tú… — *It's Phil's • doesn't work • Listen • maybe*

Pablo: Por favor, Cuco, **otro** día, ¿está bien? Tengo examen de ciencia mañana. Felipe… ¡Fe-li-pe! (Felipe **no oye** nada. Marca con **sus pies el compás** de la música, y habla **al mismo tiempo** por teléfono.) — *some other / doesn't hear / his feet the beat • at the same time*

Felipe (**en voz muy alta**, al teléfono): Entonces, ¿**vienes** o no vienes?… ¿**Qué dices**?… Hombre, tienes que hablar **más fuerte**… — *in a very loud voice • are you coming / do you say • louder*

Pablo: Yo **no comprendo**. ¿Por qué **no baja el volumen**? ¡¡Fe-li-pe!! (Felipe toma el **receptor** en **su mano izquierda** y con **la derecha** come **unos caramelos** que tiene en su mesa. La música continúa.) — *don't understand • doesn't he turn down the volume? / receiver • his left hand • his right • some candies*

Felipe (siempre al teléfono): ¡Ay, **qué hambre tengo**! Oye, ¿tú tienes hambre **también**?… Pues si vienes aquí… Hombre, ¿por qué no hablas más fuerte?… ¿Qué música?… No. No es posible. Es el radio de Pepe García en el **cuarto vecino**. — *am I hungry! / room next door*

Cuco: ¡**Válgame Dios**! **Yo digo** que en el **mundo entero** no hay otro **como él**. — *Heaven help me! I say • whole world • like him*

Pablo: **Tienes razón. Algún** día… — *You're right. Some*

Felipe: Sí… Claro. Buena idea… Pablo Camacho y Cuco Rodríguez…

Cuco: ¿Qué **dice ahora de nosotros**? Oye, Felipe… ¡O-ye, Fe-li-pe!… (Felipe no responde. Cuco **se acerca a él**.) ¿CON QUIEN HABLAS? — *is he saying now about us? / goes over to him*

Felipe: Ah, Cuco… (Felipe **cubre** el teléfono con la mano.) Con Elena Osorio, la **chica rubia de nuestra** clase de inglés. — *covers / blonde girl in our*

Cuco: Pero, ¿qué **dices de** Pablo y de **mí**? — *are you saying about • me*

well

Felipe: Pues ella **está conforme con venir** aquí, pero **tiene miedo de venir sola.** Ahora bien, si **sus** amigas Dorotea y Carmen **vienen con ella...**

is willing to come • she's afraid to come alone • her • come with her

Cuco: ¿ Dorotea qué ?

Felipe: Dorotea Arango. Es una **muchacha** fantástica—**alta, muy bonita,** perfecta **para ti.**

girl • tall, very pretty • for you

Pablo: ¿ Y la **otra** ?

other one

Felipe: Tú tienes que estudiar.

Pablo: No necesariamente. ¿ **Cómo es** ?

What is she like ?

Felipe: Estupenda. **Pequeña, morena,** y tiene un **cuerpo** fenomenal.

Small, dark-haired • figure

Pablo: **Ya sé bastante** ciencia. **Vámonos.**

I already know enough • Let's go.

Felipe: (otra vez al teléfono) Bueno, hombre, sí... Cuco Rodríguez y Pablo... Sí. Son altos, no muy **guapos,** pero **tienen dinero, un Potosí.**

good-looking • they have money, a "gold mine"

Pablo: ¿ **Cómo** ?

What was that ?

Cuco: ¡ **Caramba** !

Well, I'll be ...!

Felipe: Bueno, Elena. Hasta luego. Adiós.

Pablo: Entonces, ¿ a qué hora vienen ?

Felipe: Mañana, a las ocho y media.

Pablo: ¿ Mañana ?... Pues **en realidad es mejor para mí. Esta noche** tengo que estudiar.

really, it's better for me. Tonight

Cuco: Pues **yo voy** a la cafetería a **tomar** una Coca Cola. ¿ **Uds. tienen sed** ?

Well, I'm going • get • Are you thirsty ?

Pablo: Gracias, no.

Felipe: **Yo tampoco.** Pero **sí tengo mucho sueño.** (Mira por un momento a Pablo, **quien** estudia ahora ávidamente.) En fin, Pablo... hombre, ¿ no apagas nunca la **luz** ?

Neither am I • I am very sleepy • He looks at

who

light

ASOCIACIONES

un cuarto _room_—compañero de cuarto, dormitorio, una casa
un(a) estudiante—chico, chica, muchacho, muchacha _boy, girl_; la escuela
el pie _foot_—derecho _right_; izquierdo _left_; caminar _to walk_
la mano[1] _hand_—derecha, izquierda; tocar el piano, comer un sandwich
el hambre (f.) _hunger_—tener mucha hambre, comer
la sed _thirst_—tener mucha sed, beber _to drink_
dinero _money_—comprar, vender, pagar; **tiempo** _time_—vivir, pasar

*****tener** _to have_—amigos, paciencia, dinero, hambre, sed
*****venir** _to come_—a mi casa, aquí, todos los días _(every day)_
*****decir** _to say, to tell_—la verdad _the truth_; algo interesante
contestar—el teléfono, una pregunta _a question_

---

[1] Yes, **mano** is feminine. It is one of the few exceptions to the rule.

comprender *to understand*—el español, el inglés, una idea, la lección
apagar *to turn off*—el o la radio, el tocadiscos, la luz
alto *tall*; grande *big, large*; pequeño *small, little (in size)*
moreno *dark-haired*; rubio *blond(e)*; bonito *pretty*
otro *other, another*—otro día, otras personas, otra vez *another time, again*

---

como *like, as*—como yo, como él
esta noche *this evening, tonight*—a las nueve y media, a las diez

VAMOS A CONVERSAR

1. ¿ Vive Ud. en una residencia de estudiantes o en casa de su familia ? ¿ Dónde le gusta más vivir ? ¿ Dónde viven la mayor *(greater)* parte de sus amigos ?
2. ¿ Tiene Ud. un amigo como Pablo ? ¿ como Felipe ? ¿ como Cuco ? De los tres muchachos, ¿ quién le gusta más ? ¿ Quién le gusta menos ?
3. ¿ A qué hora de la noche comienza este *(this)* episodio ? ¿ Hay ruido o silencio en el dormitorio ?
4. ¿ Por qué tiene que estudiar Pablo esta noche ? ¿ Qué dificultad tiene ?
5. ¿ Con quién habla Felipe por teléfono ? ¿ Está conforme Elena con venir al cuarto de los chicos ? ¿ Con qué condiciones ?
6. ¿ Cómo se llaman sus amigas ? ¿ Cómo son ? (A propósito, ¿ cómo es Ud. ?)
7. Finalmente, ¿ cuándo *(when)* deciden venir las chicas ?
8. ¿ Qué desea tomar Cuco ahora en la cafetería ? ¿ Tienen sed sus amigos también ?
9. ¿ Cómo desea Pablo pasar el resto de la noche ? ¿ Qué dice ahora Felipe ?
10. En su opinión, ¿ es mejor *(better)* vivir solo o tener un compañero de cuarto ? ¿ Es Ud. una persona muy independiente ?

Estructura

11. THREE IMPORTANT IRREGULAR VERBS: *TENER, VENIR, DECIR*

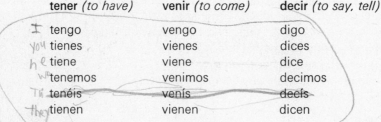

tener *(to have)*	venir *(to come)*	decir *(to say, tell)*
tengo	vengo	digo
tienes	vienes	dices
tiene	viene	dice
tenemos	venimos	decimos
tenéis	venís	decís
tienen	vienen	dicen

Ejercicios

A. Diga la forma correspondiente de los verbos :

yo : tener, venir, decir ; tú : tener, venir ; él : venir, tener ; ella : decir ; ellos : decir ; Uds. : venir, tener ; Ud. y yo : tener, venir, decir ; vosotras : venir, decir ; tú y Pepe : tener

B. Ahora cambie según los sujetos nuevos *(change according to the new subjects)*:

1. ¿ Viene Ud. a la clase mañana ?
   (Uds., los estudiantes, la maestra, tú, nosotros, Paco y tú)
2. No tengo tiempo ahora.
   (Ana y yo, mi amigo, Uds., tú, vosotros, la clase)
3. ¿ Dicen la verdad *(truth)* ?
   (Ud., nosotras, yo, el presidente, tú, vosotros)

12. IDIOMS WITH *TENER*

Many very common idioms are formed with **tener**. These are some :

tener (mucha) hambre
to be (very) hungry

tener (mucha) sed
to be (very) thirsty

tener (mucho) frío
to be (very) cold

tener (mucho) calor
to be (very) warm, hot (a person)

tener (mucho) sueño
to be (very) sleepy

tener miedo
to be afraid

tener razón
to be right

no tener razón
to be wrong

tener... años (de edad)
to be... years old

¿ Tienes hambre ?—No, pero   Are you hungry ?—No, but I'm
  tengo sed.   thirsty.
¡ Ay, qué frío tengo !—Y él tiene   Oh, am I cold !—And *he's* warm.
  calor.
¿ Tienen miedo ?—Sí, y tienen   Are they afraid ?—Yes, and they're
  mucha razón.   so right.

Tener que plus an infinitive means *to have to*:

Tengo que trabajar.	I have to work.
Tenemos que comer ahora.	We have to eat now.

Ejercicios

A. Conteste en español:

1. ¿Tiene Ud. hambre ahora? ¿sed? ¿frío? ¿calor? ¿sueño? ¿miedo?
2. ¿Tiene Ud. razón siempre? ¿casi *(almost)* siempre? ¿Tienen razón siempre sus padres?
3. ¿Tiene Ud. que estudiar esta noche?
4. ¿Cuántos años tiene Ud.? ¿Cuántos años tienen sus padres? ¿y sus hermanos? ¿y sus abuelos?
5. ¿Tenemos que terminar hoy esta *(this)* lección?
6. ¿Qué hace Ud. cuando *(do you do when)* tiene mucha hambre? ¿Y cuando tiene sed? ¿Y cuando tiene un examen?
7. ¿Tiene Ud. miedo de sus padres? ¿y de sus profesores?

B. Lea bien, y después escoja *(choose)* la conclusión correcta:

1. ¿Desean Uds. comer ahora?
   —No, gracias. No tenemos (hambre, sed, frío).
2. Creo que Federico es el primero de la clase.
   —Ud. (tiene razón, no tiene razón, tiene mucho sueño.) Roberto es mucho mejor estudiante que *(than)* él.
3. Por favor, cierre Ud. la ventana. (Tengo que decir algo, tengo mucha hambre, tengo mucho frío.)
4. ¿Qué hora es?
   —Son las dos de la mañana.
   —¿Ah, sí? Ahora comprendo por qué tengo (sueño, calor, razón).
5. Vivimos en una zona tropical. La temperatura siempre está entre *(between)* 90 y 100.
   —Entonces Uds. siempre (tienen que trabajar, tienen miedo, tienen mucho calor).

13. PRONOUNS THAT FOLLOW A PREPOSITION

The pronouns that follow a preposition are the same as the subject pronouns except in the first and second persons singular.

	SINGULAR		PLURAL	
1	(para) **mí**	*(for) me*	(para) nosotros(as)	*(for) us*
2	**ti**	*you*	vosotros(as)	*you*
3	**él**	*him, it (m.)*	ellos	*them (m.)*
	ella	*her, it (f.)*	ellas	*them (f.)*
	Ud.	*you*	Uds.	*you*

Exception: <u>conmigo</u> *with me*   <u>contigo</u> *with you (fam.)*

All other forms remain regular after the preposition **con**: **con él, con ella, con Ud., con nosotros,** etc.

Ejercicios

A. Cambie según las indicaciones, y lea en voz alta *(read aloud)*:

1. La mesa es para **ellos.**   *her, me, you* (polite pl.), *us, him*
2. Vienen con**migo.**   *you* (fam. sing.), *us, you* (polite sing.), *her*
3. ¿ Pagamos por **él**?   *her, them, you* (polite sing.), *you* (fam. pl.)
4. Trabaja mucho por **ti.**   *us, me, them* (f.)
5. No dicen nada de **mí.**   *you* (fam. pl.), *them, her, you* (polite pl.), *us* (f.)
6. Viven cerca de **Ud.**   *us, you* (fam. sing. and pl.), *him, them*

B. Conteste afirmativa o negativamente:

1. ¿ Hablas conmigo?   2. ¿ El tocadiscos es para mí?   3. ¿ Estudia con nosotros?   4. ¿ Viven contigo?   5. ¿ Habla Ud. de mí?   6. ¿ Vienen con Uds.?   7. ¿ Trabaja ella con Uds.?   8. ¿ Debo preguntar por Uds.?   9. ¿ Sabe Ud. algo de él?   10. ¿ Viven Uds. cerca de ellas?

14. POSSESSION

A. Since Spanish has no '' apostrophe *s,*'' **de** plus a noun translates an English possessive noun. In other words, *Jim's house* becomes **la casa de Diego** *(the house of Jim).*

la tía de Esteban	Steve's aunt
el coche de papá	Dad's car
los libros del maestro	the teacher's books

B. Possessive adjectives replace possessive nouns. (For example: *Ann's* father ⟶ *her* father). Their form—masculine or feminine, singular or plural—depends on the noun that *follows* them.

These are the possessives that go before a *singular* noun:

mi padre, **mi** madre	my father, my mother
tu libro, **tu** carta	your book, your letter
su amigo, **su** amiga	his, her, your (**de Ud.** or **de Uds.**), their friend
nuestro cuarto, **nuestra** casa	our room, our house
vuestro pueblo, **vuestra** ciudad	your town, your city

When the possessive stands before a *plural* noun, we add *s* to the singular ending.

mis padres	my parents	**nuestros** cuartos	our rooms
tus libros	your books	**vuestras** casas	your houses
sus amigos	his, her, your (**de Ud.** or **de Uds.**), their friends		

If clarification is necessary, **su** or **sus** may be replaced as follows:

> **su padre:**   el padre de él, de ella, de Ud., de ellos, de ellas, de Uds.
> **sus padres:**   los padres de él, de ella, etc.

These forms also place emphasis on the possessive, as if it were being stressed with the voice in English: *his* father, *your* father, etc.[1]

Ejercicios

A. Lea en voz alta, y después cambie:

mi libro (papeles); su casa (cuartos); tu familia (primos); nuestro maestro (escuela); sus profesores (clase); mi pluma (lápices); vuestra tía (tíos); nuestra madre (abuelos); su hijo (hijos); mi mano (pies); sus clientes (tienda).

B. ¿Qué asocia Ud. con las cosas o ideas siguientes?

1. los parientes *(relatives)* de mi mamá   2. la filosofía de mi papá   3. la clase de español   4. los ruidos de la ciudad   5. la vida de un estudiante

C. Diga en español:

1. my father's house, Paul's brother, the boy's hands, the doctor's car, my sister's friends, the children's teacher
2. our house, his father, their mother, your *(fam. sing.)* friend, her family, my pen, your *(polite sing.)* record player, her husband, your *(fam. pl.)* room, your *(polite pl.)* city
3. our classes, his parents, their brothers and sisters, your *(fam. sing.)* friends, her children, my things, your *(polite sing.)* students, their wives, your *(polite pl.)* customers, your *(fam. pl.)* ideas

15. ADJECTIVES

All adjectives are masculine or feminine, singular or plural, according to the noun they describe:

> mucho tiempo, mucha paciencia, muchos estudiantes, muchas clases

A. The feminine forms

Adjectives that end in **-o** change **-o** to **-a**:

bueno, buena   *good*   malo, mala   *bad*

Adjectives that end in **-dor** and adjectives of nationality that end in a consonant add **-a**.

[1]Actually, when the language is used in context, there is much less need for clarification than in isolated sentences. And so, **su** or **sus** remains the normal form:

¿Cómo está Ud.? ¿Y su familia?   How are you? And your family?
No me gustan ni Ana ni su hermana.   I don't like either Ann or her sister.

| inglés, inglesa *English* | alemán, alemana *German* |
| español, española *Spanish* | hablador, habladora *talkative* |

With most other adjectives, the masculine and feminine forms are the same.

| un cuarto grande *a big room* | una casa grande *a big house* |
| un libro fácil *an easy book* | una lección fácil *an easy lesson* |

Adding **-mente** *(-ly)* to the feminine singular form changes the adjective into an adverb.

rápido	rápidamente *rapidly, quickly*
inmediato	inmediatamente *immediately*
fácil	fácilmente *easily*

B. The plural of adjectives

Adjectives are made plural exactly the way nouns are. Those ending in a vowel add **-s**; those ending in a consonant add **-es**. A final **z** changes to **-ces.**

| manos pequeñas *small hands* | pies grandes *large feet* |
| coches ingleses *English cars* | días felices *happy days* |

C. Adjectives used as nouns

Very often, using an adjective with **un, una, el, la,** etc, makes a noun unnecessary.

el joven *the young man*	los jóvenes *young people*
la pobre *the poor woman*	los ricos *the rich*
un francés *a Frenchman*	los franceses *the French*

Ejercicios

A. Diga la forma feminina singular de los adjetivos siguientes:

bonito, bueno, malo, difícil, inglés, francés, español, alemán, grande, joven

B. Ahora haga *(make)* plurales los adjetivos siguientes:

alto, delgada, rubia, moreno, fácil, derecho, izquierda, feliz, capaz

C. Cambie a adverbios. Por ejemplo:

exacto **exactamente**

sincero, generoso, cordial, filosófico, tragico, fácil, lento *(slow)*

D. Finalmente, ¿qué asocia Ud. con las cosas siguientes?

1. los pobres 2. los ricos 3. los españoles 4. los japoneses 5. un curso interesante 6. un día perfecto

16. THE POSITION OF ADJECTIVES

Descriptive adjectives—especially adjectives of color, shape, nationality, religion or classification—usually follow the noun.

un sombrero rojo	*a red hat*	una mesa redonda	*a round table*
la comida china	*Chinese food*	mi hijo casado	*my married son*
un coche nuevo	*a new car*	una cuestión moral	*a moral issue*

Certain short or nondescriptive adjectives go before the noun.

mucho trabajo	*a lot of work*	pocas personas	*few people*
esta noche	*this evening*	nuestra familia	*our family*

Bueno *(good)* and **malo** *(bad)* can go either before or after the noun. **Bueno** is shortened to **buen**, and **malo** is shortened to **mal**, before a masculine singular noun.

un buen muchacho	un muchacho bueno
una mala cosa	una cosa mala
buenas ideas	ideas buenas

Ejercicios

A. Díganos siempre el primer adjetivo que se le ocurre *(that occurs to you)*. Por ejemplo:

> un amigo… **un buen amigo, un amigo sincero, un viejo amigo, un amigo italiano,** etc.

una ciudad… una mesa… un chico… un sombrero… un examen… una muchacha… un(a) profesor(a)… una tienda… un cuerpo…

B. Y para terminar, conteste otra vez:

1. ¿Hay una mesa redonda en su casa? ¿En qué cuarto está? 2. ¿Tiene Ud. un sombrero negro? 3. ¿Le gustan más a Ud. las camisas *(shirts)* blancas o de colores? (Me gustan más…) 4. ¿Tiene Ud. un buen amigo hispano? 5. ¿Le gustan a Ud. las comedias musicales? 6. ¿Tiene Ud. un hermano casado (o una hermana casada)? 7. ¿Hay muchos profesores buenos en su escuela? 8. ¿Vive Ud. en una casa moderna o en una casa vieja? 9. ¿Hay muchos programas interesantes en la televisión? 10. ¿Estudia Ud. otra lengua extranjera *(foreign)*?

Teatro

Escriba Ud. una escena original sobre la vida en su dormitorio. O si no vive Ud. en un dormitorio, describa un episodio típico en su casa—con sus hermanos, sus amigos, etc. Entonces, prepárese para representarlo *(Then get ready to act it out)*; y con mucho énfasis dramático; ¿está bien?

Hora de Conversación III

EL CUERPO HUMANO *(The human body)*

cabeza   *head*
pelo   *hair*
cara   *face*
ojo   *eye*
ceja   *eyebrow*
pestaña   *eyelash*
la nariz   *nose*
oreja   *(outer) ear*
oído   *(inner) ear*
boca   *mouth*
labio   *lip*
lengua   *tongue*
el diente   *tooth*   soch
garganta   *throat*

_____

la carne   *flesh*
la piel, el cutis   *skin*
la sangre   *blood*
hueso   *bone*
músculo   *muscle*
pecho   *chest*
el corazón   *heart*
el pulmón   *lung*
estómago   *stomach*
espalda   *back; shoulder*

hombro - sholders

el pie   *foot*

pierna   *leg*
la mano   *hand*
brazo   *arm*
muñeca   *wrist*
dedo   *finger; toe*
uña   *fingernail*

Y LA ROPA *(Clothes)*

vestido *dress; (pl.) clothes*		el traje *suit*	
camisa *shirt*		**corbata** *tie*	
saco *(suit) jacket*		chaqueta *(sport) jacket*	
falda *skirt*		blusa *blouse*	
		el suéter *sweater*	
los pantalones, calzones *pants*		calzoncillos *shorts*	
la combinación, refajo *slip*		camiseta *undershirt*	
abrigo, sobretodo *overcoat*		**sombrero** *hat*	
el guante *glove*		bufanda *scarf*	
zapato *shoe*		el calcetín *sock*	
bota *boot*		media *stocking*	

bata *robe*
pijama *(m. or f.)* *pajamas*
el impermeable *raincoat*
zapatilla *slipper*
camisa de noche *nightgown*

el paraguas *umbrella*

Conversación

1. ¿En qué parte del cuerpo están *(are)* los ojos? ¿el corazón? ¿la boca? ¿las uñas? ¿la lengua? ¿los dedos? ¿los dientes? ¿las cuerdas vocales? ¿las pestañas? ¿los pulmones?

2. ¿Qué partes del cuerpo usamos para comer? ¿bailar *(dance)*? ¿cantar *(sing)*? ¿jugar al béisbol? ¿tocar el piano? ¿estudiar? ¿tocar el clarinete? ¿oír *(hear)*? ¿besar *(kiss)*?

3. ¿Qué llevamos *(do we wear)* en la cabeza? ¿en los pies? ¿en las piernas? ¿en las manos? ¿sobre el pecho?

4. ¿Cuánto cuesta *(costs)* un buen abrigo? ¿un par de guantes? ¿un par de

zapatos? ¿zapatillas? ¿zapatos de goma *(rubbers)*? ¿un vestido? ¿un buen traje de hombre? ¿una camisa? ¿un par de medias? ¿un par de calcetines? ¿un par de pantalones?

5. ¿De qué color es su camisa (o blusa, o vestido)? ¿De qué color son sus zapatos? ¿De qué color es su vestido o traje favorito? ¿Qué colores usa Ud. más?

6. ¿Qué lleva Ud. cuando *(when)* llueve? ¿y cuando nieva? ¿y para dormir?

Lección Cuarta

[handwritten: To be / estoy listo / soy listo]

[handwritten: Voy=going]

Momento de Vida: La Visita

[handwritten: life]

Madre: Pedro, en diez minutos los **invitados van a llegar. ¿ No te vas a vestir ?**

guests are going to arrive. Aren't you going to get dressed?

[handwritten: gets arrive]

Pedro: **Estoy vestido.**

I *am* dressed.

[handwritten: well]

Madre: Pues ya veo que no estás desnudo. Pero no estás vestido **para recibir a** los invitados.

I can see you're not naked • to receive

Pedro: No son mis invitados.

Madre: **No importa.** Son los **patrones** de tu papá.

It doesn't matter • bosses

Pedro: Entonces **Uds. tienen que estar** vestidos, **no yo.**

you have to be • not I

Madre: **Voy a llamar a** tu papá... ¡Alvaro! ¡Alvaro!

I'm going to call

Padre: (desde el baño) ¿ **Qué hay,** Julia ? **Salgo en seguida.**

(from the bathroom) What's up • I'll be right out.

Madre: Tienes que hablar con tu hijo. **Yo no puedo más.**

I give up.

Padre: En un momentito. **Casi estoy listo.** (Alvaro **sale del** baño.) Julia, ¿ **dónde está mi camisa nueva ?** Sólo veo la **vieja.**

I'm almost ready. • comes out
Where's my new shirt? • old one

Madre: Por favor, Alvaro. Estoy **cansada de hablar** con Pedro.

tired of talking

Padre: ¿ **Qué hace él ?**

What's *he* doing?

Pedro: **No hago** nada, Papá.

I'm not doing

Padre: Pues **mira,** hijo, los invitados van a llegar en diez minutos.

look

Madre: En cinco minutos, Alvaro. ¡ En cinco !

Padre: Entonces, Pedro, ¿ no te vas a vestir ?

Pedro: Estoy vestido. Tú no estás vestido **todavía,** Papá.

yet

Padre: Pedro, **sin saco y corbata** no estás vestido para recibir a los invitados.

without a jacket and tie

Pedro: No son mis invitados. Yo no tengo que recibir **a nadie.**

anybody (don't translate the *a*)

Madre: ¿ **Oyes,** Alvaro ? ¡ **Hoy día** en la escuela **sólo enseñan a ser rebeldes !**

You hear? • Nowadays • they only teach how to be rebels

Padre: ¿ Y si **te ven así ?**

they see you like that

Pedro: ¿ **Qué importa ?** Es mi manera natural. No **soy hipócrita.** Es un país democrático, ¿ no ?

So what?

Padre: ¡ En **esta** casa no hay democracia ! ¡ Aquí **el rey soy yo !**

this • *I'm* the king!

Pedro: **Ya no hay** reyes, papá.

There are no more

Madre: ¡Ajá! ¿No digo yo siempre? ¡Cuando **los jóvenes** estudian inglés, sólo **aprenden a contestar mal** a sus padres! Yo no doy nada por... (Suena el timbre de la puerta.) ¡Ay, no! ¡**Ya comienzan a** llegar, y no estoy lista todavía!

young people • learn how to talk back fresh • I don't give a hoot for ... (The doorbell rings.) • They're already beginning

Padre: ¡¡Pedro!!

Madre: Y tú, Alvaro, ¡todavía estás en tu **ropa interior**! ¡Estoy **enferma**!

underwear • sick

Pedro: Calma, Mamá, Papá. Si desean, **yo voy** a la puerta.

I'll go

Madre: Ah, gracias, hijo. (Pedro sale.)

Padre: ¿**Ya ves**, Julia? ¿**No conozco a** nuestro hijo? Pedro no es **malo**. Ahora, en dos minutos...

You see? • Don't I know

a bad guy

Pedro: (a la puerta) Buenas noches. Sí, sí... Yo soy Pedro Medina, el hijo **mayor**... ¿Ah, Uds. son los señores Ramírez?... ¿Esta noche?... ¿**A comer**?... Pues no sé. Mis padres **no están**... Sí. ¡**Ahora mismo acaban de salir para una fiesta**!...

oldest

For dinner? • aren't in They just went out to a party!

They Just left

ASOCIACIONES

fiesta *party*; **invitados** *guests*—comer, beber, música, el sábado a las ocho

viejo *old*; **joven** *(pl.* **jóvenes)** *young*; **nuevo** *new*

enfermo *sick*; **cansado** *tired*—de trabajar, de estudiar, de hablar; **mal(o)** *(adj.) bad*—**buen(o)** *good*; **mal** *(adv.) badly*—**bien** *well*

listo *ready*; **vestido** *dressed*—para una fiesta, para salir, etc.

To go out

*estar *to be (in a place or in a certain state or condition)*—estar listo, vestido enfermo; estar en el baño, en la clase

*ir *to go*; *salir *to go or come out*; **salir de** *to leave (a place)*; **llegar (a)** *to arrive (in or at)*

*Sé *learn in the end*

saber (una cosa) *to know something*; *conocer* (a una persona, etc.) *to know (a person, a place; to be acquainted with)*

*hacer *to make, to do*—hacer una fiesta, una comida; *ver *to see*

*dar *to give*—dinero, una lección, etc.; **recibir** *to receive*

ya *already*—¿Estás listo ya?—**Casi.** *Almost.*

todavía *still*; **todavía no** *not yet*; **ya no** *no longer, not any more*

VAMOS A HABLAR

1. Primero, díganos: ¿Le gusta Pedro? ¿Conoce Ud. a una persona como él? ¿Conoce Ud. a personas como sus padres?
2. En su opinión, ¿de qué clase social son los Medina—de la clase alta, baja *(low)* o media? ¿Son personas de mucha educación? ¿Tienen ideas liberales o más bien *(rather)* tradicionalistas?

Soy = I am
está úd. = are you

3. Y en la familia de Ud., ¿quién es más liberal—su madre o su padre? ¿Quién es más emocional? ¿más razonable? ¿más «moderno»?

4. En el cuento **La Visita,** ¿quiénes vienen a comer esta noche? ¿Por qué está molesta *(annoyed)* con Pedro su mamá? (A propósito, ¿vienen a comer en casa de Uds. los patrones de su papá?)

5. ¿A quién llama la señora Medina para hablar con Pedro?

6. ¿Dónde está el señor? ¿Está listo ya? ¿Por qué?

7. Cuando el señor Medina ve a su hijo, ¿qué dice? ¿Qué contesta Pedro?

8. Según *(According to)* el padre, ¿quién es el rey en su casa? (¿Hay rey en la casa de Ud.?) ¿Y qué responde Pedro?

9. Por fin, ¿quién va a la puerta cuando llegan los invitados? ¿Y qué dice?

10. Una pregunta más: (Para los muchachos) ¿A Ud. le gusta llevar saco y corbata cuando va a una fiesta? (Y para las muchachas) ¿A Ud. le gusta más un muchacho vestido con saco y corbata, o vestido de *(in)* una manera más informal?

Estructura

17. THREE MORE IMPORTANT VERBS: *IR, DAR, ESTAR*

ir *(to go)*	**dar** *(to give)*	**estar** *(to be)*
voy	doy	estoy
vas	das	estás
va	da	está
vamos	damos	estamos
vais	dais	estáis
van	dan	están

Ejercicios

A. Cambie según el sujeto nuevo:

1. Estoy muy cansado.
   (El niño, Mis pies, Marta y yo, Ud., Uds., Tú, Vosotros)
2. ¿Vamos a clase ahora?
   (Vosotros, Tú, Los estudiantes, Yo, Felipe, Ud.)
3. Siempre da dinero a los pobres.
   (Yo, Sus padres, La señora Gutiérrez, Uds., Tú, Vosotras)

B. Complete las frases siguientes usando la forma correcta de **estar, ir,** o **dar**:

1. Anita, ¿a dónde _____ ? _____ a la biblioteca. Tengo que estudiar.
2. ¿Cuánto _____ Ud. por el saco? No _____ nada. No me gusta.
3. Mi hermano y yo _____ a visitar México este verano.—¡Qué suerte!
4. Uds. _____ a la fiesta de María, ¿no? No es posible. _____ muy cansados.
5. ¿Dónde _____ Paco y Juanita? No sé. No _____ aquí.
6. Nuestro profesor _____ muchos exámenes, pero son fáciles.

18. GENERAL VIEW OF *ESTAR*

In general, **estar** tells *where* or in what *position* or *condition* the subject is. (Recall : **ser** tells *who* or *what* the subject is, what it is like in essence.)

A. **Estar** states location or position :

Estamos en la clase.	We are in the classroom.
La biblioteca está en la Calle Colón.	The library is on Columbus Street.
¿ Dónde está mi libro ?	Where is my book ?
Están sentados.	They are seated.

 B. **Estar** with adjectives

When *to be* links the subject with an adjective, **estar** indicates a *state*, a *condition*, or a *semblance of being* (what the subject feels like, looks like, happens to be like at a certain time). Notice the difference from **ser**, which indicates essential qualities, basic characteristics :[1]

Está pálida.	She is (looks, has turned) pale.
Es pálida.	She is pale (characteristically).
Juan está malo.	John is sick (in bad condition).
Juan es malo.	John is bad.
¿ Cómo está tu madre ?	How is your mother (feeling) ?
¿ Cómo es tu madre ?	What is your mother like ?
La sopa está fría.	The soup is cold (its state).
La nieve es fría.	Snow is cold (its characteristic).
Las uvas están verdes.	The grapes are green (unripe).
Las uvas son verdes.	The grapes are green (color).

Age and financial position are considered characteristics, and so the adjectives **joven**, **viejo**, **rico**, and **pobre** normally take **ser** :

Mi padre no es viejo, ni joven.	My father isn't old, or young.
¿ Es rica tu tía ?	Is your aunt rich ?

When **estar** is used with **viejo** or **joven**, it implies an appearance of being old or young, and not the age itself :

Estás muy joven con ese traje.	You look very young in that outfit.

Ejercicios

A. Conteste en español :

1. ¿ Dónde está Ud. ahora ?   2. ¿ Dónde están sus padres ? ¿ y sus hermanos ?

---

[1] Although conditions or states are often temporary, and characteristics are often permanent, temporary versus permanent is NOT the guiding factor in the use of **ser** and **estar**. A condition or state may be quite permanent : **Está muerto.** *(He is dead.)* **Siempre estoy cansado.** *(I am always tired.)* And a characteristic may change : **Era tan bueno, y ahora es tan malo.** *(He used to be so good, and now he's so bad.)*

3. ¿Dónde está su casa? 4. ¿Está Ud. sentado (sentada) cerca de la puerta? ¿cerca de las ventanas? 5. ¿Dónde está Madrid? ¿y Buenos Aires? 6. ¿Cuál *(What)* es la capital de España? ¿y de Francia? ¿y de los Estados Unidos? 7. ¿Dónde está la Casa Blanca? 8. Y finalmente, ¿de qué colores está Ud. vestido(a) hoy?

B. ¿Cómo relaciona Ud. las preguntas o comentarios *(How do you relate the questions or comments)* de los Grupos A y B?

A	B
1. Estás muy pálida. ¿Estás mala?	Sí, pero ya está casada *(married)*.
2. Nuestro hijo Miguel es el mejor estudiante de la clase.	¿Quién sabe? Pero es evidente que no son pobres.
3. Elena es muy joven, ¿no?	¿Por qué? ¿Está frío?
4. No me gusta el café.	No. Estoy cansada, nada más.
5. El señor Rosas está muy viejo.	Es alto, delgado y moreno.
6. Las rosas son rojas.	Mucho mejor, gracias, ¿y Ud.?
7. Carmen está muy bonita esta noche, ¿verdad?	Uds. deben estar muy contentos de *(with)* él.
8. ¿Cómo están Uds. ahora?	Y las violetas son azules.
9. ¿Cómo es Diego?	Sí, porque tiene muchos problemas.
10. ¿Tienen mucho dinero los padres de Esteban?	Claro. Es una muchacha muy hermosa.

C. Exprese ahora en español:

1. Frank, Helen, where are you?—We're here, Mom, in the kitchen. 2. How are you feeling? Are you sick?—No, I'm tired. 3. John is absent *(ausente)* today. —Today? Always! 4. What is your cousin like?—She's very pretty, she's very intelligent, and she's very modest, like me *(como yo)*. 5. Are the guests still here?—No, not any more *(ya no)*. 6. Dad, your boss is here.—Oh, no! And I'm not ready yet!

19. SPECIAL USES OF *A*

A. The personal **a**

Except after **tener, a** is used before a direct object[2] that refers to a person. Don't try to translate this **a** into English.

¿Conocen a María? —Todavía no.   Do they know Mary? —Not yet.

Veo a mi novio todos los días.   I see my boyfriend every day.
    —¡Qué suerte!   —What luck!

¿Tú recibes a los invitados?   Are you receiving the guests?
    —Yo no recibo a nadie.   —I'm not receiving anybody.

---

[2] An object receives the action of a verb.

The personal **a** is often very important in distinguishing between the subject and object of a verb:

¿Conoce Diego a la maestra? — Does Jim know the teacher?
¿Conoce a Diego la maestra? — Does the teacher know Jim?

¿Llama tu madre? — Is your mother calling?
¿Llama a tu madre? — Is he calling your mother?

B. Verbs of direction, such as **ir** and **venir**, and verbs of beginning, learning and teaching are followed by **a** before an infinitive. Using **a** increases the feeling of motion toward ⟶ a goal.

Vamos a estudiar esta noche. — We're going to study tonight.
Viene a visitarme. — He's coming to visit me.
Aprenden a hablar inglés. — They're learning to speak English.
Ahora comienzas a comprender. — Now you're beginning to understand.

Ejercicios

A. Cambie según las indicaciones:

1. Vienen a hablar con mi padre.
Vienen a hablar con el Dr. Salas.
_____ estudiar _____
Van a _____
(Yo) Voy a estudiar con el

3 2. Aprendemos a hablar español.
_____ francés.
Comienzan a hablar francés.
Comienzan a escribir en francés.
Enseñan a escribir fraces.

3. Vamos a hacer el trabajo (work).
_____ preparar _____.
¿Tú Vaca a prepar _____?
¿Comienzas a prepara el trabajo?
¿Aprendes a pr _____?

4. Vengo a trabajar contigo.
(Nosotros) Venir
Venemos a trabajar con Uds.
Vamos _____.
Vamos a caminar uds.

B. Ahora conteste:

1. ¿Ve Ud. todos los días a sus padres? ¿Y a sus hermanos? 2. ¿Van Uds. a ver a sus abuelos? 3. ¿Visita Ud. frecuentemente a sus tíos? (A propósito, ¿cuántos tíos y primos tiene Ud.?) 4. ¿Reciben a muchos invitados sus padres? ¿Quiénes son, por lo general, sus invitados? 5. ¿Qué lengua aprenden Uds. a hablar ahora? 5. ¿Comienza Ud. a comprender español ya un poco?

C. Diga ahora en español:
1. Do you see my friend Mike? —No. Where is he? 2. Do you (pl.) know our uncle? —Which one? (¿Cuál?) 3. They are going to visit their parents. —Where do they live? 4. He isn't calling Laura this evening. —Why not? —Because she isn't home (en casa). 5. I have fifteen uncles (and aunts) and forty-two cousins. —What luck! 6. She loves (amar) her husband very much. —I don't know why.

20. IRREGULAR FIRST PERSON SINGULAR VERB FORMS

In the present tense, most irregular verbs are irregular only in the first person singular. The other persons are regular. For example:

hacer *(to make; to do)* : **hago**, haces, hace, hacemos, hacéis, hacen

salir *(to go out; to leave)* : **salgo**, sales, sale, salimos, salís, salen

saber *(to know a fact; to know how to, etc.)* : **sé**, sabes, sabe, sabemos, sabéis, saben

conocer *(to know a person; to be acquainted or familiar with)*: **conozco**, conoces, conoce, conocemos, conocéis, conocen

Ahora complete Ud. las conjugaciones siguientes:

valer *(to be worth)* : **valgo**, vales, _vale_ , _valimos_ _valen_ , _____

poner *(to put)* : **pongo**, _pone_ , _pones_ , _ponemos_ _ponise_ , _ponen_

caer *(to fall)* : **caigo**, _cae_ , _caes_ , _____ , _____ , _____

traer *(to bring)* : **traigo**, _trae_ , _traes_ , _traemos_ , _traen_ , _____

ver *(to see)* : **veo**, ves, _____ , _____ , _vemos_ , _____

producir *(to produce)* : **produzco**, _____ , _____ , _____ , _____ , _____

Ejercicios

A. Diga rápidamente las formas correspondientes:

yo : poner, traer, salir, valer, caer, hacer, producir, conocer

tú : ver, hacer, saber, poner, salir, conocer

Pepe : valer, saber, conocer, caer, hacer, salir, producir

Ud. y yo : traer, conocer, caer, valer, salir, producir, ver

vosotros : hacer, poner, ver, traer, salir, producir

Uds. : saber, conocer, ver, traer, caer, salir

B. Ahora complete las oraciones siguientes usando verbos del grupo arriba indicado *(indicated above)* :

1. ¿Qué _veo_ (yo) ahora? —No _veo_ nada, absolutamente nada.
2. ¿Quién _traes_ el tocadiscos para la fiesta? —Si deseas, yo _trigo_ el mío *(mine)*.
3. ¿Cuánto dinero _____ Ud.? —_____ millones, en mi imaginación.
4. El Japón _____ más automóviles que nosotros. —¡Imposible!
5. ¿_____ Uds. a qué hora comienza el concierto? —A las ocho.
6. No _____ casi nada aquí. —Claro. ¿Por qué no pones *(put on)* la luz?
7. Roberto y yo _____ mañana para México. —¡Qué suerte!
8. _salgo_ de casa a las siete de la mañana, y no llego a la escuela hasta *(until)* las nueve. —Debes vivir más cerca.
9. ¿Dónde _pongo_ (yo) la radio, aquí o en la sala? —Aquí, por favor.

C. Conteste finalmente en español:

1. ¿Sabe Ud. tocar el piano? ¿la guitarra? ¿otro instrumento musical?

2. ¿Conoce Ud. la ciudad de San Francisco? ¿El Paso? ¿Montreal?   3. ¿Qué ciudad conoce Ud. mejor *(best)*?   4. ¿Cuál conoce Ud. mejor—Europa o la América latina?   5. ¿Saben Uds. de dónde es su profesor(a) de español? 6. ¿Conocen Uds. personalmente al presidente de esta universidad?   7. ¿Sabe Ud. de memoria *(by heart)* el número de su teléfono? ¿y su número de Seguro Social *(Social Security)*?   8. ¿Saben Uds. hablar un poco ahora en español? 9. ¿Sabe Ud. ya esta lección?   10. ¿Sabe Ud. qué hora es?
¡Ay, no! ¡Tenemos que terminar!

Teatro

¿Recuerda Ud. **La Visita**? Pues escriba ahora un diálogo original basado en su propia *(own)* experiencia personal. Por ejemplo, una discusión *(argument)* entre Ud. y sus hermanos o sus padres, o la visita de un amigo, un pariente, o alguna *(some)* persona «importante». Y si no desea hablar de una experiencia personal, use la imaginación, ¡y adelante *(right on)*!

Lectura Cultural

I. La España Antigua *(Ancient Spain)*

Tiempos prehistóricos. **Siglos** quince, catorce, trece **antes de** Cristo.   Centuries • before
Y los habitantes principales de España son los **iberos,** hombres de **tipo**   Iberians
mediterráneo, **bajos** y morenos. Saben cultivar la **tierra,** trabajar con   earth
metales, construir cases de **piedra** y hacer **objetos de adorno.** Pero   stone • adornments
5 son muy individualistas, y están divididos en **más de mil tribus**   more than 1000 tribes
independientes.

    En el siglo once antes de Cristo, los **celtas,** hombres hórdicos   Celts
más altos y rubios, comienzan a llegar. Ocupan **mayormente** el norte y   mainly
el **oeste** de la península, pero en partes del **este** y del **sur, se unen** con   West • East • South, they unite
10 los iberos para formar una raza celtíbera. **Al mismo tiempo, los**   At the same time the
fenicios, grandes navegantes del norte de Africa, vienen al **sur** de   Phoenicians, great navigators
España a **comerciar.** Allí **fundan** la ciudad de Cádiz, y traen sus   trade • they establish
conocimientos metalúrgicos y agrícolas.   knowledge

    Los **griegos,** que representan en el mundo antiguo la **cima** de la   Greeks • high point
  send colonists

Pinturas prehistóricas, cuevas de Cogul, Lérida.

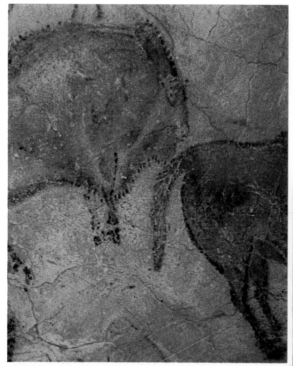

Figuras de animales en las cuevas de
Altamira, Santander.

Detalle de un vaso ibérico:
guerreros con lanza y escudo
(*shield*), Valencia.

El hombre lucha con el
toro (*fights the bull*).
Cerámica ibérica del
siglo III o II A.C.,
Valencia.

La Dama de Ibiza, bello ejemplo de
escultura prerromana.

La famosa Dama de Elche, obra maestra del
arte ibero, refleja la influencia griega en la
España primitiva.

15 cultura europea, también **mandan colonos** y comerciantes a España. En el siglo siete antes de Cristo establecen ciudades en el este de la península, introducen nuevos métodos de agricultura y fomentan las artes—el teatro, la poesía, la filosofía.

Y pasa el tiempo. En el siglo seis **A.C.**, los **cartagineses** vienen
20 a España. Avanzan **poco a poco por** la península, **hasta que** en el siglo tres A.C. deciden ocupar **todo** el territorio y **lanzar desde** allí la invasión del **imperio** romano. En 219 (doscientos diez y nueve) A.C. el general cartaginés **Aníbal cruza** los Alpes y ataca a Roma. La **lucha** es terrible. Pero los romanos triunfan, y en 218 A.C. mandan
25 sus primeras legiones a ocupar España y **destruir** las bases de sus **enemigos**. Así comienza el **primer** período decisivo en la formación cultural de España, un período en que España va a **hacerse** «más romana que Roma **misma**».

Los seis siglos de la dominación romana **dejan su sello** en toda
30 la historia de España. Los romanos **construyen nuevas** ciudades, con magníficos **edificios** públicos y **particulares**, con **puentes**, templos, **baños**, acueductos y **caminos**. Su lengua, el latín, su arte, su sistema de **leyes** y sus instituciones sociales y económicas **llegan a ser** la base de la vida española. Y la tolerancia romana **aun** permite **por** un
35 tiempo la diseminación de la **fe** cristiana. España también contribuye a la cultura romana. Allí **nacen** tres **emperadores** romanos y muchos

(antes de Cristo) B.C. •
Carthaginians • little by little
through • until
all • launch from
empire
Hannibal crosses
fighting
destroy
enemies • first
become
itself
leave their mark
construct new
buildings • private • bridges
baths • roads
laws • become
even • for
faith
are born • emperors

El acueducto de Segovia, maravilla de la ingeniería romana.

Detalle de un mosaico romano en la región de Barcelona. Para el siglo III D.C. España es la colonia más importante del imperio de los Césares.

Hermoso vaso greco-hispano. La escena representa los trabajos (*labors*) de Hercules.

grandes escritores, como Séneca, Lucano, y Marcial. Y España contribuye también la **riqueza** de sus minas, de su **ganadería**, y de sus **recursos** naturales.

40   Pero la época de la **grandeza** pasa, y **para principios** del siglo **quinto D.C.**, Roma está en decadencia. En 409 (cuatrocientos nueve), los **godos** y otras tribus germánicas **cruzan sus fronteras** y

great writers

riches • stock-raising

resources

greatness • by the beginning fifth, A.D. (después de Cristo)

Goths • cross her frontiers

toman posesión del vasto territorio de los **Césares**. El dominio romano **llega a su fin**.

Caesars

reaches its end

45   Los godos llegan a ser la clase dominante de España pero con el tiempo, la superior cultura hispanorromana triunfa **sobre la** de sus conquistadores. El latín **sustituye** al lenguaje gótico como lengua **culta**, el catolicismo llega a ser la religión oficial y la **iglesia** llega a ser

over that

replaces

cultured • church

Las ruinas de un anfiteatro romano se levantan (*rise*) cerca del mar en Tarragona, España.

El gran teatro romano de Mérida, Extremadura. La presencia romana es evidente aún (*still*) en toda la península Ibérica.

Este impresionante capitel románico (*romanesque*) capta la esencia religiosa de la antigua España cristiana. ▶

La corona de Recesvinto, rey visigodo, es un tesoro de oro y piedras preciosas.

el instrumento más importante del **estado** y de la educación. Pero   state
50 todavía no hay unidad. La monarquía continúa **a merced** de facciones   at the mercy
rivales, y para principios del siglo ocho, España está **débil** y decadente.   weak
   Las invasiones **musulmanas** comienzan en el año 711 (setecientos   Moslem
once), y en siete años los árabes ocupan casi toda la península.
Finalmente, **derrotados** por un pequeño bando de cristianos en el   defeated

El alcázar de Segovia, fortaleza árabe comenzada (*Arab fortress begun*) en el siglo VIII, es símbolo de la confluencia de culturas en la historia española.

Rodrigo, el último rey godo, sujeto de numerosas leyendas (*legends*) sobre la conquista de España por los musulmanes. En esta ilustración, Rodrigo viola la torre encantada (*enchanted tower*) de Hércules, y así trae la inminente destrucción de su país.

55 norte, **se retiran** al centro y al sur. Córdoba, Toledo, Granada y   they withdraw
Sevilla llegan a ser los **focos** de una gran civilización y una nueva   focal points
época en la historia española **empieza**. Con el tiempo va a **surgir**   begins • arise
una nación.

Preguntas

1. ¿Quiénes son los habitantes principales de la España prehistórica? ¿Qué sabe Ud. de su cultura?
2. ¿Quiénes son los celtas? ¿Cuándo comienzan a llegar a la península ibérica?
3. ¿Qué contribuyen a España los fenicios? ¿y los griegos?
4. ¿Por qué deciden los cartagineses ocupar la península en el siglo III A.C.? ¿Qué hacen los romanos después?
5. ¿Por cuánto tiempo ocupan España los romanos? ¿Cuáles son sus mayores contribuciones?
6. ¿Qué contribuye España a Roma?
7. ¿Qué pasa a principios del siglo quinto D.C.? ¿Qué consecuencias tiene para la historia de España?

8. ¿Qué cambios *(changes)* ocurren en la vida española durante el período de la dominación gótica?

9. ¿Quiénes invaden España en el año 711? ¿Dónde se establecen mayormente los árabes? ¿Qué llegan a ser sus ciudades?

10. Como Ud. ve, España es en efecto una amalgama de muchas razas y pueblos diferentes. En su opinión, ¿es mejor para una nación tener una raza «pura» o una mezcla *(mixture)* de muchas razas? ¿Por qué?

Lección Quinta

Momento de Vida: Losada y Compañía (1)

Estamos en las **oficinas** de Losada y Compañía. Elena González, la recepcionista nueva, está **al conmutador**. — *offices / at the switchboard*

Elena: Buenos días, Losada y Compañía... Ah, Mercedes. **¿ Eres tú ?** ¡ Qué gusto **de oírte** !... Sí, **hace una semana que trabajo** aquí... Sí, me gusta... sólo que **no puedo** aprender **de memoria** todas las extensiones. **Nunca recuerdo,** por ejemplo, si el **número del jefe** es el 579 o el 975. **Me vuelvo loca**... Sí, tienes razon. Con más tiempo... (El número **suena** y una **luz roja se enciende** en el conmutador.) Espera, Mercedes. En un momentito estoy contigo... Losada y Compañía. — *Is it you? / to hear you! • I've been working for a week / I can't • by heart / I never remember • boss's number / I'm going crazy / rings • red light goes on*

Sr. Ramos (al teléfono) : Buenos días. **¿ Me puede comunicar** con el señor Salas ? — *Can you connect me*

Elena: **¿ Cómo se escribe,** por favor ? — *How do you spell it?*

Sr. Ramos: S-A-L-A-S.

Elena: **Más despacio,** por favor, ¿ S-A-... ? — *More slowly*

Sr. Ramos: L-A-S. Es muy complicado.

Elena: Ah, sí. **¿ De parte de quién,** por favor ? — *Who's calling*

Sr. Ramos: Del señor Ramos. R-A-M-O-S.

Elena: Ah, gracias. Un momentito, señor. (Elena **busca** la lista de las extensiones pero **no la encuentra. Desesperada, cierra los ojos, aprieta un botón, y vuelve** a hablar con Mercedes.) Aquí estoy, Mercedes. **Así que, ¿ qué me cuentas ? ¿ Cómo te va** en... (Suena otra vez el teléfono.) **¡ Dios mío !** Me **muero si no me dejan en paz** por cinco minutos. Espera, Mercedes... Losada y Compañía... Pero, ¿ señor Ramos ? ¿ Desconectado ?... ¡ Ay, **lo siento mucho ! En seguida,** señor... (Elena cierra los ojos y aprieta otro botón.) Muy bien. (Se enciende otra luz roja en el conmutador.) Losada y Compañía... ¡ Pero, Cándida ! **¡ Qué sorpresa ! Hace meses que pienso llamarte.** Sí... Sí... Todavía con Pablo. (Varias luces rojas se encienden.) Espera, Cándida. **Vuelvo en seguida**... Losada y Compañía... ¡ Pablo ! **¡ Amor mío !** No te puedo hablar **en este** momento. Espera, ¿ eh, querido ? — *looks for / doesn't find it. Desperate, she closes her eyes, presses a button and goes back / So, what do you say? / How are things going with you / For heaven's sake! I'll die if they don't leave me alone / I'm very sorry! Right away / What a surprise! / For months I've been thinking of calling you / I'll be right back • My love! / I can't speak to you at this*

...No, no te voy a desconectar. Muy buenos, Losada y... Pero, señor Ramos...

Sr. Ramos: Sí. R-A-M-O-S. Señorita, ¿por qué **no quiere** Ud. comunicarme con el señor Salas—S-A-L-A-S? — don't you want

Elena: **Su nombre de pila,** por favor. — His first name

Sr. Ramos: No sé su nombre de pila. Pero si Ud.—U-S-T-E-D—no me comunica...

Elena: **¡Cómo no,** señor! Inmediatamente. (Se encienden tres luces más en el conmutador.) Losada y Compañía. Buenos días... ¡Patricio! Pero chico, ¡qué gusto! Espera. Tengo que contestar otras **llamadas**?...¿ Mercedes?...¿ Cándida?...¿ Pablo?... **¿Están ahí todavía?**... Bueno. Losada y Compañía ... ¿Juanita? **Espérame,** chica, ¿eh? En seguida... (El botón número 795 se enciende en el conmutador.) — Of course / calls / Are you still there? / Wait for me

Sr. Salas: Señorita, aquí habla el señor Salas. **Hace dos horas que quiero comunicarme con** el señor Alberto Ramos y las **líneas** siempre están **ocupadas. Comienzo a perder** la paciencia, y **cuando yo pierdo...** — For two hours I've been trying to reach • lines busy. I'm beginning to lose / when I lose

Elena: ¡Cómo no, señor! En seguida. Pero dígame, ¿cómo se escribe Ramos, por favor...?

apellido = family name

ASOCIACIONES

oficina *office*; **jefe** *boss*—secretarias, trabajar, un trabajo *(a job; work)*
llamada *(a) call*—hacer o recibir; **número** *number*—teléfono, sonar *(to ring)*
la luz *light*—roja, verde, blanca, apagar, encender *(to turn on)*

---

llamar *to call*—un número, a una persona; **llamarse** *to be named or called*
   —¿ Cómo se llama Ud.?
buscar *to look for*—una cosa, a una persona
esperar *to hope, expect, wait for*—esperar a un amigo, esperar una llamada; esperar
   tener buena suerte *(good luck)*
cerrar (cierro) *to close*—una puerta, un libro, la ventana; abrir
comenzar (comienzo) *to begin*—terminar
pensar (pienso) *to think*—meditar, usar la razón o la imaginación
sentir (siento) *to feel, regret, feel sorry*—sentimiento, sentimiental
*****querer (quiero)** *to want, wish to; to like, love* (a una persona)
perder (pierdo) *to lose*—tiempo, dinero; **encontrar (encuentro)** *to find, meet*
morir (muero) *to die*; **volver (vuelvo)** *to return, come back, go back*
*****poder (puedo)** *to be able, can*—**recordar (recuerdo)** *to remember*

---

todo(s) *all, every*—todo el día, todos los días, todas las noches

ocupado *busy, occupied*—La línea está ocupada.
despacio *slowly*—rápidamente ; **en seguida** *right away*—inmediatamente
¿ Cómo ? *How ?, What (did you say !)*—**Lo siento.** *I'm sorry.* Perdón.

VAMOS A CONVERSAR

1. ¿ Tiene Ud. experiencia de trabajar en una oficina ? ¿ Le gusta trabajar allí o prefiere trabajar al aire libre *(in the open air)* ?
2. ¿ Tiene Ud. mucha habilidad con las manos ? ¿ Le gusta la idea de ser mecánico(a) o técnico(a) ?
3. ¿ Qué piensa Ud. de Elena, la nueva recepcionista ? ¿ Es una empleada *(employee)* buena, mala, o típica ? ¿ Sabe Ud. usar el conmutador ?
4. ¿ Hace poco o mucho tiempo que Elena trabaja con Losada y Compañía ? ¿ Qué dificultad tiene ?
5. ¿ Qué número en particular no recuerda nunca ? A propósito, ¿ tiene Ud. buena memoria para los números telefónicos ?
6. ¿ Con quiénes habla siempre Elena mientras *(while)* trabaja ?
7. ¿ Qué persona importante llama ahora ? ¿ Con quién quiere hablar ? ¿ Qué pregunta Elena *(does she ask)* ?
8. ¿ Por qué llama otra vez el señor Ramos ?
9. ¿ Qué botón se enciende ahora en el conmutador ? ¿ De quién es ese número ? *(Whose number is that ?)*
10. ¿ Qué dice el señor Salas ? ¿ Qué responde Elena ?

Estructura

21. RADICAL (OR STEM) CHANGING VERBS

Radical changing verbs are those whose *root* vowel, **e** or **o**, becomes a diphthong when stressed. Although these verbs do not belong to what are normally considered regular conjugations, they are not really irregular because they all conform consistently to a pattern. Radical changing verbs are of two general types : **-ar** or **-er** verbs and **-ir** verbs. The present indicative of *all* radical changing verbs conforms to the same pattern. Generally, **e** becomes **ie** and **o** becomes **ue** when stressed. A few **-ir** verbs change **e** to **i**. This is the pattern :

	PERSON			
SINGULAR	1 ⟶	e > ie	e > i	o > ue
	2 ⟶	e > ie	e > i	o > ue
	3 ⟶	e > ie	e > i	o > ue
⟵	1			
PLURAL ⟵	2			
	3 ⟶	e > ie	e > i	o > ue

Say the following conjugations in rhythm (1, 2, 3, → ; ← 1, 2 ; and back→) :

cerrar *(to close)*	**perder** *(to lose)*	**sentir** *(to feel, regret)*
cierro	pierdo	siento
cierras	pierdes	sientes
cierra	pierde	siente
cerramos	perdemos	sentimos
cerráis	perdéis	sentís
cierran	pierden	sienten *e*

contar *(to count)*	**volver** *(to return)*	**dormir** *(to sleep)*
cuento	vuelvo	duermo
cuentas	vuelves	duermes
cuenta	vuelve	duerme
contamos	volvemos	dormimos
contáis	volvéis	dormís
cuentan	vuelven	duermen

Pedir *(to ask for, request)* and **servir** *(to serve)* are two **-ir** verbs that change the stressed **e** to **i** :

pedir	**servir**
pido	sirvo
pides	sirves
pide	sirve
pedimos	servimos
pedís	servís
piden	sirven

Some irregular verbs are radical changing in the present :

querer *(to want; to like someone)*	**poder** *(to be able)*
quiero	puedo
quieres	puedes
quiere	puede
queremos	podemos
queréis	podéis
quieren	pueden

Ejercicios
A. Diga las formas correspondientes :

yo : cerrar, perder, dormir, sentir, encontrar, mover, poder
tú : morir, pedir, contar, entender *(to understand)*, querer, sentir
ella : perder, querer, dormir, encontrar, poder, volver, pedir, servir
nosotros : querer, perder, contar, sentir, mover
vosotros : cerrar, entender, dormir, poder, volver
ellos : perder, encontrar, querer, poder, servir, pedir

Handwritten notes at top:
Poner - put Poder - to be able
Perder - to lose
Pedir - ask Pensar - to think
Pasen

B. ¿ Puede Ud. encontrar en el Grupo II la conclusión de cada frase del Grupo I ?

I	II
¿ A qué hora	de 1 a 12... mi sombrero... verte enfermo...
Mi madre nunca pierde	sirven la comida ?...la paciencia con nosotros...
Uds. siempre piden	muy tarde esta noche ?... mucho dinero... las
¿ Vuelves	sillas ?
No encuentro	
El niño cuenta	
¿ Por qué mueves	
Siento	

C. Ahora conteste en español :

1. ¿ Hasta *(Until)* qué hora duerme Ud. los días de clase *(on school days)* ?
2. ¿ Hasta qué hora duerme Ud. los sábados y domingos ?   3. ¿ A qué hora vuelve Ud. a su casa hoy? (¿ A qué hora vuelven normalmente sus padres ?)
4. ¿ Recuerda Ud. todavía a sus maestros de escuela primaria ?   5. ¿ Puede Ud. recordar fácilmente los números de teléfono ?   6. ¿ Entiende Ud. bien los verbos de cambios radicales? (No son difíciles, ¿ verdad ?)   7. ¿ Entienden Uds. perfectamente cuando *(when)* habla su profesor(a) en español ?   8. ¿ Quién quiere un examen mañana ?   9. ¿ Quién quiere ir a una fiesta conmigo ?   10. Y finalmente : ¿ cierra Ud. todas las ventanas siempre cuando sale de su casa ?

22. FIRST AND SECOND PERSON OBJECT PRONOUNS

An object pronoun receives the action of the verb. Here are the first and second persons :

	DIRECT	INDIRECT	REFLEXIVE
me	me	to me	myself, to myself
te	you *(fam.)*	to you	yourself, to yourself
nos	us	to us	ourselves, to ourselves
os	you *(fam. pl.)*	to you	yourselves, to yourselves

—¿ Me quieres ?
—No, te odio.
—¡ Ay! ¡ Me mato !

—Do you love me ?
—No, I hate you.
—Ay! I'll kill myself.

—No me conoces bien.
—Sí, te conozco. Tú no te conoces.

—You don't know me very well.
—Yes, I know you. You don't know yourself.

Nunca nos ocurre nada.
Os digo, niños,...

Nothing ever happens to us.
I tell you, children,...

23. PLACING OBJECT PRONOUNS WITH A VERB

Object pronouns go immediately *before* a conjugated verb, except with a direct affirmative command. In other words, when English says " I love you," Spanish says "You I love."

Te amo. Te adoro.	I love you.
Nos llaman día y noche.	They call us day and night.
¿ Qué me pides?	What are you asking me for?

They *must* be attached to the end of a direct affirmative command:

Dígame...	Tell me...
Espérenos.	Wait for us.
Escríbame.	Write to me.

They *may* be attached to the end of an infinitive:[1]

Vienen a vernos. (*or:* Nos vienen a ver.)	They are coming to see us.
Voy a visitarte. (*or:* Te voy a visitar.)	I'm going to visit you.

Ejercicios

A. Conteste afirmativamente las preguntas siguientes. (Notice that we're going to be on friendly **tú** and **vosotros** terms.) Por ejemplo:

¿ Me amas locamente? Sí, te amo locamente.
¿ Te gusta el béisbol? —Sí, me gusta el béisbol.
¿ Van a invitaros? —Sí, van a invitarnos.

1. ¿ Me buscas? (Sí, te...) ¿ Me llamas mañana? ¿ Me recuerdas? ¿ Me traes una Coca Cola? ¿ Me apagas la luz?
2. ¿ Nos invitas? (Sí, os...) ¿ Nos odias? ¿ Nos quieres? ¿ Nos dices la verdad?
3. ¿ Te llamo esta noche? (Sí, me llamas...) ¿ Te debo dinero? ¿ Puedo pedirte un favor?[2] ¿ Puedo preguntarte algo sobre *(about)* la lección?
4. ¿ Os preparan para el examen? (Sí, nos...) ¿ Os reciben bien? ¿ Quieren hablaros? ¿ Van a veros hoy?

B. Exprese de otra manera *(in another way)* las frases siguientes. Por ejemplo:

Vamos a esperarte.   Te vamos a esperar.
¿ Nos quieres preguntar algo?   ¿ Quieres preguntarnos algo?

1. Vamos a prepararte bien. 2. Me va a gustar mucho. 3. No quieren vernos.
4. Te vengo a hablar. 5. Nunca van a comprenderme. 6. ¿ Me vas a servir en

[1]Actually, when the infinitive is not preceded by another verb, the object pronoun *must* be attached: **Conocerte es amarte.** *(To know you is to love you.)* The same principle applies to the placement of object pronouns with a present participle (Lección Diez).

seguida? 7. Voy a contarte una historia. 8. Tengo que pediros más tiempo.
9. ¿No puedes contestarnos? 10. Comienzo a amarte.

C. Finalmente, escriba Ud. frases originales usando las expresiones siguientes:

Dígame... Escríbanos... Escúcheme... Contéstenos... Repítame... Espérenos...

† 24. MORE ABOUT THE PRESENT TENSE

Remember: the present tense describes all actions that are still happening now, even
if they began some time ago in the past.

A. Desde... *since (a certain date or time)*

The present tense is used for an action that has been going on *since* a certain
date or time and still *is*. (The English *has been* can be misleading.)

Estamos casados desde junio.	We have been married since June (and we still are).
Vivo aquí desde abril.	I have been living here since April.
¿Desde cuándo esperas?	Since when have you been waiting?

B. Hace... *for (a certain period of time)*

When an action *has been going on for a period of time,* and still *is*, **hace... que**
(now it makes...) states the length of time, and the following verb is, of
course, in the present.

Hace un mes que estudio español.	I have been studying Spanish for a month (and still am).
Hace quince años que vivimos aquí.	We have been living here for fifteen years.
¿Cuánto tiempo hace que trabajas?	How long have you been working?
Hace días que me siento enfermo.	I have been feeling ill for days.

Ejercicios

A. Cambie según las indicaciones:

1. Hace seis meses que Ricardo **vive** en Chile.
   (viajar, trabajar, estar, estudiar)
2. Hace tres días que mi marido **espera** el cheque.
   (yo, mi marido y yo, los pobres, tú, vosotros)
3. Hace un año que **escribo** este libro.
   (buscar, leer, preparar, trabajar en)
4. **Están** aquí desde mayo.
   (vivir, venir, comprar, enseñar, comer)
5. La pobre está enferma desde el **domingo.**
   (Monday, Tuesday, Wednesday, Thursday, Friday, Saturday)

---

[2] Please keep in mind: **pedir** means *to ask for, to request;* **preguntar** means *to ask a question, to inquire.*

B. Ahora lea bien, y conteste:

1. Son las tres y media, y te espero desde las dos.

Conteste: a. ¿Cuánto tiempo hace que espera—una hora, una hora y media o dos horas? *Hace una hora que*
b. ¿Le gusta a Ud. esperar a una persona?

2. Hace seis semanas que estamos casados.

Conteste: a. ¿Hace mucho o poco tiempo que están casados?
b. ¿Cree Ud. que es un matrimonio *(couple)* joven o viejo?

3. Hace ocho días ya que nieva. Me muero del frío.

Conteste: a. ¿Hace buen o mal tiempo allí?
b. ¿Le gusta más a Ud. el frío o el calor?

4. Hace días que te llamo, y tu línea siempre está ocupada.

Conteste: a. ¿Habla mucho o poco por teléfono esta persona?
b. ¿A quién llama Ud. más frecuentemente?

Teatro

Prepare una corta escena original sobre **Losada y Compañía.** Por ejemplo, Ud. es un(a) cliente y llama para hablar con el jefe de la compañía, pero la (el) recepcionista le comunica *(connects you)* siempre con un número equivocado *(wrong)*. O Ud. es la nueva (el nuevo) recepcionista y no sabe todavía los números de las extensiones, ¡ni siquiera *(not even)* los nombres de sus jefes! O mejor, use Ud. la imaginación y vamos a ver.

Hora de Conversación IV

DE TIENDAS *(Shopping)*

zapatería   *shoe store*

sombrerería   *hat store*
ropería   *clothing store*
el bazar *(Spain)*, el almacén *(Sp. Am.)*
    department store
costurería   *couturier*
peletería   *fur or leather shop*
sastrería   *tailor shop*

carnicería   *butcher shop*

lechería   *dairy, milk bar*
quesería   *cheese store*
verdulería   *greengrocery*
bodega, tienda de comestibles o de
    ultramarinos, abarrotería *(Sp.
    Am.)   grocery*
mercado   *market*
supermercado   *supermarket*
panadería   *bakery*
confitería   *sweet shop*

barbería, peluquería   *barber shop*
salón de belleza   *beauty salon*

lavandería (en seco)   *laundry;
    cleaner*
tintorería   *cleaner and dyer*

ferro = iron

ferretería	*hardware store*	relojería	*watchmaker's shop*
carpintería	*carpenter's shop*	joyería	*jewelry store*
mueblería	*furniture store*	prendería	*pawn shop*
plomería	*plumber's shop*	funeraria	*funeral home*
imprenta	*printer's shop*	el garage	

librería	*book store*	agencia de viajes (seguros, bienes
botica, farmacia, droguería		raíces) *travel (insurance, real*
banco	*bank*	*estate agency)*

Conversación

1. Si el hombre que vende ropa es un ropero, y el hombre que vende libros es un librero, ¿cómo se llama el hombre que vende: zapatos, leche, muebles, relojes, queso, sombreros?

2. Si un carnicero trabaja en una carnicería, ¿dónde trabaja un panadero? ¿un sastre? ¿un agente de viajes? ¿un costurero? ¿un bodeguero?

3. ¿Adónde voy para comprar un par de zapatos, un abrigo, una mesa, un anillo *(ring)* de diamantes, una póliza de seguros, gasolina para mi coche, aspirinas?

4. ¿Adónde voy si quiero depositar mi dinero? ¿si quiero comprar una casa? ¿si necesito dinero? ¿si quiero dejar por un tiempo mi coche? ¿si está sucia *(dirty)* mi ropa?

5. ¿Hay tenderos *(storekeepers)* en su familia? ¿Quiénes son? ¿Hay un farmacéutico (o boticario, droguista)? ¿Hay un banquero? ¿un agente de viajes? ¿un mecánico? ¿un carnicero? ¿un director de funeraria? ¿Qué tiendas hay donde vive Ud.?

Repaso de Gramática I

A. Articles : DEFINITE :   el, la ; los, las   *But :*   el agua
                 INDEFINITE :   un, una   *But :*   un alma

B. Contractions : **a + el = al**   **de + el = del**

C. Present Indicative
   1. Regular verbs

hablar :	hablo, hablas, habla, hablamos, habláis, hablan
comer :	como, comes, come, comemos, coméis, comen
vivir :	vivo, vives, vive, vivimos, vivís, viven

   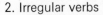

   2. Irregular verbs

ser :	soy, eres, es, somos, sois, son
tener :	tengo, tienes, tiene, tenemos, tenéis, tienen
venir :	vengo, vienes, viene, venimos, venís, vienen
decir :	digo, dices, dice, decimos, decís, dicen
estar :	estoy, estás, está, estamos, estáis, están
ir :	voy, vas, va, vamos, vais, van

   3. Irregular first person singular

dar	doy	**traer**	traigo	**poner**	pongo	**valer**	valgo
hacer	hago	**conocer**	conozco	**caer**	caigo	**saber**	sé
salir	salgo	**producir**	produzco	**ver**	veo		

   4. Radical changing verbs

-ar, -er		**-ir**		
e > ie	o > ue	e > ie	e > i	o > ue
cerrar, perder	contar, mover	sentir	pedir	dormir

   Handwritten: siento pido duermo

D. Pronouns

1. Subject and object of preposition

SUBJECT		✳ OBJECT OF PREPOSITION		*But:*
yo	nosotros(as)	(de) mí	nosotros(as)	conmigo
tú	vosotros(as)	ti	vosotros(as)	contigo
él	ellos	él	ellos	
ella	ellas	ella	ellas	
Ud. (usted)	Uds. (ustedes)	Ud. (usted)	Ud. (ustedes)	

2. First and second person objects of verb

DIRECT		INDIRECT	REFLEXIVE
me	me	to me	myself, to myself
te	you	to you	yourself, to yourself
nos	us	to us	ourselves, to ourselves
os	you	to you	yourselves, to yourselves

3. Placement of object pronouns

a. Before a conjugated verb form (except a direct affirmative command) :
Me conoce.   Nos hablan.   Te quiero.   Las ve.

b. Attached to the end of (1) a direct affirmative command, (2) an infinitive, (3) a present participle : (Cf. Lección Décima)
Dígame…   Va a llamarnos…

c. With relation to each other : *Indirect before direct, reflexive first of all*

E. ser and **estar**

ser *(Who/What)*	**estar** *(Where/How)*
1. Joins subject with noun or pronoun	1. Location
2. Origin, material, destination, possession	2. Position
3. With adjectives : *characteristic, quality*	3. With adjectives : *state, condition, semblance of being*

F. Adjectives
1. All adjectives agree with the noun they describe.
2. Possessives are placed before the noun and agree with the noun in gender and number.

mi(s) my	**nuestro (a, os, as)** our
tu(s) your	**vuestro (a, os, as)** your *(belonging to you-all)*

su(s) his, her, your **(de, Ud., de Uds.),** their

3. Position of adjectives
Descriptive adjectives that set off the noun from others of its type *follow* the noun. **Bueno, malo, joven, viejo** may either precede or follow.

G. Special uses of the preposition **a**

1. The personal **a**
Except after **tener,** Spanish uses **a** before a direct object that refers to a person.

¿Conoces a Pepe Molano?	Do you know Joe Molano?
But:	
¿Tú tienes hermanos, Pepe?	Do you have any brothers, Joe?

2. After verbs of motion or of beginning, learning, or teaching

Vamos a terminar hoy.	We are going to finish today.
Comienzo a comprender.	I'm beginning to understand.
¿Aprendes a bailar?	Are you learning to dance?

H. Infinitive after prepositions
Unlike English, Spanish uses the infinitive (not a present participle!) after a preposition.

Te llamo antes de salir.	I'll call you before leaving.
Después de comer, vamos al cine.	After eating, we're going to the movies.
Está cansada de esperar.	She's tired of waiting.

Vocabulario Activo: Lecciones I-V

ahora *now* I

algo *something* II

alto *tall; high; loud* III

allí *there* VI

antes *(adv.) before(hand)*; antes de *(prep.) before* VI

apagar *to turn off* III

aquí *here* I

bien *well* IV

bonito *pretty* III

buen(o) *good* IV

caminar *to walk* I

cansado *tired* IV

casa *house* II

casi *almost* IV

cerca *(adv.) nearby*; cerca de *(prep.) near* II

cerrar (ie) *to close* V

la ciudad *city* II

la clase *class; classroom* I

cliente *customer* II

comenzar (ie) *to begin* V

comer *to eat* I

como *as, like* III; ¿Cómo? *How? What was that?, etc.* V

comprar *to buy* II

comprender *to understand* III

con *with* I

*conocer (zco) *to know (a person or place, be acquainted with)* IV

contestar *to answer* III

cosa *thing* II

creer *to believe; think* II

cuarto *room* III

chica, chico *girl, boy*

*dar (doy) *to give* IV

deber *should, ought to; to owe* II

*decir (digo) *to say, tell* III

dinero *money* III

¿Dónde? *Where?* I

en *in, on at (a place)* I

encontrar (ue) *to find, meet, encounter* V

enfermo *sick* IV

enseñar *to teach* I

entonces *then* III

escribir *to write* I

escuchar *to listen (to)* II

escuela *school* I

esperar *to hope, expect, wait for* V

esta noche *tonight, this evening* III

*estar (estoy) *to be (in a place or condition)* IV

estudiar *to study* I

fiesta *party* IV

grande *big, large* III

hablar *to talk, speak* I

*hacer (hago) *to make; do* IV

el hambre *(f.) hunger*; tener hambre *to be hungry* III

hombre *man* I

invitado *guest* IV

*ir (voy) *to go* IV

jefe *boss* V

joven *(pl., jóvenes) young; young person* IV

listo *ready* IV
Lo siento. *I'm sorry.* V
la luz *light* V

llamada *call* V
llamar *to call* V
llegar (a) *to arrive (in or at)* IV

mal *badly* IV
malo *bad* IV
la mano *hand* III
mesa *table, desk* I
mirar *to look at* IV
moreno *brunette, dark-haired* III
morir (ue) *to die* V

nada *nothing* II
nadie *nobody, no one* II
nuevo *new* IV
número *number* V
nunca *never* II

ocupado *busy, occupied* V
oficina *office* V
otro *another; (pl.) other(s)* III

pagar *to pay (for)* II
el papel *paper* I
para *(intended) for* II
pensar (ie) *to think, meditate* V
perder (ie) *to lose* V
el pie *foot* III
pluma *pen* I
*poder (puedo) *to be able, can* V
por *(in exhange) for; by* II
¿Por qué? *Why?* II
porque *because* II

que *who, that, which* II
*querer (quiero) *to want; like,
love (a person)* IV

¿Quién? *Who?* II

recibir *to receive* IV
recordar (ue) *to remember* V
rubio *blond(e)* III

*saber *to know (a fact or how to)*
IV
*salir (salgo) *to go or come out;*
salir de *to leave (a place)* IV
la sed *thirst; tener sed *to be
thirsty* III
sentir (ie) *to feel; to regret, feel
sorry* V
*ser *to be (someone or some-
thing; to be characteristically);
to be made of, to be from, to be
owned by* II
sólo *only* II

*tener (tengo) *to have; tener
(mucho) frío, calor, miedo,
sueño *to be (very) cold, warm,
afraid, sleepy; tener (mucha)
hambre, sed, razón *to be (very)
hungry, thirsty, right; tener
que + infinitive *to have to;*
tener... años de edad *to be
... years old* III
tiempo *time; weather* III
tienda *store* II
todavía *still;* no... todavía *not
yet*
todo *all, everything; (pl.) all*
tomar *to take; eat*
trabajar *to work* I

vender   *to sell* II
*venir (vengo)   *to come* III
vestido (*adj.*)   *dressed* IV
viejo   *old* IV
vivir   *to live* I

volver (ue)   *to return* V

ya   *already* IV
ya... no   *no longer, not any more*
   IV

Estudio de Vocabulario

1. ¿Puede Ud. decirnos diez sustantivos que se refieran *(nouns that refer)* a personas (padre, amigo, etc.)? Use cinco en oraciones originales.

2. ¿Sabe Ud. tres palabras *(words)* que se refieran a la ropa *(clothing)*? ¿tres expresiones que se refieran al clima *(climate)*?

3. ¿Puede Ud. decir lo opuesto *(opposite)* de las expresiones siguientes?
   a. comprar, aprender, escuchar, ir, tener razón, recibir, llegar
   b. frío, malo, poco, bien, rubia, viejos, pobres, aquí, algo, más

4. ¿Qué asocia Ud. *(do you associate)* con: la escuela... (maestro, estudiar, etc.), casa... vacaciones... amigos... un dormitorio de estudiantes... una tienda... una fiesta... una oficina...

5. ¿Cómo relaciona *(do you relate)* las ideas del Grupo A con las del Grupo B?

A	B
tocadiscos	entrar, música, precio, pagar, pluma, papel, comprar,
invitados	enseñar, maestro, tener hambre, la luz, estudiante, lápiz,
puerta	carta, oficina, llamada, número, salir, la (o el) radio,
tienda	ventana, jefe, oficina, fiesta
escribir	
apagar	
comer	
trabajo	
teléfono	
clases	

6. ¿Puede Ud. llenar *(fill)* los blancos?

NOMBRE (NOUN)	INFINITIVO	ADJETIVO	ADVERBIO
escritor(a)	_____	escrito	—
grandeza	agrandar	*grade*	_____
_____	_____	llamado	—
ocupación	*ocupar*	*ocupado*	—
vedu	*viver*	vivo	*vivameti*
nuevo	renovar *renovarse*	*nuevo*	nuevamente
rapidez	—	*rapido*	*rapedameti*
frio	enfriar	—	fríamente
pensamiento	*pensar*	—	pensativo
traquilo	tranquilizar	*tranquilo*	pensativo
neceseta	*necetar*	_____	necesario

Lección Sexta

Momento de Vida: Los Cosmopolitas

La escena es un restaurante **del centro**. Un **camarero se acerca** a un **matrimonio** bien vestido.

Camarero: Buenas tardes, señor y señora. **¿Les puedo traer algo antes de** comer?

Sr.: Gracias, no. **¿Quiere mostrarnos** el menú, por favor?

Camarero: Cómo no, señores. (Les pasa un menú enorme.) Ahora bien, aquí a **la izquierda** tienen Uds. las **comidas de precio fijo,** y **allí** a la derecha, los **platos** a la carta... Bueno, ¿qué les **apetece** para comenzar?

Sr.: Primero, quiero **sopa de cebolla, con queso.**

Sra.: Y un **coctel de camarones** para mí.

Camarero: Muy bien. ¿Y el plato segundo?

Sr.: Un **bisté con papas fritas y coliflor.**

Sra.: Y para mí, **pollo a la americana,** con un poco de **arroz y habichuelas.**

Camarero: **Perfectamente.** ¿Y después?

Sr.: Una **ensalada de lechuga** con mayonesa.

Sra.: Para mí, **otra igual.**

Camarero: ¿Y qué desean **de postre?**

Sr.: **Flan** con caramelo.

Sra.: **Tarta de manzana,** y café.

Camarero: Excelente, señores. Y **buen provecho. Se lo traigo** en seguida.

Sr.: Un momentito, por favor, señor camarero... **Mira, querida,** ¿por qué no tomas tú una ensalada **de espinacas,** con vinagre y **aceite?** Entonces **la compartimos mitad, mitad.**

Sra.: **Bien pensado,** querido. Y **tú la tomas** de lechuga con **salsa francesa,** no con mayonesa.

Sr.: Buena idea.

Camarero: Muy bien, señores. Una ensalada de espinacas con vinagre y aceite.

otro – another / other

The Sophisticates

downtown • waiter approaches

couple

Can I bring you something before

Will you show us

on the left • whole dinners (fixed price meals) • there dishes • appeals to you

onion soup, with cheese

shrimp cocktail

steak with French fries and cauliflower chicken American style rice and stringbeans

Fine • afterwards

lettuce salad

the same

for dessert

custard

apple tart

good appetite • I'll bring it to you

Look, dear

spinach • oil

we share it half and half

Good thinking • you take it • French dressing

110

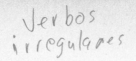
Sr.: Y **tomates y anchoas.** — tomatoes and anchovies

Camarero: Y otra de lechuga con salsa francesa.

Sra. Y **hongos.** A mí siempre me gustan las ensaladas con hongos. — mushrooms

Camarero: Pero, señora, el pollo a la americana ya viene con hongos.

Sra.: ¿Ah, sí? ¿Y **no me lo pueden servir sin** hongos? — can't they serve it to me without

Camarero: ¡Cómo no, señora! Pero el pollo sin hongos es pollo a la francesa, no a la americana.

Sra.: No importa. Entonces tomo pollo a la francesa, con **fideos y espárragos.** — spaghetti and asparagus

Sr.: Perdona, querida, pero ahora tienes dos platos franceses—el pollo, y la ensalada con salsa francesa.

Sra.: Es verdad. Entonces tomo la ensalada con mayonesa.

Sr.: No, **mi vida.** Los camarones también **se sirven** con mayonesa. — sweetheart • are served

Sra.: Tienes razón. Señor camarero, **en lugar de** camarones, ¿me trae Ud. un plato de sardinas en aceite, con **sal, pimienta y pimentón verde?** — in place of / salt, pepper and green pepper

Sr.: Pero, **amor mío,** mi ensalada tiene anchoas, y las anchoas no van bien con las sardinas en aceite. — my love

Sra.: **Claro.** Entonces quiero las sardinas con salsa italiana. — Of course

Camarero: Pero señores, el pollo con fideos y espárragos es pollo a la italiana. ¿Por qué **no pide** el pollo **a la rusa? Es rico. Se lo recomiendo mucho.** — don't you order • Russian style. It's delicious. I recommend it to you.

Sra.: Está bien, si Ud. me lo recomienda.

Sr.: Bueno, **en ese caso,** en lugar de la sopa de cebolla y del bisté, **tal vez...** — in that case / maybe

Sra.: Y en lugar del flan con caramelo y la tarta de manzana... Señor camarero, ¿**me deja Ud. mirar** otra vez el menú? — will you let me look at

ASOCIACIONES

comida *food, meal, dinner*—un restaurante, camarero; un **plato** *a dish*; **el arroz** *(rice)*; **pollo** *chicken*—un plato de arroz con pollo; **queso** *cheese*—sopa de cebolla con queso; **la sal** *salt*; **pimienta** *pepper.*

---

*traer *to bring*; **servir (sirvo)** *to serve*—una comida a una persona
desear *to desire, wish, want*; **pedir (pido)** *to ask for, request*
mostrar (muestro) *to show*; **mirar** *to look at*—una persona, un menú, etc.
dejar *to let, allow*—permitir; **dejar** *to leave behind*—dejar algo en casa

---

primer(o) *first*—número uno
mucho *(very) much, a lot*; **muchos(as)** *many*; **poco(a)** *little*; **un poco de** *a little (bit of)*; **pocos(as)** *few*

allí *there* ; ──→ derecho *right* ; **a la derecha** *on the right;* ←── izquierdo *left* ; **a la izquierda** *on the left*

---

antes de *(prep.) before*—**antes** *before(hand)* ; **después de** *(prep.) after*—**después** *afterwards, later, then*

sin *without*—con ; sin salsa de tomate, sin mucha sal

VAMOS A HABLAR

1. ¿Es Ud. una persona muy decisiva? ¿Tiene Ud. gustos *(tastes)* muy definidos con respecto a la comida? ¿Le gusta probar *(try)* platos nuevos o exóticos?
2. ¿Come Ud. frecuentemente en restaurantes? ¿Les gusta más a sus padres comer fuera *(out)* o en casa? ¿Están muy altos ahora los precios de la comida?
3. ¿Dónde ocurre **Los cosmopolitas**? ¿Quiénes son los tres personajes de esta escena?
4. En su opinión, ¿es un restaurante de primera o de segunda clase? ¿Por qué piensa Ud. así *(so)*?
5. ¿En qué dos categorías están divididas las comidas en ese *(that)* restaurante? ¿Cuáles están a la derecha? ¿Cuáles están a la izquierda?
6. ¿Toma un coctel antes de comer el señor? ¿Qué pide para comenzar? ¿Y después?
7. ¿Qué platos pide la señora? ¿Con qué viene el pollo a la americana?
8. ¿Por qué no toma la señora el pollo a la francesa? ¿y la ensalada con mayonesa? ¿Qué pide en lugar de los camarones?
9. ¿Por qué no toma el pollo a la italiana? ¿Qué le recomienda finalmente el camarero? ¿Está completamente decidida ya la comida de los «cosmopolitas»? ¿Qué quieren mirar otra vez?

Estructura

25. THIRD PERSON OBJECT PRONOUNS

DIRECT		INDIRECT		REFLEXIVE	
lo[1]	it, him, you (Ud.)	le	to him / to her / to it / to you	se	(to) himself / (to) herself / (to) itself / (to) yourself
la	her, it, you *(f.)*				
los[1]	them, you (Uds.)	les	to them, / to you *(m. & f.)*		(to) themselves / (to) yourselves
las	them, you *(f.)*				

A. The *direct object* answers the questions *what?* or *whom?*

¿José? Lo veo siempre.   Joe? I always see him.
¿Anita? La conozco bien.   Ann? I know her well.

---

[1] In Spain, **le** and **les** may also mean *him* or *you* (masculine): ¿José? Le veo siempre.

¿Tienes los platos? —Sí, los
tengo aquí.

¿Haces las ensaladas ahora?
—No, las hago después.

¿Me entienden Uds.? —Sí, la (lo)
entendemos perfectamente.

Do you have the dishes? —Yes, I
have them here.

Are you making the salads now?
—No, I'm making them later.

Do you understand me? —Yes, we
understand you perfectly.

B. The *indirect object* is the one toward whom the action is aimed. It answers
the questions *to what?, to whom?*

Le hablan como a un niño.

No les escribimos nunca.

¿Les traigo algo (a Uds.)?

They talk to him as to a child.

We never write to them.

Shall I bring you-all something?
(Shall I bring something to you?)

C. The *reflexive* means that the subject is doing the action to itself.

¿Quiere servirse?

Se divierten mucho.

Ramón se habla todo el tiempo.
—¿Se dice cosas interesantes?

Do you want to serve yourself?

They're enjoying themselves very
much.

Ray talks to himself all the time.
—Does he tell himself interesting
things?

Ejercicios

A. Cambie a pronombres *(pronouns)* las palabras indicadas. Por ejemplo:

¿Tú tienes *el papel*?   ¿Tú lo tienes?

¿No dice nada *a su esposa*?   ¿No le dice nada?

1. ¿Tiene Ud. *mi pluma*? ¿Tomas *la ensalada*? ¿Conocen *a Gloria*?[2]

2. ¿Quién sabe *el número*? ¿Pide *el pollo a la francesa*? ¿Recuerdas *a Luis
Cuervo*?

3. ¿Contestas *las preguntas*? ¿Preparan bien *las lecciones*? ¿No vas a apagar
nunca *las luces*?

4. ¿No escribimos hoy *los ejercicios*? ¿Quieres escuchar *mis discos*?

5. Hablamos *al jefe* mañana. Siempre contesta mal *a su abuela*. Voy a pagar *al
propietario* en seguida. Debo diez pesos *a mi amiga Elena*.

6. Siempre decimos la verdad *a nuestros hermanos*. Vamos a escribir *a los
directores*. ¿Piensa vender esas cosas *a sus clientes*? Voy a servir un bisté *a
los invitados*.

B. Ahora conteste afirmativa o negativamente, según los modelos. Por ejemplo:

¿Sabe Ud. *el precio*? —Sí, lo sé. (No, no lo sé.)

¿Dejo los papeles aquí? —Sí, los deja(s) aquí. (No,...)

[2] Don't be confused. This is the personal a, and «Gloria» is still the *direct* object.

1. ¿Dices *la verdad*? (Sí, la...)   2. ¿Sabes *las respuestas (answers)*?
3. ¿Traes *los discos*?   4. ¿Vas a encender *las luces*?   5. ¿Encuentro *la información* aquí? (Sí, la encuentra, etc.)   6. ¿Tengo que esperar *a Juanita*? (Sí, tienes...)   7. ¿No voy a necesitar *los papeles*?   8. ¿Primero muestro el menú *a los clientes*? (Sí, primero... muestra, etc.)   9. ¿Quieren Uds. ver *al doctor*? (Sí, queremos...)   10. ¿Pasan Uds. todas las llamadas *a la señora Cánovas*?   11. ¿No debemos dar algo *a los pobres*?   12. ¿Debemos repetir las instrucciones *a los estudiantes*?

C. ¿Puede Ud. encontrar siempre la conclusión más lógica?

1. —Paco se va a comprar un televisor nuevo y un coche y muchas otras cosas.
   —Claro. (Es una persona muy generosa. Sólo piensa en los otros. Se quiere mucho.)
2. —El joven se llama Ricardo, ¿verdad?
   —Sí, pero (todos lo llamamos Riqui, nos llama Antonio también, nadie le escucha).
3. —Gonzalo se habla todo el tiempo, ¿y saben? ¡se divierte mucho!
   —Ya lo sé. El pobre está (cansado de trabajar, listo para la fiesta, completa-mente loco).
4. —El doctor Lecuona no quiere hablar ya con nadie.
   —Es verdad. (Se considera más importante que *(than)* nosotros. Se dedica a sus amigos. Se siente obligado.)
5. —No podemos verte hoy. Tenemos que prepararnos para un examen impor-tante.
   —Entonces Uds. (todavía están muy ocupados, no saben qué decir, ya están listos), ¿verdad?

26. *GUSTAR*

We have already used **gustar** many times. Let's look at it now a little more closely. **Gustar** means *to be pleasing*. It does *not* mean "to like"! However, Spanish does use **gustar** in a special construction to translate the English *to like*. This is how it works:

The subject of **gustar** is the *thing that is pleasing*.
The *person to whom it is pleasing* is the indirect object.

¿Le gusta la comida china? —Sí, me gusta muchísimo.	Do you like Chinese food? (Is the food pleasing to you?) —Yes, I I like it very much.
Elvira, ¿no te gusta ya salir conmigo? —Sí, pero a mi esposo no le gusta.	Elvira, don't you like to go out with me any more? —Yes, but my husband doesn't like it. (To my husband it is *not* pleasing!)

¿Les gusta a Uds. el teatro? | Do you-all like the theater?
—Más o menos. Realmente nos gustan los deportes. | —More or less. Really we like sports. (Sports are pleasing to us.)

A mis padres nunca les gustan mis amigos. No les gusta verme feliz. —¡Vaya, hombre! | My parents never like my friends. They don't like to see me happy. —Go on!

Two short notes:

1. Remember that when *what* you like is plural, you must use **gustan**.

Me gusta mucho. | I like it very much. (It is pleasing...)
Me gustan mucho. | I like *them* very much. (They are...)

2. When you mention the person to whom something is pleasing, you must use **le** or **les** in addition to the noun. Por ejemplo:

Al profesor no **le** gusta. | The professor doesn't like it.
A los estudiantes sí **les** gusta. | The students do like it.

Ejercicios

antes

A. Conteste con oraciones *(sentences)* completas, ¿está bien?

1. ¿Le gusta a Ud. ir al cine? ¿jugar *(play)* al tenis? ¿hacer fiestas? ¿Les gusta a sus padres hacer fiestas en su casa?
2. ¿Le gusta escuchar música? ¿leer *(read)*? ¿mirar la televisión? ¿salir con amigos?
3. ¿Qué actividades les gustan más a sus hermanos? ¿a sus padres? ¿a sus amigos?
4. Por lo general, ¿les gustan a Uds. las personas muy intelectuales? ¿Les gustan las personas muy prácticas? ¿muy idealistas? ¿muy ambiciosas? ¿muy agresivas?
5. ¿Qué atributos le gustan más en una persona? ¿en un padre o una madre? ¿en un profesor (o profesora)?

B. Díganos ahora tres cosas que le gustan mucho y tres que no le gustan nada *(at all)*.

27. USING THE INFINITIVE AFTER PREPOSITIONS

The infinitive is the only verb form regularly used after a preposition. Don't be mislead by the *-ing* form in English:

antes de salir | before leaving (or going out)
después de terminar | after finishing
al entrar | upon entering
Estoy cansada de esperar. | I'm tired of waiting.

Ejercicios

A. Lea bien los diálogos siguientes, y después conteste las preguntas :

1. —¿ Adónde vas esta noche, Pedro ?
   —Después de comer, voy al cine con Carlos, Felipe y Marta.

Conteste: a. ¿ Adónde va Pedro esta noche ?
   b. ¿ Va a ir antes o después de comer ?
   c. ¿ Cuántas personas van con él ?

2. —¿ Qué te pasa, María ? ¿ Estás enferma ?
   —No. Es que mañana tengo tres exámenes y estoy cansada de estudiar.

Conteste: a. ¿ Es maestra o estudiante María ?
   b. ¿ De qué está cansada ?
   c. ¿ Cuántos exámenes tiene mañana ?

3. —Sra. Blanco, antes de salir, cierre Ud. por favor las ventanas.

Conteste: a. ¿ Qué debe hacer la señora antes de salir ?
   b. ¿ Dónde cree Ud. que trabaja ?

B. Escriba oraciones originales *(Write original sentences)* usando 5 de las expresiones siguientes :

antes de (venir, salir, ir, terminar)	before (coming, etc.)
después de (leer, estudiar, tomar, hablar)	after (reading, etc.)
al (ver, entrar, llegar, contestar)	upon (seeing, etc.)
Estoy (Estás, etc.) cansado de...	I'm tired of...
¿ Estamos (Están, etc.) listos para... ?	Are you ready for (or to)... ?

28. TWO OBJECT PRONOUNS TOGETHER

A. Which pronoun goes first ?

When a verb has more than one object pronoun, this is their order :

INDIRECT BEFORE DIRECT ; REFLEXIVE FIRST OF ALL[3]

Nos lo trae hoy.	He's bringing it to us today.
No **me la** dan.	They're not giving it to me.
Va a comprár**selos**.	He's going to buy them for himself.

---

[3] On the less frequent occasions when the direct object is **me, te, nos,** or **os,** the indirect object isn't used at all. Instead the phrase **a él, a ella, a Ud.,** etc., follows the verb :

Me llevan a ella   They're taking me to her.
Nos presenta mañana a ellos.   He's introducing us to them tomorrow.

B. Special use of **se**

When both the direct and the indirect object pronouns are in the *third* person (when both begin with **L**), the indirect becomes **se**.

INDIRECT		DIRECT	
le		lo	lo
	+	la	= se { la
les		los	los
		las	las

Le vendo el coche.   I'm selling him (or her) the car.
Se lo vendo.   I'm selling it to him (or her).

Vamos a decirles la historia.   We're going to tell them the story.
Vamos a decír**sela**.   We're going to tell it to them.

¿ Les enseño (a Uds.) los números ?   Shall I teach you the numbers ?
¿ **Se los** enseño ?   Shall I teach them to you ?

Ejercicios

A. Cambie según el modelo :

> Enseña la lección *a los estudiantes.*
> Les enseña la lección.
> Se la enseña.

1. El camarero muestra el menú *a los clientes.*   2. ¿ Pido el dinero *al jefe* ?
3. No quieren vender su casa *a los Pérez.*   4. ¿ Repetimos las instrucciones *a la clase* ?   5. Vamos a decir la verdad *a nuestros compañeros.*   6. ¿ Traes la comida *a los hombres* ?

B. Ahora conteste afirmativamente. Por ejemplo :

> ¿ Me lo da Ud. ? —Sí, se lo doy. *(I'll give it to you.)*
> ¿ Nos la pide Ud. ? —Sí, se la pido. *(I ask you for it.)*
> ¿ Se lo digo a Ud. ? —Sí, me lo dice. *(You tell it to me.)*

1. ¿ Me lo pregunta Ud. ? (Sí, se lo...) ¿ Me la muestra ? ¿ Me las explica *(explain)* ? ¿ Me los trae en seguida ?
2. ¿ Nos los deja Ud. ? (Sí, se los...) ¿ Nos la enseña ? ¿ Va a servírnoslo ? ¿ Quiere pedírnoslo *(ask us for it)* ?
3. ¿ Se lo doy a Ud. ? (Sí, me lo...) ¿ Se los traigo esta noche ? ¿ Se la preparo ? ¿ Puedo contárselo ?
4. ¿ Se la muestro a Uds. ? (Sí, nos la...) ¿ Se las compro ? ¿ Debo pedírselos a Uds. ? ¿ Tengo que repetírselo otra vez ?

C. Busque en el Grupo 2 la conclusión lógica de cada frase del Grupo 1 :

1

Voy a contarles el secreto…
Si necesitas más dinero…
Si Mario no me puede contestar
Papá, si te lo venden a un precio
   reducido…
La maestra va a explicárnoslo
   otra vez…
Si quieren, pueden usar mi radio…
Si la comida está lista ya…
Si se las muestro a Ud., señora…

2

¿por qué no se lo pides al jefe?…
pero no se lo repitan a nadie…
¿me lo vas a comprar?… sé que le
van a gustar… voy a preguntárselo
a Juanita… ¿por qué no la
servimos ahora?… pero no tengo
tiempo para traérselo hoy…
porque no lo entendemos.

29. ADDING AN EXTRA *A MÍ, A TI, A ÉL*

For emphasis or for clarification (in the case of the possibly ambiguous **le, les** or **se**), the phrases **a mí, a ti, a él, a ella, a Ud., a nosotros,** etc., are used *in addition to* the normal direct or indirect object pronoun. Adding the extra phrase is equivalent to stressing the object pronoun with your voice in English:

A mí no me hablan así.
La veo siempre a ella; a él nunca.
No se lo dan a Ud. Se lo dan a
   ellos.
Te lo digo a ti.
Vamos a preguntárselo a ellas.

They don't talk to *me* that way.
I always see *her;* *him* never.
They're not giving it to *you*. They're
   giving it to *them*.
I'm telling *you*.
Let's ask *them* (the question).

Ejercicio
Diga en español :
1. Are you giving it to *me* or to *him*? —I'm giving it to *you*. 2. Are they selling them to *us*? —No, they're selling them to *me*. 3. We're going to tell it to *her*, not to *him*. 4. Are you going to write to Mary, Paco? —No, only to *you*, my love. 5. You can't talk to *us* that way. —Well, I can always talk to *them*. 6. We always see *him*; we never see *her*.

Teatro

Ud. va a un restaurante con ¿un amigo, su novia *(girlfriend)*, sus padres, unos compañeros de clase? Uds. se sientan a una mesa, el camarero les trae el menú, y Uds. comienzan a pedir. El único problema es que el restaurante no tiene muchos de los platos que están en el menú. A ver cómo les resulta la escena…

Lectura Cultural

II. Surge una Nación *(A nation arises)*

La España medieval es un mosaico de muchas razas, de muchas
culturas. La mayor parte de los cristianos **habitan** las tierras del norte,   inhabit
divididas en pequeños **reinos** independientes. Y mientras los nobles   kingdoms
se ocupan en **guerras y rivalidades** internas, la **vida** del hombre   wars and rivalries • life
5 ordinario está dominada **mayormente** por la religion. Para él, **este**   mainly • this
mundo es una preparación para la vida eterna, nada más ; y **se siente**   this world • he feels
pequeño, **anónimo dentro de la gran** colectividad. En tierras islámicas,   anonymous within the great

Un caballero armado.
Relieve del siglo XIII. La
guerra es una parte íntegra
de la vida medieval.

Imagen religiosa del siglo XII en Santillana del Mar (Asturias, España.) La religión es una fuerza predominante en la vida del hombre medieval.

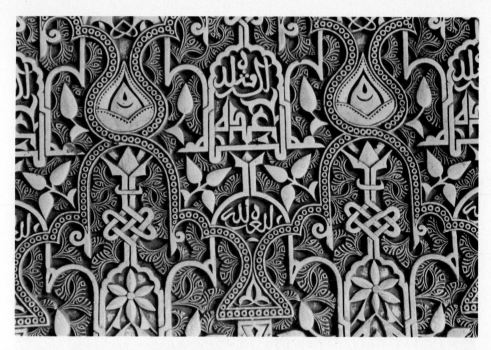

Exquisito tallado en madera (*wood carving*) de la Alhambra. La religión ortodoxa musulmana no permite la representación de figuras humanas.

La hermosa Mezquita (*Mosque*) de Córdoba construida (*built*) por los árabes sobre las ruinas de un antigo templo romano y una suntuosa catedral visigótica.

Un episodio de las guerras de la Reconquista. En estas miniaturas del siglo XIII, los cristianos, ayudados (*aided*) por la Virgen María, triunfan sobre los musulmanes.

La torre de una iglesia católica se levanta sobre un hermoso patio de La Alhambra.

La arquitectura árabe, con sus arcos redondeados (*rounded*) y mosaicos multicolores, ofrece un fuerte contraste con la austera arquitectura cristiana del período medieval.

Concepto medieval del Día del Juicio Final (*Judgment Day*). Para el cristiano de aquella (*that*) época, la vida en la Tierra es poco más que una preparación para la eternidad.

al contrario, hay una nueva opulencia, un **verdadero florecimiento**   real flourishing
cultural. Córdoba, Granada, Valencia y Toledo **se hacen** centros de   become
10 **lujo** y esplendor. Filósofos y **científicos** árabes y **judíos** realizan   luxury • scientists • Jewish
grandes estudios. Y la arquitectura musulmana, sus técnicas in-
dustriales y su sistema de irrigación empiezan a resucitar a una
España casi **perdida** en la oscuridad.   lost

     Así, por trescientos años, cristianos, musulmanes, y judíos viven   Thus
15 **juntos** con **bastante** tolerancia mutua. Muchos cristianos viven **bajo**   together • considerable • under
el dominio de los árabes, **conservando sus leyes,** su religión, su   the rule • preserving their laws
lengua y sus costumbres. Y muchos musulmanes viven en tierras
cristianas. Pero en los siglos once y doce nuevas sectas fanáticas del
norte de África invaden España, y la tolerancia musulmana **se**

Peregrinos (*Pilgrims*) en el camino de Santiago de Compostela. Allí yacen los restos (*lie the remains*) del santo patrón de España.

Página iluminada de una antigua Biblia hebrea hecha (*made*) en Toledo. Durante toda la Edad Media, los judíos representan una de las fuerzas más positivas de la sociedad española.

Los Reyes Católicos toman Granada en 1492.

20 **convierte en** persecución. **La paz** se hace guerra, y la España cristiana se prepara para defender la **fe**.

      El primer héroe de la Reconquista y el héroe nacional de España es El Cid, Rodrigo Díaz de Vivar, que **lucha** contra los nuevos **invasores** y toma de sus manos la ciudad de Valencia. Poco a poco 25 los reinos cristianos empiezan a extenderse por tierras musulmanas. En 1085 toman Toledo; en 1236 toman Córdoba. Y en 1238 llegan

turns into • Peace
faith

fights
invaders

Un viejo partiarca judío ruega por su gente (*pleads for his people*) en la corte de la Reina Isabel.

Mapa de La Española, dibujado (*drawn*) por la mano de Cristóbal Colón

a Sevilla. Sólo Granada **queda** como el **último fuerte** de Islam. — remains • last stronghold

Pero la Reconquista **no se puede efectuar** en **tan poco** tiempo. Porque — cannot be carried out in so

la España cristiana está dividida todavía y hay guerras y disensiones

30 **continuas**. — continual

Por fin, en al año 1469, España **da el primer paso** definitivo — takes the first step

hacia la unificación. Isabel, **reina de Castilla**, **se casa con** Fernando, — toward • the queen • marries

rey de Aragón, y las dos regiones más **potentes** de España comien- — king • powerful

zan a **actuar como una sola**. Juntos, Fernando e Isabel **someten a** — act like one • take over

35 los reinos más pequeños. Juntos formulan un plan para **acabar con** — put an end to

el antiguo sistema feudal y establecer el concepto de una monarquía

absoluta. **Quitan a** le vieja **nobleza** sus privilegios tradicionales, — They take away from • nobility

favorecen a la alta burguesía y **crean** una nueva nobleza **cortesana**. — they create • courtly

Reorganizan la Inquisición como **arma del estado** y convierten el — an arm of the state

40 fervor religioso del español en acción política. España está **en camino** — on the way to becoming

de hacerse una nación.

Llega el año 1492, año de grandes **realizaciones** y de trágicos — accomplishments

errores. **Los Reyes Católicos se dirigen contra** Granada, y en enero — Ferdinand and Isabel attack

de **aquel** año toman la hermosa ciudad. Tres meses después **expulsan** — that • they expel

45 a los judíos, que representan en efecto gran parte de la **burguesía** — bourgeoisie

y de la clase profesional. Y el 12 de octubre **Cristóbal Colón**, patroci- — Christopher Columbus

Mapamundi de Vespucio (1526). Época de la colonización.

nado por Isabel, descubre el Nuevo Mundo. Los **barcos** españoles empiezan a salir a la conquista de América, y un **pueblo** unido mira con optimismo hacia el futuro. Una época nueva va a comenzar.

sponsored by • ships
people

Preguntas

1. ¿Dónde viven la mayor parte de los cristianos en la España medieval?
2. ¿Cómo es la vida en los reinos cristianos? ¿En qué piensa mayormente el hombre medieval?
3. ¿Qué ocurre mientras tanto *(meanwhile)* en las tierras islámicas?
4. ¿Cuáles son los grandes centros culturales de la España musulmana?
5. ¿Cuál es la contribución de los musulmanes? ¿y de los judíos?
6. ¿Por qué cambia la tolerancia musulmana? ¿Qué ocurre entonces?
7. ¿Quién es el primer héroe de la Reconquista de España? ¿Por qué no se puede completar en poco tiempo la Reconquista?
8. ¿Cómo se unifica finalmente España? ¿Qué cambios políticos efectúan Fernando e Isabel?
9. ¿Por qué se llaman Fernando e Isabel «los Reyes Católicos»? ¿Cómo utilizan la réligión?
10. ¿Qué ocurre en el año 1492? En su opinión, ¿cuál es la mayor contribución de Fernando e Isabel? ¿y su defecto principal?

Lección Séptima

Momento de Vida: Dormitorio de Estudiantes (2)

Felipe: **Ea**, Cuco, ¿tú usaste ahora el baño? — Hey • did you just use the bathroom?

Cuco: ¿Yo?

Felipe: Tú.

Cuco: ¿Por qué?

Felipe: Porque **acabaste** toda el **agua caliente**. — you used up • hot water

Cuco: ¿Yo? Hombre, **me duché** por sólo dos minutos. — I showered

Felipe: Veinte y dos minutos. **Yo te oí cantando.** No sé **cuál fue peor, aquella voz** o el agua fría. — I heard you singing / which was worse, that voice

Cuco: Muy **gracioso.** Es que me gusta estar limpio. — funny. I just like to be clean

Felipe: Ya lo veo. ¿Por eso te llevaste el jabón? — So I see. Is that why you swiped the soap?

Cuco: ¿Yo?

Felipe: Tú.

Cuco: **Yo no me llevé** nada. — I didn't swipe

Felipe: Entonces **se marchó por sí solo.** Gracias a ti, **me bañé** con agua fría y sin jabón. — it walked off by itself / I had to bathe

Cuco: ¿Y qué quieres de mí?

Felipe: Un poco de consideración, **nada más.** — that's all

Cuco: **Bueno**, bueno, confieso. **Me comí** el jabón **íntegro**, con las **toallas** también. — OK • I ate up • whole / towels

Felipe: No, Cuco, me dejaste **estas** dos toallas, **completamente mojadas.** (**Tira** las toallas sobre la cama de Cuco.) — these / soaking wet. He throws

Cuco: ¡Pobre Felipe! Entonces, ¿cómo **te secaste?** — did you dry yourself

Felipe: Con tus **camisas y pantalones**, Cuco. Pero tus **calcetines**, ¡me los comí! — shirts and pants • socks, / I ate *them* up!

Cuco: (**riéndose**). ¡Hombre! ¿**Sin lavar?** ¿Y cómo **te parecieron?** — laughing • unwashed • were they

Felipe: Ricos. Igual que los **macarrones** que sirven aquí en la cafetería con ese queso podrido encima. — Delicious. Just like the macaroni / that rotten cheese on top

Cuco: (sarcástico) Muy gracioso. ¿Sabes, Felipe? **Te deben grabar en discos,** ¡a ti mismo, **digo,** no tu voz! — They should put you on records. / I mean *you*

(Pablo sale del otro cuarto. Está furioso.)

130

Pablo: ¿Discos? ¿Quién **mencionó** discos? Cuco… Felipe… **¿Uds.
usaron mi tocadiscos anoche?**

Cuco: ¿Yo?

Felipe: ¿Nosotros?

Cuco: Ya lo sé. **Fueron Uds., y me lo rompieron.** Me lo van a pagar,
¿entienden?

Felipe: En realidad, Pablo, **no fue gran cosa. El sábado fuimos** a una
fiesta en casa del doctor González, y **lo llevamos** allí, nada más, y…

Pablo: ¿Y qué **le pasó?** ¿**Fue** víctima de una **guerra?**

Cuco: **Lo dejamos caer,** nada más.

Pablo: ¿Dónde? ¿En el **Gran Cañón?**

Felipe: No, Pablo, en el **camino. Así es la vida,** hombre.

Pablo: ¡**Caramba!** ¿Y qué **lo pisó, un tanque** o un tractor?

Cuco: Un **coche,** Pablo, nada más. Un pequeño coche italiano.

Pablo: ¿Nada más, un coche, dices? ¡——————!

(La puerta se abre violentamente, y entra Miguel Osorio del
cuarto **vecino.**)

Miguel: Pablo… Cuco… Felipe… Mi coche **no funciona.** ¿Uds. lo
usaron **esta mañana?** …Pero, ¿por qué **pregunto?** Ya sé que
fueron Uds.

Cuco: ¿Yo?

Pablo: ¿Yo?

Felipe: ¿Nosotros?

Pablo: Pero hombre, **si sólo dimos un paseíto**…

right column glosses:
mentioned
did you use my record player last night?

You were the ones, and you broke it

it wasn't a big deal
On Saturday we went
we took it

happened to it? • Was it • war

We dropped it

Grand Canyon

road • That's life

ran over it, a tank

car

neighboring

isn't working
this morning • am I asking?

we only took a little ride

ASOCIACIONES

baño *bath, bathroom*; **el agua** *(fem.) water*; **el jabón** *soap*; **toalla** *towel*
disco *record*; **el tocadiscos** *record player*
un coche *a car*; camino *road; way; path*—caminar
la voz *voice*—en voz alta, en voz baja, hablar, cantar
camisa *shirt*; los pantalones *pants*—bien o mal vestido

bañar(se) *to bathe (oneself)*; **lavar(se)** *to wash (oneself)*—agua y jabón
funcionar *to work* (un mecanismo)—bien, mal, un coche, el tocadiscos
pasar *to happen; pass; spend* (tiempo)—¿Qué pasa? ¿Qué le pasó?
llevar *to bring, carry; wear*—camisa y pantalones, saco y corbata
cantar *to sing*—en al baño o en la ducha—buena voz, mala voz
acabar *to finish*—terminar, ¡el fin! (*the end*)

pobre *poor*—poco dinero, muchos problemas—**rico** *rich*; delicious

[handwritten margin notes: "ind. obj", "you", "me", "To me", "i", "me", "nos", "te", "lo les", "lo les"]

frío *cold*; **caliente** *(adj.) warm, hot*—agua fría, agua caliente
limpio *clean*—lavar(se), bañar(se)
<u>**anoche** *last night*</u>; **esta mañana** *this morning*—esta tarde, esta noche

---

VAMOS A CONVERSAR

1. ¿Le gusta a Ud. cuando *(when)* otras personas usan sus posesiones? ¿Las usan a veces *(at times)* sus hermanos? ¿sus compañeros de cuarto? ¿sus amigos? ¿Las toman sin permiso?
2. ¿Tiene Ud. su propio *(own)* coche? ¿Permite Ud. a otras personas usarlo? ¿A quiénes?
3. ¿Tiene Ud. un tocadiscos estereofónico? ¿Tiene una colección muy grande de discos? ¿Los presta *(lend)* a otras personas? ¿Les presta su tocadiscos?
4. Volviendo *(Returning)* a nuestro cuento, díganos: ¿Qué le pregunta Felipe a Cuco?
5. ¿Por qué se bañó Felipe con agua fría y sin jabón? (A propósito, ¿prefiere Ud. bañarse o ducharse? ¿Le gusta ducharse con agua fría?)
6. ¿Cuántas toallas le dejó Cuco? ¿Y en qué condición?
7. ¿Por qué está furioso Pablo?
8. ¿A dónde llevaron su tocadiscos Cuco y Felipe? ¿Qué le pasó?
9. ¿Quién entra furioso ahora? ¿Qué problema tiene Miguel? Aparentemente, ¿quiénes son los responsables?
10. ¿Qué piensa Ud. ahora de los tres compañeros de cuarto? ¿Le gustan? ¿Son jóvenes típicos o no?

Estructura

30. THE PRETERITE (PAST) TENSE OF REGULAR VERBS

[handwritten left margin: creer, creí, creíste, creyó, creímos, creísteis, creyeron]

comprar	comer	vivir
<u>compré</u> *(I bought)*	<u>comí</u> *(I ate)*	<u>viví</u> *(I lived)*
<u>compraste</u> *you brough*	<u>comiste</u>	<u>viviste</u>
<u>compró</u> *he brough*	<u>comió</u>	<u>vivió</u>
<u>compramos</u>	comimos	vivimos
<u>comprasteis</u>	comisteis	vivisteis
<u>compraron</u>	comieron	vivieron

[handwritten right margin: í, ste, o, mos, ron]

Notice: 1. In **-ar** verbs, the first person plural of the preterite is the same as that of the present. The context clarifies the meaning; **-er** and **-ir** verbs have identical preterite endings.
2. The <u>third</u> person endings **-ió** and **-ieron** become **-yo, -yeron** when they follow a vowel. For example: creer—cre-ió— cre**yó**; caer—ca-ieron— ca**yeron**. This keeps the spelling consistent with the sound.
3. *c* changes to *qu*, *g* to *gu* before an *e* or *i*: *saqué*, pagué.

[handwritten at bottom: did she buy it from them ¿ se lo compró a ellos de]

trabje = WORK (command)
trabjé = I worked

LECCIÓN SÉPTIMA
133

Ejercicios

A. Diga la forma correspondiente del pretérito:

trabajé *(pagué)* *viví*
yo: trabajar, comprar, marcar, pagar, vender, decidir, vivir
terminaste
tú: terminar, estudiar, enseñar, aprender, comprender, escribir
habló - preguntó *creyó*
Juan: hablar, preguntar, contestar, responder, suspender, permitir, creer
llegamos comimos
nosotros: visitar, preparar, llegar, comer, beber, resistir *mos*
vosotros: buscar, esperar, bajar, subir *(to go up)*, romper, aprender
Uds: caminar, entrar, cerrar, abrir, deber, permitir, caer, leer
caminaron *cerraron* *leyron*

B. Ahora cambie al pretérito:
I leave you here *bañé* *lavaste* *aste*
1. Lo dejo aquí. No me baño hoy. 2. ¿Te lavas las manos? ¿Trabajas mucho?
lo dejé aquí *iste*
3. No insisto. No lo comprendo. 4. ¿Los conoces? ¿No la recibes? 5.
funciono *te*
¿Funciona el coche? ¿Qué le pasa? 6. Les escribe esta tarde. No cree nada.
happen *creyó*
7. No los usamos. No los perdemos. No los abrimos. 8. Le lleváis algo? ¿La
recordáis? ¿Se lo debéis? 9. ¿Acaban ya? ¿Terminan ya? 10. ¿Lo comprenden? ¿No te creen? *Acabaron* *Terminaron*
ieron *creyeron* *finis*

31. THE MEANING OF THE PRETERITE

Spanish has two simple past tenses: the preterite and the imperfect. Each of these tenses has its own meaning and functions, and the use of one or the other depends entirely on the *idea* that the speaker wishes to convey.

The preterite is the recording past. It records, reports, narrates. It views a past action as a completed unit, stating only that it took place at some point in time.

—Te dejé dos toallas, ¿ no?   —I left you two towels, didn't I?
—Sí, pero acabaste toda el agua   —Yes, but you used up all the
    caliente   hot water.

¿Uds. rompieron mi tocadiscos?   Did you break my record player?
—No rompimos nada. José lo   —We didn't break anything. Joe
    usó.   used it.

Ejercicios

A. Conteste según los modelos. Por ejemplo:

¿Lo compró Ud. esta mañana? (No. Ayer.)   No. Lo compré ayer.
¿Ya terminaron Uds.? (Sí. A las dos.)   Sí. Terminamos a las dos.

la vendimos
1. ¿Lo recibiste ya? (Sí. El lunes.) 2. ¿Ya vendieron Uds. la casa? (Sí. En
Tomé *No comí nada*
junio.) 3. ¿Tomó Ud. café? (No. Té.) 4. ¿Comiste mucho? (No. Nada.)
volví
5. ¿Volvió Ud. tarde? (No. A las seis.) 7. ¿Trabajaron Uds. todo el verano?
comprendimos
(No. Sólo en agosto.) 8. ¿Lo comprendieron Uds.? (Sí, perfectamente.)
9. ¿Se lo preguntaron a Ud.? (No. A mi jefe.) 10. ¿Te los mostraron todos?
(No. Muy pocos.)
They boss

Fui = past tense of soy

Meet someone first time conocer

B. Diga ahora en español:

[handwritten: mi primo miguel mellamó ayer. y cómo está Quién apagó las luces?]

1. My cousin Mike called me yesterday. —And how is he? 2. Who turned out the lights? —I don't know. 3. Mary's father returned yesterday from Europe. —Did he like it? 4. Did you bathe (yourself) already? —Yes, and I left you a clean towel. —Thanks. 5. Did you-all use my car? —Who? Us? (¿*Nosotros?*) We didn't use anything. —I don't believe you, you know?

[handwritten: No usamos nada No les creo! sabe?]

32. THE PRETERITE OF *SER*, *IR*, AND *DAR*

ser	ir	dar
fui	fui	di
fuiste	fuiste	diste
fue	fue	dio
fuimos	fuimos	dimos
fuisteis	fuisteis	disteis
fueron	fueron	dieron

As you see, the preterite of **ser** and **ir** are identical. The context removes any possible confusion.

Ejercicios

A. Conteste en español:

1. ¿Adónde fue Ud. ayer? 2. ¿Fue a trabajar su padre? 3. ¿Adónde fue su madre? 4. ¿Fueron españoles sus bisabuelos *(great-grandparents)*? ¿Fueron ingleses? ¿Fueron franceses? 5. En su opinión, ¿quién fue el mejor *(best)* presidente de los Estados Unidos? 6. ¿Quiénes fueron los mejores escritores *(writers)*? 7. ¿Fueron Ud. y sus amigos al cine esta semana? ¿Fueron a un partido *(game)* de fútbol? 8. ¿Les di mucho trabajo ayer? 9. ¿Dio Ud. una fiesta la semana pasada? 10. ¿Me dieron sus cuadernos?

B. Complete ahora usando el pretérito de **ser**, **ir**, o **dar**:

1. ¿Uds. _fueron_ a la fiesta anoche? —No. _fuimos_ al teatro. 2. ¿Quién te _dio_ esa idea? —Nadie me la _dio_. La idea _fue_ mía *(mine)*. 3. Elsa y yo _fuimos_ los primeros en llegar. —¿Quiénes _fueron_ los segundos? 4. ¿No te _di_ (yo) el número de mi teléfono? —No me _diste_ nada. 5. (Yo) _fui_ al aeropuerto a buscarlos, pero no los encontré. —Claro, porque el vuelo *(flight)* _fue_ cancelado.

C. Diga finalmente en español:

1. Helen went to see him. 2. Did you *(Uds.)* give them the letter *(carta)*? 3. Yes, I gave it to them. 4. We went to the movies last night. 5. George Washington was the first *(primer)* president of the United States. —No, *I* was (*Fui yo.*) —Yes, dear.

33. THE DEMONSTRATIVES: *THIS, THAT, THESE, THOSE*

 A. Demonstrative adjectives

	MASCULINE	FEMININE	
SINGULAR	este	esta	*this*
	ese	esa	*that (near you)*
	aquel	aquella	*that (over there)*
PLURAL	estos	estas	*these*
	esos	esas	*those (near you)*
	aquellos	aquellas	*those (over there)*

Notice that in Spanish, *this* and *these* both have *t*'s.

Quiero este cuarto.	I want this room.
Llegaron esta tarde.	They arrived this afternoon.
¿ Conoces a estos chicos ?	Do you know these kids ?
Compró ese coche.	He bought that car.
¿ No te gustan esas camisas ?	Don't you like those shirts ?
En aquellos tiempos…	In those (bygone) times…
Voy a llevar este saco, con esos pantalones y aquella corbata. —¿ Cuál ? ¿ Dónde ?	I'm going to wear this jacket with those pants and that tie over there. —Which one ? Where ?

 B. Demonstrative pronouns

A demonstrative adjective may be made into a pronoun *(this one, that one, these, those)* by adding an accent mark above the stressed vowel :

Quiero éste, no ése.	I want this one, not that one.
Aquéllas son las mejores.	Those (over there) are the best ones.

 C. The neuter demonstratives

Esto, eso, and more rarely **aquello** are neuter demonstratives that refer to a whole idea rather than to a specific noun.

Esto me gusta. Eso no.	This (in general) I like. That I don't.
¿ Qué es eso ? —¿ Quién sabe ?	What's that ?—Who knows ?

Ejercicios

A. Lea en voz alta, y después cambie según las indicaciones : Por ejemplo :

  estos chicos (casa)   **esta casa**

esta escuela (colegio) ; ese hombre (mujer), aquel día (noche) ; estos papeles

aquella noche

esta

(plumas) ; este plato (comida) ; aquella ciudad (pueblos) ; esta vez (ocasiones) ; esa tienda (artículos) ; esta agua (jabón)

estar f

Now replace all the nouns in the above phrases with demonstrative pronouns. Por ejemplo :

    este muchacho   **éste** ; esta muchacha   **ésta**

each every   *following*

B. ¿ Qué asocia Ud. con cada una de las cosas siguientes ? esta clase… esta nación… este verano… esta semana… este año… esta escuela… estos tiempos… estas lecciones…

C. Finalmente, busque Ud. en el Grupo 2 una respuesta lógica para cada pregunta o comentario del Grupo 1 :

1	2
Me van a dar « A » en todos mis cursos.	Tienes razón. Eso es más importante que el dinero.
Busco amor, nada más.	Fue una explosión, nada más.
¿ Qué piensa Ud. de todo esto ? *think*	¿ Por qué ? Yo no veo nada malo.
Esto es injusto. No me gusta.	Al contrario. Te adoro.
Esto me hace creer que no me quieres.	Eso es imposible. No estudias nunca.
¡ Dios mío ! ¿ Qué fue eso ?	No lo sé todavia.

34. MORE ABOUT THE DEFINITE ARTICLE

The definite article is much more important in Spanish than in English. It is generally used before every noun, unless the meaning *some* or *any* is implied.

El agua está muy fría.	The water is very cold.
But: ¿ Quieres agua caliente ?	Do you want (some) hot water ?

Here are some of the ways in which it differs from the English :

A. It is used when the noun is given a general or abstract sense.

Así es **la** vida.	That's life.
El agua refresca. —Sí, pero **el** vino nos gusta más.	Water is refreshing.—Yes, but we like wine better.

B. It precedes a person's title (except **don**[1] and **santo**) when speaking *about* him (not *to* him).

¿ Está la doctor Ocantos ?	Is Dr. Ocantos in ?
¿ Conoce Ud. al señor Rojas ?	Do you know Mr. Rojas ?
Aquí viene el profesor Mera.	Here comes Professor Mera.

---

[1] **Don** is a title of respect and used only before a person's *first* name : Don Juan, Don Quijote, Don Fernando. It is capitalized only at the beginning of a sentence.

But: Buenos días, señor Mera.

C. It replaces the English *on* with days of the week.

Te veo el martes, ¿está bien?   I'll see you on Tuesday, OK?
Nunca hay clase los lunes.   There's never class on Mondays.

Ejercicios

There are

A. Complete las frases siguientes:

1. *(Money)* es la causa de todos los problemas. —¡No! *(Women)* son la causa. —¡Cómo! *(Men)* son la causa. —¿Qué dices? Son *(children, children)*, nada más! —Están locos, ¿saben?   2. Hoy es *(Friday)*. No tengo clases *(on Fridays)*. —¡Qué suerte, eh!   3. ¿Te lavaste *(your hands)*? —No, *(the water)* está fría y no hay jabón.   4. Fuimos a casa *(of Dr. González)*. —¿Cuándo? —*(On Monday)*.   5. Buenos días, *(Mr. Rosado)*? And how is *(Mrs. Rosado?)* —Bien, gracias. Pero... ¿quién es?

B. Termine ahora de una manera original:

1. La vida_____   2. La felicidad *(happiness)*_____   3. El amor_____
4. Las mujeres_____   5. Los hombres_____   6. Los jóvenes_____
7. La educación_____

Teatro

Imagínese que está en este momento en el cuarto de Cuco y compañía. ¿Cómo le van a explicar a Miguel por qué no funciona su coche? ¿Qué catástrofes le ocurrieron? Vamos a ver si puede Ud. continuar el diálogo... O si prefiere hablar de otra cosa, ¿por qué no nos cuenta Ud. un episodio similar entre *(between)* Ud. y un hermano (hermana) o amigo (amiga)—algo relacionado con una ducha o un baño, con su radio o televisor o con otra posesión personal? Puede ser interesantísimo, ¿sabe?

Hora de Conversación V

SUSTANCIAS Y ARTÍCULOS DE USO DIARIO

hierro   *iron*
acero   *steel*
el cobre   *copper*
el bronce   *bronze*
aluminio
cromo   *chromium*
oro   *gold*
plata   *silver*
estaño   *tin*
madera   *wood*

---

el carbón   *coal*
el aceite   *oil*
petróleo
el gas
la electricidad

vidrio   *glass*
caucho, goma   *rubber*
cuero   *leather*
plástico
cemento
piedra   *stone*
ladrillo(s)   *brick(s)*
el cartón   *cardboard*
el papel   *paper*

---

tela   *fabric, cloth*
el algodón   *cotton*
lana   *wool*
seda   *silk*
el nilón   *nylon*

cepillo (dental)   *(tooth)brush*

el jabón   *soap*
toalla   *towel*
toallita   *washcloth*
navaja (de afeitar)   *razor*
crema dental   *toothpaste*
el peine   *comb*

almohada   *pillow*
funda   *pillow case*
sábana   *sheet*
manta, cobija   *blanket*
sobrecama   *bedspread*

caja *box*
lata *can*
el abrelatas *can opener*
frasco *jar*

bombilla, bombillo *bulb*

lámpara - *lamp*
cuadro *picture ; painting*
espejo *mirror*

el reloj *clock ; watch*
  cartera *wallet*
  bolsa *purse*
la llave *key*

pañuelo *(hand)kerchief*
gafas, los lentes *eyeglasses*
anteojos para el sol *sunglasses*

Conversación

1. ¿ De qué se construye *(is built)* una casa ? ¿ De qué es la casa en que vive Ud. ?
2. ¿ De qué se hace *(is made)* un coche ? ¿ un tren ? ¿ un avión *(airplane)* ? ¿ una ventana ? ¿ una estatua *(statue)* ? ¿ un libro ? ¿ un vaso *(drinking glass)* ? ¿ un par de pantalones ? ¿ un reloj ?
3. ¿ Qué usamos para lavarnos ? ¿ para limpiar los dientes ? ¿ para peinarnos *(comb our hair)* ? ¿ para afeitarnos *(shave)* ?
4. ¿ Qué usamos para ver mejor ? ¿ para abrir una lata ? ¿ Qué usamos cuando llueve ?
5. ¿ Qué combustibles se usan para calentar *(heat)* una casa ? ¿ Cuál prefiere Ud. ? ¿ Cuál es el más costoso ? ¿ Cuál usan Uds. en su propia casa ?
6. ¿ Puede Ud. hacernos una descripción exacta de su sala ? ¿ y de su alcoba ? ¿ y de su cama ?
7. ¿ Qué hay en las paredes *(walls)* de su cuarto ? ¿ Tiene Ud. carteles *(posters)* también ? ¿ De qué (o de quiénes) son ?

Lección Octava

Momento de Vida: Los Testigos

Esta mañana **hubo un atraco** en el Banco Nacional y el **lugar** está en pandemonio. Un reportero de la televisión se acerca a un grupo de personas **aglomeradas en el portal** principal.

Reportero (al micrófono): Bernardo Costas aquí en el Banco Nacional donde hoy **sucedió** el atraco **mayor y más atrevido** de la historia de nuestra ciudad: ¡un **robo** de **más de** diez millones de pesos! Vamos a **oír** ahora cómo ocurrió.

(La cámara **apunta** hacia la **gente reunida** en el portal. Varias personas **saludan** enérgicamente con la mano, y un chico de doce años hace **muecas** grotescas para la televisión. La cámara **descansa por fin sobre** un hombre pequeño y nervioso vestido con un uniforme **gris**.)

Reportero: Bueno, señor Pardo, Ud. es el guarda de este banco, ¿verdad?

Sr. Pardo: **Lo fui.** Ya no quiero trabajar en **ningún** banco. **Le pueden matar a uno** aquí.

Reportero: Pero me dicen que fue Ud. el héroe de este episodio.

Sr. Pardo: **Así es.**

Reportero: Pues, ¿quiere Ud. contarnos en sus **propias palabras lo que** pasó?

Sr. Pardo: Muy bien. A las nueve menos cuarto **en punto** entraron dos hombres armados con revólveres, y **me pidieron las llaves** de la **caja fuerte.**

Reportero: Y Ud., ¿qué **hizo**? ¿Se las **dio**?

Sr. Pardo: No. **Me desmayé**... los nervios, ¿entiende? Pero **al caerme, mi cabeza chocó** con el botón de la alarma, y...

Reportero: Entonces, ¿**fue Ud.** quien avisó a la policía?

Sr. Pardo: Exactamente.

Reportero: ¡Qué valor! ¡Qué presencia! Mil gracias, señor Pardo, y

The Witnesses

there was a holdup • place

jammed in the doorway

took place • biggest and most daring • theft • more than

hear

points • people gathered

wave

"faces"

rests finally on

gray

I *was* • any • A person can get killed

That's so.

own words what

on the dot

they asked me for the keys

vault

did you do? • Did you give

I fainted

as I fell, my head struck

it was you

mis mayores **felicitaciones**. Y ahora, Ud., señora... (La cámara
se vuelve a una mujer **gordísima** vestida **de colores vivos**.)

Señora : Rosita Conchita de Torres. (Habla con una voz **finita**.)

Reportero : Ud. vio el atraco, ¿ verdad ?

Señora : Sí, lo vi todo. (La señora **sonríe** para la cámara.) Fue terrible.
Como le dije, yo vine esta mañana a hacer un depósito. Dos mil
pesos que **ganamos** en la lotería. ¡ Qué **suerte**, ¿ eh ?

Reportero : **Seguro**, señora, seguro.

Señora : **Así que** esta mañana los **traje** al banco **tempranito**, a las
ocho en punto. Pero **cuando** abrí la puerta, **me siguieron** cuatro
hombres con rifles en la mano. ¡ Ay, **qué miedo tuve**! (La señora
sonríe otra vez para la cámara.)

Reportero : Claro, señora, y...

(Otra señora **se mete entre** ella y la cámara.)

Señora 2 : Yo los vi también. **No menos de siete fueron**. Los **conté**
con **estos mismitos dedos**.

Señora 3 : Siete, **más** una mujer.

Señora 4 : Y uno **que estuvo** siempre en el coche.

Un joven : **No vinieron en** coche. Llegaron **a pie**. Yo los vi entrar.
En efecto, **quise coger al jefe por detrás**, pero se volvió y comenzó
a disparar con una **metralleta**.

Señora 3 : **Yo no oí ningún disparo**.

Señora 1 : Con un rifle, digo yo.

Un hombre : Yo vi que **sacó un cuchillo**, nada más.

Joven : Una metralleta, hombre, una metralleta fue.

Reportero : ¿ Y **le hirió** a Ud. ?

Joven : No. Pero **sí le dio** al guarda. El pobre **murió al instante**.

Hombre : El guarda no está muerto. **Le vi levantar** más tarde la
cabeza y hablar.

Joven : ¡ Qué va, hombre ! **Tan muerto como tu abuelo quedó**.

Hombre : **Óyeme**, hijo. **Habla de tu propio abuelo**, no **del mío**.

Joven : Pero **si el mío** vive todavía. **El tuyo**, me imagino que **hace
años ya que come el polvo**.

Hombre : ¿ Qué sabes tú, **mocoso** ?

Joven : Más que tú, **viejo**.

Hombre : **¿ Así piensas ?** Pues te voy a enseñar a **guardar la lengua**.

(Los dos comienzan a **pelear** entre los **gritos entusiasmados** de
la multitud. **Por encima se oyen** las voces de los testigos.)

Señora 3 : Doce ladrones hubo, o más. ¡ Y **qué tipos más feos** !

Hombre 2 : A las diez en punto fue. Miré en ese momento mi **reloj**.

Señora 4 : Altos, grandes y morenos...

Señora 5: **Más bien delgados** y rubios… muy **guapos, en efecto.**   Rather slim • handsome, in fact
Hombre 3: **Se escaparon** en el autobús Número 2.   They escaped
Hombre 4: **¡Imagínense!** ¡ Una sola mujer atracó el Banco Nacional!   Imagine!

 ## ASOCIACIONES

la gente *people*—muchas personas, un grupo de personas
ladrón, ladrona *thief*—robar ; **robo** *robbery, theft*—crimen, criminal
caja *box*—de metal, de madera, de plástico ; meter diferentes cosas
la llave *key*—abrir, cerrar una puerta, una caja fuerte, etc.
el reloj *clock, watch*—contar las horas ; ¿ Qué hora es ?
el botón (*pl.* botones) *button*—camisa, blusa, saco, pantalones

---

abrir *to open*—una ventana, una caja, etc. ; **meter** *to put in*—varias cosas
***poner (pongo)** *to put, place*—una cosa sobre otra, algo en su lugar *(place)*
quedar *to remain, be left*—rico, pobre, enfermo, contento
pelear *to fight* ; **matar** *to kill*—homicidio, guerra (*war*), malo
descansar *to rest*—cansado, tener sueño, dormir (*to sleep*)

Cosinar

guapo *good-looking*—muy atractivo ; **feo** *homely*—poco atractivo
delgado *slim*—comer poco, vigilar *(watch)* la dieta ; **gordo** *fat*
vivo *alive, lively* ; **muerto** *dead*

---

tarde *(adv.) late* ; más tarde *later* ; **temprano** *early*
entre *between, among*—entre tú y yo ; **sobre** *on, upon, above*—sobre todo
cuando *when* ; ¿ Cuándo ?—ahora, pronto *(soon)*, hoy, mañana, ayer
mientras (que) *(conj.) while*—durante *(during)* ese tiempo

VAMOS A HABLAR

1. Según el cuento, **Los Testigos**, ¿ qué ocurrió esta mañana en el Banco Nacional ? ¿ Ocurre esto frecuentemente donde vive Ud. ? ¿ Lo vio Ud. alguna vez *(ever)* ?
2. ¿ Cuánto dinero robaron los ladrones ?
3. ¿ Con quiénes habla el reportero de la televisión ?
4. ¿ Cómo es el guarda ? ¿ Por qué no quiere trabajar más en ningún banco ?
5. Según él, ¿ a qué hora ocurrió el robo ? ¿ y cuántos hombres entraron ?
6. ¿ Qué le pidieron al guarda ? ¿ Por qué no se las dio ?
7. ¿ Cómo avisó Pardo a la policía ? (¿ Conoce Ud. a un tipo « heroico » como él ?)
8. Según Rosita, ¿ cuántos hombres la siguieron cuando entró al banco ?
9. ¿ Qué versión del robo cuenta la segunda señora ?

10. ¿ Qué dicen los otros testigos ? ¿ Qué contradicciones hay en sus historias ?

11. ¿ Quiénes comienzan a pelear ? ¿ Por qué ? ¿ Qué piensa Ud. de ellos ?

12. ¿ De todos los personajes de este cuento, ¿ quién le parece más real ? ¿ y menos ? En su opinión, ¿ son gente típica o no ?

Estructura

35. THE PRETERITE OF -IR RADICAL CHANGING VERBS

The -ir radical changing verbs change e to i or o to u in the third person of the preterite. The -ar and -er radical changing verbs have no change in the preterite.

ir verbs

e→i

o→u

sentir *(to feel ; regret)*	dormir *(to sleep)*
sentí	dormí
sentiste	dormiste
——→ sintió	——→ durmió
sentimos	dormimos
sentisteis	dormisteis
——→ sintieron	——→ durmieron

Ejercicios

A. Complete las conjugaciones siguientes :

pedir: pedí, pediste, *pedió, pedimos, pedieron* _____

servir: serví, *serviste, servimos, servieron, sirvió* _____

morir: morí, *moriste, murimos, morieron* _____

mentir *(to lie)*: mentí *mentiste, mentimos, menieron* _____

B. Diga en español :

1. I slept, I felt, I asked for it *(pedir)*, I lied. 2. He died, he served, he slept, he felt. 3. They asked for it. 4. She slept all day. 5. We served them. 6. Mr. Ramos died last night. —I'm sorry. 7. You *(Tú)* lied. —No. *He* lied. 8. I regretted it *(sentir)*. —Well, *they* didn't regret it. 9. At what time did they serve dinner? —At eleven-thirty. —My goodness!

C. Conteste ahora :

1. ¿ Durmió Ud. bien anoche ? 2. ¿ Cuántas horas durmió ? 3. ¿ Murieron muchas personas en accidentes de automóvil el año pasado ? 4. ¿ Quién le sirvió la comida anoche ? 5. ¿ Se sintió Ud. *(Did you feel)* cansado ayer ? ¿ y esta mañana ? 6. ¿ Cómo se sintieron sus padres ayer ? 7. ¿ Pidió Ud. dinero a su padre la semana pasada ? 8. ¿ Mintió Ud. alguna vez *(ever)* a su profesor ? ¿ y a sus padres ? 9. ¿ Mintió Ud. alguna vez a su mejor amigo ? 10. ¿ Se durmió Ud. alguna vez *(Did you ever fall asleep)* en la clase de matemáticas ? ¿ en la clase de español ?

36. THE PATTERN OF IRREGULAR PRETERITES

Most irregular preterites fall into a very clear pattern:

1. The first person singular ends in an *un*stressed **e**.
2. The third person singular ends in an *un*stressed **o**.
3. The whole conjugation repeats the stem of the first person singular.

A. **u** stems

tener : tuve, tuviste, tuvo, tuvimos, tuvisteis, tuvieron
estar : estuve, estuviste, estuvo, estuvimos, estuvisteis, estuvieron

Complete las conjugaciones siguientes:

andar *(to walk)* : anduve, *anduviste anduvo anduvimos anduvieron*
saber *(to know)* : supe, *supiste supo supimos supieron*
poder *(to be able)* : pude, *pudiste pudo pudimos pudieron*
poner *(to put)* : puse, *pusiste puso pusimos pusieron*
traducir[1] *(to translate)* : traduje, *tradujiste tradujo*
tradujimos tradujieron
, traduje ron[2]

B. **i** stems   *1 = 2 and 1p   1e = 3p*

querer *(to want; like, love)* : quise, quisiste, quiso, quisimos, quisisteis, quisieron

decir *(to say, tell)* : dije, dijiste, dijo, dijimos, dijisteis, dijeron

Complete ahora estas conjugaciones:

hacer *(to do; make)* : hice, *hiciste*, hizo[3], *hicimos hicieron*

venir *(to come)* : vine, *viniste vino vinimos vinieron*.

C. **a** stems[4]

traer *(to bring)* : traje, trajiste, trajo, trajimos, trajisteis, trajeron

Ejercicios

A. Diga las formas correspondientes del pretérito:

yo: estar, poder, poner, hacer, traer, decir
estuve pode puse hice traje decuve
Ud.: tener, andar, traducir, saber, venir, querer
tuviste anduviste traduviste supiste v viniste quiriste
nosotros: estar, saber, hacer, venir, decir
estuvimos, supimos, hicimos, vinimos, dijimos

---

[1] All verbs ending in **-ducir** (producir, conducir, reducir, etc.) are conjugated like **traducir**, and usually correspond to English verbs ending in *-duce* or *-duct*.
[2] Notice that the i of the diphthong ie disappears after j.
[3] c changes to z before o in order to keep the sound soft.
[4] A good many Spanish verbs are based on **traer**, and correspond to English verbs ending in *-tract*: atraer, contraer, distraer, etc.

María y Elena: poner, poder, tener, producir, traer, decir   ~~trajba~~
tú: querer, decir, venir, estar, hacer, conducir
vosotros: querer, decir, venir, estar, hacer, conducir

B. Ahora cambie según las indicaciones:

1. Mis abuelos **estuvieron** aquí ayer. (venir)   ~~vinieron~~   2. **Tuvo** una comida excelente. ~~sirvió~~ ~~quise~~ ~~sentió~~
(servir)   3. No **pude** ir. (querer)   4. **Estuvo** enfermo. (sentirse)   5. ¿Ya lo
hiciste? (traducir)   6. ¿ Lo **trajisteis** tú y Rodrigo? (decir)   7. **Hicieron** muchas
cosas. (traer)   8. **Vinieron** a la escuela. (andar)   9. ¿Quién lo **trajo** aquí?
(poner)   10. Lo **dijimos** anoche. (saber)   11. **Anduve** todo el día. (Los chicos)
12. No **quisieron** volver. (Nosotros)   13. El pobre no pudo resistir. (Los pobres)
14. Se lo **trajimos** ayer. (Sus amigos)   15. No **hicimos** nada. (decir)   16.
¿ **Quién** los condujo allí? (¿ Quiénes)   17. No **tuvimos** tiempo. (¿Vosotros...)
18. ¿No nos lo dijo **Ud.**? (tú)   19. No **dijeron** nunca la verdad. (saber)
20. **Vine** con ellos. (Roberto y yo)

~~anduv.~~

37. UNEQUAL COMPARISONS: *MORE, LESS ... THAN*

A. Regular comparisons

Unequal comparisons are regularly formed in Spanish by placing **más** *(more)*
or **menos** *(less)* before the adjective or adverb:

alto	**más alto**	bonita	**menos bonita**
grandes	**más grandes**	limpias	**menos limpias**
cerca	**más cerca**	rápidamente	**menos rápidamente**

Than is normally translated by **que**:

Paco es más alto **que** yo.	Frank is taller than I.
Éstos son más grandes **que** ésos.	These are larger than those.
Viven más cerca **que** nosotros.	They live closer than we (do).

However, **de** is used for *than* before a number:

Escribió más **de** diez dramas.	He wrote more than ten dramas.
Me quedan menos **de** cinco minutos.	I have less than five minutes left.

B. Irregular comparisons

Here are the only irregular comparatives in Spanish:

ADJECTIVE		ADVERB		COMPARATIVE	
bueno	*good*	bien	*well*	**mejor**	*better*
malo	*bad*	mal	*badly*	**peor**	*worse*
mucho(s)	*much, many*	mucho	*(very) much*	**más**	*more*

no más que + number (only)

ADJECTIVE	ADVERB	COMPARATIVE
poco(s) *little, not much; few*	poco *little*	menos *less; fewer*
grande *large, great*		mayor *larger; older*
pequeño *small*		menor *smaller; younger*

Más grande refers to size or greatness, **más pequeño** to size alone:

Raúl es más grande, pero yo soy mayor.

Ralph is bigger, but I am older.

Anita es más pequeña que su hermana menor.

Anita is smaller than her younger sister.

Un hombre bueno es más grande que un hombre ambicioso.

A good man is greater than an ambitious man.

Ejercicios

A. Lea bien, y después conteste las preguntas:

1. Luis tiene veinte y dos años y su hermano Ramón tiene diez y nueve... ¿Quién es mayor? 2. Mi tío tiene tres millones de dólares. Mi padre tiene sólo dos: —¡ Ay, pobre!... ¿Quién es más rico? 3. Gary sacó *(got)* «A» en matemáticas. Felipe sacó D.... ¿Quién es mejor estudiante de matemáticas? 4. Paco tiene seis pies de alto *(is six feet tall)*. Alberto tiene cinco pies con nueve pulgadas *(inches)*... ¿Quién es menos alto? 5. Ayer compré un vestido *(dress)* por 20 pesos y una blusa por 15... ¿Gasté más de veinte y cinco pesos o menos? ¿Gasté más de diez o menos? 6. Londres tiene unos nueve millones de habitantes. Nueva York tiene ocho. Y Tokio tiene unos diez millones... ¿Cuál de las tres ciudades tiene la mayor población *(population)*? 7. Carlos es mayor que Miguel. Ricardo es mayor que Miguel, pero menor que Carlos... ¿Quién es el más joven del grupo? ¿Quién es el mayor? 8. Alicia habla español desastrosamente. Su hermana Linda, por lo contrario, lo domina *(commands)* muy bien... ¿Cuál de las dos hermanas se expresa mejor? 9. No somos grandes deportistas, pero Carlos por lo menos gana a veces. —Sí, ¡ cuando juega con niños de diez años!... ¿A qué deporte cree Ud. que juegan? ¿Quién juega peor, Carlos o su amigo?

B. Conteste otra vez:

1. ¿Quién es mayor, su madre o su padre? 2. ¿Tiene Ud. hermanos mayores? ¿y menores? 3. ¿Es Ud. más alto que su padre? ¿o que su madre? 4. ¿Es Ud. más joven que la mayor parte de sus amigos? 5. ¿Tiene Ud. más amigos ahora que antes? 6. ¿Es Ud. más feliz *(happier)* que antes? 7. ¿Tiene Ud. más o menos de cien dólares en el banco? ¿y en el bolsillo *(your pocket)*? 8. ¿Hay más de treinta personas en su clase de español? 9. ¿Hay más o menos de mil estudiantes en esta escuela? 10. ¿Tiene más o menos de diez representantes su estado *(state)* o provincia?

38. SUPERLATIVES: *THE MOST, THE LEAST, THE BEST*

A. Superlatives use the same form as the comparatives, generally preceded by the definite article. Notice that after a superlative, *in is translated* as **de**:

Pablo es el mejor atleta de todos.	Paul is the best athlete of all.
Es el más alto de la familia.	He is the tallest in the family.
Elsa es la mayor.	Elsa is the oldest.
Ramón y Hada son los menores.	Ray and Ada are the youngest.
Soy la persona más feliz del mundo. —La felicito.	I am the happiest person in the world. —I congratulate you.

B. -ísimo

-ísimo is an ending that adds *very, extremely, exceptionally,* and the like to the meaning of an adjective or adverb. Although it is not a true superlative, it often expresses the English *most*:

Es un libro malísimo.	It's a very bad book.
Marta es hermosísima.	Martha is very (most) beautiful.
Habló rapidísimamente.	He spoke very rapidly.
Es un hombre rarísimo.	He's a most (highly) unusual man.

Ejercicios

A. ¿Qué cosas o personas asocia Ud. con cada una de las ideas siguientes?

1. la mujer más hermosa del mundo   2. el hombre más guapo   3. la persona más inteligente   4. la cosa más importante de mi vida   5. la cosa más difícil para mí   6. la invención más brillante del hombre   7. la cosa peor del mundo 8. la cosa mejor de nuestra vida   9. la clase más interesante de todas (¡ Naturalmente!)

B. Diga más enfáticamente. Por ejemplo:

Habla en voz baja.   Habla en voz bajísima.

1. Esta lección es **difícil**.   2. Ese muchacho es **inteligente**.   3. Estamos **cansados**.   4. Trabajamos **mucho** ayer.   5. Habló **rápidamente**.   6. Marta fue una muchacha **hermosa**.   7. Caminan **lentamente**.   8. Los precios están **altos**. 9. La clase es **interesante**.   10. La familia es **pobre**.

C. Ahora exprese en español:

1. I know that Richard is handsomer and more intelligent than I. Why do you love me *(a mí)*? —Because you're richer. —Darling, I'm the happiest man in the world.   2. Who is the best student in this class? —Not I. *(Yo no.)*   3. That was the worst day of my life. —Why? What happened?   4. You're a most unusual person. —Is that *(eso)* bad or good? —Very good. —Thanks.

Teatro

Prepare Ud. su propia versión original de **Los Testigos**. En otras palabras, Ud. es un(a) reportero de radio o de televisión y habla con varias personas en la escena de un accidente, de un homicidio, etc. Otra posibilidad— Ud. puede hablar con las personas que están reunidas en el portal del Banco Nacional. ¿Qué le va a preguntar? ¿Qué le van a decir?

Hora de Conversación VI

EL MUNDO DE HOY

democracia
comunismo
juez *judge*
la corte, el tribunal *court*
policía *(m.) policeman ; (f.)*
    police (force)
política *politics ; policy*
las elecciones *election(s)*
el régimen *regime*
la ley *law*

bombero *fireman*

presidente
primer ministro *prime minister*
dictador *dictator*

república
Parlamento *Parliament*
dictadura *dictatorship*

emperador *emperor*
gobernador *governor*
senador
representante *representative*
diputado *Congressman, deputy*
ministro *minister, secretary*
embajador *ambassador*

rey, monarca *king, monarch*

monarquía *monarchy*
imperio *empire*
gobierno *government*
Senado

Congreso
Cámara (de Diputados) *House*
ministerio *ministry, department*
embajada *embassy*

---

ejército *army*
guerra *war*
revolución
marina *navy*
bomba *bomb*

el motín *riot*
fuerza aérea *air force*
el proyectil *missile*
el ataque *attack*

---

unión, sindicato de obreros
  union
terremoto, temblor de tierra *earth-quake*

tormenta *storm*
huelga, paro *strike*
crecida de agua *flood*
el huracán *hurricane*

Conversación

1. ¿Quién es el presidente de los Estados Unidos? ¿Quién fue presidente antes de él? ¿y antes de aquél? ¿Quién es el primer ministro de Inglaterra? ¿de la Unión Soviética?

2. ¿Qué forma de gobierno tenemos en los Estados Unidos? ¿Qué forma de gobierno tiene Inglaterra? ¿Francia? ¿España? ¿Rusia? ¿Argentina? ¿Está Ud. contento(a) con nuestra forma de gobierno?

3. ¿Puede Ud. nombrar los dos senadores de su estado? ¿cinco miembros de la Cámara de Diputados? ¿nuestro embajador ante las Naciones Unidas?

4. ¿Qué piensa Ud. de las Naciones Unidas? ¿Por qué piensa así?

5. ¿Cree Ud. en la democracia? ¿Cree Ud. que va a triunfar sobre el comunismo?

6. ¿Qué noticia de las últimas dos o tres semanas le impresionó más?

7. En su opinión, ¿pueden justificarse *(be justified)* las huelgas en industrias esenciales—por ejemplo, en el servicio telefónico o eléctrico? ¿en los sistemas de transportación? ¿Puede justificarse una huelga de la policía o de los bomberos? ¿una huelga en los hospitales? ¿una huelga en el ejército? ¿Por qué? ¿Quiere Ud. debatir *(debate)* uno de estos tópicos?

Lección Novena

Momento de Vida: El Sueño

The Dream

Él: ¿ Sabes, Linda ?

Ella: ¿ Qué ?

Él: Anoche **soñé contigo.**

I dreamt about you

Ella: ¿ Ah, sí ? ¿ Qué soñaste ?

Él: No te lo voy a decir.

Ella: ¿ Por qué ?

Él: Porque **te vas a enojar** conmigo.

you're going to get angry

Ella: ¿ **Cómo me voy a enojar por** un sueño ? ¿ Qué soñaste ?

Why should I get mad about

Él: Pues soñé que **me odiabas.**

you hated me

Ella: ¿ Odiarte yo ? ¡ Qué ideas tienes, José. Ya sabes que te adoro.

Él: Y **yo te quiero a ti.** Por eso cuando me dijiste que me odiabas **me sentí tan triste** que ya no deseaba vivir. **Comencé a llorar** y…

I love you. That's why
I felt so sad • I began to cry

Ella: Ah, no, **querido.** Tú no debes llorar nunca, **ni** en sueños. Pero, ¿ qué soñaste ? ¿ Por qué **yo te odiaba** ?

dear • not even
did I hate you?

Él: Pues soñé que… Tú recuerdas a Gloria Rosales, ¿ verdad ?

Ella: ¿ Cómo **la voy a olvidar** ? Esa es la chica que por años estuvo **enamorada de ti.** Nunca **te dejaba en paz.**

can I forget her?
in love with you • left you alone

Él: **Esa es.** Pues yo soñé que… no sé cómo, pero **ahí estaba ella** en mi oficina. **Parece que era** mi secretaria o algo **por el estilo.**

That's the one • there she was
It seems that she was • like that

Ella: ¿ Ah, sí ? ¿ Y **hacía mucho tiempo que estaba allí** ?

had she been there for a long time?

Él: No. **Acababa de llegar. En fin,** mientras **trabajábamos, ella me decía que todavía me amaba y que pensaba sólo en** mí. Y yo le dije que te **quería** sólo a ti, y…

She had just come. Anyway •
we were working, she was
telling me that she still loved
me and she thought only of
I loved

Ella: ¿ Y **tú la permitías** trabajar contigo ?

you allowed her

Él: Pero, Linda, **si fue un sueño,** nada más.

(don't translate)

Ella: No importa. Tú sabes **lo que** dicen los psicólogos.

what

Él: ¿ Qué ?

Ella: Que los sueños representan nuestros **deseos** más secretos. **Hace unos días leí** un artículo sobre eso en una **revista.**

desires
A few days ago I read
magazine

Él: ¡ **Qué va!** Entonces, ¿ por qué **iba yo a llorar** ?

Nonsense! • was I going to cry?

Ella: Porque **te sentías culpable.** Por eso.

you were feeling guilty

151

Él: Ah, no. Mi **único** deseo es tenerte a ti. Soy **tuyo** y tú eres **mía**.   only • yours • mine
Nada más me interesa en esta vida.

Ella: **¿ De veras ?**   Honestly?

Él: Sí, **corazón**. Soy el hombre **más feliz** del mundo.   sweetheart • happiest

Ella: **Me alegro**, José. **Ya me sentía** un poco **celosa**.   I'm glad • I was starting to feel • jealous

Él: Entonces, **¿ me perdonas por** soñar que Gloria era mi secretaria ?   do you forgive me for

Ella: **Seguro**, Te lo perdono todo. A mí no me importa qué secretaria   Sure
tienes, **ni** en sueños **ni** en realidad.   neither ... nor

Él: Gracias, Linda. **Ya te conocía**. Eres **tan** buena, tan **comprensiva**.   I knew you were like that • so • understanding
Bueno, amor mío, **¿ me perdonas** por un momentito ? Tengo que   will you excuse me
hacer una llamada telefónica.

Ella: **¡ Cómo no !**   Of course !

    (José sale y cierra la puerta. **Marca** un número de teléfono.)   He dials

Él: (al teléfono) ¿ Gloria? Aquí habla José... Sí, **acabo de arreglarlo**   I've just arranged everything.
todo. Vas a comenzar el lunes... **Perfectamente**... Pero una **cosita**,   Great ! • little thing
Gloria... Este **fin de semana**, ¿ no puedes aprender un poco de   weekend
mecanografía ?   typing

ASOCIACIONES

el amor *love*—afecto, pasión; **el corazón** *heart*—con todo el corazón
la vida *life*—larga *(long)*, corta *(short)*, feliz; un Momento de Vida
sueño *dream; sleep*—tener sueño, dormir; La vida es sueño.
el fin *end*; fin de semana *weekend*—descansar, ir al cine, leer el periódico

---

amar *to love*—a la familia, la vida; odiar *to hate*
soñar (ue) con *to dream about*—¿ nuestros deseos más secretos ?
olvidar *to forget*—a una persona, un número de teléfono; recordar (ue)
leer (*preterite*—leí, leíste, leyó) *to read*—un libro, una revista, un artículo
enojarse (Me enojo...) *to get angry*; **llorar** *to cry*; **perdonar** *to forgive*
*****parecer (parezco)** *to seem, appear*—cansado, contento, fácil; Parece que...

---

querido *dear*—querer; **enamorado de** *in love with*—amar
feliz (*pl.* felices) *happy*; **contento** *content, pleased*; **triste** *sad*
seguro *sure; secure, safe*—¿ Estás seguro ?—Claro. Por supuesto.
único *only; unique*—un hijo único, no hay otro

---

acabar de + *infinitive to have just*—recientemente, en este mismo momento
hace unos días a *few days ago*—hace poco tiempo, la semana pasada
por eso *therefore, that's why* —¿ Por qué ? —Por eso, por esa razón.

VAMOS A CONVERSAR

1. ¿Conoce Ud. a una persona como José? ¿Cómo se lo imagina Ud. *(do you imagine him)*—guapo, feo o más bien *(rather)* ordinario? ¿alto, mediano *(average)*, o más bien bajo *(short)*? ¿delgado o gordo? ¿Cuántos años de edad cree Ud. que tiene? ¿Qué clase de trabajo *(work)* cree Ud. que hace?

2. ¿Cómo se imagina Ud. ahora a Linda? ¿Puede describírnosla? ¿Cree Ud. que ella trabaja, o que sólo se queda en casa? ¿Tiene hijos?

3. En su opinión, ¿cuánto tiempo hace que están casados *(married)*?

4. Al principio *(at the beginning)* del cuento, ¿con quién dice José que soñó anoche? ¿Por qué no quiere contarle su sueño a Linda?

5. ¿Quién es Gloria Rosales? Según José, ¿qué hacía Gloria en su sueño?

6. ¿Por qué no le gusta mucho a Linda el sueño de su marido? ¿Lo perdona? ¿Por qué?

7. ¿Qué hace José ahora? ¿Qué le dice a Gloria? ¿Qué piensa Ud. que va a ocurrir ahora?

Estructura

39. THE IMPERFECT TENSE

Spanish has two simple past tenses: the preterite and the imperfect. We have already discussed the preterite. Now here are the forms of the imperfect. They are usually translated as *was doing, used to do, would do* (for example, *I was buying, I used to buy, I would buy*):

comprar	comer	vivir
compraba	comía	vivía
comprabas	comías	vivías
compraba	comía	vivía
comprábamos	comíamos	vivíamos
comprabais	comíais	vivíais
compraban	comían	vivían

Only three verbs are irregular in the imperfect:

ser	ir	ver
era	iba	veía
eras	ibas	veías
era	iba	veía
éramos	íbamos	veíamos
erais	ibais	veíais
eran	iban	veían

Ejercicios

A. Diga la forma correspondiente del imperfecto:

yo: tomar, dar, empezar, meter, vivir, dormir, ser
tú: acabar, comprar, esperar, valer, tener, cerrar, ir
Ud.: jugar, tocar, amar, conocer, saber, mentir
ella y yo: estudiar, vender, hacer, ser, ver, ir
tú y Mariano: dar, ir, estar, poner, poder, ser
todos: morir, recordar, sacar, ser, ir, tener, hacer, salir

B. Ahora conteste:

1. ¿Dónde vivía Ud. cuando era niño? 2. ¿Tenía Ud. muchos amigos? 3. ¿Quiénes eran sus mejores amigos? 4. ¿Estudiaban mucho Ud. y sus hermanos? 5. ¿Vivían Uds. en una casa o en un apartamento? 6. ¿Veían Uds. frecuentemente a sus abuelos? 7. ¿Era Ud. un muchacho (una muchacha) obediente o desobediente? 8. ¿Jugaba Ud. mucho al béisbol? ¿A qué otros deportes jugaba? 9. ¿Miraba mucho la televisión? ¿Qué programas le gustaban más? 10. ¿Adónde iba su familia de (on) vacaciones?

40. IMPERFECT VS. PRETERITE

The difference between the imperfect and preterite can best be seen this way:

```
                                    P
                                    R
                                    E
                                    T
 •••••••••••••••••••••••••••••••    E
   I—M—P—E—R—F—E—C—T                R
                                    I
                                    T
                                    E
```

The imperfect is the pictorial past. Its continuous, moving line describes a past action in progress. (We *were leaving* the building when...) It relives what *used to be*. (They *used to* or *would play* every day.) It paints the background of an event, sets the stage upon which another act was performed. (It was midnight. It was hot out. There was nobody on the street.)

The preterite is the recording past. It cuts into the past|, recording its events as units completed at a certain time, reporting merely the fact that they took place. (I came|, I saw|, I conquered|.)

41. USES OF THE IMPERFECT

A. It tells what *was happening* at a certain time.

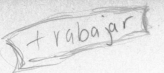 +trabajar

Yo entraba y ella salía. —¡ Qué casualidad !

I was going in and she was coming out. —What a coincidence !

Mientras trabajábamos, me decía que me amaba. —¡ Qué chica, eh !

While we were working, she was telling me that she loved me. —What a girl, eh !

B. It recalls what *used to be* or *happen* over a period of time. (Remember: In English, at times *would* also means *used to*.) H H H ← Periods of time

Cuando vivíamos cerca de ellos, nunca nos dejaban en paz. —¿ Por eso compraron otra casa ?

When we lived (used to live) near them, they would never leave us alone. —That's why you bought another house ?

C. It describes a state of mind, a situation, or an emotional or physical condition in the past :

La casa no era muy grande. Estaban tan cansados. —¿ De qué ? Yo no sabía, no tenía la menor idea. —Yo sí.

The house wasn't very large. They were so tired. —Of what ? I didn't know, I didn't have the slightest idea. —I did.

Quién

D. It sets the stage upon which another action was laid. It tells time in the past :

Era la medianoche y todo estaba oscuro. Hacía un frío intenso y yo estaba solo. —¿ Y qué pasó ?

It was midnight and everything was dark. It was bitter cold out and I was alone. —And what happened ?

She was fat. (has to be imper.)
(no action
(no stated point)

Ejercicios

A. Lea bien los diálogos, y después conteste las preguntas :

later

1. —Hace mucho tiempo que conoces a Emilia, ¿ verdad ?
   —Sí. ¿ Y sabes ? No lo vas a creer. Pesaba *(She weighed)* 200 libras *(pounds)* cuando era joven.
   —No es posible.

young

Conteste: a. ¿ Era gorda o delgada Emilia cuando era joven ?
b. ¿ Cómo es ahora ?
c. ¿ Son viejos amigos (viejas amigas) de Emilia estas dos personas ?

old

2. —¿ Era muy pequeña la casa ?
   —En realidad, no. Es que vivían en ella muchas personas—los padres, seis hijos, dos abuelos, y un tío.

Conteste: a. ¿ Cuántas personas vivían en la casa ?
b. ¿ Cree Ud. que era pobre o rica la familia ?
believe c. ¿ Dónde cree Ud. que vivían—en la ciudad o en el campo *(country)* ?

used together Imp - Background
Pre-thing happened

condition

Pre - compleat Imp=habitual H H H
action /H H H/ action in prosses

3. —Parece que todas las muchachas querían estar en la clase del Sr. Rosas.
   —¿Por qué?
   —Lo voy a dejar a tu imaginación.

Conteste: a. En su opinión, ¿por qué iban las muchachas a la clase del Sr. Rosas?
   ¿Era un maestro muy bueno? ¿Daba notas *(grades)* muy altas?
   ¿Era un hombre muy atractivo?
   b. ¿Había *(Was there)* un maestro como él en la escuela de Ud.?

4. —Cuando volví a casa anoche, bebí cinco vasos de agua.
   —Hombre, ¡qué sed tenías! ¿Dónde estuviste, Manuel?

Conteste: a. ¿Qué hizo Manuel al volver *(upon returning)* a casa anoche?
   b. ¿Qué tenía?
   c. ¿Qué cree Ud. que hacía antes de volver a casa?

B. Aquí tiene Ud. dos pequeñas narraciones escritas *(written)* en el tiempo presente *(present tense)*. ¿Puede Ud. cambiarlas al pasado *(past)* usando el imperfecto y el pretérito?

1. En 1950 yo *soy* un adolescente de 12 años, y mi familia *vive* en el Sur de California, cerca de la frontera mexicana. Mi padre *tiene* una tienda de ropa— camisas, pantalones, etc.—y yo *trabajo* allí los fines de semana. Sus clientes *son* principalmente mexicanos, y por eso, aunque *(although)* yo no *estudio* español en la escuela, en muy poco tiempo lo *hablo* casi como un nativo. Desafortunadamente *(Unfortunately)*, *viene* una depresión económica, *perdemos* el negocio *(business)* y *tenemos* que volver a la ciudad. —¿Y qué les *pasa* allí? —Nos *hacemos* millonarios, nada más. ¡Qué tragedia, ¿no?

2. El lunes pasado, cuando yo me *levanto (get up)*, *es* un día bonito. *Hace* sol, no *hace* mucho viento; *es* como un día de primavera. Por eso *salgo* de casa sin paraguas *(an umbrella)*, sin impermeable *(a raincoat)*, sin nada. Bueno, a las dos de la tarde *comienza* a llover. A las tres *comienza* a nevar. A las cinco *salgo* de mi oficina, ¿y qué *descubro (do I discover)*? No *hay* trenes. No *hay* autobús. En fin, *camino* dos millas *(miles)* a mi casa, me *meto* en la cama, y... —¿Y qué *ocurre*? —¡Me *muero* de una pulmonía *(pneumonia)*! El funeral *es* esta mañana. ¿No *vienes*?

42. SPECIAL TIME EXPRESSIONS WITH IMPERFECT AND PRETERITE

A. *acabar de* + infinitive   *to have just (done something)*

In the present tense, **acabar de** means *has* or *have* just... In the imperfect, it means *had just*...

Acabo de volver.	I have just returned.
Acababa de volver.	I had just returned.

hablé

¿Acabas de llegar?   Have you just arrived?
¿Acababas de llegar?   Had you just arrived?

B. *hace... ago*

Hace (plus a period of time) means *ago*. It goes with any verb in the preterite or imperfect, according to the idea expressed.

Lo vi hace media hora.	I saw him a half hour ago.
Los conocimos hace unos días.	We met them a few days ago.
¿Dónde está Julita? —Estaba aquí hace cinco minutos.	Where is Julie? —She was here a few minutes ago.
Hace un año todavía era muy guapa. Y ahora... —Pobre.	A year ago she was still beautiful and now... —Poor thing.

C. *hacía...que* *imperfect for past* ⊗

Do you recall the special use of **hace...que** with a verb in the present tense?

Hace dos meses que vivo aquí.	I *have been living* here *for* two months (and still am).
Hace días que nos llama.	He *has been calling* us *for* days.

Hacía...que plus a verb in the *imperfect* tense tells us, then, what *had* been going on for a period of time.

Hacía dos meses que **vivía** aquí.	I *had been living* here *for* two months (and still was until...)
Hacía días que nos **llamaba**.	He *had been calling* us *for* days.

for past on reading the clock
era

está

Ejercicios

A. Conteste siempre según los modelos. Por ejemplo:

¿Ud. llamó? (Sí, hace diez minutos...)   Sí, llamé hace diez minutos.
¿Volviste hace una semana? (No, acabo de...)   No, acabo de volver.

1. ¿Compró hace mucho tiempo ese reloj? (No, lo acabo de...) *finished comprar*
2. ¿Desean Uds. comer algo? (No, gracias. Acabamos de comer...)
3. ¿Ya hicieron Uds. el ejercicio? (Claro, hace mucho tiempo...) *lo hicimos*
4. ¿Acaban Uds. de vender su casa? (No, hace diez años...) *lo vendimos*
5. ¿Cuándo vas a escribirles? (Acabo de...) *escribirles.*
6. ¿Llegó a la una el tren? (No, acaba...) *llegar*
7. ¿Acaba de contártelo Luis? (No, hace mucho tiempo...) *me lo contó*
8. ¿Acababas de entrar en el hospital? (No... de salir...) *acababa*
9. ¿Acababa de casarse José? (No... de divorciarse.)
10. ¿Acababan Uds. de encontrar el trabajo? (No... de perderlo.)

acabamos
iba H H H
fui

B. Conteste libremente *(freely)* ahora :

1. ¿Acaba Ud. de entrar en esta universidad (o colegio) ?
2. ¿Acababa de salir de la escuela superior cuando vino aquí ?
3. ¿Acaba de conocer a muchas personas nuevas aquí ? (A propósito, por la mayor parte, ¿ le gustan ?)
4. ¿Dónde estaba Ud. hace una hora ? ¿hace media hora ? ¿hace quince minutos ?
5. ¿Dónde vivían Uds. (Ud. y su familia) hace diez años ? ¿hace cinco ? ¿hace seis meses ?
6. ¿Quién era nuestro presidente hace diez años ¿hace cinco ?¿hace dos ? (¿ Le gustaba ?)
7. ¿Llegó a este país *(country)* hace muchos años su familia ?
8. ¿Se casaron *(got married)* hace muchos o pocos años sus padres ? Específicamente, ¿ hace cuántos ?
9. ¿Hacía mucho o poco tiempo que se conocían *(knew each other)* antes de casarse ?
10. ¿Acababan de casarse cuando nació Ud. *(you were born)* ?

† C. Diga finalmente en español :

1. They have just come. They had just come.   2. I have just eaten. I had just eaten.   3. We have just begun to fight.   4. Had you just bought it ?   5. Did they just call ? —No, they called an hour ago.   6. Did you just read it ? —No, I read it many years ago.   7. I have been studying Spanish for three months.   8. I had been studying Spanish for three months.   9. We have been waiting for an hour.   10. We had been waiting for an hour.   11. They have been living with us for years.   12. They had been living with us for years.

43. STRESSED FORMS OF THE POSSESSIVE

English *mine* or *of mine*, etc., is translated in Spanish by a stressed possessive that either follows the noun or stands alone after **ser**. Notice that all these forms have both feminine and plural endings that agree with the *noun* to which they refer *(not with the possessor)* :

mío (a, os, as) *mine, of mine*
tuyo (a, os, as) *yours, of yours*
suyo (a, os, as) *his, of his ; hers, of hers ; yours* (**de Ud., de Uds**). *of yours ; theirs, of theirs*

nuestro (a, os, as) *ours, of ours*
vuestro (a, os, as) *yours, of yours*

Felipe, un amigo tuyo acaba de llamar. —¿ Un amigo mío ? ¿ Qué quería ?

Phil, a friend of yours just called. —A friend of mine ? What did he want ?

Estos asientos son nuestros, y aquéllos son suyos. —Están seguros? —No. Vamos a pelear.	These seats are ours, and those are yours. —Are you sure? —No. Let's fight.

Just as with the unstressed **su,** the third person **suyo** may be replaced for reasons of emphasis or clarification by **de él, de ella, de Ud., de ellos, de ellas, de Uds.**

Estos lápices son de él (de ella).	These pencils are his (hers).

Estos lápices son suyos.
Estos son sus lápices.

Ejercicios

A. Busque en el Grupo 2 la conclusión de cada frase del Grupo 1.

1	2
Ese primo tuyo tiene que ser	vinieron a verme anoche... grande o
Unos amigos míos	la más pequeña?... el chico más
¿Son nuestros los asientos	estúpido del mundo... de la derecha
Este reloj mío	o de la izquierda?... que la suya...
¿Es suya la llave	pero no sé donde están los de los
Mi oficina es más grande	otros... nunca funciona
Aquí tienen Uds. sus papeles	

B. Ahora conteste de una manera original (más o menos), según los modelos:

¿Es tuyo el libro? —No. No es mío. Es de (Juan, mi profesor, etc.).
¿Es de María este reloj? —No, no es suyo. Es (mío, de Elisa, etc.).

(En otras palabras— *always pass the buck!*)

1. José, ¿es amiga tuya Gloria Rosales? 2. Carolina, ¿son tuyos estos cigarrillos curiosos? 3. Miguel, ¿es suya esta pistola? 4. Alvaro, ¿son suyos esos ejercicios incorrectos? 5. Juanita, ¿es nuestro todo ese dinero? 6. Carlos, ¿es tuya toda esa comida? 7. San Nicolás, ¿son míos todos esos regalos *(presents)*? 8. Cuco, ¿es mío ese coche destrozado *(wrecked)*? 9. Chicos, ¿son vuestras esas copias de los exámenes finales? (¡Suficiente ya!)

No son nuestras. nuestra nuestra

Teatro

Ud. va a un(a) psiquiatra para contarle un sueño curioso que acaba de tener. El (la) psiquiatra le escucha, le hace unas preguntas inteligentísimas (!) y después le da su interpretación. O posiblemente, Ud. quiere ser el (la) psiquiatra. Pues bien, un paciente viene a contarle su sueño y Ud.... Ya lo sabe, ¿verdad?

querer
quier
esperábamos

Lectura Cultural

III. América—Su Civilización y Su Conquista

«Y desde que vimos tantas ciudades y villas pobladas en el agua, y en tierra firme otras grandes poblaciones..., nos quedamos admirados, y decíamos que parecía a las cosas de encantamiento...» Así describió un soldado de Cortés su entrada en tierra de los aztecas, la tribu
5 dominante de México a la llegada de los españoles. Y bien podía parecerle cosa de encantamiento, porque los aztecas tenían una civilización muy avanzada, y su capital, construida en medio de un lago, era una ciudad grande, con magníficos palacios, templos y edificios públicos—una Venecia del Nuevo Mundo.

since we saw so many populated cities and towns • villages • we were amazed

it resembled the things of enchantment • soldier • their entrance

arrival

seem to him a thing

built in the middle of a lake

Venice

La llegada de Cortés a México. Un pintor de la época lo muestra recibiendo ofrendas (*receiving offerings*) de los indios.

Aquí vemos a los soldados de Cortés combatiendo (*fighting*) en mar y en tierra.

Tenochtitlan.

Hernán Cortés y doña Marina, la joven india que se enamoró de él y que se hizo su amante e (*and*) intérprete.

10   Según el testimonio de su **propio** calendario y de su **escritura ideográfica**, los aztecas llegaron al valle de Anáhuac en 1168. **Subyugaron** a las tribus **vecinas**, adaptaron la cultura más avanzada de los toltecas y mayas, y **para** 1325 su imperio se extendía por gran parte de México. Su economía era agraria y se basaba en el **cultivo**
15 **del maíz**. Pero había poca tierra cultivable, y frecuentemente los aztecas tenían que **crear** sus propias tierras en el agua.

According to • own • picture writing

They subjugated • neighboring

by

growing of corn

create

Los aztecas conocían el matrimonio y el divorcio; eran expertos
en hacer cerámica y **tejidos** elegantes, y en labrar metales preciosos.   woven fabrics
Tenían restaurantes y **barberías** y escuelas, y el azteca de la clase   barber shops
20 noble estudiaba matemáticas, ingeniería, **poesía** y el arte de la guerra.   poetry
Y la guerra era constante porque los aztecas necesitaban prisioneros

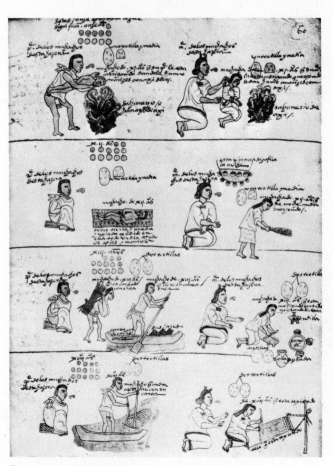

Etapas (*stages*) en la educación de los niños aztecas.

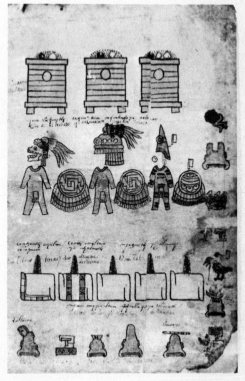

Inventorio de tributos en el imperio azteca.

La extraordinaria exactitud científica de su calendario demuestra los grandes conocimientos astronómicos de los aztecas.

para **sacrificarlos** a sus **dioses**. **Ofrecían** a sus ídolos los corazones **sacados** de sus víctimas vivas, comían sus **entrañas** y bebían su **sangre** en ceremonias bárbaras, mientras los sacerdotes **bailaban**
25 **en la piel de los muertos.** ¡ Curiosa combinación de civilización y barbarie!

Los incas[1] del Perú, que ocupaban mucho de **lo que** es hoy el Ecuador y Bolivia, también tenían una cultura muy avanzada. Los

sacrifice them • gods. They offered
taken from • insides
blood • danced in the skin of the dead

barbarity

what

[1] En realidad, el nombre verdadero de los indios que llamamos **incas** era **quechuas**. El término **inca** se aplicaba originalmente sólo a los reyes y a la clase noble.

largos caminos que **construyeron** en los altos Andes están en uso
30 todavía, y se conservan también muchos de sus **puentes** y de sus
inmensas estructuras **arquitectónicas**. Aunque tenían grandes de-
pósitos de metales, la base de su economía era agraria. Las tierras
estaban divididas en tres partes: **las del Sol**, las del Inca, rey absoluto
y descendiente directo del Sol, y las de la comunidad; y el indio
35 **común** trabajaba en todas. En realidad, **el pueblo** tenía pocos privilegios bajo el imperio **incaico**; el Inca los tenía todos—**ropa** nueva
todos los días, **centenares** de esposas (¡siendo las principales sus
propias hermanas!) y escuelas especiales con tutores individuales
para él y sus nobles.
40   Los incas eran excelentes **tejedores de algodón y de lana**;
sabían mucho de medicina y del uso de **anestésicos** y **hasta** hacían

long • they built
bridges
architectural

those of the Sun

common • the people
Incan • clothing
hundreds

weavers of cotton and wool
anesthetics • even

Procesión fúnebre, labrada en plata por un artesano incaico.

Figura de animal, labrada en oro. Arte indígena peruano.

operaciones delicadas. Pero, **a diferencia de** los aztecas, no tenían   unlike

escritura de ningún tipo, y sus **eruditos** aprendían de memoria la   scholars

historia de **su pueblo,** para repetirla después a cada nueva generación.   their people

45 Esta historia llegó a su fin en 1532 con la llegada del español.

En realidad, la ocupación de América por los españoles fue más

que una conquista política. España transplantó en América sus

instituciones y su cultura. Los españoles **se mezclaron** con los   mixed

indígenas, y la primera generación que **nació** en América después   natives • was born

50 de la conquista fue una generación **mestiza.** Los españoles cons-   of mixed Indian and white

truyeron nuevas ciudades y **las llenaron de** obras de arte. Estable-   blood • filled them with

cieron escuelas y universidades, y el misionero que venía siempre

al lado del conquistador era al mismo tiempo evangelista y educador.   at the side

Cabeza maya precolombina.

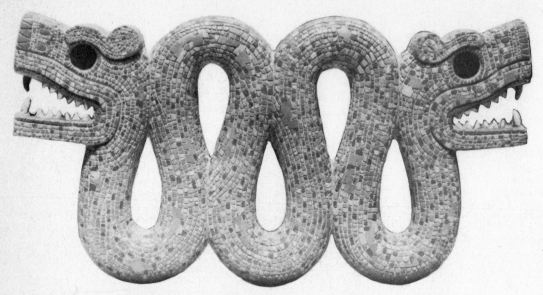

La serpiente de dos cabezas es una imagen que aparece
frecuentemente en el arte primitivo de los mayas.

Las monumentales ruinas de
Machu Picchu, perdidas (*lost*)
hasta el siglo XX en los brazos
de los altos Andes.

Pero había abusos también, y en muchos lugares los indios
55 eran **explotados** cruelmente. Es interesante observar, **sin embargo,**   exploited • nevertheless
que la protesta contra estos abusos vino de los españoles **mismos.**   themselves
Por fin, la **corona** decidió intervenir, promulgando las Leyes de   crown
Indias para la protección de los indígenas. España, que **creó** su   created
propia « **leyenda** negra » de brutalidad, fue la única nación **colonizadora**   legend • colonizing
60 de esa época que **trató de** rectificarla. Pero la cuestión básica del   tried to
derecho a la conquista queda hasta hoy sin solución.

Las monumentales ruinas
de Machu Picchu en los
altos Andes del Perú.

≪El Castillo≫
Chichén Itza,
ruinas mayas
en Yucatán.

Las fabulosas minas de plata del Potosí (Bolivia), tesoro «inacabable» (*"unending" treasure*) que acabó con el tiempo.

Preguntas

1. ¿Dónde estaba construida la capital de los aztecas? ¿Cómo era la ciudad?
2. ¿Quién fue el conquistador de México? ¿Qué sabe Ud. de él?
3. ¿Cuándo llegaron al valle de Anáhuac los aztecas? ¿Qué cultura adaptaron?
4. ¿Cómo era la economía de los aztecas? ¿y su sistema político? ¿y su religión?
5. ¿Por qué decimos que la civilización azteca era una combinación de progreso y de barbarie?

Alonso de Ercilla, autor del primer poema épico sobre la conquista de América. Curiosamente, el joven noble, que participó en aquellas batallas, idealiza las figuras heroicas de los indios en su obra.

El padre Bartolomé de las Casas, cuya (*whose*) denuncia de la
explotación de los indios causó una polémica nacional en
España. Como resultado, el gobierno español promulgó las
liberales Leyes de Indias.

6. ¿Quiénes eran los habitantes del Perú a la llegada de los españoles? ¿Cómo
era su civilización? ¿Qué cosas notables tenían?

7. ¿Cómo vivía el Inca? ¿y el indio común? ¿Cómo se transmitía su historia?

8. ¿Por qué decimos que la ocupación de América por los españoles fue más que
una conquista política? ¿Qué contribuyeron a América los españoles?

9. ¿Qué abusos había también? ¿De dónde vino la protesta? ¿Qué consecuencia tuvo la discusión nacional?

10. ¿Qué piensa Ud. de la colonización de Hispanoamérica comparada con la
(that) de la América del Norte?

Lección Décima

Momento de Vida : ¡Solos, por fin!

Alone, at last!

Estamos en el **centro**. Hay **miles** de personas **caminando por todas partes** y los caminos están **congestionados** con el tráfico.

downtown area • thousands • walking everywhere congested

Diferentes voces : ¡ José ¡ Joseíto!... ¡ **Cuidado** donde caminan, eh!...

Watch

¡ **Protesta**! ¡ Protesta! ¡ **Abajo** Fernando Alemán y el capitalismo!

Down with ...

  (**Se oyen bocinas** de taxis y los **ruidos de la calle**. A la **salida del metro está parada** una joven. Un joven **se acerca corriendo** a ella. La llama **desde lejos**.)

One hears taxi horns • street noises • subway exit • standing comes running towards her • from the distance

Él: Graciela...
Ella: ¿ Qué pasó ? Llegaste tarde.
Él: Nunca llego tarde. **A ninguna parte**. Si hay **alguien** que siempre es puntual, **ése soy yo**.

Not anywhere • someone that's me

Ella: **Esta vez no**. Te estuve esperando por una hora.

Not this time. I was waiting for you

Él: Y yo estuve esperándote a ti.
Ella: ¿ Dónde ?
Él: En la **esquina** del Teatro **Real**. ¿ Y tú ?

corner • Royal

Ella: Aquí, a la salida del metro.
Él: Pero, ¿ no dijimos **la semana pasada**...?

last week

  (Los ruidos de la calle **se hacen muy fuertes**.)

become very loud

Ella: **No oigo** nada. ¿ Qué dices ?

I can't hear

Él: ¿ **No dijimos** que **de aquí en adelante** íbamos a **encontrarnos**...

from now on • meet (each other)

Ella: ¿ En la esquina del Teatro Real ? ¡ Nunca! No me gusta ese **barrio**. Ni siquiera **de día me atrevo** a caminar allí.

neighborhood. Not even in the daytime do I dare

Él: Entonces, ¿ por qué dijiste...?

  (Los ruidos **siguen aumentando**.)

keep growing

Ella: ¿ **Cómo** ?

What did you say ?

Él: ¿ Por qué me lo dijiste ?
Ella: ¿ Qué ?

Él: Que **debíamos** encontrarnos allí.   we should

Ella: Oye, Riqui, si yo te dije que debíamos encontrarnos allí, ¿por qué viniste por fin aquí?, ¡una hora tarde!

Él: Porque pensé que posiblemente **tú te olvidaste.** *Reflecsive*   you forgot

Ella: Yo no me olvido de nada. Si hay alguien en este mundo que nunca se olvida…

Él: ¿Tú no te olvidas?

Élla: No, no me…

Él: ¿Y **no te acuerdas de** aquella vez cuando debíamos encontrarnos   don't you remember
en **la parada del bus** y tú…?   at the bus stop

Ella: No me olvidé. Es que **no me desperté a tiempo.** La noche   I didn't wake up on time
anterior me acosté tarde y **no me levanté hasta**…   before, I went to bed • I didn't get up till

Él: No importa, Graciela. ¿**Para qué discutir** cuando en realidad tengo   Why argue
algo importantísimo **que decirte?**   to tell you

     (Los ruidos se hacen **insoportables** ya.)   unbearable

Ella: ¿Qué dices, Pablo? No te oigo.

Él: (gritando) Que tengo algo importantísmo que decirte.   shouting

Ella: ¿Ah, sí? ¿Qué es?

El: (gritando siempre) Que te adoro y que quiero **casarme contigo.** Y   to marry you
que cuando estamos **juntos lo demás no significa** nada, **ni** ruidos,   together the rest doesn't mean
ni gentes, ni la esquina del Teatro Real, ni…   • not…nor

Ella: Tienes razón, **mi vida.** Aquí estamos. ¡Solos por fin!   darling

Las voces continúan: ¡Carmen! Rápido, **por aquí**… ¡Socorro!   this way • Help!
¡Ratero!… Ea, Toño. Pero hombre, ¿cómo estás?… ¡Pirrito!   Pickpocket!… Hey
¡Pirrito! ¡Dios mío! **Se perdió** Pirrito!… Perdone, señor, pero   got lost
¿puede Ud. **ayudarme?**… ¡Niños! **Guarden siempre la fila.** Ahora   help me • Keep in line
dos por dos, cogidos de la mano, o los mando al Rector… ¡Si no   two by two, holding hands, or I'll send you to the principal
viene **pronto** ese autobús!… ¡¡Ratero!!   soon

     (Pasa el tren del metro. Música de **bocinas.**) *Pres Porticaple*   horns

ASOCIACIONES

el centro *the city, downtown* ; **ruido** *noise* ; **barrio** *neighborhood*
la calle *street* ; **esquina** *corner*—tráfico ; **¡Cuidado!** *Watch out!*
metro *subway* ; **el tren**—la estación ; **el billete** *ticket; bill* (dinero)
salida *exit*—salir ; entrada—entrar ; **parada** *stop* (del bus, del tren)
una vez *a time, occasion, instance*—dos veces, otra vez, esta vez, una vez más

---

*oír (oigo, oyes, oye, oímos, oís, oyen) *to hear*—voces, ruidos, música
acostarse (me acuesto) *to go to bed*—a las once de la noche, dormir, cama ; **des-
pertarse** (me despierto) *to wake up*—a las ocho de la mañana ; **levantarse** (me

levanto) *to rise, get up*—vestirse (me visto) *to get dressed*—ir a la escuela, a trabajar

casarse (con) *to marry*—matrimonio, hijos, amor

acercarse a (me acerco) *to approach, draw near to*—cerca, cerca de

mandar *to send, order, command*—los Diez mandamientos

---

juntos *together*—tú y yo, para siempre; **solo(s)** *alone*—sin nadie

desde *from, since*—desde ayer, desde aquí; **hasta** *up to, until*—hasta mañana

la semana pasada *last week*—hace unos días; **pronto** *soon*

lejos (de) *far (from)*—cerca (de) *near*

VAMOS A CONVERSAR

1. ¿Le gusta más a Ud. la vida urbana o la vida rural? ¿Qué cosas asocia Ud. con la ciudad? ¿Cuáles le parecen bien, y cuáles le parecen mal?
2. ¿Qué ruidos típicos se oyen en el centro? ¿A cuáles contribuye Ud.?
3. ¿Toma Ud. más frecuentemente el tren, el autobús o el tranvía *(trolley)*? ¿O viaja Ud. *(do you travel)* mayormente en coche? ¿Hay metro donde viven Uds.?
4. ¿Cómo se llaman los dos enamorados en ¡ Solos por fin!?
5. Normalmente, ¿es una persona puntual Riqui? ¿Por qué llega tarde esta vez?
6. ¿Dónde estuvo esperándole Graciela? En su opinión, ¿quién se equivocó *(made a mistake)* hoy?
7. ¿Se olvida de muchas cosas Graciela? Pues, ¿qué le pasó aquella vez cuando Riqui la esperaba en la parada del bus?
8. ¿Qué cosa importante quiere decirle Riqui a Graciela? En su opinión, ¿se quieren mucho *(love each other)* estos dos jóvenes? ¿Es Ud. un poco como ellos?

Estructura

44. THE PRESENT PARTICIPLE

The present participle (English *-ing*) is formed regularly by adding **-ando** to the stem of **-ar** verbs, **-iendo** to the stem of **-er** and **-ir** verbs:

hablando *speaking*   comiendo *eating*   viviendo *living*

With **-ir** radical changing verbs, the **e** of the stem changes to **i**, the **o** to **u**:

sintiendo *feeling*   pidiendo *asking for*   durmiendo *sleeping*

Ejercicio

Escriba el gerundio *(present participle)* de:
1. llevar, dar, entrar, trabajar, poner, ser, dirigir, volver, estar, meter, saber
2. morir, servir, mentir, dormir, repetir, consentir

45. *ESTAR* + THE PRESENT PARTICIPLE

Estar followed by the present participle gives a vivid description of an action *in progress* at a given moment. Unlike English, it is *not* used to describe a general condition or situation.

Notice that object pronouns are normally attached to the end of the present participle. However, they *may* go before the auxiliary **estar**.

 Está comiéndolo ahora.   He's eating it (right) now.
Lo está comiendo…

Te estuve esperando por una hora.   I was waiting for you for an hour.
Estuve esperándote…

But remember: the *simple* present is used for an action that happens as a general rule:

Diego trabaja ahora.   Jim is working now. (He has a job.)
¿Te sientes mejor?   Are you feeling (Do you feel) better?

Ejercicios

A. Cambie las oraciones siguientes para expresar una acción progresiva. Por ejemplo:

Estudian ahora.   **Están estudiando.**
Comíamos.   **Estábamos comiendo.**

1. ¿Pepe trabaja ahora? 2. Marta prepara la comida. 3. Usan el coche esta tarde. 4. ¿Lo terminas ahora? 5. El tren se acerca lentamente. 6. La pobre lloraba tristemente. 7. Me bañaba cuando sonó el teléfono. 8. ¿Soñabas conmigo? 9. Escuchábamos los nuevos discos. 10. Peleaban y se mataban como dos locos.

B. Conteste ahora:

1. ¿Qué está Ud. haciendo en este momento? 2. ¿Qué estaba haciendo hace una hora? ¿y hace dos horas? ¿y hace tres? 3. ¿Qué lección estamos estudiando ahora? 4. ¿Qué lección estábamos estudiando la semana pasada? 5. ¿Qué estaba Ud. haciendo esta mañana a las seis y media? ¿a las siete y media? ¿a las ocho? 6. ¿Qué estaban haciendo sus padres a esas horas? ¿y sus hermanos?

46. SPECIAL USES OF THE REFLEXIVE

A. The reciprocal reflexive *(to each other)*

We have already seen that in Spanish, just as in English, reflexive pronouns *(myself, to myself,* and so forth) are used whenever the subject does the action to itself:

Me corté ayer.	I cut myself yesterday.
Se divertía mucho.	He was enjoying himself greatly.

In Spanish, they may also be used to express the idea *(to) each other:*

Se quieren mucho.	They love each other.
No se conocían entonces.	They didn't know each other then.
Nos escribimos todos los días.	We write to each other every day.

For clarification or emphasis, **uno(s) a otro(s)** may be added after the verb. The reflexive remains:

Siempre se ayudaban uno(s) a otro(s).	They always used to help each other.

B. The impersonal se

The third person singular **se** may be used impersonally with the meaning *one.* This construction is often translated by the passive voice in English:

¿Por dónde se sale de aquí?	How does one get out of here?
Aquí se habla español.	Spanish is spoken here. (One speaks Spanish here.)
Eso no se sabe.	That isn't known. (One doesn't know that.)
Se cree que...	It is believed that...

Ejercicios

A. ¿Puede Ud. completar las frases del Grupo 1 usando frases del Grupo 2?

1	2
Hace diez años que	cien cartas... más frecuentemente?...
Hacía diez años que	en la parada del autobus?... nos
Se quieren	conocemos... locamente... con el
Siempre nos ayudamos	trabajo... pero no se encontraron
¿Por qué no nos vemos	...nos conocíamos
Se buscaron todo el día	
Creo que se escribieron	
¿No debíamos encontrarnos	

B. ¿A quiénes asocia Ud. con los siguientes actos recíprocos?

amarse... casarse... escribirse frecuentemente... llamarse por teléfono... ayudarse... entenderse... conocerse bien... odiarse

Ahora emplee tres de estas expresiones en oraciones originales.

C. Lea bien, y después conteste :

1. Para viajar más rápidamente de aquí a Europa, ¿ se va por mar o por avión ?
2. Si está haciendo mucho calor, ¿ se pone el acondicionador o la calefacción *(heat)* ?   3. Si no se duerme mucho, ¿ es bueno o malo para la salud *(health)* ?
4. Si no se quiere engordar *(get fat)*, ¿ se come de todo o se sigue una dieta ?
5. Si se aprende un gran secreto militar, ¿ se revela en seguida al público o se guarda la lengua *(hold one's tongue)* ?   6. Si se ama mucho a una persona, ¿ se debe tratar de *(try to)* cambiarla o dejarla como es ?

D. Diga en español :

1. When one studies, one learns.   2. How does one talk so much *(tanto)* ?
3. It is said that...   4. When one loves truly *(de veras)*, as I love you...   5. It is believed that he is never going to return.   6. It is also believed that I can't learn Spanish.—Nonsense! *(¡ Qué va !)*

47. EFFECTS OF THE REFLEXIVE ON VERBS

A. Many English verbs cannot take an object (often because the subject is actually doing the action to itself). These verbs are expressed in Spanish by adding the reflexive.

levantar	*to raise, lift up*	levantarse	*to rise, get up*
acostar	*to put to bed*	acostarse	*to go to bed, lie down*
sentar	*to seat*	sentarse	*to sit down*
abrir	*to open (something)*	abrirse	*to open (itself), be opened*
detener	*to stop (something)*	detenerse	*to (come to a) stop*
despertar	*to wake (somebody else)*	despertarse	*to awaken (oneself)*

Siéntese, por favor.	Sit down, please.
Las puertas se abren a las doce.	The doors open at twelve.
El tren se detuvo.	The train stopped.
Entonces me levanté y...	Then I got up and...

B. The reflexive may change or intensify the meaning of a verb. Often it adds the idea *to become* or *get* to the action described by the verb :

ir	*to go*	irse	*to go away*
llevar	*to bring, carry; wear*	llevarse	*to take away*
dormir	*to sleep*	dormirse	*to fall asleep*
perder	*to lose*	perderse	*to get lost*
enojar, enfadar	*to anger*	enojarse, enfadarse	*to get angry*
alegrar	*to make happy*	alegrarse	*to be(come) happy*
cansar	*to tire, bore*	cansarse	*to get tired, bored*

C. A few verbs are always reflexive. For example:

quejarse (de) *to complain (about)*
atreverse (a) *to dare (to)*

Ejercicios

A. Lea los pequeños diálogos y después conteste las preguntas:

1. —Juanito siempre se queja de sus maestros.
—Pues muy bien. Ellos siempre se quejan de él también.

Conteste: a. ¿ Es buen o mal estudiante Juanito?
b. ¿ Se queja Ud. también de sus maestros?
c. ¿ Se queja Ud. de sus hermanos?

2. —No me gusta levantarme temprano. Me acuesto a la medianoche y me despierto a las once de la mañana.
—Muy ambicioso eres, ¿ eh, Antonio?

Conteste: a. ¿ Qué no le gusta a Antonio?
b. ¿ A qué hora se acuesta? ¿ Y a qué hora se despierta?
c. ¿ A qué hora se acuesta Ud.? ¿ A qué hora se levanta?

3. —Nos alegramos mucho de verte allí, Alfonso, ¡ y tan temprano!
—¿ Por qué?
—Porque pensábamos que te ibas a perder en el camino.

Conteste: a. ¿ Por qué se sorprendieron de ver allí a Alfonso?
b. Según esto, ¿ fue fácil o difícil el viaje *(trip)* de Alfonso?
c. ¿ Cree Ud. que venía de poca o de mucha distancia?

4. —¿ Sabes, Emilio? Me dormí anoche mirando la televisión. Me estoy cansando de ver siempre la misma cosa.
—Yo también, Anita. A mí me gustan sólo los programas de noticias *(news)*.

Conteste: a. ¿ Qué estaba haciendo anoche Anita?
b. ¿ Por qué se durmió?
c. ¿ Qué programas le gustan más a Emilio?
d. ¿ Qué programas le gustan más a Ud.?

5. —Tú te enfadas demasiado, Enrique.
—Sólo contigo, querida.

Conteste: a. ¿ De qué se queja la esposa de Enrique?
b. ¿ Cree Ud. que es un matrimonio feliz?

B. Termine de una manera original las oraciones siguientes:

1. Esta mañana me levanté... 2. Su esposa se fue... 3. No me atrevo a...
4. Siempre se quejaban... 5. Nos detuvimos... 6. El otro día se perdió...
7. Alfonso siempre se dormía...

48. REFLEXIVES THAT FOLLOW A PREPOSITION

In the third person, the reflexive object of a preposition is **sí**. All other persons are the same as the nonreflexive:

(para) mí *(for) myself*   (para) nosotros (as) *(for) ourselves*
(para) ti *(for) yourself*   (para) vosotros (as) *(for) yourselves*
(para) sí *(for) himself, herself, yourself* (**Ud.**), *themselves, yourselves* (**Uds.**)

Lo compró para sí.   He bought it for himself.
No debes pensar sólo en ti.   You shouldn't think only about your-
                                        self.

After the preposition **con** *(with)*, **sí**, becomes **-sigo**:

Se lo llevó consigo.   He took it away with him(self).

Ejercicio

Conteste según los modelos, usando siempre el pronombre reflexivo:

¿Juan lo hizo por **Lila**?   No. Lo hizo por sí.
¿Estaban hablando de **mí**?   No. Estaban hablando de sí.

1. ¿Elisa piensa sólo en **su familia**?   2. ¿Lo van a decidir entre **todos los estu-diantes**?   3. ¿Lo compraste para **él**? (No, lo compré...)   4. ¿Lo preparó Ud. para **ellos**?   5. ¿Actuó *(did he act)* por **nosotros**?   6. ¿Uds. van a pagar por **todos**? (No, vamos...)   7. ¿Hicieron la comida para **los otros**?   8. ¿Lo dejaban siempre para **sus amigos**?

* Review

49. *MISMO*

Mismo, often translated *myself, yourself, himself,* etc., is an adjective that intensifies the meaning of the word it follows. It is *not* a reflexive pronoun, but does appear frequently after the reflexives *mí, ti, sí,* etc. and after subject pronouns:

Yo misma lo hago.   I my*self* do it.
Habló con el presidente mismo.   He spoke to the president him*self*.
Vamos hoy mismo.   We're going this *very* day.
Piensan sólo en sí mismos.   They think only of them*selves*.
Siempre hablas de ti mismo.   You always talk about your*self*.

Ejercicio

Cambie las oraciones siguientes, usando **mismo** para intensificar las palabras indicadas:

1. Lo compré para **mí**.   2. El **jefe** lo dijo.   3. Ella piensa sólo en **sí**.   4. Vienen **ahora**.   5. **Yo** lo recuerdo.   6. Muchas personas están enamoradas de **sí**.   7. Los hicimos para **nosotros**.   8. ¿Por qué no lo haces **hoy**?   8. Hace un momento

estaban sentados *(seated)* **aquí.**   9. No lo estoy haciendo por **mí.**   10. **Tú** me lo dijiste, ¿ no te acuerdas?

Teatro

Ud. está en un tren del metro escuchando la conversación de dos personas—dos enamorados, dos casados *(married people)*, dos niños, dos amigas, un padre y su hija, una abuela con su nieto *(grandson)*, un ratero con su víctima, etc. No tenga miedo de usar la imaginación, porque el resultado puede ser fantástico.

Lectura Cultural

IV. El Siglo de Oro *(The Golden Age)*

Siglo diez y seis. España es la primera nación de Europa, el **imperio** — most powerful empire
más poderoso del mundo. Los barcos **cargados de oro** de América — laden with gold
llenan sus cofres. Su monarca, Carlos 1 (1515–1555), **nieto** de — fill its coffers • grandson
Fernando e Isabel y primer rey español de la familia Habsburgo, es
5 también **elegido** emperador del **Santo** Imperio Romano. Y su bandera — elected • Holy
se levanta en Alemania, en **Flandes,** en Italia, en **Argel,** en **Tánger,** — Flanders • Algiers • Tangiers
en **Marruecos,** en los continentes de América, y en las **islas** más — Morocco • islands
remotas del Atlántico y del Pacífico. España está en la **cumbre.** Pero, — summit
¿ por cuánto tiempo ?

La Universidad de Salamanca, madre de muchos célebres escritores del Siglo de Oro.

Y la Armada Invencible fue vencida. Primeros de junio, 1588.

10   **Estallan guerras**—guerras políticas y guerras religiosas. La
Reforma protestante **sacude** Europa, y España **se resuelve** a defender
la fe. Las guerras continúan **durante el reinado** de Felipe II (1556–
1598), hijo de Carlos, y España **se desangra. Piratas** ingleses,
holandeses y franceses atacan los barcos españoles, roban sus ricos
15 tesoros y **los hunden en el mar.** Por fin, en 1588 Felipe manda la
Armada Invencible **contra** Inglaterra. Pero la armada invencible es
vencida, y de ahí en adelante España empieza su lenta pero irreme-
diable **caída. Debilitada su economía** por las demandas de la guerra
y por la expulsión de los judíos y de los **moriscos,** España no puede
20 **recuperar** su vigor. La decadencia de la gran nación es inevitable.
    Pero el florecimiento artístico y literario no va a **decaer** por mucho
tiempo, y los siglos diez y seis y diez y siete llegan a ser una verdadera
Edad de Oro. Ésta es la época del gran poeta lírico Garcilaso de la
Vega, el «hombre completo» del ideal **renacentista.** Y hay otros
25 poetas innumerables—poetas líricos, épicos, místicos, satíricos; poetas
cultos, poetas populares. Es la época del dinámico, prodigioso y
volátil Lope de Vega, «el padre del teatro español», «el Shakespeare

Wars break out
Reformation • shakes • resolves
during the reign
is bled dry. Pirates
treasures • sink them in the sea
against
vanquished • from then on
decline. Her economy weakened
Moslem converts to Christianity
recover
decline
Golden Age
Renaissance
cultured

Daniel Urrabieta Vierge (1851–1904),
«La Salida de don Quijote en Busca de la Aventura».

Teatro popular al aire libre. Siglo XVII, época dorada (*golden*) del teatro español.

de España», y de los otros grandes **dramaturgos** que **lo siguieron**— *dramatists • followed him*
Tirso de Molina, creador del **amante** trágico-satánico don Juan *lover*
30 Tenorio; Juan Ruiz de Alarcón, astuto y cínico observador de la
sociedad humana; y Pedro Calderón de la Barca, tal vez el poeta y
filósofo más grande de todos, autor de una de las **obras maestras** *masterpieces*
del teatro **mundial**, *La vida es sueño.* Es la época de artistas incom- *of the world • a dream*
parables como El Greco, Ribera, Velázquez, Murillo y Zurbarán. Y
35 sobre todo es la época de Cervantes—Miguel de Cervantes y
Saavedra, **cuyo** *Don Quijote de la Mancha* es **sin duda** la **obra** *whose • undoubtedly*
máxima del **genio** español. Don Quijote, que **busca** el ideal aunque *greatest work • genius • seeks*

Diego Rodríguez de Silva y Velázquez,
«La Adoración de los Reyes Magos». Detalle.

Carlos I, Carlos, V, el grand emperador. Retrato del Ticiano (*Titian*).

El palacio monasterio de El Escorial, a poca distancia de Madrid, fue construido por el ascético Felipe II para refugiarse del mundo. Este retrato del emperador fue hecho por el famoso pintor Alonso Sánchez Coello.

«Las Meninas» (*The Ladies in Waiting*) de Velázquez. Velázquez (quien aparece a la izquierda) evoca en sus obras la corte del débil monarca Felipe IV y la familia real.

«Las Hilanderas» (*The Spinners*), de Velázquez, capta le vida actual y tiene al mismo tiempo un valor mitológico.

«La Rendición de Breda» (*The Surrender of Breda*) de Velázquez. La victoria en los campos de Breda fue uno de los últimos triunfos de las fuerzas españolas en las guerras de Flandes.

Velázquez: «La Costurera» (*The Needlewoman*), «La Infanta María Teresa», «Los Borrachos» (*The Drunkards*) cuadro alegórico-popular.

El Greco (Domenico Theotocópuli»: «La Sagrada Familia». Poco estimado en los siglos que siguieron a su muerte, el Greco ha sido reconocido en tiempos modernos como uno de los valores más altos de la pintura española.

Francisco de Zurbarán: «Santa Lucía».
Bartolomé Esteban Murillo: «El Buen Pastor» (*The Good Shepherd*».
Francisco de Zurbarán: «Visión del beato San Alfonso». El tema religioso predomina a través de los siglos en el arte español.

Velázquez: «El papa Inocencio X».

Retrato de Miguel de Cervantes.

sabe que no va a encontrarlo, que lucha contra **el mal**, aunque sabe   wrong
que va a perder, es la esencia del **alma** hispánica. Como España   soul
40 misma, espiritual y material, **con razón y sin razón,** ocupó por un   right and wrong
momento la **cima** y después tuvo que bajar. Y **siguió luchando,**   top • he kept on struggling
siguió soñando. Don Quijote de la Mancha, encarnación del Siglo de
Oro. España en la cumbre.

Preguntas

1. ¿Cómo era España en el siglo XVI? ¿De dónde venía gran parte de su riqueza *(wealth)*?
2. ¿Quién fue el rey de España en la primera parte del siglo XVI? ¿Dónde se levantaba su bandera?
3. ¿Qué problemas surgieron entonces para España? ¿Qué efecto tuvo en España la Reforma protestante?
4. ¿Qué ocurrió en 1588? ¿Por qué comenzó entonces la caída de la gran nación?
5. ¿Por qué se llama esa época « el Siglo de Oro »?
6. ¿Qué sabe Ud. de Garcilaso de la Vega?
7. ¿Quién fue Lope de Vega? ¿Qué otros grandes escritores dramáticos le siguieron?
8. ¿Quiénes son algunos de los artistas españoles del Siglo de Oro?
9. ¿Quién es el autor de *Don Quijote de la Mancha*? ¿Qué simboliza don Quijote?
10. ¿Cuándo fue el « Siglo de Oro » de la literatura inglesa? ¿francesa? ¿italiana? ¿norteamericana? ¿Quiénes son sus escritores o pintores más importantes?

Repaso de Gramática II

A. The Preterite

  1. Regular

amar	beber	abrir
amé	bebí	abrí
amaste	bebiste	abriste
amó	bebió	abrió
amamos	bebimos	abrimos
amasteis	bebisteis	abristeis
amaron	bebieron	abrieron

Note : **-er** and **-ir** verbs are alike in the preterite.

  2. **-ir** radical changing

pedir	morir
pedí	morí
pediste	moriste
pidió	murió
pedimos	morimos
pedisteis	moristeis
pidieron	murieron

Note : **-ar** and **-er** radical changing verbs are regular in the preterite.

  3. Irregular

    ser : fui, fuiste, fue, fuimos, fuisteis, fueron
    ir : fui, fuiste, fue, fuimos, fuisteis, fueron
    dar : di, diste, dio, dimos, disteis, dieron
    ver : vi, viste, vio, vimos, visteis, vieron

  4. Pattern of other irregular preterites
    First person singular ends in *un*stressed **e** ; third person singular ends in *un*stressed **o** ; entire conjugation repeats stem of first person singular.

    a. u stems

tener	tuve	poner	puse
estar	estuve	saber	supe
andar	anduve	haber	hube
poder	pude	traducir	traduje (-jeron) (and all verbs ending in -ducir)

b. **i** stems

querer	quise	**decir**	dije (-jeron)
hacer	hice... hizo	**venir**	vine

c. **a** stem

traer   traje

B. The Imperfect

1. Regular

amar	beber	abrir
amaba	bebía	abría
amabas	bebías	abrías
amaba	bebía	abría
amábamos	bebíamos	abríamos
amabais	bebíais	abríais
amaban	bebían	abrían

2. Irregular

ser	ir	ver
era	iba	veía
eras	ibas	veías
era	iba	veía
éramos	íbamos	veíamos
erais	ibais	veíais
eran	iban	veían

These are the only irregular imperfects in Spanish.

C. Preterite and Imperfect Contrasted

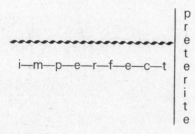

✳ The preterite records, reports, narrates merely the fact that an action took place at some time in the past. The imperfect relives, describes what was happening at a certain time or what used to happen over a period of time. It sets the stage, paints the background of an event.

D. The Present Participle
The present participle is formed by changing the infinitive ending **-ar** to **-ando**, **-er** and **-ir** to **-iendo**:

amar amando **beber** bebiendo **vivir** viviendo

Estar + the present participle is the progressive tense. It describes an action in progress at a given moment. The object pronoun is usually attached to the end of the present participle: **Está escribiéndolo ahora** *(He is writing it now)*.

E. Demonstratives
✳ 1. Adjectives

este, esta	*this*	estos, estas	*these*
ese, esa	*that (near you)*	esos, esas	*those*
aquel, aquella	*(that over there)*	aquellos, aquellas	*those*

Note: In Spanish, *this* and *these* both have t's.

2. Pronouns

NEUTER   esto   *this*   eso   *that*   aquello   *that* (less frequent)

Other demonstrative pronouns *(this one, that one, these, those)* are formed by placing an accent over the stressed vowel of the adjective: **éste, ésos, aquéllas,** etc.

F. Unequal comparisons: *more, less… than*
Adjectives and adverbs are compared regularly by placing **más** or **menos** before them: **más bonita, menos inteligentes, el niño más listo, más rápidamente.** There are only a few irregular comparisons:

ADJECTIVE	ADVERB	COMPARATIVE
bueno	bien	mejor *better*
malo	mal	peor *worst*
mucho	mucho	más
poco	poco	menos
grande		mayor *oldest greatest*
pequeño		menor

Than is normally translated by **que**. However, **de** precedes a number.

G. Stressed Possessives (after the noun)

mío (a, os, as)	*mine, of mine*	nuestro(a, os, as)	*ours, of ours*
tuyo(a, os, as)	*yours, of yours*	vuestro(a, os, as)	*your, of yours*
suyo(a, os, as)	*his, of his, of hers,* yours (**de Ud., de Uds.**), *of yours,*		
	theirs, of theirs		

H. Review of Object Pronouns

1. First and second persons

me	me, to me, (to) myself
te	you, to you, (to) yourself (*familiar singular*)
nos	us, to us, (to) ourselves
os	you, to you, (to) yourselves (*familiar singular—Spain*)

2. Third person

DIRECT		INDIRECT	REFLEXIVE
lo	it, him, you (**Ud.**)	**le** ⎰ to him	⎰ (to) himself
(**le**)	him, you (**Ud.**)	to her	(to) herself
la	her, it, you *(f.)*	to it	(to) itself
		⎱ to you	**se** ⎱ (to) yourself
los	them, you (**Uds.**)	**les** ⎰ to them	(to) themselves
(**les**)	them, you (**Uds.**)	⎱ to you (*m.* and *f.*)	(to) yourselves
las	them, you *(f.)*		

Special use of **se** : Se replaces a third person indirect object pronoun when the direct object is also in the third person.

INDIRECT		DIRECT			
le		lo			⎰ lo
	+	la	=	**se**	la
les		los			los
		los			⎱ las

For clarification or emphasis, **a mí, a ti, a él, a ella, a Ud., a nosotros(as), a vosotros(as), a ellos, a ellas, a Uds.** may be used in *addition* to the object pronoun : **Se lo di a ella** *(I gave it to her)*.

I. gustar *(to be pleasing)*

When **gustar** is used in translating the English *to like, what is pleasing* is the *subject* of **gustar** ; the person *to whom it is pleasing* is the *indirect object*:

Me gusta el español.	I like Spanish. (Spanish is pleasing to me.)
¿ Le gustan a Ud. los animales?	Do you like animals? (Are animals pleasing to you?)
No nos gusta eso.	We don't like that. (That isn't pleasing to us.)

J. Uses of Reflexive Pronouns
1. When the subject does the action to itself
2. Reciprocal—*(to each other)*
3. Impersonal **se** (*one*; often translated as passive in English)
4. To make a transitive verb intransitive; to add the meaning *become* or *get*

   **perder/perderse ; cansar/cansarse ; despertar/despertarse ; levantar/
   levantarse**

K. hace in Time Expressions
† 1. **Hace... que,** followed by a verb in the present, states the length of time for which an action has been (and still is) going on: **Hace cuatro meses que le conocemos** *(We have known him for four months).*
† 2. **Hacía... que,** followed by a verb in the imperfect, states the length of time for which an action had been (and was still) going on when... : **Hacía cuatro meses que le conocíamos** *(We had known him for four months).*
3. **Hace** + period of time, after a verb in the preterite or imperfect, means *ago*: **Vino hace tres horas** *(He came three hours ago).*

L. More Uses of the Definite Article
1. General or abstract sense : **Las mujeres son así** *(Women are like that).*
2. Before a person's title (except **don** and **santo**) when speaking *about* (not *to*) him.
3. With days of the week, seasons of the year (except after **ser**), and to tell time.

Vocabulario Activo: Lecciones VI-X

abrir *to open* VIII
acabar *to finish* VII
acabar de + infin. *to have just* IX
acercarse a *to approach*
acostarse (ue) *to go to bed* X
el agua *(f.)* *water* VII
allí *there* VI
amar *to love* IX
anoche *last night* VII
antes *(adv.)* *before(hand)*; antes de *(prep.)* *before* VI
el arroz *rice* VI

bañar(se) *to bathe* VII
baño *bath; bathroom* VII
barrio *neighborhood* X
el billete *ticket; bill (money)* X
el botón *button; knob* VIII

caliente *warm, hot* VII
la calle *street* X
camino *road; way* VII
camisa *shirt* VII
cantar *to sing* VII
casarse (con) *to marry* X
centro *center; city, downtown area* X
el coche *car* VII
comida *food; meal; dinner* VI
contento *pleased, happy* IX
el corazón *heart* IX
cuando *when* VIII

dejar *to leave (behind); allow, let, permit* VI
delgado *slim* VIII
derecho *(adj.)* *right*; a la derecha *on the right* VI

descansar *to rest* VIII
desde *(prep.)* *since (a certain time); from* X
desear *to desire, wish, want* VI
despertar(se) (ie) *to wake up* X
después *(adv.)* *afterwards, later, then;* después de *(prep.)* *after* VI

enamorado de *in love with* IX
entre *between, among* VIII
enojarse *to get angry* IX
esquina *(street) corner* X

feliz *(pl.* felices) *happy* IX
el fin *end;* fin de semana *weekend* IX
frío *cold* VII
fuerte *strong* VII
funcionar *to work (as a machine)* VI

la gente *people (as a group)* VIII
guapo *good-looking* VIII

hace... *ago;* hace unos días *a few days ago* IX
hasta *up to, till, until* X

izquierdo *(adj.)* *left*; a la izquierda *on the left* VI

el jabón *soap* VII
juntos *together* X

ladrón, ladrona *thief* VIII
lavar(se) *to wash* VII
leer *to read* IX

levantar *to lift, raise;* —se to
  get up, rise X
limpio *clean*
la llave *key* VIII
  llevar *to wear; carry, take* VII
  llorar *to cry* IX

mandar *to send; order* X
matar *to kill* VIII
meter *to put (in)* VIII
mientras (que) *while...* VIII
mostrar (ue) *to show* VI
mucho *much, a lot; (pl.) many* VI
muerto *dead* VIII

odiar *to hate* IX
*oír (oigo, oyes) *to hear* X
olvidar *to forget* IX ;—se de
  to forget about X

los pantalones *pants* VII
parada *stop* (del bus, tren) X
*parecer (zco) *to seem, appear* IX
pasar *to pass; happen* VII
pedir (i) *to ask for* VI
pelear *to fight* VIII
perdonar *to excuse, forgive* IX
pimienta *pepper* VI
plato *plate; dish* VI
pobre *poor* VII
poco *little (in amount); (pl.)
  few;* un poco de *a little bit of*
  VI
pollo *chicken* VI
*poner (pongo) *to put*
por eso *therefore, that's why* IX

primer(o) *first* VI
pronto *soon* X

quedar(se) *to be left, remain*
  VIII
querido *dear* IX
queso *cheese* VI

el reloj *watch; clock* VIII
rico *rich* VII
ruido *noise* X

la sal *salt* VI
salida *exit* X
seguro *sure; secure, safe* IX
la semana pasada *last week* X
servir (i) *to serve* VI
sobre *on, upon; over; about* VIII
solo *alone* X
soñar con (ue) *to dream of* IX
sueño *dream; sleep* IX
la suerte *luck* VIII

tarde *(adv.) late;* más tarde *later*
  VIII
temprano *early* VIII
el tocadiscos *record player* VII
toalla *towel* VII
*traer (traigo) *to bring* VI
triste *sad* IX

único *only; unique* IX

vida *life* IX
vivo *alive; lively* VIII
la voz *voice* VII

Estudio de Vocabulario

1. ¿ Cuál es la primera idea que se le ocurre *(occurs to you)* cuando oye las palabras siguientes ?

   examen, tienda, oficina, radio, coche, médico, baño, ruido, jabón, sueño

2. En cada *(each)* uno de los grupos siguientes hay dos palabras que no corresponden a la idea fundamental. ¿ Puede Ud. hallarlas *(find them)* ?

   a. ir, venir, llegar, entrar, salir, entender, pensar, bajar, subir, acercarse

   b. tienda, triste, precio, vender, comprar, pagar, llorar, dinero, clientes

   c. robo, ladrón, policía, testigo, reloj, guarda, crimen, llave, banco

   d. tener sueño, cansado, dormir, descansar, calle, cama, acostarse, comida

3. ¿ Puede Ud. decir lo contrario de las expresiones siguientes ?

   algo, primero, a la derecha, comenzar, antes, olvidar, quedarse, abrir, amar, temprano, pequeño, recibir, la mañana, feo

Parte Segunda

Lectura Cultural
V. Triunfo y Desilusión

Comienza el siglo diez y ocho. Ahora es Luis XIV de Francia quien predomina en Europa. Y Luis **impone** en España la dinastía francesa de los **Borbones**, una familia que va a **reinar** hasta el siglo veinte. Para España, éste es un período de poco progreso material y de limitados 5 avances artísticos. Y mientras que Francia **se encuentra en su apogeo** político y cultural, España sigue el camino de la decadencia.

    Para fines del siglo, el mundo occidental está en crisis. En Francia **se oyen** las voces de los grandes filósofos declarando la libertad fundamental del individuo. En Inglaterra, las fuerzas liberales 10 empiezan a limitar el **poder** absoluto del monarca. En Norteamérica nace una nación nueva. Y en 1789 **estalla** violentamente en Francia la revolución. Los cambios afectan también el aspecto económico, social, e intelectual de la vida. Comienza la revolución tecnológica y la evolución de una **verdadera clase media,** la diseminación de la 15 educación, y la explosión de ideas nuevas. Surge Napoleón, haciendo

imposes
Bourbons•reign

is at its height

By the end
are heard

power
breaks out

real middle class

Carlos IV y la familia real, retrato de Francisco de Goya y Lucientes. El pintor capta a lo vivo la afectación estéril del monarca que no supo defender a España ante el asalto napoleónico.

207

«El Entierro de la Sardina» (*The Burial of the Sardine*), obra del período negro de Goya en la que se representa una escena de carnaval en Madrid. Aquí vemos al pueblo burlándose de La Muerte detrás de sus máscaras sombrías.

resonar por toda Europa los **pasos** del imperialismo francés. Europa está en erupción. Pero España continúa como antes. La gente cultiva la tierra y recuerda un **pasado** glorioso, mientras el rey **entrega** a sus favoritos las **riendas del gobierno.**

20   El dos de mayo de 1808 Napoleón invade España y **nombra** a su propio hermano. José Bonaparte, rey de España. Pero esta vez el pueblo español decide no sufrir más. Sin **ejército**, sin armas, los patriotas empiezan a resistir. Durante seis años luchan, atacando un día aquí, otro día allí, y el gobierno de Bonaparte no puede funcionar.

25 **Entretanto,** las ideas liberales se extienden por España. En 1812 **las Cortes se reúnen** en Cádiz. Los líderes españoles invitan a delegados de Hispanoamérica, y todos juntos se dedican a escribir una constitución. **De aquí en adelante** España va a ser **libre.** El **infante** Fernando, prisionero en Francia, dice que quiere ser el primer rey
30 democrático de España, ¡y España va a **renacer**! Los liberales siguen luchando hasta que a fines de 1813 los franceses **se retiran** definitivamente del **suelo** español. ¡España **sale** victoriosa! ¡Fernando va a volver!

    Fernando VII vuelve a España el primero de enero de 1814,
35 pero **no cumple sus promesas.** Abroga la constitución, y España cae otra vez bajo la **mano de hierro.** El **pueblo se subleva** repetidamente contra Fernando. **Hasta** lo toma prisionero, y declara un gobierno

resound • steps

past

hands over • reins of government
he names

an army

Meanwhile

Parliament meets

From now on • free
• crown prince

be reborn

withdraw

soil • comes out

doesn't keep his promises

iron hand • people rise up

even

«Los Fusilamientos del 2 de mayo», por Goya, epidosio horroroso de la ocupación napoleónica. Goya mismo se lanzó a la calle para retratar la heroica resistencia del pueblo español.

constitucional. Pero esta vez el rey de Francia manda **tropas** para   troops
sofocar la rebelión, y así termina el último **esfuerzo** español contra la   effort
40 tiranía de Fernando.
Esperanza... triunfo... y desilusión.

Mientras tanto, el descontento **crecía** en Hispanoamérica.   In the meantime • was growing
España explotaba los **recursos** naturales de las colonias, **agotando**   resources • exhausting
sus minas, **cobrando impuestos excesivos**, prohibiendo el comercio   collecting excessive taxes
45 con otros países. Y la corrupción política **impedía toda** reforma.   prevented any
Hispanoamérica estaba **lista** para la revolución. Pero, ¿cuándo?   ready
¿Cómo?

En 1808 Napoleón invade España, y la **metrópoli** ya no puede   motherland
imponer el orden en sus colonias. Hay sublevaciones esporádicas   impose order
50 en la Argentina, en Venezuela, y en México. Pero la causa revolu-
cionaria **adelanta** poco hasta que encuentra sus dos jefes principales—   moves forward
el joven venezolano Simón Bolívar en el norte; el soldado veterano
argentino José de San Martín en el sur. Por fin, entre 1820 y 1823,
cuando ocurre la rebelión popular contra Fernando, los revolucionarios
55 hispanoamericanos **hallan** su oportunidad, y Bolívar lleva la revolu-   find
ción a su conclusión.

Simón Bolívar

José de San Martín

La Guerra de la Independencia en México. Detalle de un fresco
por Diego de Rivera.

Para 1825 Hispanoamérica ya era independiente. Pero, ¿qué
efecto tuvo esa independencia en su historia subsecuente? **Claro**
está, ya no sufría la dominación española, y el ideal democrático
60 absorbía su pensamiento. Pero en realidad, el indio vivía en la misma
miseria que antes. Las luchas internas continuaban entre las facciones
políticas. La explotación económica continuaba también, esta vez
a manos de intereses extranjeros—ingleses, franceses, y más tarde
norteamericanos. Casi todas las naciones nuevas estaban dominadas
65 por **caudillos** o dictadores, e Hispanoamérica quedaba fragmentada
en pequeñas y numerosas repúblicas, **débiles, desunidas**.
Triunfo... esperanza... y desilusión. Tragedia hispana.

Of course

poverty as before

at the hands of

"strong men"
weak, disunited

Así como el realismo sucede al romanticismo en la literatura española, igual ocurre en el arte visual. He aquí (*here is*) «Los Pescadores de Barcelona», cuadro de Dionisio Baixeras y Verdaguer que data de 1886.

Goya: «Majas en el Balcón», detalle de la cúpula de la Ermita de San Antonio, Madrid. La maja, figura idealizada, llegó a ser una especie de heroína romántica a principios del siglo XIX.

Preguntas

1. ¿Cómo empieza el siglo diez y ocho en España? ¿Quién domina en Europa en aquella época? ¿Cómo continúa España durante el siglo diez y ocho?

2. ¿Qué voces se oyen para fines del siglo? ¿Qué ocurre en Inglaterra? ¿en Norteamérica? ¿en Francia? ¿Qué otros cambios se realizan?

3. ¿Quién llega a ser la figura predominante de Europa a principios del siglo diez y nueve? ¿Cómo seguía España mientras tanto?

4. ¿Qué ocurre el dos de mayo de 1808? ¿Cómo reacciona el pueblo español? ¿Qué cambios políticos se efectúan en España durante el período de la ocupación francesa?

5. ¿Cómo terminó por fin la época napoleónica en España? ¿Qué pasó cuando volvió a reinar Fernando VII?

6. ¿Por qué crecía siempre el descontento en las colonias hispanoamericanas?

7. ¿Cuál fue el momento ideal para la revolución hispanoamericana?

8. ¿Quiénes fueron los dos jefes principales de la independencia latinoamericana? ¿Cuándo realizó por fin su independencia Hispanoamérica?

9. ¿Cuáles fueron algunas de las consecuencias de esa nueva independencia?

10. ¿Cómo se puede comparar la revolución norteamericana con la de Hispanoamérica? ¿Qué diferencias había? ¿Qué similaridades?

Lección Once

Momento de Vida: Drama en el Tribunal

El **lugar**: La Corte Suprema de la capital   *place*

El **caso**: **El Estado contra** José Montenegro.   *case: The State against*

El **abogado** de la defensa: El **nunca vencido** A. Pérez **Albañil**. Pérez está interrogando a un testigo.   *lawyer • never defeated • Mason*

Pérez: Ahora bien, señor Hernández, **quiero que me cuente Ud.** otra vez **todo lo que** pasó aquella noche.   *I want you to tell me* / *everything that*

Hernández: ¿Todo? ¿Quiere que vuelva al principio?   *Do you want me to go back to the beginning?*

Pérez: Sí, señor.

Hernández: Pero ya se lo dije diez veces.

Pérez: No importa, señor Hernández. **Comience** otra vez. Y **le aconsejo que no omita ningún** detalle.   *Begin* / *I advise you not to omit any*

Hernández: Muy bien. Vamos a ver… Eran las diez y media de la noche y yo estaba un poco cansado…

Pérez: ¡Ajá! La otra vez Ud. nos dijo que estaba **rematado**.   *exhausted*

Hernández: Pues sí.

Pérez: **Hablemos a las claras**, señor Hernández. ¿Estaba Ud. rematado o sólo cansado aquella noche?   *Let's talk straight*

Hernández: Estaba cansado, muy cansado.

Pérez: ¿Entonces Ud. quiere **retirar** su testimonio **anterior**?   *withdraw • previous*

Hernández: No sé… Tal vez…

(El **fiscal se pone de pie**.)   *prosecutor stands up*

Fiscal: Objeción, señor **Juez**. Esa pregunta **no viene** al caso.   *Judge • isn't relevant*

Juez: ¿Ah, sí? Díganos, señor Pérez, ¿por qué **insiste Ud. en que el** testigo **conteste si** estaba rematado o sólo cansado?   *insist that the witness answer whether*

Pérez: Porque un hombre que está **del todo** rematado no es **capaz de llevar** por un kilómetro el **cadáver** de su víctima. Pero un hombre que sólo está cansado, un poco cansado, **sí puede**…   *completely • capable of carrying • body* / *indeed can*

Juez: Muy bien, señor Pérez. Continúe su interrogación.

Pérez: Gracias, señor Juez. Ahora, señor Hernández, **volvamos** a donde estábamos.   *let's go back*

Hernández: Bueno. Ahora lo recuerdo muy bien. Yo estaba rematado aquella noche, del todo rematado.

Pérez: ¿**Tan** rematado que no podía **levantar los brazos**?   *So • lift your arms*

Hernández: Exactamente.

Pérez: ¿Ni mover un **dedo de la mano**?   *finger of your hand*

Hernández: Sí, **así estaba, muerto de cansancio**.   *that's how I was, dead tired*

Pérez: Entonces, señor Hernández, **explíquenos cómo pudo** hacer una llamada telefónica a la víctima—la **última** que recibió.   *explain to us how you could · last one*

Hernández: Pues es que... Pues tan rematado no estaba.

Pérez: ¡Ajá! **Confiéselo**, señor Hernández. ¿**No fue Ud.** quien lo mató?   *Confess • Wasn't it you*

Hernández: Sí... **Quiero decir que no**...   *I mean "No"*

Pérez: Entonces, ¿quiere Ud. **que entendamos que**...   *us to understand that ...*

 (El señor Hernández **empieza** a llorar.)   *starts*

Hernández: No sé. Estoy **confundido. Déjeme en paz.** Déjenme todos en paz. Sí, lo hice. Lo maté con estas mismas manos.   *confused. Let me alone*

Pérez: Pero Ud. no pudo, señor Hernández. Hay cinco personas que **lo vieron** en aquel momento **a cien kilómetros de** allí.   *saw you • 100 kilometers from*

Hernández: ¿Ah, sí?... ¿Ah, no?

Juez: **Descansemos por un rato.** Yo también estoy **confundido**.   *Let's rest for a little while • confused*

* * *

 Media hora más tarde. La persona que **sube** ahora al **banquillo de los testigos** es una **hermosa** joven alta y delgada.   *goes up • witness chair • beautiful*

Juez: Ah, **sentémonos**, señorita. **Quiero decir**, siéntese Ud.   *let's sit down • I mean*

Srta: Gracias, señor Juez.

Juez: Señor Fiscal, ¿quiere Ud. **hacerle alguna** pregunta?   *ask her any*

Fiscal: No, gracias. **Que comience el señor Pérez.**   *Let Mr. Pérez begin.*

Pérez: Muy bien, señorita. Vamos a empezar. ¿Cómo se llama Ud.?

Srta.: Lila **Bellavista**.   *("Beautiful Sight")*

Pérez: ¡Qué **nombre más apropiado**! Ahora díganos, Lila, Ud. no conocía a la víctima, ¿verdad?   *an appropriate name*

Srta.: Al contrario, señor. Lo conocía muy bien. Yo era su esposa. Pero lo odiaba. Deseaba verlo muerto.

Pérez: ¡No me diga! Pero Ud. **por supuesto** no estuvo aquella noche en la escena del crimen, ¿verdad?   *of course*

Srta.: Sí, **estuve**. Y vi al asesino.   *I was there*

Pérez: ¿Ud. vio al señor Montenegro?

Srta.: No. Le vi a Ud.

Pérez: Pero, ¿qué...? ¿cómo...?

Srta.: Es **sencillo.** Yo fui aquella tarde a su oficina para pedirle un
favor. «**Ayúdeme, sálveme**», le iba a decir. «Oblige a mi esposo a
darme el divorcio.» Pero Ud. no estaba. Miré por la ventana y **le vi
subir a** su coche. **Le seguí en el mío.** Le vi llegar a la casa de la
víctima... y le vi entrar, y **sacar** un revólver, y matarlo. **Créame,**
señor, Ud. no sabe cuánto **se lo agradezco.** Pero explíqueme, ¿ por
qué lo hizo? ¿ Qué...? (Pérez la mira **incrédulo** por un **rato.** Por fin
empieza a hablar.)

Pérez: Sí, yo lo hice. Yo lo maté porque... (**Se vuelve hacia** los
espectadores.) Permítanme comenzar desde el principio. Eran las
diez y media de la noche y yo estaba cansado, rematado...

(right margin notes:)
simple
Help me, save me
I saw you get into
I followed you in mine
take out • Believe me
I thank you for it
disbelieving • while

He turns toward

ASOCIACIONES

la corte *court*—un crimen, un caso; **juez** *judge*; **abogado(a)** *lawyer*; **asesino**
murderer; **testigo** *witness*—del Estado, de la defensa
el lugar *place*—en lugar de; tomar o tener lugar *to take place*
principio *beginning*; **al principio** *at first*—el fin *end*, al fin
el nombre *name*—¿ Su nombre, por favor? ¿ Cómo se llama Ud.? *call*
brazo *arm*—la mano; **los dedos** *fingers, toes*
la paz *peace*—Déjeme en paz *Let me alone.*

---

ayudar *to help*—a la humanidad; **salvar** *to save*—la vida de una persona
empezar a (ie) (*pret.* empecé[1]) *to begin to*—comenzar; terminar, acabar
*****seguir** (sigo, sigues, sigue, seguimos, seguís, siguen) *to follow; keep on, con-
tinue*—seguir hablando, trabajando
subir *to go up*—los precios, la temperatura; bajar *to go down*
sentarse (me siento) *to sit down*—Siéntese, por favor.

---

hermoso(a) *beautiful*—guapo, bello, bonito; **sencillo** *simple*—sencillo pero hermoso
último *last*—primero

---

hacia ⟶ *toward*—la derecha, la izquierda
contra *against*—por *for, in favor of*
así *so, thus, like that*—Así es la vida; **por supuesto** *of course*

---

[1] *z* changes to *c* before *e* or *i*. For other spelling changing verbs, see pp.428–432.

VAMOS A HABLAR

1. ¿Hay un abogado o un juez en su familia? ¿Qué le parece *(How do you like)* la idea de ser abogado (abogada)? ¿juez? ¿miembro de la Corte Suprema?
2. ¿Fue testigo (testiga) Ud. alguna vez de un crimen? ¿o de un accidente? ¿Tiene Ud. alguna *(any)* experiencia con una corte de justicia?
3. ¿Le gustan a Ud. los dramas de detectives en la televisión? ¿y los cuentos de abogados? ¿Qué piensa Ud. del nunca vencido Perry Masón?
4. ¿Dónde tiene lugar este Momento? ¿Quién es el abogado de la defensa?
5. ¿Cómo empieza su historia el testigo? ¿Qué le dice Pérez? ¿Qué objeción hace el fiscal?
6. ¿Qué dice ahora el testigo? ¿Qué preguntas le hace entonces Pérez?
7. ¿Qué confiesa por fin Hernández? En realidad, ¿fue él el asesino? ¿Qué decide por el momento el juez?
8. ¿Quién sube ahora al banquillo de los testigos? ¿Puede Ud. describírnosla?
9. ¿Quién era Lila en realidad? ¿A quién vio en la escena del crimen?
10. ¿Cómo empieza Pérez ahora su confesión?

Estructura

50. THE PRESENT SUBJUNCTIVE

The regular forms of the present subjunctive are exactly like those of the indicative, except that **-ar** verbs change their ending vowel to **-e**, and **-er** and **-ir** verbs to **-a**:

hablar	comer	vivir
hable	coma	viva
hables	comas	vivas
hable	coma	viva
hablemos	comamos	vivamos
habléis	comáis	viváis
hablen	coman	vivan

Ejercicios

A. Diga la forma correspondiente del presente del subjuntivo:

yo: mandar, llamar, salvar, abrir, comprender, insistir
tú: contestar, andar, terminar, aprender, romper, cubrir
Juan: descansar, desear, bajar, subir, asistir, recibir
nosotras: trabajar, preparar, ayudar, leer, permitir, vivir
tú y María: estudiar, llevar, comprar, vender, creer, escribir
Uds.: levantar, llenar, esperar, sorprender, deber, resistir

B. Cambie según el sujeto indicado:

1. Quiero que **Juan** lo prepare. (Uds., tú, vosotros, Ud. y yo)
2. Insisten en que se la **vendamos**. (yo, mi hermano y yo, mis abuelos)
3. Esperamos que lo **permitan**. (Ud., los profesores, vosotros, tú)

✳ 51. DIRECT COMMANDS—*Ud.* AND *Uds.*

A. A direct command is an order given by one person speaking directly to another:

> *Go. Sit down. Give it to me. Don't say that.*

All polite commands (**Ud.** and **Uds.**) take their form from the present subjunctive.

Escuche, y después escriba.	Listen, and then write.
Pase Ud. la sal, por favor.—Con mucho gusto.	Pass the salt, please.—Of course.
Para mañana, lean Uds....	For tomorrow, read...
No abran esas cajas.	Don't open those boxes.

B. Object pronouns *must* be attached to the *end* of a direct affirmative command:

Escríbalo en la pizarra.	Write it on the blackboard.
Ábranlas.	Open them.
Siéntese. (Siéntense.)	Sit down.
Pásemela.	Pass it to me.

C. Object pronouns go *before* a negative command:

No lo escriba allí.	Don't write it there,
No las abran todavía.	Don't open them yet.
No se siente(n).	Don't sit down.
No me la pase a mí.	Don't pass it to *me*.

Ejercicios

A. Indique siempre la conclusión más lógica:

1. —Tenemos un hambre feroz.
   —Entonces (no coman tanto, sírvanse de todo, bébanselo en seguida).
2. —No me siento nada bien. Creo que tengo un poco de temperatura.
   —Pues (no se acueste todavía, siéntese cerca de la ventana, métase en la cama y tómese dos aspirinas.)
3. —Mi coche no funciona hoy y tengo que ir a la oficina.
   —En ese caso, (quédese en casa, tome un avión, tome el tren.)
4. —Nuestro equipo perdió ayer 33 a 2. ¡Qué desastre, eh!
   —¡Ay, no! (No me diga. Dígamelo otra vez. No tenga miedo.)
5. —Son las ocho y media ya, y Roberto está dormido *(asleep)* todavía.
   —¿Ah, sí? Pues (despiértenlo en seguida, miren otra vez el reloj, dígale que debe acostarse).
6. —Sr. Castro, ¿me permite usar su coche mañana?
   —Por supuesto, pero (no se pierda en el camino, no me lo pida nunca, no pelee con nadie).

B. Lea en voz alta, y después cambie a la forma negativa los mandatos siguientes:

No le escriba. No me hable. No les pase la sal. No lo coma todo.

1. Escríbale.   2. Hábleme.   3. Páseles la sal.   4. Cómalo todo.   5. Ódielos.
6. Empiécenlo ahora.   7. Siéntense Uds.   8. Ábranlas.   9. Quítenselo.   10.
Ayúdenos.   1. Cásese muy joven.   12. Repítalo desde el principio.   13. Cuéntennoslo.   14. Déjelas en casa.

dont take it away from them.

C. Cambie ahora a mandatos. *commands* Por ejemplo:

Ud. toma el autobús aquí.	**Tome el autobús aquí.**
¿No le escribes ya?	**No le escribas ya.**
Uds. siempre nos ayudan.	**Ayúdennos siempre.**

1. ¿Vuelve Ud. a la una?   2. ¿No toma nada?   3. No les responden.   4. ¿Nos compra Ud. algo?   5. No llora por mí.   6. ¿No se sientan Uds.?   7. ¿La olvidan Uds.? *sálveme la vida*   8. Ud. me salva la vida.   9. ¿Se quedan Uds. con nosotros?
10. No lo duda.   1. ¿Se acuesta ya?   12. Se casan pronto.   13. ¿No les escucha?   14. ¿Lo cuenta otra vez?   15. Se levantan temprano.

D. Diga finalmente en español: *cómprelo   no lo beban + pl.   véndanoslos*

Pedir to ask for something

1. Buy it. (Ud., Uds.)   2. Don't drink it. (Ud., Uds.)   3. Sell them to us. (Ud.)
4. Don't send it to them. (Uds.)   5. Don't ask him. *(preguntárselo*—Ud., Uds.)

No se lo manden   no se lo pregunte

52. FIRST PERSON PLURAL COMMANDS

Let's (go, do, sing) is a direct command to *you* and *me*. It is expressed in Spanish in two ways:

A. The first person plural of the present subjunctive

Cantemos todos.	Let's all sing.
Tomemos por ejemplo...	Let's take for example...
Vendámosla.²	Let's sell it.
No le demos nada.	Let's not give him anything.

The only exception is **Vamos** *(Let's go)*. (The negative remains **No vayamos**.)

Vamos con ellos.	Let's go with them.

When **se** or the reflexive **nos** is attached, the final **-s** of the verb ending disappears. Notice that the normally stressed syllable requires a written accent when another syllable is added:

Mandémoselo. *drop "s"*	Let's send it to him.
Sentémonos.	Let's sit down.
Vámonos.	Let's go (away).

---

² Notice again that object pronouns are attached to the end of an affirmative command, and that, as usual, they precede the verb in a negative command.

B. Vamos a + infinitive

In the affirmative command *Let's...*, **Vamos a +** the infinitive may be used instead of the present subjunctive:

Vamos a comer.	Let's eat.
Vamos a leer ahora.	Let's read now.
Vamos a venderla.	Let's sell it.

Ejercicios

A. Cambie a **nosotros** los mandatos siguientes:

1. Coma Ud. 2. Suban Uds. 3. Tómelo. 4. Sáquenlos. 5. Bébalo todo.
6. No lo contesten. 7. No los lave todavía. 8. Mándenselo. 9. Léasela.
10. Háblense.

B. Diga ahora de otra manera *(now say in another way):*

1. Cantemos. (Vamos...) 2. Visitémosle. 3. Llamémosla. 4. Démoslo. 5. Leamos juntos. 6. Tomémoslas. 7. Sentémonos. 8. Escribámosle.

C. Conteste afirmativa o negativamente, según los modelos. Por ejemplo:

¿Abro la puerta? (Sí... Ud.)	Sí, ábrala.
¿Lo dejamos aquí? (No... Uds.)	No. No lo dejen aquí.
¿Se lo mostramos? (Sí... nosotros)	Sí. Mostrémoselo.

1. ¿Me siento aquí? (Sí... Ud.) 2. ¿Lo presentamos ahora? (Sí... nosotros)
3. ¿Nos levantamos muy tarde? (No... nosotros) 4. ¿Dejo las llaves? (No... Ud.) 5. ¿Se lo muestro ahora? (Sí... Ud.) 6. ¿La abro inmediatamente? (No... Ud.) 7. ¿Los recibimos en la sala? (Sí... Uds.) 8. ¿La esperamos más? (No... nosotros) 9. ¿Cerramos ahora las puertas? (Sí... Uds.) 10. ¿Me lo quito? (Sí... Ud.) 11. ¿Nos lo quitamos? (Sí... Uds.) 12. ¿Se lo mando mañana? (No... Ud.) 13. ¿Nos sentamos con ellos? (Sí... nosotros) 14. ¿La dejamos en casa? (No... nosotros) 15. ¿La dejamos con ellos? (No... Uds.) 16. ¿Lo terminamos hoy? (No... nosotros)

53. GENERAL VIEW OF THE SUBJUNCTIVE IN ENGLISH AND SPANISH

The subjunctive is used in correct English much more frequently than most of us realize. Only in a few verbs does its form differ noticeably from the indicative, and in most others it is distinguishable only in the third person singular. However, it appears very often through the use of the auxiliaries *may, might,* and even *should:*

A. It is often used after verbs that suggest or request, or that state the speaker's will that something be done.

He demanded that she *come* at once.
They insist that you *be* there on time.
I suggest that he *do* it.

B. It appears also after expressions of emotion, usually when hope is implied.

May the holiday season bring you joy.
God *bless* you and *be* with you.
How I wish Jim *were* here!

C. It is found in situations that involve unreality, that is, the indefinite, uncertain, inconclusive, contrary to fact.

It is possible that he *may* know her.
Be it as it *may*...
If I *were* you (but I'm not), I wouldn't do it.

These are precisely the concepts of the subjunctive in Spanish as well. Spanish holds these concepts more consistently than English. The subjunctive appears in the *subordinate clause* whenever that clause bears the *implication of a command* or reflects the *color of an emotion,* whenever its positive reality is clouded by *doubt, indefiniteness, uncertainty, inconclusiveness, or an assumption that is contrary to fact.* These concepts, and not any particular verb, phrase, or conjunction, will call for the subjunctive in Spanish.

54. THE FIRST CONCEPT OF THE SUBJUNCTIVE: INDIRECT OR IMPLIED COMMAND

A. An indirect or implied command, as opposed to a direct order *(Do it!),* merely expresses one person's desire that someone else do[3] something *(I want you to do it).*

When the sentence is broken up into its component parts, the hidden command becomes apparent:

Le ruego que me lo dé.	I beg you to give it to me. (I beg you: Give it to me.)
Les escribe que manden dinero.	He is writing to them to send money. (He is writing to them: Send money.)
Dígale que espere.	Tell him to wait. (Tell him: Wait.)

The force of the hidden command, no matter how mild or how emphatic it is, produces the subjunctive in the subordinate clause:

Quiero que me digan la verdad.	I want you to tell me the truth.
Insisten en que conteste.	They demand that he reply.
Nos pide que la ayudemos.	She asks us to help her.

But: Obviously, if there is no change of subject, there can be no command:

Quiero abrirlo.	I want to open it.
¿ Quieres venir?	Do you want to come?

[3] Notice the subjunctive here in English, too.

† B. *Let...* ~~the will~~

Sometimes, *Let...* is used in English not to request permission, but to state the speaker's will. Although the main clause is omitted in Spanish, I *want* is understood, and the indirect command remains:

(Quiero) Que lo haga Jorge.   Let *George* do it.
          Que decidan ellos.   Let *them* decide.
          Que pague él, no yo.[4]   Let *him* pay, not me.

Notice, of course, that object pronouns are placed *before* the verb in *indirect* commands.

† C. After verbs of ordering, permitting, or forbidding, either the infinitive or the subjunctive may be used. These verbs include **mandar** *(to order)*, **dejar** *(to allow, let)*, **permitir** *(to permit)*, **prohibir** *(to forbid)*, **impedir** *(to prevent)*:

Le mandan acabar en seguida.   They order him to finish at once.
Mandan que acabe en seguida.

No le deje hacerlo.   Don't let him do it.
No deje que lo haga.

Ejercicios

A. Lea en voz alta, y después cambie según las indicaciones:

1. Quiero que mis hijos lo **recuerden.** (aprender)   2. Le ruego que nos **pague** el dinero. (mandar)   3. Les pido que no **digan** nada a Papá. (escribir)   4. Insisten en que **contestemos** todas las preguntas. (vosotros)   5. Si quieren que Dios les **ame**... (salvar)   6. No quieren que **digamos** la verdad (revelar). 7. Te aconsejo que no **omitas** ningún detalle. (olvidar)   8. Dígale que **cierre** las ventanas. (abrir)   9. Quieren que **cantemos** todos. (participar)   10. ¿No quieres que la **invite**? (nosotros)   11. ¿Por qué no permiten que **ayudemos**? (llamar) 12. ¿Por qué no nos permiten **ayudar**? (llamar)   13. ¿Le mandaron **quedarse**? (irse)   14. No quiero **dejarlo.** (acabar)   15. Prefiero que lo **dejen** ellos. (acabar)

B. Complete las frases siguientes:

1. Paco no quiere *(to speak).*   2. Quiere *(you to speak)* en su lugar.   3. *(Write it)* en la pizarra.   4. El profesor quiere *(you to write it)* en la pizarra.   5. Deseo *(to see him).*   6. No deseo *(her to see him).*   7. Dígale *(to finish)* ahora mismo.   8. Dígale *(that I am finishing)* ahora mismo.   9. Insiste en que *(you answer him).*   10. Le manda *(to leave).*   11. Déjele *(do it).*   12. Les pido *(to call us)* pronto.

[4] The **u** in pague serves to keep the **g** hard, that's all.

C. Ahora conteste según los modelos. Por ejemplo:

¿Quieres llamarla?...   No, quiero que la llame Juan (que la llames
                             tú, que la llamen los otros, etc.)

¿Prefiere Ud. esperar?...   No, prefiero que esperen ellos, etc.

(Try to use a different subject in your answer each time.)

1. ¿Quiere Ud. comer ahora?   2. ¿Desean Uds. abrirlos?   3. ¿Quieres verla?
4. ¿Prefieren Uds. invitarlas?   5. ¿Insistes en quedarte?   6. ¿Quieres
acabar?   7. ¿Quieren Uds. cantar?   8. ¿Prefiere Ud. cambiarlo?   9. ¿Insisten
Uds. en hablar?   10. ¿Desea Ud. ayudar?

Teatro

Vamos a ver si Ud. puede continuar esta escena en la corte. Por ejemplo, Ud.
es A. Pérez Albañil y nos relata su confesión. O tal vez Ud. es el fiscal y le hace más
preguntas a Lila Bellavista, o al señor Hernández, o a un nuevo testigo misterioso. O
si prefiere, Ud. es el juez y tiene que decidir el caso... O posiblemente desea Ud.
crear un caso original. A ver cómo usa Ud. la imaginación.

Lectura Cultural

VI. Hasta el Momento de Hoy

España, que llegó a **la cima** en los siglos XVI y XVII, continuó en el siglo XIX su **descenso hacia el abismo.** Guerras internas. Escándalos públicos. Una economía **estancada.** Y una nación dividida siempre en numerosas facciones. En 1873 se proclamó una república, pero reinaba todavía la disensión. En 1875 la república fue suplantada otra vez por la monarquía, y siguió un período de relativa tranquilidad. Pero la nación no progresaba. Su marcha hacia **el desastre** continuaba.

its peak

descent to the bottom

stagnant

disaster

Fratricidio y desolación. Escena de la Guerra Civil española.

Pompa, ceremonia y una mano de hierro. El Generalísimo Franco en los últimos años de su «reinado».

Llegó el año 1898 y vino la guerra con los Estados Unidos. El pueblo
español esperaba **entusiasmado** el anuncio de su triunfo militar   enthusiastically
10 sobre « aquella nación de puritanos e indios ». Y la noticia llegó...
España estaba **derrotada**, rápida, ignominiosamente. Sus últimas   defeated
posesiones coloniales estaban perdidas. Era el **golpe de gracia**, la   "coup de grâce"
catástrofe final.

En 1902 Alfonso XIII ascendió al trono. Había guerras todavía en
15 **Marruecos**. Había **sublevaciones** separatistas y anarquistas en su   Morocco • uprisings
propio país. Y el gobierno no podía estabilizar la economía. Pasaron
así veinte años, y la situación **no mejoraba**. En 1923 el primer ministro   wasn't improving
Primo de Rivera instituyó un período de **dictadura**. Y el resentimiento   dictatorship
general crecía. En 1931 se estableció otra vez la república y se
20 inició una campaña de reforma religiosa, económica, y social. Pero
todo el mundo occidental estaba sufriendo la depresión más grave de   the whole Western world
su historia, y una España sin tecnología no podía prosperar. Por fin, en

las elecciones de 1936, los **izquierdistas salieron** victoriosos, y el país   leftists emerged
quedó dividido entre extremistas de ambos lados.

25   La Guerra Civil empezó en ese mismo año. El general Francisco
Franco, **apoyado por** la extrema **derecha**, ayudado también por   supported by • right
Hitler y Mussolini, triunfó en 1939. Y desde aquel tiempo hasta su
muerte en 1975, **se mantuvo en el poder.** Pero la historia de España   he remained in power
está **a punto de cambiar.** El nuevo rey Juan Carlos ha optado por el   about to change
30 camino de la democracia, y poco a poco la antigua represión está
desapareciendo. En este momento España **goza de** una relativa   is enjoying
prosperidad. Más moderna, más **abierta** al resto del mundo, mira   open
hacia adelante con cierto optimismo, recordando los errores de su   ahead
pasado, **resuelta** a no repetirlos.   resolved

35   El siglo diez y nueve, que comenzó en Hispanoamérica con la
lucha por la independencia, produjo poco más que **fracaso** y frus-   failure
tración. Golpes de estado. Guerras externas. Corrupción política e
intervención extranjera. En 1910 irrumpió la revolución en México,

Nueva esperanza para España. El público aclama la imagen de Juan Carlos y Sofía poco antes
de su ascenso al trono.

«La Clase Obrera», de Clemente Orozco. Este mural refleja la intensa preocupación por el proletariado que caracteriza el arte mexicano desde la Revolución.

una revolución contra los abusos del pasado, una revolución **por...**   for ...
40 **no se sabía** exactamente. Pero la violencia continuó por muchos años,   one didn't know
y por fin salió de ella el concepto de un México nuevo, más indepen-
diente, más **consciente** de su identidad. En el resto de la América   conscious
latina los cambios ocurren a veces con una **desesperante lentitud,**   disheartening slowness
a veces con una **asombrosa rapidez. Oscila** entre ayer y mañana—   astonishing speed. It oscillates
45 conservatismo, radicalismo, **fidelismo,** militarismo, socialismo, anar-   Fidel Castroism
quismo, democracia cristiana, comunismo. Y la vida **sigue igual**   stays the same
para la gran mayoría de la gente. ¿Mañana...?

Preguntas

1. ¿En qué período llegó a la cima España?
2. ¿Cómo fue el siglo diez y nueve en aquel país?
3. ¿Qué ocurrió en 1898? ¿Qué noticia esperaban tener los españoles? ¿Qué noticia llegó?

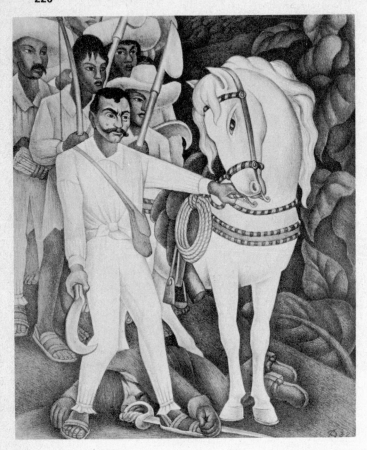

El notorio Pancho Villa — bandido y héroe — encarnación de la Revolución.

Emiliano Zapata evocado por Diego Rivera. Zapata, defensor de las masas campesinas, fue otra víctima temprana de las luchas revolucionarias.

4. ¿Cuáles son los antecedentes de la Guerra Civil española? ¿Qué partido ganó? ¿Qué sucedió *(happened)* entonces?
5. ¿Cuál es la situación política de España en este momento? ¿Qué cree Ud. que va a ocurrir en los próximos diez años?
6. ¿Cómo se caracteriza la escena económico-política de Hispanoamérica en el siglo diez y nueve?
7. ¿Qué movimiento político cambió el curso de México? ¿Qué resultó después de la larga época de violencia?
8. ¿Cuál es la historia general de Latinoamérica en el siglo veinte? ¿Qué cambios notables puede Ud. mencionar?
9. En su opinión, ¿está lista Hispanoamérica para la democracia? ¿Por qué?

Lección Doce

Momento de Vida: Los Secuestradores

Debido **al número excesivo de** *secuestros de aviones*, **las
líneas aéreas acaban de anunciar un nuevo plan para acabar
con esa** *amenaza. De aquí en adelante*...

Due • airplane hijackings

threat • From now on

Estamos **a bordo de** un « super-jet » **con destino a** Caracas, Venezuela.
Las **azafatas** acaban de servir el segundo **postre** a los **pasajeros** de
primera clase, mientras **los de** economía **estiran el cuello** para ver **lo que**
están comiendo **allá por delante.** En el **asiento** 30C una mujer
viejísima pide ayuda para ir al **aseo.** En el 50F una **criatura se desgañita
llorando en brazos** de su mamá, que duerme tranquilamente. Y en los
asientos 72A y B una joven **pareja de recién casados se abrazan
apasionadamente, del todo olvidados del** niño del 71A que los
observa atentamente.

on board • bound for

stewardesses • dessert •
passengers • those in • stretch
their necks • what • up front •
seat

very old • lavatory • baby is
screaming its head off in the
arms

couple of newly-weds embrace
passionately, completely
oblivious to

Un hombre nervioso **de barba gruesa, anteojos** negros y **boina**
verde se acerca a una de las azafatas y le **susurra** algo al oído.

with a thick beard, sunglasses •
beret • whispers

Azafata: ¿A Cuba? Pero señor, **si** eso es imposible. Ya hay otro
caballero en la cabina **delantera** que nos está **secuestrando** a la
China Roja. Tal vez si Ud. **se lo arregla** con él... o si quiere hacer
reservación en otro **vuelo**...

(Don't translate.)

gentleman • forward • hijacking

work it out

flight

El hombre **de** la boina la mira **asombrado.** La señora del 30B
lucha en vano para hacer **reclinar su asiento**, y el muchacho del
9A pide su quinta Coca Cola.

with • astonished

is struggling • her seat recline

Azafata: **Así que,** señor, si Ud. quiere que **se lo presente**... Espero que
no **le produzca ninguna molestia**...

So • me to introduce you

cause you any bother

El hombre la acompaña a la cabina delantera. En el último asiento
del pasillo está sentado un hombre alto de anteojos **oscuros** y **abrigo
« trinchera ».** Los dos comienzan a **discutir ruidosamente.** « La
Habana.» « Pekín » « La Habana primero, Pekín después. » « No.
Pekín primero, La Habana después. » « Pero **yo traigo una metralleta**.»
« Y yo, una **granada** nuclear. » « Pues esto ya no tiene solución. Tal

on the aisle • dark • trench coat

argue noisily

I've got a submachine gun

grenade

vez **sea mejor que le pidamos consejo a la azafata.** » « Señorita, ¿ qué recomienda Ud. que **hagamos**? Temo que nunca nos **pongamos de acuerdo.** »

it might be better if we ask the stewardess for advice

we do? • I'm afraid we'll never agree.

Azafata: Bueno, ¿ qué les puedo decir? Tal vez... un **duelo a tiro limpio,** a cincuenta **pasos,** aquí mismo en el pasillo. **Siento que no haya más lugar,** pero...
« Estupendo. » « **De acuerdo.** »

duel, clean shot
paces • I'm sorry there isn't more room

OK

La señora del 3D quiere saber cuándo van a **poner la película** y su esposo pide su cuarto **coctel.** Los secuestradores se levantan para comenzar el duelo. **Se dirigen** a la cabina de economía, **miden** cincuenta pasos, sacan sus pistolas, y...

put on the movie

cocktail
They go • measure

1°: Pero esa pistola que tiene Ud. no es una pistola normal. ¿ Dónde la **consiguió Ud.?**

did you get

2°: Bueno. **Está bien que se lo diga** ahora. Esta pistola es de una **marca** especial **fabricada** exclusivamente para la línea aérea. **Dispara balas de goma** que no penetran los **costados** del avión, y yo...

It's OK for me to tell you
make • manufactured
It shoots rubber bullets • sides

1°: Pero mire, hombre. Yo la tengo también—**igual, igualita.**

exactly the same

2°: Entonces, ¿ Ud. también es secuestrador profesional?

1°: Sí, **pagado por** la compañía.

paid by

2°: Para **impedir** que un secuestrador legítimo lo secuestre.

prevent

1°: Exactamente.

2°: Pero, ¿ cómo...? ¿ por qué...?

1°: Pues cuando yo le vi a Ud., pensé que Ud. seguramente era... ya comprende, ¿ verdad?... y decidí secuestrar el avión antes de que Ud...

2°: **Bien pensado,** hombre. Pero me sorprende que **haya** dos guardas en un **solo** vuelo, y a Caracas, **sobre todo.**

Good thinking • there should be
single • above all

1°: ¿ A Caracas, dice? ¡ A París!... Entonces, ¿ éste no es el vuelo 551?

Azafata: No. Es el 155.

1°: ¡ Ay, no! ¡ **Ojalá que no lo sepan** en la oficina!

I hope they don't find out

2°: ¡ Ojalá que **no nos muramos de susto** la próxima vez! (Los dos secuestradores se abrazan fuertemente.) ¡ **Qué alivio,** eh! Señorita, por favor, le ruego **que nos traiga unas copitas,** y de las buenas, ¿ está bien? **Hay que** celebrar.

we don't die of fright
What a relief
you to bring us some drinks
We have to

A los pocos minutos los dos guardas **andan** brazo en brazo **tambaleándose por** el pasillo. La **viejita** del 30C **aprieta débilmente** el botón para llamar a la azafata.

Within • are walking
staggering about • little old lady weakly presses

Azafata: Sí, señora, ¿ **en qué la puedo servir?**
La vieja saca de su **bolsa** un **objeto** negro.

what can I do for you?
purse • object

Vieja: ¿ Me hace Ud. el favor de **llevar** este avión a Cuba?...

take

Los recién casados siguen abrazándose apasionadamente. El niño, **aburrido** ya, se vuelve a su **montón** de libros y **juguetes.** Y el señor del 3E pide su quinto coctel.   bored • pile • toys

ASOCIACIONES

el avión *airplane*—línea aérea ; **vuelo** *flight*—volar (ue) *to fly;* destino *destination;*
  piloto, azafata o cabinera *stewardess* ; **pasajero** *passenger* ; **asiento** *seat* asia
  —sentarse, Siéntese Ud. ; **aseo** *lavatory*—lavarse las manos
caballero *gentleman*—bien vestido ; **barba** *beard* ; **los anteojos** *eyeglasses*
bolsa *bag; purse*—llaves, dinero ; cartera *wallet* ; bolsillo *pocket*

---

*andar *to walk, go about; run* (un coche, etc.) ; caminar ; funcionar
sacar *to take out*—una pistola, dinero del banco, etc. ; meter *to put in*
temer *to fear*—tener miedo ; **rogar (ue)** *to beg, pray*—¡ Por favor !
conseguir (consigo, consigues, etc.) *to get, obtain*—una cosa, un trabajo
recomendar (ie) *to recommend* ; **presentar** *to present, introduce*—una persona a otra
sorprender *to surprise*—¡ Qué sorpresa !

---

fuerte *strong*—grande, atlético ; **débil**—pequeño, enfermo ; una criatura *baby*
delante (de) *in front (of)*—por delante *up front*
próximo *next*—la próxima vez, el próximo día
igual *equal; exactly like*—la misma cosa, casi idéntico
tal vez *perhaps, maybe*—¿ Quién sabe ? Puede ser.
Hay que + infinitivo *One must... It is necessary to...*—Hay que trabajar. No. Hay que
  celebrar. ; **De acuerdo.** *Agreed! OK!*—ponerse de acuerdo

VAMOS A CONVERSAR

1. ¿ Tiene Ud. miedo de volar *(fly)* ? ¿ Cómo le gusta más viajar *(travel)*—en tren, en coche, etc. ?
2. ¿ Viaja Ud. frecuentemente en avión ? ¿ Viajan mucho sus padres ? ¿ Hace muchos viajes de negocios *(business trips)* su padre o su madre ?
3. ¿ Tiene Ud. miedo de ser secuestrado ? ¿Son muy frecuentes hoy día *(nowadays)* los secuestros de aviones ?
4. Volviendo ahora a nuestro Momento, ¿ dónde ocurre esta escena ? ¿ Quiénes son algunos de los pasajeros que están a bordo ?
5. ¿ Cómo está vestido el primer « secuestrador » ? ¿ y el segundo ?
6. ¿ Adónde quieren ir ? ¿ Qué les recomienda la azafata para resolver la discusión ?
7. ¿ Qué descubren los dos « secuestradores » al comenzar el duelo ? ¿ Quiénes son en efecto ?
8. ¿ Qué piden por fin que les traiga la azafata ? ¿ Cómo quedan los dos a los pocos minutos ?
9. ¿ Quién llama ahora a la azafata ? ¿ Qué le pide ?
10. ¿ Qué hacen los otros pasajeros durante *(during)* todo este episodio ?

Estructura

55. THE PRESENT SUBJUNCTIVE OF RADICAL CHANGING VERBS

A. **-ar** and **-er** radical changing verbs keep the basic pattern of the present indicative, and merely change the ending vowel **a** to **e**, **e** to **a**:

cerrar *(to close)*	contar *(to count)*
cierre	cuente
cierres	cuentes
cierre	cuente
cerremos	contemos
cerréis	contéis
cierren	cuenten

perder *(to lose)*	mover *(to move)*
pierda	mueva
pierdas	muevas
pierda	mueva
perdamos	movamos
perdáis	mováis
pierdan	muevan

Ahora complete Ud. las conjugaciones siguientes:

recordar: recuerde, _recuerdes recuerde recordemos recuerden_

sentar: siente, _sientes siente sentemos sienten_

to understand entender: entienda, _entiendas entienda entendamos entiendan_

B. The present subjunctive of **-ir** radical changing verbs adds a second change: the unstressed **e** of the *stem* becomes **i**, and **o** becomes **u** in the first and second persons plural:

sentir *(to feel; regret)*	dormir *(to sleep)*
sienta	duerma
sientas	duermas
sienta	duerma
sintamos	durmamos
sintáis	durmáis
sientan	duerman

Complete otra vez:

mentir: mienta, _mientas mienta_, mintamos, _____, mientan

morir: muera, _mueras_, _muera_, muramos, _____, mueran

pedir: pida, _pidas_, _pida_, pidamos, _pidan_____

servir: sirva, _sirvas_, _sirva_, _sirvamos_, _____, _sirvan_

Ejercicio

Lea bien y escoja siempre la conclusión más lógica:

1. —Hace días que están sin comer. Espero que (no se mueran de hambre, no nos pidan algo, no nos mientan).
2. —Necesito dinero para comprar libros.
   —Te recomiendo que (no los pierdas, se lo pidas a tu papá, te muevas a otro lugar).
3. —Nos vieron sólo una vez, hace diez años o más. Por eso dudo *(I doubt)* que (nos olviden, nos recuerden, te lo cuenten).
4. —¿Cómo hago funcionar esta máquina *(machine)*?
   —Le aconsejo que (vuelva más temprano, se siente más lejos, apriete este botón).
5. —Si todos estamos cansados, es mejor que (durmamos un poco antes de continuar, pidamos permiso para seguir adelante, sirvamos la comida a la medianoche).
6. —Estos documentos son importantísimos. Insistimos en que (no se lo repita a nadie, los muevan Uds. a un lugar más seguro, no pierdan los otros).

56. THE PRESENT SUBJUNCTIVE OF IRREGULAR VERBS

ser	saber	ir	haber[1]
sea	sepa	vaya	haya
seas	sepas	vayas	hayas
sea	sepa	vaya	haya
seamos	sepamos	vayamos	hayamos
seáis	sepáis	vayáis	hayáis
sean	sepan	vayan	hayan

All[2] other irregular verbs that we have studied merely add the usual subjunctive endings to the stem of the first person singular of the present indicative. For example:

hacer *(to do; make)* hago *(I do; I make)*

Pres. Subj.: **haga, hagas, haga, hagamos, hagáis, hagan**

Ejercicios

A. Give the first person singular of the present indicative and present subjunctive of the following verbs. For example:

To be wourth valer: valgo, valga *valgas valgamos valgan*

decir, poner, tener, venir, salir, conocer, traer, caer, producir, conducir
dega ponga tenga venga salga conoca traiga caiga produza

[1] So far you have seen **haber** only in the expressions **hay** and **hay que**. Soon you will find it very important. (See Lesson 13.)

[2] **Dar** is regular, except that the first and third person singular carries an accent mark (**dé**) to distinguish it from the preposition **de**. However, the accent becomes unnecessary in a direct affirmative command when *one* object pronoun is attached: **Deme la mano** *(Give me your hand)*.

B. Cambie según las indicaciones :

1. Quiero que los niños me lo **digan**. (hacer, traer, poner, dar)
2. Insisten en que **vayamos**. (venir, salir, saberlo, conocerla)
3. Le ruego que **venga**. (tenerlo, traerlo, no hacerlo, decírmelo)
4. Te pedimos que no **te vayas**. (caer, introducirlos, sentarte, dormirte)
5. Es necesario que **salga**. (venir, irse, decirlo, producirla)
6. Espero que no **lo sepan**. (conocerse, caerse, perderse, tenerlo)

57. THE SECOND CONCEPT OF THE SUBJUNCTIVE: EMOTION

The color, the warmth of an emotion—the fear, surprise, joy, pity, etc.—expressed
in the main clause produces the subjunctive in the subordinate clause :

Me alegro de que vengas.	I'm glad that you're coming.
Sentimos que esté malo.	We're sorry that he is sick.
Es lástima que no lo sepa.	It's a pity he doesn't know.
¿ No le sorprende que sea Juan ?	Aren't you surprised it's John ?
Temo que no lo reciban.[3]	I'm afraid that they won't receive it.
¡ Ojalá que no sea tarde !	Oh, how I hope (If only) it isn't late !

If there is no change of subject, it is normal to use the infinitive instead of a subordinate clause :

Me alegro de estar aquí.	I am happy to be here.
Siente no poder venir.	He's sorry he can't come.

Ejercicios

A. Conteste en español :

1. ¿ Teme Ud. que tengamos examen mañana ?   2. ¿ Le gusta que hablemos
español siempre en la clase ?   3 ¿ Espera Ud. que nieve mucho este invierno ?
4. ¿ Le sorprende que aprendamos tan *(so)* rápidamente el español ?   5. ¿ Se
alegra Ud. de que termine pronto el semestre ?   6. ¿ Siente Ud. que no tengamos
más ejercicios en cada lección ?   7. ¿ Espera Ud. graduarse en junio ?   8.
¿ Esperan sus padres que Ud. reciba «A» en todos sus cursos ?   9. ¿ Le
sorprende a Ud. que haya profesores famosísimos en esta universidad ?

B. Busque en el Grupo 2 una respuesta lógica para cada comentario o pregunta del
Grupo 1.

1	2
Alicia y José están muy enamo-rados, ¿ no te parece ?	En realidad, no dijo nada muy malo.
Va a ser un programa intere-santísimo.	No te preocupes. Conozco muy bien el camino.

---

[3] Notice that the present subjunctive covers both present and future actions.

3 Siento que no tengamos comida para todos.

Sí. Por eso me sorprende que peleen todo el tiempo.

4 Me molesta que Raúl hable así de nosotros.

Así dicen. Es lástima que no podamos verlo.

5 Debes ir 10 kilómetros más y después seguir por la derecha.

¿Cómo van a hacerlo, con dos guardas a bordo?... ¡Ay, no!

6 ¡Ojalá que no secuestren el avión!

7 ¿Por qué? ¿No funciona ya el tuyo?

7 Espero que me traigan su tocadiscos.

3 No importa. Los otros pueden ir a un restaurante.

C. Termine ahora de una manera original:

1. Esta semana espero que... 2. ¿No le sorprende a Ud. que...? 3. Ojalá que...! 4. Es lástima que... 5. No me gusta que... 6. Nos alegramos de que... 7. Siento que...

D. Diga finalmente en español:

1. We're sorry that you can't do it. 2. I hope he's well. 3. We hope to see you tomorrow. 4. She is afraid that it may rain. 5. I'm surprised that they're going. 6. It's a pity that Johnny isn't bringing it. 7. I'm glad they have it. 8. They are sorry that they *(same subject)* can't come.

† **58. ORDINAL NUMBERS**

primer(o)	*first*	sexto	*sixth*
segundo	*second*	séptimo	*seventh*
tercer(o)	*third*	octavo	*eighth*
cuarto	*fourth*	noveno	*ninth*
quinto	*fifth*	décimo	*tenth*

Ordinal numbers are used normally only through **décimo**. In dates of the month, the only ordinal used is **primero**:

el primero (1º) de enero   *January 1st*
But: el dos de marzo   *March 2nd*   el diecisiete de junio   *June 17th*

A. With personal titles and chapters of books, the ordinal usually follows the noun:

Lección Tercera   *Lesson III*   Fernando Séptimo   *Ferdinand VII*
But: Alfonso Trece   *Alphonse XIII*

B. In other cases, it usually precedes the noun. (Remember that *primero* becomes *primer, tercero* becomes *tercer* before a masculine singular noun.)

la primera mujer   *the first woman*   su primer hijo   *her first son*
la Quinta Avenida   *Fifth Avenue*   el tercer hombre   *the third man*

Ejercicios

A. Diga en español :

1. This is his second chance.   2. Please give me the fourth book on the sixth shelf.—Here it is.—Now I want the second volume (*tomo*).   3. The eighth President of the United States was... The seventh was... The fourth was... Anyway, the first was Jefferson, wasn't it ?—No, it was Charles III !

B. ¿ Puede Ud. enumerar los reyes Luis de Francia ? (Luis Primero...)

C. Conteste una vez más :

1. ¿ En qué página empieza la primera lección de este libro ? ¿ y la segunda ? ¿ la tercera ? ¿ la cuarta ?   2. ¿ En qué página termina la quinta lectura cultural ? ¿ la sexta ? ¿ la séptima ? ¿ la octava ?   3. ¿ En qué **Momento de Vida** encontramos un diálogo entre dos esposos ? ¿ y una excursión a la ciudad ?

Teatro

¿ Puede Ud. crear una escena original que tome lugar en un avión, en un tren, en un autobús, o en cualquier vehículo público ? Por ejemplo, dos pasajeros están hablando, o un pasajero está hablando con la azafata cuando de repente ocurre... Ud. nos lo va a decir.

Lectura Cultural

VII. Panorama Geográfico-Social

El panorama cultural ya **se desarrolló ante** nuestros ojos—la historia **a través del** arte. Y ahora nos espera el panorama físico, político, social. Vamos a comenzar.

unfolded before
through

España está situada en el extremo suroeste de Europa, ocupando
5 con Portugal la Península Ibérica «el fin del mundo» como la llamaban antes del descubrimiento de América. Al norte está Francia, separada de España por los montes Pirineos; y al sur, el continente de África, separado de España por el Estrecho de Gibraltar; al oeste, el océano Atlántico; al este, el Mediterráneo e Italia. La segunda
10 nación más montañosa de Europa (sólo **Suiza la supera** en ese aspecto), España tiene cuatro **cordilleras** que la **atraviesan** horizontalmente. Y de sus cinco ríos importantes, sólo uno, el Guadalquivir en el sur, es enteramente navegable. Con **tantas barreras** naturales.

Switzerland surpasses her

mountain ranges
cross

so many barriers

El pescador vuelve.
Tierras del norte.

España presenta el fenómeno curioso de una nación unida en su
15 **aislamiento** peninsular, pero dividida al mismo tiempo en muchas
regiones diversas.

     La parte central, que se llama Castilla, es una meseta alta y **seca**.
Sus duras tierras amarillas y **ocres** son poco fértiles, y su clima deja
mucho **que desear**. En efecto, según el **dicho** popular, en Castilla
20 hay «nueve meses de invierno y tres meses de infierno». (**A propósito**,
Madrid, la capital, tiene la misma latitud que la ciudad de Nueva

isolation

dry
ochre (reddish)
to be desired • saying
By the way

York.) Y sin embargo, Castilla es el corazón dinámico y político de toda España.

Más verdes son las regiones del norte—la tranquila y vieja
25 Galicia, **cubierta de neblina**; el País Vasco (también llamado las Provincias Vascongadas), mundo singular **metido** en los Pirineos, una región agrícola, minera, e industrial. Cataluña, que **da al** Mediterráneo—tierra de clima **templado** y vegetación **florida**; el centro industrial de España, la región más cosmopolita, y tal vez la menos
30 española. Barcelona, su capital, grande, dinámica, moderna, y puerto de mar importantísimo, **se parece más a** San Francisco que a Madrid. Y la Costa Brava (la « Riviera española », al norte de Barcelona), es la meca de los turistas extranjeros. Toda la historia de Cataluña está **ligada con el exterior**, con Francia, Italia, y el resto de Europa; y si
35 **agregamos** la reciente influencia norteamericana, así **sigue** hasta hoy.

Con Valencia en el este comienza la España islámica—Valencia, famosa por sus **naranjas** y sus **aceitunas**, por su excelente sistema de irrigación que **se remonta** al tiempo de los árabes, y por su hermoso clima **primaveral**. Valencia, tierra conquistada por el Cid, conserva
40 todavía su carácter ambivalente hispano-cristiano y norteafricano. Siguiendo hacia el sur, encontramos la Costa del **Sol** con sus grandes hoteles blancos **alineados junto al mar**. Y por fin, ocupando toda la región del **sur**, Andalucía—tierra de arquitectura **morisca** y de guitarras, de aceitunas y vinos y música **flamenca**. Córdoba,
45 Granada, Málaga, Sevilla. **Campos amarillos y pueblos blanqueados por el sol**.

En suma, España es una **amalgama** de muchas naciones pequeñas **encerradas** en una atmósfera casi insular, y la geografía sirve al mismo tiempo como obstáculo y como instrumento de su unidad.

50 El panorama geográfico de Hispanoamérica es demasiado grande para **abarcarlo de una vez**. Ocupa un área enorme, desde México, que limita con los Estados Unidos, hasta el **Cabo de Hornos**, cerca del Antártico. Y las variaciones geográficas **concuerdan** con las distancias. **A diferencia de** la América del Norte, que está casi toda
55 en la zona **templada**, la mayor parte de Latinoamérica (incluso las **islas** del Caribe), está en la zona tórrida o semi-tropical. Pero **muy a menudo** la latitud afecta el clima más que la proximidad al **ecuador**. México y la América Central están **atravesados por cadenas** de montañas que van de este a oeste. Y así hay zonas templadas, aun
60 **frescas**, en el interior, mientras que las **costas** son **cálidas**. Al mismo tiempo, las **fallas** que ocurrieron **al nacer las cordilleras** causan una gran actividad volcánica. Como resultado, casi todas las naciones centroamericanas son **propensas a temblores de tierra**.

En Sudamérica, continente más grande aún que la América del

Marginal glosses:

- covered with haze
- set
- faces the
- mild • full
- resembles more
- linked with the outside
- we add • it continues
- oranges • olives
- goes back
- spring-like
- Sun
- lined up by the sea
- south • Moorish
- Flamenco (Spanish gypsy)
- Yellow fields and towns whitewashed by the sun
- composite
- enclosed
- grasp it all at once
- Cape Horn
- go along with
- Unlike
- temperate
- islands • very often
- equator
- crossed by ranges
- cool • coasts • hot
- geological faults • when the ranges were born
- subject to earthquakes

65 Norte, la cordillera de los Andes forma una **especie** de columna   kind
vertebral de norte a sur, ocupando gran parte de la región occidental.
En las costas hay **largas** zonas tropicales. Y en el centro se hallan   long
las vastas **cuencas** del Orinoco y del Amazonas, con sus inmensas   basins
junglas y regiones inexploradas. Hay otras cuencas interiores, como
70 la del **lago** Titicaca en el Perú, el lago más importante y alto del   lake
continente. Y hay las vastas pampas de Argentina y del Uruguay,
tierras de una fertilidad **asombrosa**, tierras **tan lejanas** que sus esta-   astonishing • so far away
ciones son las opuestas de las nuestras—**es decir**, que cuando aquí   that is
es invierno, allí es verano.

75   **Ahora bien**, ¿quiénes son los habitantes de aquellos enormes   Now then
territorios? La mayoría de la población de Latinoamérica es mestiza.
Pero hay países como México, Colombia, Bolivia, el Ecuador, el

En el altiplano boliviano. La Cordillera de La Paz.

Las balsas de totora (*reed rafts*) que usan todavía los pescadores de Huanchaco, Perú, son iguales a las que se empleaban en tiempos precolombinos.

Paraguay y el Perú donde todavía hay un gran número de indios puros, incluso algunas tribus muy primitivas. Hay países como el Brasil y varias naciones del Caribe donde gran parte de la población es de raza negra. Y hay otros, como Argentina, Chile y Costa Rica donde predominan los blancos, muchos de ellos hijos de europeos recién emigrados.

En fin, el **mismo** carácter geográfico de Latinoamérica es responsable **de** su problema fundamental. La naturaleza pone obstáculos casi insuperables a la comunicación entre las varias regiones, y sobre todo, a la explotación de sus **recursos**. Se están realizando en estos momentos grandes **esfuerzos**, pero la naturaleza americana sigue todavía impasiva e **indomable**.

Marginal glosses: very · for · resources · efforts · unbeaten

Preguntas
1. ¿Puede Ud. describirnos la posición geográfica de España?
2. ¿Qué fenómenos geográficos internos la caracterizan?
3. ¿Cómo es Castilla? ¿Qué dicen acerca de su clima?
4. ¿Cómo es Galicia? ¿y el País Vasco? ¿Por qué se distingue Cataluña?
5. ¿Qué influencia antigua refleja todavía Valencia? ¿Cuáles son sus productos principales?
6. ¿Cómo es Andalucía? ¿Cuáles son sus ciudades más típicas?

7. ¿Qué área ocupa Hispanoamérica? ¿Cómo se compara con la del Norte?

8. ¿Cuáles son algunos de los aspectos más notables de la geografía centro-americana? ¿y de la América del Sur?

9. ¿Quiénes integran *(make up)* por lo general la población de Latinoamérica?

10. ¿Qué problemas crea la naturaleza en Hispanoamérica? ¿Existe la misma situación en nuestro país?

Lección Trece

Cuento: Hora de Comer

Es una noche de verano y la familia Molinos está **sentada** a la mesa — seated
de la cocina. **Por las ventanas abiertas** entran los ruidos y aromas de — Through the open windows neighboring. Shouts, blaring radios
los apartamentos **vecinos. Gritos, radios puestas a todo volumen,**
olor a pescado y puchero, canciones de amor. — the smell of fish and stew, songs

Sra. Molinos: Paco, **a comer y callar,** ¿ está bien ? — just eat and be quiet

Paco: ¿ Qué **he dicho yo** ? — have I said

Sra. Molinos: No sé, pero **no has comido** nada. — you haven't eaten

Sr. Molinos: ¡ Qué calor ! Algún día debemos comprar un **ventilador.** — electric fan

Esteban: ¿ **Me quieren pasar la carne** ? — Will someone pass me the meat?

Luisa: Por favor, Esteban. Acabemos ya. Quiero salir.

Sr. Molinos: ¿ Para dónde ?

Paco: Mamá, la sopa está fría.

Esteban: Repito, ¿ me quieren pasar la carne ?

Sra. Molinos: **Nada de** sarcasmos, Esteban, ¿ oyes ? — Cut out the

Esteban: ¿ Yo ?

Luisa: **Aquí la tienes.** Pero te digo que ya **has comido demasiado.** — Here it is • you have eaten too much

Esteban: Muchas gracias. Yo no sé. En esta casa...

Sr. Molinos: ¿ Adónde vas ?, te pregunté, Luisa.

Luisa: Al cine con Juanita, Papá.

Sra. Molinos: **Nunca me ha gustado** esa chica. — I have never liked

Luisa: ¿ Por qué ? Es muy simpática.

Sr. Molinos: ¿ Con Juanita ? ¿ Y con quién **más** ? — else

Esteban: La leche, por favor.

Luisa: Con el novio de Juanita y...

Sra. Molinos: **Me sorprende que no se haya casado** tres veces ya. — I'm surprised she hasn't gotten married
   Esa chica ha tenido más novios que...

Luisa: Mamá, hasta ahora sólo ha tenido seis.

Sra. Molinos: ¡ Sólo !

Luisa: Y ahora **la cosa va en serio.** — It's getting serious

Esteban: ¡ **Enhorabuena** ! Pero **no me han pasado** todavía la leche. — Congratulations! • you-all haven't passed me

Sra. Molinos: Creo que no hay más. Si quieres **agua** o **té...** — water • tea

Sr. Molinos: ¿Té? El muchacho no está **enfermo. Más bien vino,**   sick. Better wine or beer
o cerveza. Tiene que aprender a **tomar como los hombres.**   drink like a man

Esteban: Bien dicho, papá.

Sr. Molinos: Pero Luisa, no me has **contestado.** ¿Con quiénes vas?   answered

Luisa: Con Juanita y su novio... y con **el de Chita.**   Chita's (boyfriend)

Paco: Mamá, mi **silla** está **rota.**   chair • broken

Sra. Molinos: Si **no te sientas tranquilo,** Paquito, y comes...   you don't sit still

Esteban: ¿Con el de Chita? ¿Y Chita no va?

Luisa: No te estaba hablando a ti.

Sr. Molinos: Entonces yo te lo pregunto. ¿Y Chita no va?

Luisa: Es que yo voy **en su lugar.**   in her place

Sra. Molinos ¿**Has oído,** Alfonso?   Have you heard (Did you hear)
that

Sr. Molinos: Tú ibas, Luisa. No vas.

Luisa: Pero, Papá...

Sr. Molinos: Tu mamá y yo **hemos decidido que no.**   have decided no

Paco: Mamá no ha dicho nada.

Sr. Molinos: A comer, Paco, y callar.

Luisa: Pero **les he prometido** que... (Se oyen unos **golpes muy**   I've promised them • very loud
fuertes desde arriba.)   knocks from above

Sra. Molinos: ¡Dios mío! ¿Qué fue eso?

Paco: Está **tronando.** ¡Uy-y-y-y!   thundering

Luisa: Nada. Los chicos están **bailando** arriba.   dancing

Sr. Molinos: ¿Están bailando? **Parece que se han caído todos de**   It seems that they've all fallen
una vez.   down together.

Sra. Molinos: ¡Ojalá que **no se haya caído el cielo raso** también.   the ceiling hasn't fallen down
Ya estaba medio **destrozado.**   ruined

Sr. Molinos: **Voy a quejarme al dueño** de la casa.   I'm going to complain to the
owner

Sra. Molinos: Sí, Alfonso, debes. Ya no se puede vivir aquí.

Sr. Molinos: Es verdad. El barrio **ha cambiado** mucho. Algún día,   has changed
Blanca, vamos a **buscar otro piso.**   look for another apartment

Sra. Molinos: Como **habíamos pensado antes de nacer los niños.**   we had planned before the
children were born

Sr. Molinos: ¿Recuerdas? **Yo había apartado** algún dinero, pero   I had set aside
entonces...

Luisa: Entonces, Mamá, Papá, ¿salgo o no salgo? Por favor...

Sra. Molinos: Sí, Alfonso, algún día...

Esteban: ¿Está caliente todavía el arroz?

Paco: **Nunca me han gustado las legumbres.**   I've never liked vegetables

Sra. Molinos: A comer, hijos, y callar, ¿está bien?

ASOCIACIONES

cocina *kitchen*—cocinar, preparar una comida; **silla** *chair*—mesa, comer
la carne *meat*—plato; tenedor *fork*; cuchillo *knife*

las **legumbres** *vegetables*—verdes, amarillas; **sopa** *soup*—de carne, legumbres, etc.; cuchara *spoon*; caliente, fría

el **té** *tea*—el café; una taza *cup*; la **leche** *milk*; **cerveza** *beer*; **vino** *wine*—un vaso *glass*

piso *floor, storey* (de una casa); *apartment*; **vecino** *neighbor; neighboring*

novio, novia *boyfriend, girlfriend, fiancé, etc.*—enamorados

---

bailar *to dance*—cantar, música, fiesta; ***caer(se)** (caigo, caes) *to fall down*

quejarse de *to complain about*—el servicio, etc.; **callar** *to hush up*—no hablar, ¡A comer y callar!

prometer *to promise*—palabra de honor; **buscar** *to look for*—¿Dónde está?

***nacer** (nazco, naces) *to be born*—un niño, una criatura, el principio

cambiar *to change*—con el tiempo; **cambiar** *to exchange*—una cosa por otra

---

sentado *seated*—en una silla, a la mesa, cerca de la ventana, tranquilo

abierto *open*—entrar, meter. Pase Ud.; cerrado—no entrar

roto *broken*—un vaso, el corazón; arreglar *to fix*

simpático *nice, pleasant*—Me gusta.

demasiado *too; too much*—comer demasiado, ponerse gordo; **demasiados** *too many*

VAMOS A CONVERSAR

1. ¿En qué estación del año ocurre el cuento «Hora de Comer»? ¿Puede Ud. describir la escena?

2. ¿Qué miembros de la familia Molinos están presentes? ¿Se identifica Ud. con uno de ellos? ¿Reconoce *(Do you recognize)* entre ellos a algún miembro de su propia *(your own)* familia?

3. ¿Le parece a Ud. que la familia Molinos es rica, de la clase media o más bien pobre? ¿Por qué piensa así?

4. ¿Qué está haciendo en este momento la familia? ¿Qué quiere Esteban?

5. ¿Qué quiere hacer Luisa? En su opinión, ¿deben darle permiso sus padres para salir? ¿Tienen el derecho de decirle que no? ¿Por qué?

6. ¿Qué desean hacer algún día los Molinos? ¿Cree Ud. que van a hacerlo?

7. ¿En qué piensa todavía Luisa? ¿y Esteban? ¿y Paquito?

8. Volviendo a Ud., díganos: ¿para qué cosas tiene Ud. que pedir permiso todavía a sus padres?

9. En su opinión, si un hijo vive todavía en casa de sus padres, ¿tiene que obedecerlos *(obey them)*? ¿Y si gana su propio dinero?

[handwritten top margin: Pres. Part. iendo / ando]

Estructura

59. THE PAST PARTICIPLE

The past participle (equivalent of English *been, seen, shown, spoken, begun*) is regularly formed by replacing the infinitive ending **-ar** with **-ado**; **-er** or **-ir** with **-ido**:

hablar	**hablado**	*spoken*	ir	**ido**	*gone*
comer	**comido**	*eaten*	ser	**sido**	*been*

There are a few irregular past participles:

poner	**puesto**	*put*	volver	**vuelto**	*returned*
ver	**visto**	*seen*	cubrir	**cubierto**	*covered*
hacer	**hecho**	*done*	abrir	**abierto**	*open(ed)*
decir	**dicho**	*said*	morir	**muerto**	*died, dead*
escribir	**escrito**	*written*	romper	**roto**	*broken*

Ejercicios

[handwritten: tener — tenido]

Diga el participio pasivo *(past participle)* de los verbos siguientes:

[handwritten: To indicate / dado cerr, cerrado, sabido, estado, sido, indicado, pensado sentido]

dar, cerrar, saber, estar, ser, indicar, pensar, sentir, morir, volver, hacer, decir, enseñar, aprender, gustar, abrir, cubrir, venir, ir, andar, poner, poder, escribir

[handwritten: abiento cubierto ido andado / escrito]

60. THE PAST PARTICIPLE AS AN ADJECTIVE

One of the most important uses of the past participle in both English and Spanish is as an adjective. Of course, in such cases, it must agree with the noun it describes:

Hay dos puertas abiertas.	There are two doors open.
Era un niño muy consentido.	He was a very spoiled child.
¡Ay, qué cansados estamos!	Oh, how tired we are!

[handwritten left margin: indicar / Escojo / empensar / comensar / Ojalá]

The past participle describes any *position that has already been assumed*, though English may use a present participle (*-ing*). Remember that in Spanish the present participle refers to an *action in progress*, taking place at a certain moment, and *not* to the resultant condition:

Está sentada cerca de la ventana.	She is sitting (seated) near the window.
Estaban dormidos.	They were sleeping (asleep).
La torre inclinada de Pisa.	The Leaning Tower of Pisa.

Ejercicios

[handwritten: Chose / Always]

A. Escoja siempre la conclusión más lógica:

1. ¡Qué bien trabajan esos estudiantes! Son fantásticos. —Es verdad. Es una clase muy (dividida, sorprendida, interesada).
2. Nadie puede hacerlo. Es totalmente imposible. —Sí. Es una causa (perdida, recomendada, conocida).

3. Saquen su lápiz o pluma, y vamos a hacer unos ejercicios (leídos, escritos, repetidos).

4. Por favor, no hablen en voz alta. Las niñas están (dormidas, cubiertas, enojadas).

5. ¡Dios mío! ¿Quieres ponerte esa camisa con esos pantalones? Vas a estar muy mal (casado, vestido, enseñado).

B. Diga ahora en español:
a sleeping child; a sitting duck (pato); an open window; a broken promise (promesa); one enchanted evening; my lost keys; a surprised person.

C. ¿Qué asocia Ud. con las frases siguientes?

las ventanas abiertas, una puerta cerrada, la mano levantada, las manos levantadas, paquetes envueltos (packages wrapped) en papel rojo y verde, un paquete envuelto en papel blanco, una caerta escrita a mano, cartas escritas a máquina, un niño consentido, un grupo de personas sentadas

Ahora emplee cinco de estas frases en oraciones originales.

61. THE AUXILIARY VERB *HABER*

We have already used certain forms of **haber** in the impersonal expressions **hay** *(there is, there are)* and **hay que** *(one must)*. Here are three important tenses of **haber**:

PRESENT INDICATIVE	PRESENT SUBJUNCTIVE
he	haya
has	hayas
ha	haya
hemos	hayamos
habéis	hayáis
han	hayan

The *preterite* follows the usual **u** pattern of irregular verbs.
Complete this conjugation:

hube, hubiste, hubo, _____, _____

The imperfect (**había, habías,** etc.) is regular.

Important: **Haber** means *to have* ONLY as an auxiliary verb before a past participle. As a main verb, only **tener** means *to have*:

No tenemos tiempo.	We don't have time.
No hemos tenido tiempo.	We haven't had time.

Ejercicios
Cambie según las indicaciones:

1. Lo **he** terminado ya. (tú, nosotros, Ud., ¿ellos?)
2. Siento que no **hayan** venido. (tú, vosotros, Uds., los otros)
3. **Había** vuelto antes de la una. (Yo, Rafael y yo, ¿tú?, ¿todos?)

62. COMPOUND OR PERFECT TENSES: *HABER* + A PAST PARTICIPLE

Compound (or perfect) tenses have two parts: the auxiliary verb **haber** and the past participle following it. *Perfect* (from the Latin *perfectum*) means *completed*. And so, compound or perfect tenses deal with completed actions. The purpose of the auxiliary verb **haber** is merely to tell *when*.

A. The Present Perfect

The present perfect (in English, I *have* gone, he *has* written, etc.) is formed by using the present of **haber** followed by a past participle. It implies that the action is recently completed.

¿Dónde está Ana? —Ha salido.	Where is Ann? —She has gone out.
La han hecho. —¿Ya?	They have done it. —Already?
Los hemos visto. —¿Dónde?	We have seen them. —Where?

Notice that object pronouns are placed before the *whole* verb form, and that the past participle does not change when used with **haber**.

B. The Pluperfect or Past Perfect

The pluperfect (in English, I *had* gone, he *had* written) is formed by the *imperfect* of **haber** followed by a past participle.

¿Dónde estaba Ana? —Había salido.	Where was Ann? —She *had* gone out.
La habían hecho ya.	They *had* done it already.
Los habíamos visto.	We *had* seen them.

C. The Present Perfect Subjunctive

As you would expect, the present perfect subjunctive is formed by the *present subjunctive* of **haber** followed by a past participle.

¡Ojalá que no haya salido!	If only she hasn't gone out!
Siento que no la hayan hecho.	I'm sorry that they haven't done it.
Temen que los hayamos visto.	They're afraid that we have seen them.

Ejercicios

A. Cambie al presente perfecto y después al pluscuamperfecto *(pluperfect)*:
1. María llegó. 2. Terminó el libro. 3. Volvemos en seguida. 4. Los muchachos bailan bien. 5. Comes mucho. 6. ¿Estudian Uds. la lección? 7. ¿Preparáis la comida? 8. No digo nada. 9. Se quejan al dueño. 10. Me lo promete.

B. Cambie al presente perfecto del subjuntivo:
1. Espero que venga. 2. Es lástima que esté enferma. 3. Siento que no tengas tiempo. 4. ¿No le gusta que los cambiemos? 5. ¿Le sorprende que

sea su hermano? 6. ¡Ojalá que no se mueran del calor! 7. Me molesta que digan eso. 8. Se alegran mucho de que lo cantemos. 9. Esperamos que lo arreglen bien.

C. Termine de una manera original las frases siguientes:
1. Nunca he visto... 2. No he comprendido nunca por qué... 3. ¿Has preparado...? 4. Espero que no hayas... 5. Se habían casado... 6. No habíamos...

D. Ahora conteste:
1. ¿Ha visto Ud. un programa muy interesante recientemente? 2. ¿Ha ido al teatro este mes? ¿o al cine? 3. ¿Ha asistido a (attended) un partido de básquetbol o de fútbol esta semana? 4. ¿Qué viajes (trips) ha hecho Ud.? 5. ¿Han hecho muchos viajes sus padres? ¿sus tíos? ¿sus hermanos? ¿sus abuelos? 6. ¿Había preparado Ud. bien la lección antes de venir a la clase hoy? 7. ¿Había escrito todos los ejercicios? 8. ¿Había estudiado otra lengua extranjera antes de empezar el español?

E. Exprese finalmente en español:
1. Who has seen Jim?—I have seen him. He has gone out. 2. They had already left when we arrived. 3. He is afraid that they have died. 4. We had been there before. 5. I hope the money has come. 6. Have you done it?—Yes. I have already finished. 7. We haven't had time. I hope we have time now.

† **63. THE DEFINITE ARTICLE FOR AN OMITTED NOUN**

The definite article replaces a noun in the following cases:

A. To avoid repeating the same noun after a possessive:

nuestra casa y la de Juan	our house and John's (house)
tu coche y el de tu hermano	your car and your brother's
el marido de Ana y el mío	Anna's husband and mine

B. The pseudo-demonstrative
A true demonstrative (this, that, these, those) points out something. At times, English uses that or those not to point out one or more of a group, but merely to avoid repeating a noun. In such cases, Spanish logically uses the definite article:

el Museo de Arte y el de Historia Natural	the Museum of Art and that of Natural History
la Facultad de Medicina y la de Bellas Artes	the School of Medicine and that of Fine Arts
nuestro producto y los de nuestros competidores	our product and those of our competitors

Ejercicio

Cambie para evitar *(avoid)* la repetición:

1. ¿Ha visto Ud. mi abrigo y **el abrigo** de Roberto?   2. Sus papeles y **nuestros papeles** han desaparecido.   3. La clase de 1963 y **las clases** de 1964 y 1965.   4. La casa de su tío y **la casa** de mi padre están muy cerca.   5. La muerte de Cervantes y **la muerte** de Shakespeare coinciden en la misma fecha *(date)*.   6. Mi coche y **el coche** de mi hermano son idénticos.

Teatro y Composición

Prepare Ud. una escena original titulada **En familia**, y describa una comida o una tarde típica en su casa. O si prefiere, puede componer una viñeta *(vignette)* sobre algún miembro de su familia—su aspecto físico, su manera de hablar, su manera de ser.

Hora de Conversación VII

LA COMIDA *(Food)*

(las) carnes y pescados *meats and fish*

el **bisté**, el biftec   *steak*
el **jamón**   *ham*
  tocino   *bacon*
el **rosbif**   *roast beef*
  hamburguesa   *hamburger*

  el salmón
  bacalao   *cod*
  sardina
  lenguado   *sole*
el atún   *tuna*
  rodaballo   *flounder*

costilla de cordero *lamb chop (rib)*
coteleta de ternera   *veal cutlet*
chuleta de lechón (o cerdo)   *pork chop*
carne picada   *chopped meat*

mariscos   *shellfish*
almeja   *clam*
langosta   *lobster*
ostra   *oyster*
el camarón   *shrimp*
cangrejo   *crab*

(las) legumbres y otros comestibles   *vegetables and other foods*

el guisante   *pea*
el maíz   *corn*
la coliflor
  apio   *celery*
el **tomate**
el **bróculi**
  zanahoria   *carrot*
  cebolla   *onion*
  patata, papa   *potato*
  espinacas   *spinach*
  ensalada   *salad*

la sal *salt*

pimienta   *pepper*

el pan *bread*
  galleta *cracker*
  mantequilla *butter*
  crema *cream*
  queso *cheese*
  huevo *egg*
  pan tostado, tostadas *toast*

el azúcar *sugar*
  el cereal *cereal*
  fideos *spaghetti*
los macarrones *macaroni*
  salsa *sauce*
  sopa *soup*

frutas

el limón *lemon*
  pera
  manzana *apple*
  piña, el ananás *pineapple*
  fresa *strawberry*
  toronja *grapefruit*
  durazno *peach*
  sandía *watermelon*

naranja *orange*

(los) postres y bebidas *desserts and beverages*

el pastel (de manzana, etc.) *pie*
  helado(s) *ice cream*
el café *coffee*; —solo *black*
  coffee
la leche *milk*

jugo *juice*
torta (de chocolate, etc.) *cake*
galleta (dulce), pasta *cookie*
taza de té *cup of tea*
vino *wine*

Conversación

1. ¿ Qué le gusta más, la carne o el pescado ? ¿ Qué carnes le gustan más ? ¿ qué pescados o mariscos ? ¿ qué legumbres ? ¿ qué frutas ? ¿ qué bebidas ? ¿ qué postres ?

2. ¿ Qué toma Ud. para el desayuno *(breakfast)* ? ¿ para el almuerzo *(lunch)* ? ¿ y para la comida *(dinner)* ? En su opinión, ¿ qué constituye *(what constitutes)* una comida perfecta ?

3. ¿Cuál le gusta más—la comida china, italiana, francesa, o mexicana?

4. ¿Es Ud. «aventurero» *(daring)* en sus gustos culinarios? ¿Está Ud. dispuesto a comer carne de culebra *(snake)*? ¿carne de cocodrilo? ¿sopa de tortuga *(turtle)*? ¿ancas de rana *(frog's legs)*?

5. ¿Cómo le gusta la carne—bien asada *(well done)*, poco asada, o a punto *(medium)*?

6. ¿Cómo le gustan los huevos—cocidos, fritos o revueltos *(boiled, fried, or scrambled)*?

7. ¿Conoce Ud. una buena dieta para adelgazar *(get slim)*? ¿y para engordar *(put on weight)*?

Lección Catorce

Cuento: El Ídolo

El **salón está lleno.** Las voces gritan : «¡Ya viene! ¡Es él! ¡Viva Rafael! ¡Ahí está! ¡Déjenle pasar! ¡Viva Rafael!» El candidato ha llegado. Y mientras su figura alta y atlética sube a la vieja plataforma **de madera** adornada con **banderas,** la gente charla animadamente, **empujándose unos a otros** para ver mejor. Un hombre **bajo** y corpulento se acerca al micrófono y **poco a poco** las voces **se apagan.**

> *hall is full • Hurray*
> *There he is!*
> *wooden*
> *flags • pushing each other*
> *short*
> *gradually • die down*

PRESENTADOR : Por favor, amigos, por favor... Bien. Y ahora, señores y señoras, ha llegado el momento que hemos estado esperando. (Voces y aplausos) Tengo el gran gusto y honor de presentarles a Uds. al hombre **del siglo,** al próximo presidente de esta **bella** nación, ¡¡don Rafael Urbano Paletero!! (Las voces y aplausos **irrumpen** otra vez, acompañados **de** una música **ruidosa.** Don Rafael se levanta.)

> *of the century • beautiful (poetic)*
> *burst forth • by • noisy*

DON RAFAEL : Gracias, mil gracias... Gracias... Bueno, bueno... Muchas gracias... **Damas** y caballeros, queridos amigos : No puedo decirles **cuánto me alegro** de estar con Uds. hoy. Siempre me ha gustado visitar esta bella ciudad donde nacieron mis **bisabuelos,** esta bella ciudad, digo, centro de cultura, **fuente** de justicia, y **meca** de mujeres hermosas.

> *Ladies*
> *how happy I am*
> *great-grandparents*
> *fountain • mecca*

   (Aplausos y gritos de aprobación.)

No estoy aquí para hablar mal del otro **partido. No soy así.** Nunca digo nada contra nadie. **Lo único** que quiero, estimados amigos, es presentarles mi **propia** plataforma y **discutir** con Uds. los problemas que **acosan** a esta gran república.

> *party • I'm not like that.*
> *The only thing*
> *own • discuss*
> *beset*

   (Más aplausos. Una señora **se vuelve** a su esposo.)

> *turns*

Sra. : ¿**Qué te parece**, Alberto, eh? **Jamás me lo imaginaba tan** guapo.

Sr. : ¿A quién?

Sra. : A don Rafael.

Sr. : ¡Uf!

Sra. : Entonces, ¿tú no crees que él... la verdad, Alberto, ¿tú no...?

Sr. : **Déjame** escuchar, Manuela, ¿está bien?

What do you think? • I never imagined him so

Let me

DON RAFAEL: Y así, sin **más tardar, les explico** en tres **palabras** mi programa: ¡prosperidad, justicia, y progreso!

further ado, I'll explain to you • words

(Grandes aplausos. «¡Así debe ser!» «Que viva Rafael!»)

Ahora bien, el otro partido, **cuyo nombre ni siquiera** voy a mencionar, el otro partido, digo, está contra todo eso.

whose name not even

(Sssssssss. «¡**Abajo**!» «¡**Mueran**!»)

Down (with them)!

Pero no voy a hablar de ellos. No voy a decir más que esto: que si Uds. **les entregan el gobierno** de nuestro gran país, ¡algún día van a ver que lo han puesto en manos de ladrones, **mentirosos**, y asesinos! Pero no quiero decirles nada de eso. No soy así.

hand over to them the government liars

(«Bien dicho, hombre.» «¡Qué simpático es!» «¡Viva!»)

¿Qué soy, me preguntan Uds.? Soy un hombre sencillo, de poca ambición personal, de pocas palabras, pero un hombre de mucho corazón, eso sí, de un corazón **dispuesto a luchar** contra nuestros **enemigos, no importa** quiénes sean.

ready to fight

enemies, no matter

(Aplausos histéricos «¡Viva!» «¡Hurra!» «Arriba» «¡Dígales, Rafael!» Una joven se vuelve a una amiga suya.)

Joven *1ª* : ¡Qué hombre más divino!

Joven *2ª* : Fantástico. Y dicen que es muy buen **padre de familia** también.

family man

Joven *1ª* : ¿Quién te ha dicho eso? **Si** no está **casado siquiera**.

Why • even married

Joven *2ª* : Al contrario. Yo leí en el **periódico** que...

newspaper

Joven *1ª* : Yo también y decían **que no**.

he wasn't

Joven *2ª* : Imposible. **Yo se lo voy a preguntar.**

I'm going to ask him

Joven *1ª* : Buena idea. Preguntémoselo ahora mismo.

Joven *2ª* : **No me atrevo.** Mejor tú...

I don't dare

Joven *1ª* : No. Tú...

DON RAFAEL: Y así, en conclusión, amigos míos, les prometo... Un momento. Parece que **alguien** tiene una pregunta... Sí... Sí... ¡**Cómo no**, señor! Me alegro mucho de que me haya hecho esa pregunta. Y ahora, la **contestación**. Sí, es verdad que ayer en el

somebody

Of course

answer

Club Aristocrático **propuse** una administración exclusivamente de   I proposed
los ricos, pero—recuerden Uds.—pero, digo, ¡ a favor de los pobres!

(Los aplausos **se hacen ensordecedores.** « ¡ Bien contestado don   becomes deafening
Rafael! » « ¡ Así! ¡ Viva, viva! »)

¿ Hay otra pregunta? ¿ **Alguna** otra pregunta?   Some

Joven 2ª : ¿ Por qué no te atreves?
Joven 1ª : ¿ Por qué no te atreves tú?

DON RAFAEL: Bueno, entonces, **para concluir,** les digo que ha sido   to conclude
un **verdadero** honor y placer estar con Uds. esta noche. Bien sé   real
que alguien tiene que **ganar** y alguien tiene que perder en **toda**   win • every
elección. Pero esta vez **es más seria la cosa.** No quiero que pierdan   the matter is more serious
Uds., el **pueblo. Necesito su ayuda,** su **confíanza,** su voto. La   people • I need your help •
causa es buena. ¿ Puedo **contar con** Uds. ?   confidence
                                                   count on

(Aplausos y gritos **frenéticos.** « ¡ Sí! ¡ Siempre! ¡ **Hasta la**   frenzied • Unto death!
muerte! ¡ Arriba! ¡ Victoria! »)

Gracias, amigos, gracias. Algún día espero tener el gusto de
apretarles la mano personalmente. Hasta entonces, adiós, y gracias.   shaking your hands

(La música comienza otra vez y el candidato sale triunfante del
salón. « ¡ Que viva Rafael! » « Viva.»)

Sra :. La verdad, Alberto, ¿ tú no crees que es el hombre más guapo
del mundo?

ASOCIACIONES

un problema, muchos problemas[1] *problem(s);* **ayuda** *help*—ayudar, ayudante
pueblo *town; public, (a) people*—la gente; **gobierno** *government*—« del pueblo,
por el pueblo, y para el pueblo »
palabra *word*—hablar, escribir; **periódico** *newspaper*—la palabra escrita
contar (cuento) *to count; tell;* contar con *to count on*—su ayuda, sus votos;
necesitar *to need*—una necesidad
ganar *to win; gain; earn*—dinero, una elección
alegrarse (de) *to be happy*—ganar; sentir—perder
*****proponer**[2] *to propose*—una idea, un plan; **atreverse** (a) *to dare (to)*—proponer algo

Pose

---

[1] Yes, **problema** and most other nouns ending in **-ma** (**programa, drama, sistema,** etc.) are masculine. These words come from Greek, not Latin.

[2] Verbs ending in **-poner** usually correspond to English verbs ending in **-pose** (**componer, disponer,** etc.). They are all conjugated just like **poner.**

preguntar (algo a alguien) *to ask someone something*—hacer una pregunta, no saber
gritar *to shout*—gritos *shouts* : « Damas y caballeros », « ¡ Viva ! »

———————————

arriba ↑ *up* ; **abajo** ↓ *down* ; **ahí** *there, near you*—¿ Dónde ?
No importa *It doesn't matter* ; **ni...siquiera** *not even*—¿ Ni siquiera yo ?

———————————

propio *own*—mi propia familia ; **casado** *married*—mi propia mujer
serio *serious*—en serio *seriously* ; **verdadero** *true, real*—¿ verdad ?
bajo *short*—no muy alto ; **bajo** *low*—una mesa baja, en voz baja
lleno (de) *full of, filled with*—un salón lleno de gente

VAMOS A CONVERSAR

1. ¿ Le interesa a Ud. la política *(politics)* ? ¿ Les interesa a sus padres ? ¿ Ha votado Ud. ya ? Por lo general, ¿ son Uds. liberales o más bien *(rather)* conservadores ?
2. ¿ Desea Ud. ser alcalde *(mayor)* algún día de su pueblo o ciudad ? ¿ gobernador de su estado ? ¿ presidente de nuestro país ? ¿ Por qué ? En su opinión, ¿ quiénes han sido nuestros mejores presidentes ? ¿ y los peores ?
3. En el cuento **El Ídolo**, ¿ a quién está esperando la gente ? ¿ Cómo es de aspecto físico don Rafael ?
4. ¿ Qué técnicas usa el candidato para ganar los votos del pueblo ? ¿ Qué cosas promete ? ¿ Conoce Ud. a algún político *(politican)* como él ?
5. ¿ Cree Ud. que don Rafael va a recibir muchos votos ? ¿ Por qué ?
6. En su opinión personal, ¿ son sinceros la mayor parte de los políticos ? ¿ Es posible llegar a una posición importante sin sacrificar los ideales ?
7. Y finalmente, ¿ conoce Ud. personalmente a algún funcionario *(official)* público ? Si lo conoce (o la conoce), díganos : ¿ Qué tipo de persona es ? ¿ Qué cualidades especiales tiene ? ¿ Le gusta mucho a Ud. ?

Estructura

64. INDEFINITES AND NEGATIVES

algo *something*	nada *nothing*
alguien *someone, somebody*	nadie *no one, nobody*
algún, alguno(a, os, as) *any, some (one or more of a group)*	ningún, ninguno(a, os, as) *no, none, not any (of a group)*
alguna vez *ever, at some time*	nunca, jamás *never, (not) ever*

¿ Tienes algo para mí ?—No. Nada.	Do you have something for me ? —No. Nothing

Alguien te llamó. —¿ Quién fue?
—Nadie importante.
¿ Ha visto Ud. a³ alguien? —Hoy
no he visto a nadie.

Somebody called you. —Who was
it? —Nobody important.
Have you seen anyone? —Today
I haven't seen anyone.

A. Alguno and ninguno

Notice that **alguno** and **ninguno** are shortened to **algún** and **ningún** before a masculine singular noun:

Algún día te voy a llamar.
Ya no queda ningún tiempo.
But: alguna tarde
ninguna ocasión

Some day I'm going to call you.
There's no time left.
some afternoon
no occasion

Unlike the wholly indefinite **alguien** *(somebody)* and **nadie** *(nobody at all)*, **alguno** and **ninguno** single out one or more from a group.

Conoce Ud. a algunos de sus
amigos? —No, no conozco a
ninguno.

Do you know any (some) of his
friends? —No, I don't know any
(of them).

† B. Alguna vez and jamás

In questions, **jamás** *(never;* synonymous with **nunca**) may also mean *ever*, but only when a negative answer is expected:

¿ Ha oído Ud. jamás tal cosa?

Have you ever heard such a thing?
(I don't think you have.)

Alguna vez *(ever, at some time)* implies neither an affirmative nor a negative:

¿ Le ha oído Ud. cantar alguna
vez?
¿ Han estado alguna vez en
España? —Sí, varias veces.

Have you ever heard him sing?
(No negative implication.)
Have they ever been to Spain?
—Yes, several times.

† C. Negatives after comparisons

A negative is used instead of an affirmative after an unequal comparison:

Él sabe más que nadie.
Ahora te quiero más que nunca.

He knows more than anyone.
Now I love you more than ever.

Ejercicios

A. Cambie las oraciones siguientes a la forma negativa:
1. ¿ Ha visto Ud. a **alguien** hoy? 2. Conozco a **algunos** de sus parientes.
3. ¿ Hay **alguna** manera de hacerlo? 4. **Siempre** hablaba mal de **alguien**.
5. Su novio le dio **algo** para su cumpleaños. 6. **Algún** estudiante va a ganar
este **año**. 7. Había **una** casa como la nuestra. 8. Dijeron **algo** de interés.

---

³ Indefinites that refer to persons require the personal **a** when they are the object of a verb.

nunca   *nada*
9. ¿ Puedo contar con **alguien** ?   10. **Siempre** servía para **algo**.   1. ¿ Tú fuiste a **alguna** parte (anywhere) anoche ?   12. ¿ Lo han hecho Uds. **alguna vez** ?
hemos

B. Lea bien los diálogos siguientes, y después conteste :

1. —Sr. Ortiz, ¿ ha vivido Ud. alguna vez en otra parte ?
—No, señor. No he salido jamás de este pueblo ni voy a permitir que lo dejen mis hijos tampoco. Fue aquí donde nací y...

Conteste : a. ¿ Ha viajado mucho el señor Ortiz ?
b. ¿ Le parece a Ud. un tipo más bien conservador o progresista ? ¿ Por qué piensa Ud. así ?

2. —Carmen, ¿ te puedo ayudar en algo ? Tal vez debes...
—Por favor, no me digas nada, Miguel. Yo sé hacer estas cosas mejor que nadie.

Conteste : a. En su opinión, ¿ quiénes son Carmen y Miguel ? ¿ amigos ? ¿ hermanos ? ¿ novios ? ¿ esposos ?
b. ¿ Qué le pregunta Miguel a Carmen ?
c. ¿ Quién le gusta más a Ud. ? ¿ Por qué ? ¿ Conoce Ud. a alguien como Carmen ?   *Someone*

3. —¿ Sirve para algo este aparato *(set)* ?
—No. Ya no sirve para nada. La batería no funciona. Necesita tres tubos nuevos y el sonido *(sound)* es horrible.

Conteste : a. ¿ De qué clase de aparato cree Ud. que están hablando estos dos individuos ?
b. ¿ Por qué ya no sirve para nada éste ?

4. —Ramiro, ¿ has visto jamás un examen como éste ?
—Muchas veces, José. Pero nunca he podido aprobarlos *(pass them)*.

Conteste : a. ¿ Cómo fue el examen que tomaron Ramiro y José ?
b. ¿ En qué materia *(subject)* cree Ud. que fueron examinados ?
c. ¿ Ha tenido Ud. alguna vez una experiencia como ésa ?

C. Diga en español :
1. There is someone at the door. —Who can it be ? 2. Nobody lives in that old house any more *(ya)*. 3. Now we want it more than ever *(nunca)*. 4. Have you ever gone to Mexico ? —No. Never. 5. No one is going to believe *that*. 6. Do you want something ? —Nothing, thanks.

65. WHEN TO OMIT *NO*

As we have seen, a negative sentence in Spanish is kept consistently negative. **No** goes before the verb ; Spanish then uses a double or even a triple negative. However, when **nadie, nunca,** or another negative is placed *before* the verb, **no** is omitted:

No vino nadie.
Nadie vino.

No one came.

No ha viajado nunca.
Nunca ha viajado.

He has never traveled.

No decía nada nunca a nadie.
Nunca decía nada a nadie.

He never would say anything to anyone.

No lo sabe ninguno de ellos.
Ninguno de ellos lo sabe.

None of them knows it.

Ejercicio

Diga de otra manera:

1. No le he visto nunca. (Nunca...)   2. No me quiere nadie.   3. Ninguno de ellos quiere ir con nosotros.   4. No le interesa nada.   5. Yo tampoco lo sabía.   6. Aquí no nieva nunca.   7. Nada de eso nos importa.   8. No gritan nunca a esos niños.   9. Alfredo nunca me mintió *(lied)*.   10. No se va a presentar jamás ninguna oportunidad como ésta.

† **66. MORE ABOUT THE POSITION OF ADJECTIVES**

As you recall, *nondescriptive* adjectives (demonstratives, unstressed possessives, and indefinitives, including **poco** and **mucho**) regularly *precede* the noun. *Descriptive* adjectives that set the noun off from others of its kind *follow* the noun. Any change in the normal position of an adjective will intensify its force or, at times, even change its meaning.

A. Change of meaning according to placement

When **grande** is placed before a singular noun, it shortens to **gran.** Placing **grande** before the noun also changes its meaning to *great.*

un hombre grande
un gran hombre

a big man
a great man

Pobre before a noun means *pitiful*; **viejo** means *former* or *longstanding*.

un muchacho pobre
¡Pobre muchacho!

a poor (not rich) boy
Poor (pitiful) boy!

un amigo viejo
un viejo amigo

an old (elderly) friend
an old (long-time) friend

B. Placement before the noun to characterize

A distinguishing adjective may be placed *before* the noun if it is used to describe a normal characteristic of that noun rather than to set if off from others of its type:

la roja sangre	the red blood
la blanca nieve	the white snow
las hermosas modelos	the beautiful models

C. Placement of two or more adjectives

There are two basic ways of treating a group of two or more adjectives that describe one noun:

1. Place the shorter or the more subjective adjective before the noun. Place the other(s)—the more categorizing—after it. (Adjectives of nationality always follow.)

Es un joven escritor dramático.	He is a young dramatic writer.
la hermosa actriz francesa	the beautiful French actress

2. When both (or all) of the adjectives are felt to be equally distinguishing and of equal force, place them after the noun, joining two by **y** or separating all by commas.

Es un hombre muy rico y famoso.	He is a very rich and famous man.
Fue una operación delicada, peligrosa (y) complicadísima.	It was a delicate, dangerous (and) extremely complicated operation.

For more emphasis or dramatic effect, they may all be placed before the noun.

Si cometen Uds. el tremendo, inexcusable error...	If you make the tremendous, inexcusable error...

Ejercicios

A. Diga en español:
1. Cold soup; the cold snow; an intelligent and beautiful girl; his old teacher; our beloved country *(patria)*; the red blood; the black coal *(el carbón)*.
2. The poor sick boy; my rich Venezuelan uncle; a long, difficult lesson; a great day; a terrible fatal accident.
3. A fantastic, magnificent opportunity; an easy new method *(método)*; her pretty blue eyes; a small white key; an expensive *(costoso)* Italian car.

B. Conteste ahora:
1. En su opinión, ¿quién es el mejor escritor contemporáneo norteamericano?
2. ¿Quién es el dramaturgo *(dramatist)* más grande de la literatura inglesa?
3. ¿Cree Ud. que por lo general las mujeres hermosas son menos intelectuales que las mujeres feas? ¿Y los hombres guapos? 4. ¿Ha sufrido Ud. alguna vez una operación delicada y peligrosa? 5. ¿Ha tenido alguna vez un accidente

automovilístico? 6. ¿Piensa Ud. seguir algún día una carrera importante y lucrativa? 7. ¿Cree Ud. que nuestro país tiene una rica y larga tradición artística? 8. ¿Cuál ha sido la decisión más importante y definitiva de su vida? 9. ¿Ha visto Ud. mi pequeño cuaderno rojo? Creo que se ha perdido. 10. ¿Qué artista moderno le gusta más?

67. USING *DE* + A NOUN INSTEAD OF AN ADJECTIVE

English often puts two nouns together—*a brick terrace, a summer house*. Actually, the first one is used as an adjective, to describe the material or purpose of the second one. Spanish cannot do this. Instead, Spanish uses <u>**de** +</u> a noun to describe that material or function.

<u>un reloj de oro</u>	*a gold watch*	una casa de verano	*a summer house*
<u>una camisa de seda</u>	*a silk shirt*		
<u>un club de noche</u>	*a night club*	una cancha de tenis	*a tennis court*
una mina de plata	*a silver mine*		

Ejercicios

A. ¿Puede Ud. relacionar las palabras del Grupo 1 con las del Grupo 2?

1	**2**
una plataforma	de plata, de tenis, de algodón
una casa	*(cotton)*, de verano, de seda, de
un abrigo	madera, de bronce, de visón *(mink)*,
una cuchara	de hierro *(iron)*, de aluminio, de
un club	porcelana, de oro, de ladrillos,
un reloj	de plástico, de cocina *(cooking)*
una taza	
una bolsa	
una corbata	
una olla *(pot)*	
un libro	
una estatua	

B. ¿Cuáles de estas cosas asocia Ud. con personas ricas y cuáles asocia con personas pobres? ¿Cuáles usamos más frecuentemente?

C. ¿Cuáles tiene Ud. u *(or)* otro miembro de su familia?

Teatro y Composición

Imagínese que el presidente de nuestro país ha venido a este pueblo y que Ud. tiene la oportunidad de hacerle preguntas sobre varios tópicos. O que Ud. asiste a una conferencia de prensa *(press)* donde habla uno de los importantes candidatos presidenciales. O que Ud. ha estado en el salón donde habló don Rafael Urbano Paletero y que ahora está hablando personalmente con él. O si no le interesa ninguna de estas alternativas, escriba una composición sobre uno de los temas siguientes:

1. Por qué quiero (o no quiero) ser presidente de los Estados Unidos
2. Mi concepto de un gran hombre (o de una gran mujer)
3. Por qué creo (o no creo) en el sistema democrático

Lectura Cultural

VIII. Sobre Democracia y Dictadura

«¡Libertad!» «¡Justicia!» «¡Arriba!» «¡Abajo!» «¡Victoria!» «¡El pueblo va a triunfar!»

Los **oradores discurren.** Las hermosas palabras **retumban,** orators speak • resound
aumentadas diez, viente, cien veces por los micrófonos y **altavoces**... loudspeakers
5 y después vuelven, **vacías, huecas,** para caer en el abismo de siempre. empty, hollow
Así fue por la mayor parte la historia política de Latinoamérica, de las
veinte repúblicas que ocupan con los Estados Unidos y el Canadá
el hemisferio occidental. Y así, con pocas excepciones, **sigue siendo** it continues to be
hasta hoy.
10 Al comenzar la época de su independencia, Hispanoamérica no
estaba preparada para la democracia. Sí, el ideal de libertad estaba
bien diseminado entre la clase «criolla»[1], entre la **juventud** más young people
educada. Se repetían con **apasionado** fervor las palabras de Rousseau, passionate
de Thomas Paine, de Locke. Pero había todavía muchas personas
15 que vivían en la ignorancia, o en la indiferencia. Había intereses

[1] Descendientes directos de los exploradores y colonos españoles.

«El monstruo imperialista alineó las cucarachas *(marshalled the enemy against us)*. De nada les *servirá (It will do them no good)*.» Propaganda fidelista en la televisión.

Isabel de Perón, viuda del dictador argentina, pudo mantener por poco tiempo las riendas *(reins)* del gobierno. En 1976 fue expulsada por una junta militar.

extranjeros que esperaban el momento oportuno para extender su
influencia en aquel campo fértil. Había entre los jefes **mismos** de la · themselves
revolución facciones personalistas que buscaban **cada** una el control. · each
E Hispanoamérica, **habituada** por siglos al dominio absolutista de · And • accustomed
20 España, no sabía qué dirección tomar.

    Siguió a la revolución una época de luchas **internas** y externas. · There followed after • internal
Surgieron múltiples naciones pequeñas y una sucesión infinita de · There arose
caudillos y dictadores. Aumentó la influencia extranjera, y con ella · "strong men"
la corrupción patente de los líderes políticos. Y el **ejército** asumía · army
25 **cada vez más el poder.** · more and more power

    Los golpes de estado ocurrían uno **tras** otro. En Honduras, por · coups d'état • after
ejemplo, hubo 136 golpes de estado en los primeros 142 años de su
independencia. En el Ecuador ¡en un período reciente, hubo 22
diferentes presidentes y juntas militares! Sólo en las pequeñas
30 repúblicas de Costa Rica y Uruguay se pudo establecer una tradición

Un mural enorme de tema político adorna un edificio nuevo de la Habana. El fidelismo deja su estampa por todas partes.

realmente progresista. Chile también gozó durante muchos años de una relativa estabilidad, si no de una verdadera democracia. Y en México, **pasados** los tormentosos años de la Revolución, **se dieron por fin pasos** definitivos hacia la renovación.

having past • steps were finally taken

35   **Sobrevino** la depresión económica de los años 30, y poco después la Segunda Guerra Mundial. Surgieron numerosos movimientos reformadores, mayormente izquierdistas. Pero por lo general **el cuadro** trágico de dictadura y de intervención extranjera seguía igual. Casi todos los países estaban **gobernados** por dictadores. Y
40 las hermosas palabras retumbaban todavía: «Libertad... Democracia... Patria... Justicia...»

There came

picture

being ruled

     Así se acercó la **década** de los años 50, y por primera vez parecía que Hispanoamérica iba a **despertar.** Los **sindicatos de obreros hacían sentir su fuerza** política y el poder de los grandes **hacendados**

decade

awaken • labor unions were making their strength felt • landowners diminished

45 **disminuía.** La influencia extranjera disminuía también **ante los asaltos**   before the attacks
de una **creciente política** «anti-yanqui», «anti-imperialista». Y la   growing policy
mayor parte de los viejos dictadores caían del poder. Mientras tanto,
desde su escondite en las montañas, Fidel Castro proclamaba la   from his hideout
liberación del pueblo cubano, su independencia económica y
50 política, la creación de un estado democrático. Y la gente lo recibió
con los brazos abiertos. Pero la ilusión **se desvaneció ante las**   vanished before the firing
escuadras de muerte, y Cuba **se sumió** en un absolutismo marxista.   squads • plunged
Sueño soñado. Sueño roto.

¿Y hoy? La crisis continúa. A pesar de las fuerzas que están
55 tratando de renovar la estructura social, la mayoría de las naciones
latinoamericanas se hallan otra vez en manos de caudillos o de
juntas militares. Otras son **regidas** por un solo partido político. Chile   ruled
tuvo por un tiempo un presidente marxista, pero ahora **se ha vuelto**   it has turned

Soldados y tanques sofocando una sublevación de la policía en Lima, Perú.

Campaña electoral en
Colombia. Carteles
(Posters), discursos
apasionados, y una
realidad que cambia
poco.

Hacia una mayor solidaridad interamericana.
José López Portillo, presidente de México,
recibiendo a Rosalyn Carter en el Palacio
Presidencial.

hacia la derecha. En Argentina, Uruguay, Colombia, y Paraguay los
60 terroristas **esparcen** la violencia. Venezuela y México **coquetean** con
los países árabes **exportadores** de petróleo. En todas partes **se
multiplican** las facciones, e Hispanoamérica está **al borde** del...
¿comunismo? ¿fascismo? ¿fidelismo? ¿...? Y las palabras **resuenan**
siempre iguales: «¡Victoria... Justicia... El pueblo va a triunfar!»
65   En España ha **surgido** en estos momentos una nueva **ola** de
optimismo. Parece que el rey Juan Carlos la quiere conducir **suave-
mente** hacia la democracia y el pueblo se le acerca con una **mezcla**
de entusiasmo y **sospecha**. A pesar de la relativa tranquilidad y
prosperidad, existe siempre una **corriente de inquietud**. Hay movi-
70 mientos separatistas todavía en Cataluña y en el País Vasco. Han
ocurrido repetidos **motines estudiantiles y sindicalistas**. Y se sabe
que existen numerosos núcleos **izquierdistas**. Y **sin embargo**...
     ¿Mañana? El español se levanta cada día con menos miedo de
contemplarlo.

spread • flirt

exporters

multiply • on the border

resound

arisen • wave
gently
mixture
suspicion
current of uneasiness

student and unionist riots
leftist • nevertheless

«El pueblo hablará.» Adolfo Suárez, primer ministro de España, ganador de las primeras elecciones democráticas en cuarenta y un años.

Preguntas

1. Al comenzar la época de la independencia, ¿qué factores militaban contra el triunfo de la democracia en Hispanoamérica?
2. ¿Qué siguió a la revolución?
3. ¿Qué ejemplos hay de la gran inestabilidad de Hispanoamérica en años subsecuentes?
4. ¿Qué países sí pudieron establecer una tradición democrática o progresista?
5. ¿Qué pasó después de la Segunda Guerra Mundial?
6. ¿Qué cambios ocurrieron en la década de los años 50?
7. ¿Por qué recibió Cuba con los brazos abiertos a Fidel Castro?
8. ¿Cuál es el panorama actual de Hispanoamérica?
9. ¿Cuál ha sido la historia política de España después de la Guerra Civil?
10. ¿En qué condiciones se encuentra España ahora?

Lección Quince

Cuento: Montaje

Los radios están **puestos**.

***

« Buenas tardes, damas y caballeros. Son las tres **en punto** de la tarde, tiempo para las **últimas noticias del mundo**... Santiago. La **huelga** de los mecánicos que comenzó hace dos semanas **continuará interrumpiendo** por un tiempo indefinido el servicio de los **trenes** en esta ciudad. El gobierno nacional ha declarado que **mandará** un representante para...

***

(Música de **ye ye**)
« **Ole**, ole, ole. Hemos estado escuchando la música de Tito Rodríguez interpretando la **canción** «**Bombero, apaga mi fuego**». Ahora recuerden, amigos, Tito y sus muchachos **estarán tocando para su gusto** este domingo—¡ en persona! —en el hermoso Casino **Real** de la Calle...

***

—Pero Inocencia, ¿ qué **haré**? ¿ Cómo le **explicaré** a Remigio que mi **marido** Anacleto, que yo creía muerto, ha estado **durante** todos estos años en la prisión, y que hoy mismo **saldrá y vendrá a reunirse** conmigo ?

—**Le dirás** la verdad, Virginia, y **él comprenderá**.

—¿ Y qué **pensará** Anacleto **al saber** que tenemos cinco hijos ya ? Teníamos sólo tres cuando **se fue**.

—Tal vez **no se acordará**.

—Pero, **de verdad**, Inocencia, ¿ tú crees que Anacleto **me reconocerá** ? Él no sabe que después del accidente en que murió mi **patrón**, **dejándome a mí** todos sus millones, he tenido tres operaciones de **cirugía** cosmética, ¡ y ahora soy bella, **linda**, hermosa !

Montage
turned on

exactly
latest news of the world
strike
will continue interrupting
trains
it will send

rock
(A shout of enthusiasm)
song: Fireman, put out my fire!
will be playing for your pleasure
Royal

will I do • will I explain
husband • during
he'll get out and he'll come to join
you will tell him • he'll understand
will (he) think • on learning
he went away
he won't remember
really • will recognize me
boss,
leaving *me*
surgery • lovely

269

—**No se fijará,** Virginia. Te prometo que no se fijará.   He won't notice
—Entonces, Inocencia, ¿qué...?

* * *

« Texas. El Centro de Aeronáutica **Espacial** acaba de anunciar la   Space
llegada de la cosmonave Venus 73 al planeta **Marte.** Los astro-   arrival of the spaceship • Mars
nautas **pasarán** varios días explorando el misterioso planeta rojo y   will spend
comenzarán su vuelta a la Tierra en...   will begin their return to Earth
¡ **Boletín**!... México. Silvia Malón, **conocida** artista de teatro y cine,   Bulletin • the well-known
se casará secretamente mañana con el director Vicente Espinel.   will marry
La **boda se celebrará** modestamente **delante de** tres mil de sus   wedding will be celebrated •
admiradores en...   before
   admirers

* * *

(Más música de ye-ye).
« Bueno, bueno, bueno. Esta ha sido la música de Riqui Meléndez
interpretando la hermosa canción «¡ Llamen a la policía! ¡ Me
robaron el corazón!» Gracias, Riqui. Y ahora, amigos, si **piensan**   you're planning to take a ride •
Uds. dar un paseo este fin de semana **al campo, a cualquier parte,**   to the country, anyplace
y quieren que funcione bien su coche, **no olviden** comprar la   don't forget
gasolina **Cero,** C-E-R-O, la única gasolina que no tiene ningún   Zero
aditivo para...

* * *

—Pero Inocencia, ¿ **viviremos** felices Anacleto y yo? ¿ **Nos amaremos**   will we live • Will we love each
como antes? ¿**Podremos** olvidar la memoria de... ¿ Sabes,   other
Inocencia? Hay una cosa que **jamás** **entenderé.** ¿ Quién **le habrá**   Will we be able to
dicho a Anacleto dónde **hallarme?** ¿ Quién le habrá dado la   I'll never understand • can have
dirección de esta casa? Si tú eras la única persona que sabía...   told • to find me
¿ Por qué **te ríes,** Inocencia? ¡ Inocencia!   address
—Sí, Virginia. **Fui yo.** Lo hice porque yo también estoy enamorada de   are you laughing
Remigio, ¿ **Me perdonarás?**   It was I.
—¡ Inocencia! ¡ Tú! ¡ Mi mejor amiga! Pero... **chist!** Hay alguien a   Will you forgive me?
la puerta.   Shhh!
—¡ **Cielos!** ¿ Quién **será?** ¿ Anacleto?   Heavens! • can it be
—¿ Remigio?
(Música)
« Bueno, amigos y amigas, ¿ qué nuevo **peligro** encontrarán ahora   danger
las dos amigas? Escuchen el próximo episodio de « Inocencia y
Remigio y Virginia y Anacleto», mañana a la misma hora en...»

* * *

« ... y ahora, un pequeño **mensaje** comercial: message
—Ramiro, estoy **desesperado.** ¿ Por qué no me miran ya las chicas?   desperate
¿ Por qué no quieren bailar conmigo?

—Bueno, Federico, **te lo diré.** ¿Tú conoces el **desodorante** « Su-
prima », **el que** ayuda a 99 personas entre cien ? I'll tell you • deodorant
"Suppress," the one that

—Claro. Lo uso todos los días.

—Pues **me da pena** decírtelo. ¡ Pero tú eres el número cien ! I hate to

—¡ No ! Pero, ¿ qué puedo hacer ?

—No hay problema. Tú necesitas la fórmula « Suprima Hipercon-
centrada **Doble Potencia** Número 3 », ¡ la fórmula que **sirve** para Double Strength • works
sólo una persona entre cien !

—Gracias, Ramiro. En seguida me la voy a comprar. ¿ Y entonces las
chicas me van a desear ?

—Todavía no, Federico. ¿Tú conoces la **crema** dental « Brillo- cream
Lustre », y el **champú** « **Grasa** », y el desinfectante « Purísimo ». y shampoo "Grease"
el **matacaspa** « **Fleco** », y... dandruff-killer "Flake"

* * *

« Temperatura, 22 **grados, bajando** a 19. **Cielo despejado.** Viento del degrees, going down • Clear
norte. Mañana, **más fresco y nublado.** El jueves, **lluvia,** con sky
cooler and cloudy • rain
temperaturas subiendo hasta...

* * *

ASOCIACIONES

las noticias del mundo *the news of the world*—astronautas en el planeta Marte ;
la boda de Silvia Malón ; una **huelga** *strike*—de los mecánicos, etc.

fuego *fire* ; **bombero** *fireman* ; **la policía** *the police* ; **un policía** *a policeman*—
crímenes, robos, ladrones ; **peligro** *danger*

cielo *Heaven* ; *sky*—azul, gris, nublado ; **tierra** *earth, land*—la « Madre Tierra »

paseo *walk*, *ride, short trip*—*dar un paseo to go for a walk, ride, etc.*—**el campo**
the country ; field—poca gente, vida rústica, cultivar la tierra

una canción *song*—cantar, cantante

gusto *pleasure*—con el mayor gusto ; *taste*— buen gusto, mal gusto

---

bajar *to go down ; lower*—la temperatura, el volumen, la voz—subir *to go up ; raise*
tocar *to play* (un instrumento, etc.) ; *to touch*—con la mano, con los dedos
hallar *to find*—encontrar ; *reconocer* (reconozco) *to recognize*—a una persona
fijarse en *to notice*—Pero, ¿ qué es esto ? ; **explicar** *to explain* : « Esto es un... »
reír (río) *to laugh* ; **reírse de** *to laugh at*—¡ Qué cómico ! ¡ Qué gracioso !

niether, nor

fresco *cool*—ni frío ni caliente ; **nublado** *cloudy*—Va a llover.
durante *during*—mientras ; durante la mañana, durante la clase
al saber, comenzar, etc. *upon learning, beginning, etc.*—en el momento de...

VAMOS A HABLAR

1. ¿ Cuántas horas al *(per)* día escucha Ud. el radio ? ¿ Prefiere Ud. escuchar las noticias en el radio o verlas en la televisión ?
2. ¿ Cuál es la primera noticia que oímos en nuestro **Montaje** aquí ? ¿ Ha habido *(Has there been)* una huelga importante este año donde vive Ud. ? (A propósito, ¿ está Ud. a favor de las huelgas en industrias o servicios esenciales ?)
3 .¿ Qué canción acaban de tocar Tito Rodríguez y sus muchachos ? ¿ Dónde estarán tocando este fin de semana ? (¿ Le gusta a Ud. esa clase de música ?)
4. ¿ Ha escuchado Ud. alguna vez una « novela » *(soap opera)* en la radio ? ¿ Las ha visto en la televisión ? ¿ Qué piensa Ud. francamente de ellas ?
5. ¿ Qué problema tiene la pobre Virginia ? ¿ Quién la está ayudando ? ¿ Qué no sabe su marido Anacleto ?
6. ¿ Qué otras complicaciones entran al caso ? ¿ Qué confiesa Inocencia ?
7. ¿ Qué noticia nos relatan de Texas ? ¿ Por qué la interrumpen *(interrupt)* ?
8. ¿ Qué productos anuncian *(do they advertise)* en los diferentes programas ?
9. ¿ Qué otros elementos recuerda Ud. de este **Montaje** ? ¿ Quiere Ud. añadir *(add)* alguno ? (Por ejemplo, ¿ quiere escribir un pequeño mensaje comercial ? ¿ Quiere tocarnos algunos discos, anunciándolos siempre en español ? ¿ Quiere preparar un poco de diálogo de una « novela » ?)

Estructura

68. THE FUTURE TENSE

The future tense tells what *will* (what *is going to*) happen.

There is only one set of endings for all conjugations in the future tense. They are added to the whole infinitive.

hablar

hablar**é** *(I will or shall speak)*	hablar**emos**
hablar**ás**	hablar**éis**
hablar**á**	hablar**án**

Ahora complete :

beber: beberé, beberás, _beberá beberemos beberán_
vivir: viviré, _vivirás vivirá viviremos, vivirán_

Only a few very common verbs have irregular forms (corruptions of the original infinitive through centuries of use), but the endings remain the same. You can complete the conjugations.

venir: vendré, vendrás, vendrá, vendremos, vendréis, vendrán
tener: tendré, tendrás _tendrá tendremos tendrán_

poner: pondré, pondrás, _Pondrá pondremos pondrán_
salir: saldré, _saldrás saldrá saldremos saldrán_
valer: valdré, _valdrás valdrá valdremos valdrán_
poder: podré, _podrás podrá podremos padrán_
saber: sabré, _sabrás sabrá sabremos sabrán_
haber: habré, _habrá, habrás, habremos habrán_
caber _(to fit)_: cabré, _cabrás cabrá cabremos cabrán_
hacer: haré, _hará, harás, haremos harán_
decir: diré, _dirás, dirá, diremos dirán_
querer: querré, _querrás querrá querremos querrán_

Ejercicios

A. Diga la forma del futuro:

Compraré hablaré leeré viviré sent. seré

yo: comprar, hablar, leer, ser, vivir, sentir, venir, tener, poner

haré dirás

tú: enseñar, encontrar, perder, dormir, hacer, decir, querer
Ud.: salvar, amar, creer, abrir, haber, caber, poder
nosotros: cantar, comer, permitir, venir, tener, salir, valer
vosotros: estar, ser, ver, ir, poder, poner, saber, caber
los niños: dar, volver, reír, decir, hacer, querer, haber

B. Conteste según los modelos, usando siempre el tiempo futuro. Por ejemplo:

> ¿Hay tiempo hoy? (No. Mañana)   **No. Habrá tiempo mañana.**
> ¿Ya volvieron? (No. Al fin del mes)   **No. Volverán al fin del mes.**

Habrán

1. ¿Han llegado ya los chicos? (No. Muy pronto)   2. ¿Has hablado con el jefe? (No. La semana que viene)   3. ¿Estás en casa ahora? (Sí. Hasta las tres.)   4. ¿Tenemos que hacerlo esta tarde? (No. Para el 30 del mes)   5. ¿Ya han estudiado Uds.? (No. Todo el día mañana)   6. ¿Es abogado su hijo? (No. En menos de dos años)   7. ¿Sabéis todas las respuestas? (No. Para el examen final)   8. ¿Vienen temprano? (No. Muy tarde hoy)

C. Conteste en español (¿hay otra lengua ya?):

1. ¿Adónde irá Ud. esta tarde? ¿y esta noche? ¿este fin de semana? 2. ¿Tendrá tiempo para venir a verme? ¿para acompañarme al cine? ¿para todo su trabajo?   3. ¿A qué hora comerán Uds. esta noche? ¿A qué hora tomarán el desayuno _(breakfast)_ mañana?   4. ¿En qué mes terminará este semestre? 5. ¿En qué mes comenzará el nuevo año escolar _(school)_?   6. ¿Qué hará Ud. después de graduarse? ¿Se casará en seguida?   7. En su opinión, ¿hará frío o calor mañana? ¿Lloverá? ¿Nevará? ¿Tendrá Ud. que llevar abrigo y guantes?   8. ¿Cuándo se celebrarán las próximas elecciones presidenciales? ¿Votará Ud. en ellas?   9. ¿Quién cree Ud. que será nuestro próximo presidente? 10. ¿Habrá _(Will there be)_ tiempo para completar esta lección? ¿y para acabar este ejercicio? (¡Ya se acabó!)

69. THE FUTURE OF PROBABILITY

In addition to its normal use to express a future action, the future tense may be used to state <u>conjecture or probability about a *present* action</u>:

¿Quién será?	Who can he be? <u>I wonder who he is.</u>
¿Dónde estarán?	Where can they be? <u>I wonder</u> where they are.
Estarán por aquí.	They <u>probably</u> are <u>(must be)</u> around here.
Juan lo sabrá.	John <u>probably knows</u> <u>(must know)</u>.

(margin handwritten notes) he / haya, / habré / habría / habiro

Ejercicios

A. Lea en voz alta los diálogos, escogiendo siempre la conclusión más lógica:

1. —Miguel salió para Inglaterra hace ocho horas más o menos.
   —¿Fue por mar o en avión?
   —En avión.
   —Entonces (ya estará en Londres, estará acercándose ahora a Tokio, estará todavía sobre el Atlántico).

2. —Mire, aquel señor tiene las manos más largas *(long)*, blancas, y delicadas que he visto jamás.
   —Es verdad. Será un gran (mecánico, violinista, boxeador).

3. —¿Por qué será que Diego siempre tiene dinero para comprar las cosas que quiere, y yo no? Ya sé que sus padres no le dan casi nada.
   —Porque él (trabajará, descansará, estudiará) en su tiempo libre.

4. —¿Qué lengua hablarán aquellas personas? Es muy similar al español, pero suena *(it sounds)* un poco diferente.
   —Estarán hablando (ruso, japonés, portugués).

5. —Nuestro hijo nació hace tres meses.
   —Entonces (ya estará caminando un poco, ya dirá algunas palabras, no podrá levantarse todavía).

B. Complete las frases siguientes:
1. *(It must be)* mi padre.   2. *(I wonder)* ¿Qué hora *(it is)*?   3. *(It's probably)* las tres.   4. *(They must be)* aquí.   5. Esos hombres *(probably are right)*.   6. El *(probably needs)* el dinero más que yo.   7. ¿De quién *(can it be)*?

(margin handwritten notes) Estará / can't be used / with time, / use with location • Será • Estarán necesitará • será? • serán • tendrán razón • será

70. THE FUTURE PERFECT

The future perfect is composed of the future of **haber** + a past participle. It tells what *will have happened* by a certain future time and may also be used to express probability or conjecture about a present action (what probably *has happened*):

Me habré ido para el sábado.	I will have left by Saturday.
Habremos vuelto para junio.	We shall have returned by June.
¿Dónde está Juan? —Habrá salido.	Where is John? —He probably has (must have) gone out.
Ya lo habrán comprado.	They have probably bought it already.

Ejercicios

A. Cambie para indicar lo que **habrá ocurrido** (what *will have happened*):

(handwritten: Lo habrá terminado mañana; habrán vuelto; habré hecho)

1. Lo terminará mañana. 2. Volverán para enero. 3. Ya lo haré. 4. ¿Quién *(habrán)* lo sabrá? *(habrá sabido)* 5. No lo comenzaremos. *(habremos comenzado)* 6. Ganarán seguramente. 7. Cambiarán *(Cambiado habrás perdido)* el día. 8. Perderás la oportunidad. 9. ¿Se casará para *(by)* junio? *(habrá casado)* 10. ¿Os casaréis para junio? *(habréis casado)*

B. Cambie ahora para expresar conjetura o probabilidad:

(handwritten: habrán; habrá; habrán)

1. Han llegado. 2. No lo ha dicho a nadie. 3. No han vuelto todavía. 4. Nos ha llamado por esa razón. 5. ¿Quién la ha comprado? 6. Lo has abierto demasiado. 7. Ya lo han arreglado. 8. Se ha quejado *(Complaind)* al dueño de la tienda. 9. Se lo hemos mostrado varias veces. *(showen)* 10. El pobre se ha caído. *(probably fallen down)*

† ## 71. WHEN *WILL* DOESN'T MEAN FUTURE

Sometimes, *will* means *to be willing* or *please*. In that event, Spanish uses **¿Quiere Ud...?, ¿Quieren Uds...?**, etc.

¿Quieren Uds. esperar un momentito?	Will you (please) wait a moment?
¿Quiere Ud. pasar la sal y pimienta?	Will you (please) pass the salt and pepper?
Paco, ¿te quieres callar?	Frank, will you shut up!

Ejercicios

Lea cada pequeño diálogo, y después conteste:

1. —¿Quiere Ud. sentarse por un momento? El Dr. Romero está todavía con otro paciente. (Se oye un grito muy fuerte.) *(strong)*
   —¡Dios mío! ¿Le ha sacado todas las muelas?

Conteste: ¿Dónde estamos—en la consulta de un médico, de un oculista, o de un dentista?

2. —¿Quiere cerrar las ventanas? El aire acondicionado no funciona con las ventanas abiertas.

Conteste: ¿Hace frío, fresco, o calor?

3. —¿ Quieren Uds. pasarme las legumbres ?

—Ya no hay, hombre. ¿ No sabes que la comida cuesta dinero ?

Conteste: ¿ Son de la clase alta, media, o más bien pobre esta gente ?

4. —Por favor, señores, ¿ no quieren Uds. esperar su turno para comprar los billetes ? —tickets

— ¡ Sí, pero no queremos perder el primer acto de la función !

Conteste: ¿ Dónde estamos— en un teatro popular, en una estación de televisión o en un partido de básquetbol ?

† **72. *HABER DE* IN PLACE OF A FUTURE**

Haber de + an infinitive means *to be supposed* or *expected to.* This is the only case in which *haber* can be used as a main verb and have a personal subject. For example :

Hemos de verlos mañana.	We are (supposed) to see them tomorrow.
El avión ha de llegar a las dos.	The plane is (supposed) to arrive at two.
Había de venir, pero no vino.	He was (expected) to come, but he didn't.

Ejercicios

Lea bien los diálogos siguientes, y después conteste las preguntas :

1. —El tren ha de llegar a las cuatro y media, ¿ no ?

—Sí, pero creo que llegará tarde. Está nevando mucho y los rieles *(tracks)* están cubiertos de nieve *(with snow).*

Conteste: a. ¿ A qué hora ha de llegar el tren ?
 b. ¿ Por qué piensa la otra persona que llegará tarde ?
 c. ¿ Qué estación del año será ?

2. —Habíamos de ir a la fiesta esta noche, pero no podemos.

—¿ Por qué ? Rafaela lo va a sentir mucho.

—Sí, lo sé. Pero mi esposa está enferma.

Conteste: a. ¿ Adónde habían de ir esta noche ?
 b. ¿ Por qué no pueden ir ?
 c. ¿ Quién cree Ud. que es Rafaela ?

3. —¿ Sabes, Carmen ? Dicen en la radio que ha de llover mucho esta tarde.

— ¡ Ay, no me digas ! Vine sin abrigo, sin sombrero, y sin paraguas.

—No te preocupes. Yo te daré algo.

Conteste: a. ¿ Qué dicen en la radio ?
 b. ¿ Por qué no quiere Carmen que llueva ?
 c. ¿ Dónde piensa Ud. que están las dos amigas ?

4. —¡Dios mío! Hemos de tener examen mañana, ¡y no he estudiado!
   —En ese caso, Miguel, has de <u>rogar</u> a Dios que te ayude.

Conteste: a. ¿Por qué está preocupado Miguel?
   b. ¿Qué le recomienda la persona con quien habla?
   c. ¿Quién será esa otra persona?

Teatro y Composición

¿Ha soñado Ud. alguna vez con ser actor, actriz, productor(a), locutor(a) *(announcer)* de radio, etc.? Pues aquí tiene Ud. su gran oportunidad. Con la ayuda de algunos amigos, prepare Ud. un programa verdadero de radio o de televisión. Puede ser de noticias (incluso el tiempo de hoy), o algún juego *(game)*, o tal vez una entrevista *(interview)* con una persona famosa. (¡Dicen que Silvia Malón se acaba de divorciar!) Y por supuesto, termine con un poco de propaganda comercial. ¿Estamos listos? Bueno... «La estación URPB, siempre a su servicio...»

Hora de Conversación VIII

ENTRETENIMIENTOS *(Entertainments)*

el cine   *the movies; movie house*

película   *film; (a) movie*
noticiero   *newsreel*
teatro
comedia   *play; comedy*
el drama
obra (de teatro)   *play*

zarzuela   *(Spanish) operetta*
comedia musical   *musical*
ópera, opereta
la función de variedades   *variety show*
concierto
el ballet, el baile   *ballet*
circo   *circus*
escena   *scene; the stage*
escenario   *scenery*
locutor   *announcer*

el telón   *curtain*
el guión   *script*
fondo   *backdrop*
actor,   actriz
artista   *actress*
la estrella, el astro   *star*
reparto   *cast*
comediante   *comedian; actor*
director   *conductor; director*
empresario, productor   *producer*
payaso   *clown*

radio *(m. or f.)*   *radio set*
la radiodifusión   *broadcasting*
la **estación**   *station*
un programa

el papel   *role*
la representación   *performance*
el baile   *dance*
interpretar (un papel o **una canción**)   *to perform (a role or a song)*

278

el **televisor**   *TV set*
  pantalla   *screen*
el **canal**   *channel*
  disco   *record*

la televisión   *television; TV set*

el **tocadiscos**   *record player*
  cinta   *tape*
  grabadora   *tape recorder*
  actuar (actúo)   *to act*
  bailar   *to dance*

cantar   *to sing*
ensayar   *to rehearse*
estrenar   *to open, debut*
estreno   *opening*
la **función**   *performance (showing)*

Conversación

1. ¿Cuántas horas al día *(a day)* escucha Ud. la radio? ¿Cuántas horas al día mira la televisión? ¿Cuántas horas lá miran otros miembros de su familia?
2. ¿Qué tipo de programa le gusta más a Ud.? ¿Cuál es su programa favorito?
3. ¿Qué piensa Ud. de los anuncios comerciales *(ads)* que hay en la radio y en la televisión? ¿Recuerda Ud. alguno de ellos?
4. ¿Prefiere Ud. la televisión o el cine? ¿el cine o el teatro? ¿Por qué?
5. ¿Le interesa ser actor o actriz? ¿director(a)? ¿escritor(a)? ¿Ha tomado parte alguna vez en una producción dramática? ¿en una presentación musical? Descríbanosla.

Lección Dieciséis

Cuento: La Dama de las Joyas

Era muy **temprano para cenar**. Los restoranes **empezarían** a servir la comida **a eso de** las nueve, y ahí estábamos, **recién llegados** a Barcelona después de **un viaje tan largo**. Y eran sólo las siete y teníamos un hambre feroz.

5 Nos acercamos al **conserje** del hotel. Tal vez él **conocería** un restorán… Pues sí, señores, había uno que **podría** recomendarnos. Estaba **bien cerca, a dos cuadras** del hotel, nada más. Pero no sabía en efecto si **nos gustaría tanto** como algún otro. No. **No se comía mal** allí, pero, ¿saben Uds.?, no era de primera clase, ni mucho menos.

10 Tal vez **sería** mejor esperar… **En absoluto**. Estábamos **rendidos**. Con cualquier cosa nos contentaríamos, ¡y **a la cama**! Así que…

El conserje había tenido razón. El restorán era uno de aquellos **que habríamos pasado por alto** cien veces sin fijarnos siquiera. El **letrero que colgaba afuera** estaba tan **gastado** como la ropa de su 15 clientela. Y **adentro las bombillas desnudas echaban un fulgor blanquísimo sobre los manteles salpicados de manchas amarillas**, sobre los **gruesos ceniceros de vidrio llenos de colillas de cigarillos y fósforos apagados**. Un café **cualquiera** en un barrio **de trabajadores**. Por eso **nos extrañó tanto** verla a ella allí. A ella…

20 ¿Quién **sería**? ¿Cuántos años tendría? No lo sé definitivamente. Era una mujer viejísima, **anciana**. Su cara, **tan arrugada como un papel desechado, habría sido** hermosa en tiempos pasados. Ojos azules, **nariz corta, boca más bien ancha, labios** finos. Y sus manos— ¡sus manos!—largas y delgadas; **cada** dedo estaba cubierto de 25 **anillos** viejos—anillos de **diamantes, de zafiros, de esmeraldas**, de rubíes. Y la **áspera** luz eléctrica **resbalaba sobre** ellos, **pintando en las paredes**, en los ceniceros, en los manteles salpicados de manchas amarillas, los colores del **arco iris**. Sus brazos estaban cubiertos de **pulseras**. La **garganta seca lucía collares** de perlas, de **oro**, de **piedras** 30 preciosas. Y en el **pecho caído brillaban** dos, tres, cuatro **prendedores**. **¿Estaríamos soñando?** ¿Podrían ser genuinas aquellas joyas?

La miramos **boquiabiertos**. El **camarero** acababa de traerle la comida—un solo plato de carne y legumbres—pero la **vieja** no comía. **Se agachó** por un momento, sacó de una bolsa grande una
35 cacerola de **plata** y cristal, **midió en ella** precisamente **la mitad** de su comida, **la envolvió en pañuelos de seda**, y la devolvió a su bolsa. Y todavía no comía. Seguimos observándola. Estaba ocupada ahora con **algún aparato** que había **colocado** en la mesa. Era un pequeño **tocacintas**, nuevo, **portátil**, de la mejor **marca** importada. La vieja
40 le metió un **cartucho**, y **de repente** el lugar **se llenó de una ruidosa** música norteamericana de los años 40. «Hold that tiger… Hold that tiger…» Y la vieja **sonrió y se puso a** comer. Comía lentamente. «Sometimes I wonder why I spend the lonely nights…» Y sonreía, sonreía.

45 **A la noche siguiente** volvimos al pequeño restorán. **No podríamos marcharnos** sin verla otra vez, sin hablarle. **Tendríamos que** saber… Pero la vieja **no estaba**.

Primera terminación: Nos acercamos al camarero. Sí, él la conocía. Iba allí **a menudo** a comer. ¿Quién era? Era una famosa
50 actriz **venida a menos**. **Reconoceríamos** en seguida su nombre. Y ahora no tenía nada, **menos** ese fabuloso **tesoro** de joyas, y **antes que** venderlas, preferiría morirse de hambre. Así que **le daban de comer** y no le pedían dinero porque…

Segunda terminación: Nos acercamos al camarero. Sí, él la
55 conocía. Iba allí a menudo a comer. Era una pobre **ilusa** que se creía millonaria. Y se cubría las manos **y todo el cuerpo de** joyas artificiales porque…

Tercera terminación: Nos acercamos al camarero. «¡Qué dama ni **qué nada**!» **Se rio.** «¡Hombre, **si** estuvimos cerrados anoche!»
60 En uno de los manteles salpicados de manchas amarillas se veía un pequeño arco iris.

ASOCIACIONES

cara *face*; **ojos** *eyes*—azules, negros; ver, leer; **la nariz**—grande, pequeña; **boca**
    mouth—hablar, comer; **labios** *lips*—rojos; besar *to kiss*
cigarrillo *cigarette*—¡NO FUMAR! *NO SMOKING!*; **fósforo** *match*—cenicero
    ashtray
bombilla *light bulb*—lámpara, luz, encender (enciendo) *to light up,*
anillo *ring*; **oro** *gold*; **plata** *silver*; (slang) *money*—la dama de las joyas
cama *bed*—dormir; **camarero** *waiter; steward*—un restaurante, un hotel
la mitad *(a) half*—dos partes iguales, mitad para ti, mitad para mí
un aparato *a set, receiver, gadget*—un radio, un tocadiscos, etc.; funcionar

echar *to throw; cast, hurl*—una pelota *(ball)*, una luz, echar de casa
de*volver* (devuelvo) *to return, give back*—Recuerde: volver *to go or come back*
cubrir (*past part.*, cubierto) *cover*—una mesa con un mantel *(cloth)*, etc.
son*reír* (sonrío) *to smile*—contento, feliz

---

corto *short (in length, not height)*—un cuento corto; **largo** *long (not* large*!)*;
    ancho *wide*—espacioso
cada *each, every*—cada día, cada mes, cada año; un anillo en cada dedo

---

afuera *on the outside*—en el exterior; fuera (de) *outside (of), away from*
adentro *on the inside*—en el interior; dentro (de) *inside (of), within*

VAMOS A CONVERSAR

1. ¿Dónde ocurre este cuento? ¿Puede Ud. describir un poco el restorán?
2. ¿A quién encontraron los visitantes en aquel lugar? ¿Cómo era de aspecto físico la dama? ¿Qué llevaba en los dedos, en los brazos, en todo el cuerpo?
3. ¿Qué hizo la dama cuando el camarero le trajo la comida? ¿Para quién cree Ud. que guardaba *(she was keeping)* la otra mitad? ¿Cree Ud. que ella vivía con alguien o que vivía sola? Posiblemente, ¿tenía un perro *(dog)*, un gato, o algún otro animal?
4. ¿Qué aparato sacó entonces la vieja? ¿Qué música comenzó a escuchar? ¿Cómo lo explica Ud.?
5. ¿Por qué volvieron los turistas a la noche siguiente? ¿Hallaron otra vez a la dama?
6. Según la primera terminación, ¿cómo se explica el caso de la vieja? ¿y según la segunda? ¿y según la tercera?
7. ¿Cuál de estas terminaciones prefiere Ud.? ¿Qué terminación le daría Ud.? En la tercera terminación, ¿es posible que la señora haya sido sólo una ilusión de los cansados turistas? ¿Es posible que el camarero esté mintiendo y que en realidad la dama...? ¿Qué dice Ud.?
8. Volviendo ahora a su experiencia personal, díganos: ¿Quién es la persona más interesante que ha conocido jamás? ¿Podría describírnosla un poco?
9. ¿Ha visto Ud. alguna vez a una persona verdaderamente extraña *(strange)*? ¿Cómo era? ¿Llegó Ud. a conocer a ese individuo?
10. Y finalmente, ¿qué persona ha tenido más influencia en la vida de su familia? ¿y en su propia vida? Francamente, ¿le gustaría a Ud. ser exactamente como él (o como ella)?

Estructura

73. THE CONDITIONAL TENSE

A. General meaning

The conditional is usually translated by *would (would go, would do),* and occasionally in the first person by *should.* Since the conditional is primarily the future of a *past* action, it has all the functions of the future tense, but with relation to the past.

Reduced to a mathematical ratio:

✳ CONDITIONAL : PAST = FUTURE : PRESENT

(Conditional is to Past as Future is to Present)

Dice que vendrá.	He says that he will come.
Dijo que vendría.	He said that he would come.

B. Forms

The stem of the conditional, like the future, is the whole infinitive. The conditional endings, however, are the same as those of the imperfect tense of **-er** and **-ir** verbs:

hablar

hablaría *(I would speak* [*if...*]*)*
hablarías
hablaría
hablaríamos
hablaríais
hablarían

Now you complete:

bebería, beberías, _bebería_, _beberíamos_, _____, _beberían_
viviría, _____, _____, _____, _____, _____

Irregular verbs have the same stem as in the future tense:

venir: vendría, _vendrías_, _____, _____, _____
tener: tendría, _tendrías_, _____, _____, _____
poner: pondría, _pondrías_, _____, _____, _____
salir: saldría, _saldrías_, _____, _____, _____
valer: valdría, _____, _____, _____, _____
poder: podría _____, _____, _____, _____
saber: sabría, _____, _____, _____, _____
haber: habría, _____, _____, _____, _____
caber: cabría, _____, _____, _____, _____
hacer: haría, _____, _____, _____, _____
decir: diría, _dirías_, _____, _____, _____
querer: querría, _querrías_, _____, _____, _____

Ejercicio

Cambie, usando siempre el condicional:

1. Juan dijo que lo **haría**. (preparar, abrir, decir, perder)
2. Yo no **caminaría**. (ir, decirlo, enojarme, mandársela)
3. Pepe y su amigo vendrían. (caber, saberlo, tenerlas, hacerlo)
4. Manolo y yo no saldríamos. (poder, volver, devolverlo, pedírselos)
5. Tú seguramente me llevarías. (ayudar, salvar, recibir, perdonar)
6. Vosotras nos lo daríais. (mandar, cambiar, decir, dejar)

74. PRINCIPAL USES OF THE CONDITIONAL

A. It tells what *was going* to take place.

Prometió que lo haría.	He promised that he would do it.
Dijiste que me escribirías.	You said that you would write to me.

B. It states what *would* happen *if* something were so.

Vendría si...	He would come if...
La llamaríamos si...	We would call her if...

C. It expresses conjecture or probability about a *past* action.

Sería él.	It probably was he. (It must have been he.)
¿Dónde estarían?	Where could they have been? (I wonder where they were.)

Ejercicios

A. Conteste en español:

1. ¿Me haría Ud. un favor? ¿Podría Ud. venir a mi casa esta tarde?... ¿Podría Ud. prestarme *(lend me)* veinte dólares hasta el domingo? 2. ¿Qué hora sería cuando comenzó la clase hoy? 3. ¿Cuándo dijo su profesor(a) que tendrían Uds. el próximo examen? 4. ¿Les gustaría a Uds. no tener exámenes nunca? 5. ¿Le gustaría a Ud. no tener que trabajar jamás? En ese caso, ¿qué haría con su tiempo libre? 6. En su opinión, ¿qué le gustaría más que nada a su madre? ¿y a su padre? 7. ¿A Ud. qué le gustaría ver más que nada en este mundo? 8. ¿Le gustaría casarse con una persona famosa? ¿con una gran figura internacional? ¿Por qué? 9. ¿Se casaría Ud. con una persona mucho mayor *(older)* que Ud.? ¿con una persona menos educada? ¿con una persona mucho más inteligente que Ud.? 10. Finalmente, ¿qué tal le parecería *(how would you like)* a Ud. vivir para siempre? ¿Por qué?

B. **¿Qué haría Ud.?**

Lea con cuidado los casos siguientes, y después díganos lo que haría Ud.:

1. Su hija Isabel, que tiene diez y nueve años de edad, está enamorada de un hombre veinte años mayor que ella. Es una persona muy simpática, pero estuvo casado dos veces antes y tiene tres hijos de sus matrimonios anteriores. Ahora Isabel ha venido a pedirle permiso a Ud. para casarse con él. Dice que no quiere esperar, que la vida sin él sería del todo imposible... ¿Qué le diría Ud.?

2. Su compañero de cuarto le ha pedido cinco veces ya que le preste dinero y sólo dos veces se lo ha devuelto. Ahora tiene que comprar libros para un curso suyo y no tiene con qué comprarlos. Está desesperado. Se acerca a Ud. y le pide que le preste una vez más el dinero, sólo esta vez y nunca más... ¿Qué haría Ud.?

3. Ud. es uno de los ministros más importantes del gobierno. Recientemente Ud. se ha enterado de *(found out about)* un secreto vital que puede tener consecuencias gravísimas para su país. Le gustaría revelarlo en seguida al público antes de que... El caso es urgente. El peligro es grande. Pero por razones que Ud. no entiende, el presidente y los demás ministros no quieren que el público lo sepa. Díganos, ¿qué haría Ud.?

C. Ahora traduzca al español:

1. Would *you* speak to him? 2. I wouldn't do that. 3. They would like *(Les...)* to go with us. 4. They would call him if... 5. She probably was here yesterday. 6. Who would think that *you*...? 7. I said that I would give it to him. 8. He wouldn't say that if... 9. Would you *(pl.)* have time? 10. We wouldn't be able to go.

(handwritten annotations: Le hablaría · Yo No haría eso · Les gustaría · Llamarían ello si · estaría aquí · Quienes pensaría que Ud haría · dije que se lo daría. · No diría eso si · Tendría Ud tiempo? · Podríamos ir. · She likes me. — Le gusto. · I don't like her — Ella no me gusta.)

75. THE CONDITIONAL PERFECT

The conditional perfect (in English, *would have gone, would have done)* is composed of the conditional of **haber** + the past participle. It tells what *would have happened (if)*:

Yo habría ido con mucho gusto.	I would have gone very gladly.
Lo habríamos hecho si...	We would have done it if...

It may also express probability or conjecture about a *past* perfect action (what probably *had* happened):

Ya habrían llegado.	They probably had arrived already.
¿Dónde habría estado?	Where could he have been?

Ejercicios

A. Cambie para decir lo que **habría ocurrido** (what *would have* happened):

1. Fui con ellos. (Habría...) 2. Ya la habíamos comprado. 3. Nos lo dio ayer.
4. Vendría a la fiesta si... 5. ¿Quién creería eso? 6. No lo ha dicho.

(handwritten annotations: habría ellos · había dado · había vendido)

B. Cambie para expresar probabilidad (Remember: the *future* expresses conjecture about the present, the *conditional* about the past):

Estará Estaría habrá habrá Sería
1. Está aquí. Estuvo aquí. Ha estado aquí. Había estado aquí.   2. Fue Juan.
habría habrían habríamos
Había sido Juan.   3. Ya habían llegado.   4. Lo habíamos perdido.   5. ¿Lo
han hecho? ¿Lo habían hecho?   6. Había venido tarde.
habrán habrían habría

C. Busque en el Grupo 2 una respuesta lógica para cada comentario del Grupo 1:

1	2
Estoy tan cansado que no me puedo levantar hoy.	Por supuesto. Se habrían ido ya de vacaciones.
Se hablaban como viejos amigos.	No sé. Me habría muerto de miedo.
¿Qué habría hecho Ud. en una situación de tanto peligro?	¿Ya ves? Yo me habría acostado temprano anoche. Pero tú…
Los llamamos todo el día ayer, pero no contestaron.	Se habrían conocido antes en alguna parte.
¿Se lo habrían dicho Uds.?	Ni una palabra. Esa chica nunca dice la verdad.
No me gustó mucho el anillo, pero, ¿qué iba a hacer?	Yo lo habría cambiado por otro.
¿Tú habrías creído la historia que Elsa nos contó?	No. Habríamos callado. ¿Para qué causar más problemas?

† **76. MORE ABOUT *WOULD* AND *SHOULD***

A. When *would* means *used to,* it is translated by the imperfect (*not* the conditional!)

| Nos llamaba todos los días. | He would (used to) call us every day. |
| Iban primero a la iglesia, después a la escuela. | They would go first to church, then to school. |

B. When *would* means *please*, or is used to make a polite request, we use: **¿Quiere(n) Ud(s)…?**

| ¿Quiere Ud. pasar la sal? | Would you pass the salt? |
| ¿Quiere Ud. abrir la ventana? | Would you open the window? |

C. When *should* means *ought to* or *probably* (and that is most of the time), we use **deber.**

| Debemos ayudarlos, ¿no le parece? —No, Deben ayudarse a sí mismos. —¡Cruel! | We should (ought to) help them, don't you think so? —No. They should help themselves. —Mean! |
| Miguel debe tener los billetes, ¿no? —¡Ojalá![1] | Mike should (must) have the tickets, right? —I hope so! |

Ejercicios

A. Imagínese que alguien le dice las cosas siguientes. ¿Cómo contestaría Ud.?

---

[1] Of course, we can also use the future to express probability: Miguel tendrá los billetes, ¿verdad? —¡Ojalá!

1. ¿ Quiere Ud. ayudarme esta noche ? Tengo muchas cosas que hacer *(to do)* y no tendré tiempo de hacerlas todas... 2. Cuando mis suegros *(in-laws)* vivían cerca, nos visitaban todas las noches... 3. ¿Quiere Ud. hacerme un gran favor ? Necesito cien dólares hasta la semana que viene... 4. Jaime dijo que vendría a las tres, y nunca llegó. ¿ Qué debo hacer ? 5. Amor mío, ¿ no quieres comprarme ese lindo anillo ?... 6. Si Ud. quiere dejarme su nombre y la dirección *(address)* de su casa, le avisaré si se presenta algún trabajo interesante...

B. Lea bien, y después decida cuál de las alternativas corresponde mejor.

1. Alfredo, tus notas *(grades)* han bajado mucho últimamente. Debes (alegrarte de eso, prestar más atención en clase, participar más en los deportes).
2. Tienes sueño, ¿ eh ? Pues debes (acostarte más tarde, levantarte más temprano, acostarte más temprano).
3. —¿ No ha llegado todavía Carlos ?
   —Ah, sí. Debe (estar por aquí, volver dentro de dos días, dejarlos en paz).
4. ¡ Ay, pobres ! No tienen comida, ni vestidos, ni casa, ni nada. Todos debemos (ayudarlos, castigarlos, marcharnos sin ellos).
5. —Con tan poca luz, no veo casi nada.
   —Entonces, ¿ por qué (usas una bombilla tan grande, no cambias la bombilla, no apagas las otras lámparas) ?
6. —¿ Cuándo comenzarán las vacaciones de Navidad ?
   —Preguntémoselo al Dr. Fernández. Él (debe saberlo, tendrá otros planes, debe tener algunas ideas interesantes).

77. EQUAL COMPARISONS

A. tanto (a, os, as)... como   *as much (as many)... as*

Tiene tantos enemigos como amigos.	He has as many enemies as friends.
No tengo tanto dinero como tú.	I don't have as much money as you.
Había tantas mujeres como hombres.	There were as many women as men.

B. tan... como   *as (+ adjective or adverb)... as*

Es tan alto como su padre.	He is as tall as his father.
¿ Están Uds. tan cansados como nosotros ?	Are you as tired as we (are) ?

But remember : **tanto** means *as much, so much.*

No tengo tanto como ella.	I don't have as much as she.
No hables tanto.	Don't talk so much.

Ejercicios

A. Cambie las frases siguientes a comparaciones de igualdad. Por ejemplo:

Este anillo vale más que el otro.   Este anillo vale tanto como el otro.

Mi coche es más ancho que el tuyo.   Mi coche es tan ancho como el tuyo.

1. ¿Sabe más lenguas que Ud.? (¿Sabe tantas…?)   2. ¿Tiene menos dinero que tú? —¡Imposible! Nadie tiene menos dinero que yo.   3. No tengo más qué hacer que mis hermanas.   4. Esta lección es menos difícil que la próxima. 5. Juanito es más inteligente que los demás *(the others)*.   6. Tengo más hambre que él.   7. Están más cansados que nosotros.   8. Este coche es menos costoso que el otro.   9. La torta de chocolate no es más dulce *(sweeter)* que la de vainilla.   10. Aunque dicen que son ricos, no tienen más dinero que nosotros.

B. Termine las frases del Grupo 1 empleando las del Grupo 2:

1	2
Es tan firme como	diamantes… la roca de Gibraltar…
Era tan pobre como	como amigos… Matusalén… como
Tenía tantos enemigos	necesitábamos… como la nieve…
No nos dieron tanto tiempo	como un ángel… como un perro…
Sus ojos brillaban como	un ratón *(mouse)*
Es tan viejo como	
Tenía el pelo tan blanco	
Ayer me sentí tan enfermo	
Mi madre tiene tanta pacienca	

Teatro y Composición

Escriba una escena original acerca del episodio de la **Dama de las Joyas.** Por ejemplo, Ud. ha vuelto al restorán al día siguiente y la ha encontrado sentada allí. Ud. se le acerca y le hace preguntas acerca de su vida, y ella le contesta que… O tal vez Ud. lee en el periódico un día que la dama ha desaparecido, Ud. sospecha que algo malo le ha ocurrido—tal vez en ese mismo restorán. Así que Ud. vuelve para hablar con el camarero y…

Finalmente, si no le interesa ninguna de estas ideas, escriba Ud. su propia terminación para el cuento, «A la noche siguiente…»

Lectura Cultural

IX. Modos de Vivir

Dicen que el hombre es lo mismo en todas partes, que tiene los mismos deseos, las mismas necesidades, los mismos sentimientos. Y es verdad. El hispano hace las mismas cosas que nosotros. De eso no hay duda. Pero las hace muchas veces **de** una manera diferente, y seguramente, sigue un **horario** muy diferente para hacerlas. Bien recuerdo, por ejemplo, nuestra primera visita a España. Acabábamos de llegar a Madrid. Eran las cinco de la tarde y nos esperaba en la Recepción un **mensaje** telefónico de un **conocido** nuestro, **pariente** de unos amigos **neoyorquinos**. «¿ Quieren Uds. **cenar** con nosotros esta noche? Vendremos a **buscarlos** a las diez.» ¿A las diez? ¡¡A las diez!! ¿Cómo **aguantaríamos** hasta aquella hora, nosotros que estábamos acostumbrados a comer a las ocho, al mediodía, y a las seis? Pero. «cuando a Roma **fueres**, haz lo que **vieres**», dice el refrán. Y aguantamos. Llegaron las diez, y las diez y media, y por fin (los hispanos son notorios por llegar tarde a una **cita**), se presentaron nuestros amigos, amables, simpati-

in

timetable (schedule)

message • acquaintance
a relative • New Yorkers
have dinner • pick you up
would we hold out

you go
you see   (When in Rome…)

date

Domingo en la Plaza Mayor de Salamanca (España). Un buen paseíto (*stroll*), un café o una copita, y sabrosa conversación bajo el sol.

Hora de comer en casa
de una familia trabajadora.
La mayor parte de su
comida consiste en
verduras y harinas *(greens
and starches)*.

quísimos, **colmándonos de atenciones.** Y a las once nos llevaron a un restorán, y **para** la medianoche teníamos **delante** una comida riquísima—y ya no teníamos hambre, sólo deseos de **meternos en** 20 una buena cama caliente, ¡y a dormir!

En realidad, el día del hispano comienza más o menos a la misma hora que el nuestro. Los **negocios** se abren por lo general a las nueve y media y se cierran entre la una y la una y media para la siesta—tres horas de **descanso** para volver a casa, tomar un **almuerzo** 25 **fuerte** y cerrar **los ojos por un rato,** o **pasearse** por el parque o sentarse en la **acera** de un café para tomar una **cerveza** y **charlar.** Entre las cuatro y las cuatro y media los negocios **se vuelven a abrir,** para cerrarse otra vez a las ocho o después. Se está acercando ya la noche, pero el hispano **no se dirige** en seguida a casa a cenar. 30 **Más bien** es **la hora de la merienda**—tiempo para dar otro paseo o tomar un **ligero bocadillo** y una **copita,** o **alcanzar la primera función** en el teatro. (¡La segunda no va a comenzar hasta las once!) Por fin llega la hora de la comida, y después, si la noche es linda, la familia sale otra vez a la calle—padre, madre e hijos, a **gozar de** un 35 buen rato hasta... ¿la una? ¿las...? La familia está junta y el tiempo poco importa.

Aunque las mujeres **se vean** frecuentemente juntas en la calle y en las **tertulias,** y los hombres también, la familia hispana es por lo general una unidad inseparable. Según la tradición, el padre es el **amo**

outdoing themselves to please us
by • in front of us
get into

businesses

rest • heavy lunch
one's eyes for a while • take a walk • sidewalk • beer • chat
reopen

doesn't head
Instead • snack time
light bite • drink (often cognac) • take in the early show

enjoy

may be seen
gatherings
master

40 absoluto, y « la mujer **honrada, la pierna quebrada,** y en casa ». Según honorable • her leg broken
la tradición también, los padres **ejercen** un dominio casi absoluto wield
sobre la vida de sus hijos—sobre **su derecho de escoger carrera,** their right to choose a career
esposo (o esposa) y aun **vivienda.** Pero la tradición ha cambiado a dwelling
ahora en muchas partes, sobre todo en las ciudades. La mujer todavía
45 ocupa una posición inferior al hombre en la **escala** económica y social scale
y **le falta** la misma libertad sexual. Pero ahora sale mucho más de la she lacks
casa para trabajar, viajar y **hasta** participar en la política. Con fre- even
cuencia los hijos casados viven todavía con los padres, y a veces hay
tres o cuatro generaciones que ocupan la misma casa. Pero ahora,
50 excepto en aquellos lugares más **provincianos** y conservadores, los provincial
jóvenes escogen su propio **oficio,** su propio esposo o mujer, y occupation
su propio domicilio, **aunque tengan que** esperar más tiempo para even if they have to
casarse. **En suma, la juventud urbana** de hoy está más **consciente** de In short, urban youth
su propio destino, y más dispuesta que antes a realizarlo **por su** conscious
55 **propia cuenta.** on its own

Mercado popular en la ciudad de Guatemala (Guatemala). Las tradiciones cambian muy poco en las regiones más remotas.

Banquete suntuoso en Panamá.

Estos cambios reflejan en gran parte la influencia norteamericana. La muchacha hispana **que hace poco tiempo** no podía presentarse en público **sino** modestamente vestida y con su **dueña**, ahora sale *(who not long ago)* *(except • chaperone)*

60 **solita** o con sus amigas, y vestida **de pantalón**. Y cuando **regresa** a casa, encuentra a su familia sentada en la sala, **empapándose de** las modalidades norteamericanas **a través de** la televisión. *(by herself • in pants • she returns)* *(soaking up)* *(by way of)*

Hemos **señalado** repetidamente los contrastes que existen entre ciudad y campo, y así ocurre tambien **en cuanto a** los modos de *(pointed out)* *(concerning)*

65 vivir. Mientras que el joven de la ciudad se ha incorporado a las **corrientes** «progresistas» universales, y **se entrega de todo corazón** a los frutos de la tecnología—televisor, cine, coche, motocicleta—el joven **campesino** vive de la misma manera que vivían **hace años** sus padres, sus abuelos, y sus **bisabuelos**. Mientras que las oportunidades *(currents • gives himself wholeheartedly)* *(of the country • years ago)* *(great-grandparents)*

70 educativas **se han ampliado** en las grandes ciudades (**a pesar de** que sólo un **porcentaje** muy pequeño puede asistir a la universidad), las escuelas rurales se hallan hasta el momento **actual** en condiciones *(have broadened • notwithstanding)* *(percentage)* *(present)*

Otra vista de la vida panameña.
La pobreza habla por sí sola.

Escuela rural—sin libros,
sin maestro. México.

deplorables. Aun más, los padres necesitan a los niños para trabajar
en las tierras, las distancias son grandes, y **el analfabetismo** continúa[1].   illiteracy
El hispano por lo general es menos ambicioso, menos agresivo que
75 su contraparte norteamericana, y **sueña** muy poco **con** hacerse   he dreams... of
millonario (**a menos que le venga un golpe** de fortuna en la lotería).   unless he hits a stroke
«**Desnudo nací**, desnudo me hallo, ni pierdo ni gano», le dice el   I was born naked
refrán. Por eso **se preocupa** muy poco de que sus hijos tengan más   he frets
de lo que tuvo él en este mundo. Él se defendió **por sí solo** y ellos   than • alone
80 tendrán que hacerlo también. Sus necesidades y ambiciones son
inmediatas. La vida es difícil, pero «**no hay mal que cien años dure**».   there is no evil that lasts 100
Y además, siempre le espera algún día la salvación de Dios.   years
      Modos de vivir.

Preguntas
   1. ¿En qué sentidos se diferencia del nuestro el horario hispano?
   2. ¿Como emplea el hispano las horas de la siesta?
   3. ¿Como es la familia hispana? ¿Es diferente en este respecto de la familia
      norteamericana?
   4. Según la tradición, ¿cuál es la funcion de la mujer en la sociedad hispana?
      ¿y ahora?

[1] En Argentina y Uruguay, dos de las naciones más industriales, más del 90% de la población sabe leer y escribir
Pero en Colombia, una nación mayormente agrícola que también goza de considerable desarrollo industrial, el 38%
de la gente es analfabeta, y menos del 20% llega a pasar el quinto grado. No hay que decir que en los países menos
desarrollados, las estadísticas son aún más asombrosas.

5. ¿Como ha cambiado en años recientes la actitud de los hijos respecto a los padres y al resto de la familia? ¿Qué piensa Ud. de esto?

6. ¿Qué contrastes existen entre la vida urbana y la rural? ¿Es igual en nuestro país?

7. ¿Qué actitudes manifiesta por lo general el hispano respecto a la educación?

8. ¿Por qué decimos que el hispano por lo general es menos ambicioso que su contraparte norteamericana?

9. ¿Se considera Ud. una persona ambiciosa? ¿Cuáles son algunos de sus deseos concretos?

10. ¿Qué conclusiones ha sacado Ud. de este artículo respecto al carácter del hispano? ¿y respecto a Ud. mismo (misma)?

Repaso de Gramática III

A. Forms of the Present Subjunctive
1. Regular

hablar	comer	abrir
hable	coma	abra
hables	comas	abras
hable	coma	abra
hablemos	comamos	abramos
habléis	comáis	abráis
hablen	coman	abran

2. Irregular

✳ ser	saber	ir	haber
sea	sepa	vaya	haya
seas	sepas	vayas	hayas
sea	sepa	vaya	haya
seamos	sepamos	vayamos	hayamos
seáis	sepáis	vayáis	hayáis
sean	sepan	vayan	hayan

All other irregular verbs that we have studied add the normal subjunctive endings to the stem of the first person singular of the present indicative:

hago: haga, hagas, etc.
conozco: conozca, conozcas, etc.

3. -ir radical changing

sentir	morir
sienta	muera
sientas	mueras
sienta	muera
sintamos	muramos
sintáis	muráis
sientan	mueran

-ar and -er radical changing verbs have no change in the stem vowel of the first and second persons plural.

B. Direct Commands

Direct affirmative commands to **Ud.** and **Uds.** use the third person of the present subjunctive. Negative commands, both familiar and polite, use the corresponding form of the present subjunctive. Remember: *Object pronouns must be attached to the end of direct affirmative commands.* They are placed in their normal position *before* the verb in negative commands: **Siéntese Ud. No se siente Ud.**

C. The First Two Concepts of the Subjunctive

1. Indirect or implied command

Whenever the main clause expresses one person's desire that someone else do something, Spanish uses the subjunctive in the clause that follows.

Quieren que lo sepa Ud.	They want you to know it.
Te aconsejo que aceptes.	I advise you to accept.
Pídale que nos llame.	Ask him to call us.

2. Emotion

Whenever the main clause expresses emotion about the following action, Spanish uses the subjunctive in the subordinate clause.

Esperamos que lo reciban pronto.	We hope that they receive it soon.
Siento que no puedas ir.	I'm sorry that you can't go.
¡Ojalá que lo hagan bien!	Oh, if only they do it well!

D. The future

1. Forms

The future endings **-é, -ás, -á, -emos, -éis, -án** are added to the entire infinitive. For example:

llevar	creer	abrir
llevaré	creeré	abriré
llevarás	creerás	abrirás
llevará	creerá	abrirá
llevaremos	creeremos	abriremos
llevaréis	creeréis	abriréis
llevarán	creerán	abrirán

Some irregular verbs add these endings to shortened forms or corruptions of the infinitive:

venir	vendré	saber	sabré
tener	tendré	haber	habré
poner	pondré	caber	cabré
salir	saldré	hacer	haré
valer	valdré	decir	diré
poder	podré	querer	querré

2. Uses

The future tells what *is going to* or what *will happen*. It also expresses probability or conjecture about a present action.

E. The conditional

CONDITIONAL : PAST = FUTURE : PRESENT

 The conditional tells what *would (what was going to) happen, what would happen if...,* or states conjecture about a past action. It is formed by adding the imperfect endings of -er, -ir verbs (-ía, -ías) to the whole infinitive. Irregular verbs use the same infinitive corruption as in the future tense:

1. Regular

hablar	comer	vivir
hablaría	comería	viviría
hablarías	comerías	vivirías
hablaría	comería	viviría
hablaríamos	comeríamos	viviríamos
hablaríais	comeríais	viviríais
hablarían	comerían	vivirían

2. Irregular

venir	vendría
tener	tendría
salir	saldría
saber	sabría
etc.	

F. The past participle

The past participle is formed by changing the infinitive ending **-ar** to **-ado**, the **-er**

and **-ir** to **-ido.**

> **-ar:** llamar   llamado
> **-er:** meter   metido
> **-ir:** vivir   vivido

There are a few irregular past participles:

poner puesto	**volver** vuelto
ver visto	**cubrir** cubierto
hacer hecho	**abrir** abierto
decir dicho	**morir** muerto
escribir escrito	**romper** roto

The past participle is often used as an adjective:

> un estudiante interesado
> una joya perdida

G. Compound (or perfect) tenses

  1. Present perfect: present of **haber** + past participle *(has, have gone)*

> he ido, etc.
> has
> ha
> hemos
> habéis
> han

  2. Pluperfect (past perfect): imperfect of **haber** + past participle *(had gone)*

> había ido
> habías
> había
> habíamos
> habíais
> habían

[handwritten notes:] Pre-he
sub-haya
Con-habría
fut-habré
Past-había

Sub. aore
IR fut.^inf é, ás, emos
IR con.^inf ía íamos
IR PastPor. ido, ado

3. Future perfect: future of **haber** + past participle *(will have gone, probably has gone)*

    habré ido
    habrás
    habrá
    habremos
    habréis
    habrán

4. The conditional perfect: conditional of **haber** + past participle *(would have gone)*

    habría ido
    habrías
    habría
    habríamos
    habríais
    habrían

5. Present perfect subjunctive: present subjunctive of **haber** + past participle *(may have gone)*

Past Sub. - habiera

    haya ido
    hayas
    haya
    hayamos
    hayáis
    hayan

H. Equal comparisons
  1. **tanto(a)**... **como** *(as much... as)* ; **tantos(as)**... **como** *(as many... as)*

Nadie sabe tanto como él.	No one knows as much as he.
Hay tantas muchachas como muchachos en la clase.	There are as many girls as boys in the class.

  2. **tan**... **como** *(as + adjective or adverb... as)*

No eres tan alto como él.	You aren't as tall as he.
No canto tan bien como ella.	I don't sing as well as she.

I. More about adjectives
  1. Shortening
     A few adjectives lose the final **-o** before a masculine singular noun: **buen(o)**, **mal(o)**, **algún(o)**, **ningún(o)**, **primer(o)**, **tercer(o)**., **Grande** becomes **gran** before any singular noun; **ciento, cien** before any noun.

  2. Position
     Non-descriptive adjectives—demonstratives, indefinites (including **mucho** and **poco**), unstressed possessives—and descriptive adjectives that are used to characterize rather than to distinguish are placed *before* the noun.
     Descriptive adjectives that set the noun off from others of its type and stressed possessives **(mío, tuyo)** are placed *after* the noun.
     Any change in the position of an adjective may affect its emphasis or meaning.
  3. **De** + a noun states the material of which something is made: **un reloj de oro.**
     It also tells its function: **una casa de verano, un club de noche.**

J. Indefinites and negatives

INDEFINITES	NEGATIVES
algo *something*	nada *nothing*
alguien *somebody, someone*	nadie *nobody, no one*
algún, alguno(a) *some, any or some (one of a group)*	ningún, ninguno(a) *none, no one (of a group)*
algunos(as) *some, several (of a group)*	ningunos(as) *no, none (of a group)* (rare)
alguna vez *ever, at some time*	nunca, jamás *never*
	ni... ni *neither... nor*
	ni siquiera *not even*

Vocabulario Activo: Lecciones XI-XVI

abajo *(adv.)* *down; underneath*
  XIV

abierto *open* XIII

abogado *lawyer* XI

adentro *(on the) inside* XVI

afuera *(on the outside)* XVI

ahí *there (near you)* XIV

al+infinitive *(up)on doing
  (something)* XV

alegrarse (de) *to be glad, happy*
  XIV

ancho *wide; broad* XVI

andar *to walk; run (as a car)* XII

anillo *ring* XVI

los anteojos *eyeglasses* XII

aparato *set, gadget, apparatus*
  XVI

arriba *(adv.)* *up, above* XIV

aseo *lavatory* XII

asesino *murderer* XI

así *so, like that* XI

asiento *seat* XII

atreverse a *to dare to* XIV

el avion *airplane* XII

ayuda *help, aid* XIV

ayudar *to help* XI

bailar *to dance* XIII

bajar *to lower; go down* XV

bajo *(adj.)* *low; short (in height)*
  XIV

barba *beard* XII

boca *mouth* XVI

bolsa *bag; purse* XII

bombero *fireman* XV

bombilla *(light) bulb* XVI

brazo *arm* XI

buscar *to look for* XIII

caballero *gentleman* XII

cada *each, every* XVI

*caer (caigo) *to fall;* —se *to fall
  down* XIII

callar(se) *to be quiet, hush up*
  XIII

cama *bed* XVI

camarero *waiter; steward* XVI

cambiar *to change; exchange*
  XIII

campo *country (opp. of city);
  field* XV

la canción *song* XV

cara *face* XVI

la carne *meat; flesh* XIII

casado *married* XIV

cerveza *beer* XIII

cielo *sky; Heaven* XV

cigarrillo *cigarette* XVI

el cine *movie theater; the movies*
  XIII

cocina *kitchen; cooking* XIII

*conseguir (consigo, consigues)
to get, obtain XII

contar (ue) *to count; tell, relate;
  —con *to count on* XIV

contra *against* XI

la corte *court* XI

corto *short (in length)* XVI

cubierto *covered* XVI

cubrir *to cover* XVI

De acuerdo. *Agreed. OK.* XII

débil *weak* XII

dedo *finger; toe* XI

demasiado *too; too much; (pl.)
  too many* XIII

dentro de *(prep.) inside of,
within* XVI
durante *during* XV

echar *to throw; cast; hurl* XVI
empezar a (ie) *to begin to* XI
explicar *to explain* XV

fijarse en *to notice* XV
fósforo *match (flame)* XVI
fresco *fresh; cool* XV
fuego *fire* XV

ganar *to win; earn; gain* XIV
gobierno *government* XIV
gritar *to shout* XIV
el guante *glove* XIV
gusto *pleasure; taste* XIV

hay que + infin. *One must...*
XII
hermoso *beautiful* XI
huelga *strike (labor)* XV

igual *equal; similar, like* XII

juez *judge* XI

labio *lip* XVI
largo *long (not large!)* XVI
la leche *milk* XIII
la legumbre *vegetable* XIII
el lugar *place* XI

lleno (de) *full (of), filled (with)*
XIV

la mitad *(n.) a half, one half* XVI
mundo *world* XV

*nacer (nazco) *to be born* XIII
la nariz *nose* XVI
necesitar *to need* XIV
ni...ni *neither...nor;* ni...siquiera
not even XIV
No importa. *It doesn't matter.*
XIV
el nombre *name* XI
noticia *piece of news; (pl.)
news* XV
novia, novio *girlfriend, boyfriend,
fiance(e)* XIII
nublado *cloudy* XV

ojo *eye* XVI
oro *gold* XVI

palabra *word* XIV
pasajero *passenger* XII
paseo *walk, stroll; ride; little trip;*
*dar un paseo *to take a walk,
ride, etc.* XV
la paz *peace;* dejar en paz *to let
(someone) alone* XI
peligro *danger* XV
periódico *newspaper* XIV
plata *silver; "money"* XVI
por supuesto *of course* XI
preguntar *to ask (a question)* XIV
presentar *to present, introduce*
XII
el problema *problem* XIV
prometer *to promise* XIII
propio *(adj.) (one's) own* XIV
*proponer *to propose* XIV
próximo *next* XII
pueblo *town; (a) people; public*
XIV

quejarse (de)   *to complain (about)*   XIII

recomendar (ie)   *to recommend*   XI

*reconocer (reconozco)   *to recognize*   XV

reír (río)   *to laugh;* —se de   *to laugh at*   XV

rogar(ue)   *to beg; pray*   XII

roto   *broken*   XIII

sacar   *to take out*   XII

salvar   *to save*   XI

*seguir (sigo, sigues)   *to follow; continue, keep on*   XI

sencillo   *simple*   XI

sentado   *seated, sitting*   XIII

sentarse (ie)   *to sit down*   XI

serio   *serious*   XIV

silla   *chair*   XIII

simpático   *nice, agreeable*   XIII

sonreír (sonrío)   *to smile*   XVI

sorprender   *to surprise*   XII

subir   *to go up, climb*   XI

tal vez   *maybe, perhaps*   XII

el té   *tea*   XIII

temer   *to fear, be afraid*   XII

tierra   *land; earth*   XV

tocar   *to touch; play (an instrument, etc.)*   XV

último   *last; latest*   XI

vecino   *neighbor; neighboring*   XIII

vino   *wine*   XIII

vuelo   *flight*   XII

Estudio de Vocabulario

1. ¿ Qué palabras del grupo A asocia Ud. con las del grupo B ?

A	B
billete	invierno... azafata... cigarrillo...
nevar	mesa... luz... vuelo... la Navidad...
suerte	novios... corte o tribunal...
casarse	vecinos... blanco... superstición...
barrio	comida... lámpara...
cabeza	pensar... cine y teatro... casas y
fósforo	gente... mala y buena... abrigo y
bombilla	guantes... llover
cocina	
anillo	
avión	
juez	
cielo nublado	

2. ¿ Puede Ud. encontrar un sinónimo para cada una de las palabras siguientes ? acabar, próximo, comenzar a, acordarse de, responder, hallar, feliz, contar, silla.

3. Diga ahora lo contrario de las palabras siguientes: fuerte, siempre, nacer, dudar, arriba, gordo, feo, detrás de, parado, hacer una pregunta.

4. ¿ Cuantas palabras o expresiones conoce Ud. relacionadas con el matrimonio ? ¿ con artículos de vestir ? ¿ con viajes ? ¿ con el cuerpo humano ?

Lección Diecisiete

Cuento: Los Turistas

Ernesto Costas les está **enseñando** a sus amigos Donado e Inés Pardo las **transparencias de su viaje** a Europa.

Ernesto: Bueno, aquí estoy yo **delante del Coliseo**… y ahí está Marilú, **con pantalón, atravesando** la Vía Véneto.

Marilú: Ernesto, ¿cuántas veces te he pedido que no muestres mis fotos? **Me veo tan gorda.**

Donado: Al contrario, Marilú. **Por eso se pararía el tránsito.**

Ernesto: ¡Hombre! **De otra manera no se puede cruzar** la calle en Roma. Los italianos—yo no creo que necesiten licencia para **manejar.** Allí **se compra un cochecito,** se paga el **primer plazo,** ¡ y a la calle, **a matar!**

Donado: Como aquí.

Ernesto: ¡Qué va! Allí, **aunque uno sea ciego,** aunque tenga nueve años de edad, **con tal que** tenga dinero para pagar el primer plazo…

Donado: ¡Caramba!

Ernesto: **En fin,** aquí estoy yo hablando con un policía romano…

Inés: ¿Tú hablas italiano, Ernesto?

Ernesto: **Me defiendo.** «Arriverderci, Roma, y Ciao.»

Inés: ¡Qué bien!

Ernesto: Ya pueden ver quién **me sacó esta foto.** Marilú siempre **me corta los pies.**

Marilú: Mejor que la cabeza, digo yo.

Donado: En el caso de Ernesto, Marilú, no sé, no sé.

Ernesto: (riéndose) Gracias, hombre. **Para eso hay que tener** amigos, ¿eh?… Así que… ah, tienen que ver esto. Aquí estamos Marilú y yo delante del Vaticano.

Inés: ¿Hablaron con el **Papa**?

Marilú: No es el Vaticano. Es el Arco de Constantino.

Ernesto: El Arco de Constantino está en Florencia.

Marilú: ¿Cómo lo sabes tú? Si no estuvimos nunca en Florencia.

	showing
	slides of their trip
	in front of the Colosseum
	wearing pants, crossing
	I look so fat
	That must be why the traffic stopped
	Otherwise you can't cross
	drive • one buys a little car •
	first payment • all set to kill!
	even though one may be blind
	provided that
	Anyway
	I get by.
	How marvelous!
	took this picture of me
	cuts my feet off
	For that one has to have
	Pope

Ernesto: ¿Ah, no? Yo pensé que aquel sábado…

Marilú: Esa fue Venecia. **Al día siguiente debíamos** ir a Florencia, pero tú tuviste **dolor de cabeza**.
On the next day we were supposed • a headache

Ernesto: ¿Y…?

Marilú: Y cuando subiste al cuarto para tomar aspirinas, **perdiste** el autobús.
you missed

Ernesto: Entonces, ¿ **por un par** de aspirinas perdimos **toda** Florencia?
for a couple • all of

Marilú: Y Ravena, **por la tarde**. Pero no importa. Era domingo y las tiendas estaban cerradas.
in the afternoon

Inés: ¡Ay, no! ¿Así que no pudieron comprar nada?

Marilú: Aquel día muy poco. Aunque en el hotel, mientras que Ernesto **echaba una siesta**, sí encontré una tienda **preciosa**. ¿Quieres ver las cosas que compré?
was taking a nap • cute

Inés: **Me encantaría.**
I'd love to.

Ernesto: Más tarde, por favor, cuando terminemos con las fotos… Bueno. Aquí estamos Marilú y yo delante del Castillo de San Miguel.

Marilú: De San Ángel… ¿Sabes, Inés? **Para que sepas** que no me olvido de ti, te traje algo de allí.
So that you'll know

Inés: ¿De veras? ¡Pero no, **no debiste**! **Déjame** ver…
you shouldn't have! Let me

Ernesto: Marilú, **no niego** que tú sabes más que yo. Pero el castillo era de San Miguel.
I don't deny

Marilú: De San Ángel… En un momentito, Inés, te lo traigo.

Inés: Ah, gracias. No puedo esperar.

Ernesto: Bueno, el Castillo de San Miguel o de San Ángel, uno **u otro**.
or the other

Marilú: (al oído de Inés) De San Ángel.

Ernesto: Y aquí estoy yo en la puerta del Restorán Siciliano. Esta vez Marilú me cortó la cabeza.

Donado: ¡ **Enhorabuena**!
Congratulations!

Marilú: Pero **no te impidió** comer, Ernesto, **en lo más mínimo**.
it didn't prevent you from • not in the least

Ernesto: Es verdad. Nos trajeron siete u ocho platos **distintos** hasta que **ya no pudimos más**.
different
we couldn't (eat) any more

Donado: La comida fue tan rica, ¿eh?

Ernesto: ¡Fantástica! Pero, ¿dónde estábamos?… Ah, sí. Aquí estamos Marilú y yo delante de la **torre inclinada** de Pisa.
Leaning Tower

Donado: ¿Cuál es la torre?

Ernesto: (riéndose) **La del** pantalón rojo.
The one with the

Marilú: ¡Ernesto! Cuando yo te pido **que no me saques una foto**, ¿por qué…? Ahora mismo voy a traer el **regalo** de Inés. (Marilú sale.)
not to take a picture of me
present

Inés: Donado, ¿por qué no me llevas tú en un viaje?

Donado: Porque **hasta que los niños sean mayores** no podremos.
until the children are older

Ernesto: …y delante de la Gran Catedral de… no sé qué.

Inés: **A menos que los dejemos** con una buena **nodriza**.

Donado: **A las mil maravillas.** Pero **dudo** que la nodriza quiera trabajar gratis.

Ernesto: ...y en Londres, en el autobús...

Inés: Ay, Donado. ¿Y no podemos **llegar a un acuerdo** con mi hermana Julia? Ella **cuidará** de los niños hasta que volvamos nosotros, y después nosotros cuidaremos de **los suyos** hasta que...

Donado: ¿De esos **monstruos**? Antes de que yo permita eso...

Ernesto: **Fíjense.** Marilú tiene los ojos cerrados.

Inés: Pero, Donado...

Ernesto: Y aquí estamos en Bruselas, **detrás de** la torre Eiffel...

> Unless we leave them • nursemaid
> Great! • I doubt
>
> make a deal
> will take care
> hers
> monsters
> Look.
>
> behind

ASOCIACIONES

cabeza *(head)*—cara, ojos, pelo *hair*—**un dolor** *ache, pain*—de cabeza, etc.

tránsito, tráfico *traffic*—la ciudad, calles llenas de coches, luz roja o verde

un viaje *a trip*—en tren, en avión, etc.; muchas fotos (fotografías)

regalo *gift*—mi cumpleaños, la Navidad *Christmas*, papel bonito

manera *manner, way*—de alguna manera *somehow*, de ninguna manera, de otra manera *otherwise*

---

cruzar *to cross*—la calle, el camino; la cruz † *cross*

manejar *to drive*—un coche, etc.; **parar(se)** *to stop*—*andar to go*

dudar *to doubt*—«No lo creo»; **negar** (niego) *to deny*—«¡No es verdad!»

cortar *to cut*—cuchillo, tijeras *scissors*; corto (¡no largo!)

cuidar de *to take care of*—un niño, un enfermo, un negocio *business*

impedir (impido) *to prevent*—no permitir

---

precioso *precious*—una joya; *cute, adorable*—un niño, etc.

distinto (a) *different (from)*—diferente, no igual; diez platos distintos

ciego *(blind)*—una vida difícil; defenderse *to get by*; ayuda, comprensión

---

delante (de) *in front (of)*; **detrás (de)** *behind, in back (of)*

al día siguiente *on the following day*—a la noche siguiente; las frases siguientes

en fin *so, anyway, to sum up*; **¿De veras?** *Really?*—¿De verdad?; **¡Qué bien!** *How wonderful! Great!*; **¡Qué va!** *Go on! Nonsense!*

aunque *although, even though*—Aunque no lo creas... ¡hemos terminado las asociaciones para hoy!

VAMOS A CONVERSAR

1. ¿Qué están haciendo esta noche Ernesto y Marilú Costas?
2. ¿Cómo se imagina Ud. a Ernesto? ¿Cuántos años tendrá más o menos? ¿Cómo será de aspecto físico? ¿Qué profesión u oficio le daría Ud.?
3. ¿Cómo se imagina Ud. ahora a Marilú? ¿y a su amiga Inés? ¿y a Donado?
4. ¿Será gente de poca o de mucha educación? ¿Por qué piensa Ud. así?
5. ¿Qué ciudades han visitado los Costas? ¿Cuánto tiempo cree Ud. que duró el viaje?
6. ¿Fue ésta su primera visita a Europa, o habían ido allí antes? ¿Cree Ud. que fue un viaje de primera clase o de economía? ¿Por qué?
7. ¿Qué impresiones sacó Ernesto de su viaje? ¿Qué le interesó más a Marilú? ¿Qué quieren hacer ahora sus amigos? (A propósito, ¿encuentra Ud. en este cuento a alguien que Ud. conozca también?)
8. Hablando de otra cosa, díganos: ¿Qué viajes ha hecho Ud.? ¿y su familia? ¿Qué viajes les gustaría hacer en el futuro? ¿Le gustaría a Ud. ir algún día a la Luna (*Moon*)?
9. ¿Qué le interesa más cuando visita un país extranjero—el arte, la cultura, el panorama geográfico, las costumbres de la gente, la lengua, la comida? ¿Qué les interesa más a la mayor parte de los turistas?
10. ¿Le interesa a Ud. la fotografía? ¿Tiene Ud. una cámara? ¿De qué marca (*make*) es? ¿La compró Ud. mismo o la recibió como regalo? ¿Qué cosas le gusta a Ud. fotografiar? ¿Hace Ud. su propio revelado (*developing*)?
11. Finalmente, ¿le gustaría a Ud. ser fotógrafo (fotógrafa) profesional? ¿fotógrafo de cine o televisión? ¿Le gustaría ser modelo? ¿Por qué?

Estructura

78. THE THIRD CONCEPT OF THE SUBJUNCTIVE: UNREALITY

The subjunctive deals with unrealities: the doubtful, indefinite, unfulfilled, non-existent. It is used in the subordinate clause whenever the idea upon which that clause depends places it within the sphere of the unreal. Here are some situations in which the subjunctive expresses unreality:

A. The shadow of a doubt

When the main clause expresses doubt or uncertainty about the subordinate clause action, the nebulous reality of that action is conveyed by the subjunctive:

Dudo que venga.	I doubt that he'll come.
Es posible que sea ella.	It's possible that it is she.
No está seguro de que lo hayan visto.	He isn't sure that they have seen it.

The verb **creer** *(to think; believe)* shows how the speaker's expression of doubt, and not the verb itself, determines the use of subjunctive or indicative in the subordinate clause.

When **creer** is used in an affirmative statement, it generally implies a positive conviction or belief, and so, normally calls for the indicative in the subordinate clause:

Creo que tiene razón.	I think he's right.
Creo que vendrán.	I think they'll come.

In questions or negative statements, **creer** will be followed by the subjunctive in the subordinate clause *if* the speaker wishes to cast doubt, but by the indicative if he gives no indication of doubt:

¿Cree Ud. que tenga razón?	Do *you* think he's right? (I don't).
¿Cree Ud. que tiene razón?	Do you think he's right? (I am expressing no opinion.)
No creo que vengan.	I don't think they'll come. (I doubt it.)
¿No cree Ud. que as bonita?	Don't you think she's pretty? (I do.)

B. Denial

When the main clause denies the existence of the subordinate clause action, that unreality is expressed by the subjunctive:

Niego que lo haya dicho.	I deny that he has said it.
No es verdad que se vaya.	It's not true that he's leaving.
But: No niego que lo ha dicho.	I *don't* deny that he has said it.
Es verdad que se va.	It is true that he's leaving.

Ejercicios

A. Cambie según las indicaciones:

1. Juan viene mañana.
   (Creo que... Dudo que... Es posible que... Es verdad que... No es verdad que... Es cierto que...)
2. Tienes razón.
   (No creo que... Estoy segura de que... No negamos que... No dudamos que... Dudan que... Es posible que...)
3. Los dos podrán hacerlo.
   (¿Cree Ud. que...? ¿No cree Ud. que...? Estamos seguros de que... No están seguros de que... Es probable que... Creemos que... Dudamos que...)

B. Conteste ahora:

1. ¿Cree Ud. que podamos terminar esta lección hoy? 2. ¿No cree Ud. que es interesante aprender una lengua extranjera? 3. ¿Es posible que nieve mañana? 4. ¿Es probable que llueva? 5. ¿Cree Ud. que es más fácil el inglés que el español? 6. ¿Cree Ud. que aprobará *(you'll pass)* todos sus

cursos este año? 7. ¿Es verdad que su familia es riquísima? 8. ¿Niega Ud. que mienta *(you lie)* de vez en cuando?

C. Traduzca ahora al español:

1. My father doubts that they'll buy it. 2. I don't doubt that you're right. 3. He denies that they have taken it. 4. But he doesn't deny that they have used it. 5. It's true that they're here. 6. We're not sure that Mary is coming. 7. I think you've won. 8. I don't think (I doubt) that we are ready. 9. Do you think he'll speak to us? *(Two ways)* 10. Don't you think he's handsome?

D. Termine finalmente de una manera original:

1. No dudo que tú... 2. No es verdad que yo... 3. Dudamos que... 4. ¿Es posible que él...? 5. Niegan que... 6. No hay duda de que... 7. ¿Cree Ud. que...? *(Two ways)* 8. ¿No creen Uds. que...?

79. CONJUNCTIONS THAT IMPLY UNREALITY: UNCERTAINTY, IMPOSSIBILITY, UNFULFILLMENT

After a conjunction whose meaning implies that the following action is uncertain, nonexistent, or pending, the subjunctive expresses that unreality:

A. Some conjunctions, by their very meaning, always state that the following action is uncertain or nonexistent. These conjunctions include: **en caso de que** *(in case)*, **con tal que** *(provided that)*, **a menos que** *(unless)*, and **sin que** *(without)*. They are always followed by the subjunctive.

Lo haré con tal que me ayudes.	I'll do it, provided you help me.
En caso de que llame, dígale que no estoy.	In case he calls, tell him that I'm not in.
Saldrá sin que[1] le vea nadie.	He'll leave without anyone's seeing him.

B. Other conjunctions such as **aunque** *(although, even though, even if)*, **dado que** *(granted that)*, and **a pesar de que** *(in spite of the fact that)*, are followed by the subjunctive when the speaker wishes to imply uncertainty, by the indicative when he does *not*. In many cases, English indicates uncertainty by using the auxiliary *may*.

Aunque sea rico, es muy tacaño.	Although he may be rich, he is very stingy.
Aunque es rico, es muy tacaño.	Although he is rich, he is very stingy.
Dado que gane...	Granted that he may win (but maybe not)...
Dado que ganará	Granted that he'll win (and I admit it)...

[1] **Sin que** appears only when there is a change of subject. When there is no change of subject, the preposition **sin** the infinitive is used: **No saldrá sin vernos.** *He won't leave without seeing us.*

C. After conjunctions of time, the subjunctive is used if the action is still (or was still) pending at the time the main clause action took place. Conjunctions of time include **cuando** *(when),* **así que, en cuanto** *(as soon as),* **hasta que** *(until),* **después de que** *(after),* **antes de que** *(before)*[2].

Iremos así que vengan.	We'll go as soon as they come. (They haven't come yet)
Algún día, cuando sea grande…	Some day, when he grows up…
Me quedo aquí hasta que vuelvan.	I'm staying here until they return.
Terminemos antes de que nos vean.	Let's finish before they see us.

If there is no reference to a pending action, the conjunction of time is followed by the indicative:

Nos fuimos así que vinieron.	We left as soon as they came.
Siempre me quedo hasta que vuelven.	I always stay until they return.

D. para que

Para que *(in order that, so that)* is always followed by the subjunctive because: (1) it represents one person's will that something be done; (2) it indicates that the subordinate clause action could not possibly have been completed before the main clause action occurred.

Te lo digo para que estés preparado.	I'm telling you so that you may be (or will be) prepared.
Trabaja para que su hijo se haga abogado.	He is working so that his son may become a lawyer.

Ejercicios

A. ¿ Puede Ud. completar las frases del Grupo 1 usando las del Grupo 2 ?

1	2
No le digas nada	…te llamaremos …a menos que te
En caso de que me lo pida,	lo pregunte …¿ debo dárselo ?
No se vayan Uds.	…hasta que vinieron …hasta que
Aunque no los conozco bien	volvamos …para que se preparen
A menos que estudies	bien …los invitaré …se llamará Ana
Se lo decimos ahora	García de Mora …no aprobarás el
Cuando ella se case	curso
Así que venga	
Me quedé	

---

[2] **Antes de que** (before), by its very meaning, always indicates that the action has not happened yet, and therefore is always followed by the subjunctive.

B. Complete las oraciones siguientes:

1. Aunque *(I know him)* bien, no quiso verme.   2. Aunque *(he may not want to)* verme, hablaré con él.   3. Salgamos antes de que *(he comes)*. No quiero *(him to see me)*.   4. No, no, mil veces no. Nunca me casaré con él, *(unless he asks me)* (pedírmelo).   5. En caso de que *(Johnny comes)*, dígale que volveré en cinco minutos.   6. Por favor, no se vayan *(until they all finish)*. 7. Nunca nos vamos *(until they all finish)*. Pero siempre es muy tarde.   8. *(Before you leave)*, devuélvame mi cartera.   9. Trabaja tanto *(so that his family may live)* mejor.

80. *Y* AND *E* (and); *O* AND *U* (or)

Y (and) becomes **e** before a word that begins with **i** or **hi**[3]:

Estudio economía e historia.	I am studying economics and history.
Pedro e Irene	Peter and Irene
González e Hijos	Gonzalez and Sons
But: González y Hermanos	Gonzalez and Brothers

O (or) becomes **u** before a word that begins with **o** or **ho**:

El collar es de plata u oro.	The necklace is (made of) silver or gold.
But: El collar es de oro o plata.	The necklace is (made of) gold or silver.

Incidentally, **o… o** means *either… or.*

O viene o no vendrá. —¡No me digas!	Either he's coming or he won't come. —You don't say!

Ejercicio

Lea en voz alta, y después cambie:

1. Quiero estudiar geografía y **ciencias naturales** este año. (historia)   2. Manuel y **Eloísa** son hermanos. (Inés)   3. Irene y **Pedro** son primos. (Germán)   4. Creo que va a venir Carlos o **Felipe**. (Oscar)   5. Romero e **Hijos** (Hermanos)   6. Viven en California o **Texas** (Oregón)   7. Tiene que ser uno o **más**. (otro)   8. Ninguna mujer o **chica** de inteligencia cree eso. (hombre)   8. Habrá seis o **siete**. (ocho) 9. Tiene mucho talento y **ambición** (interés).   10. ¿Es de plata o **bronce**? (oro)

---

[3] But *not* before the diphthong **hie**: cobre y hierro.

Teatro y Composición

¿Qué tal le parece la idea siguiente para una escena original? Ud. ha sido invitado por primera vez a la casa de su novia (o novio, ¡claro está!). Después de la comida, la madre de su novia (novio) saca el álbum de familia y comienza a mostrarle las fotos de todos los abuelos, tíos, y parientes. O si prefiere, Ud. acaba de volver de un viaje y quiere mostrarles a sus amigos sus propias fotografías. Ud. las saca y comienza a explicárselas una por una... (Déjenos a nosotros verlas también, ¿eh?)

Hora de Conversación IX

VIAJES

medios de transporte *means of transportation*

el **coche**, carro, auto(móvil) *car*
el **avión** *airplane*
el **autobús**; colectivo; guagua *bus*
el **vapor** *steamship*

el **bote** *small boat, rowboat*
el **tranvía** *streetcar*
el **coche de alquiler** *rented car*
  subterráneo, **metro** *subway*

el **taxi**; el libre *(Mex.)* *taxi*

el **tren** *train*
  helicóptero *helicopter*
el **camión** *truck; bus (Mex.)*
  barco *ship*
  lancha *launch*
el **ferrocarril** *railroad*
  submarino

{
en coche *by car*
en avión, por avión[1] *by plane*
por mar *by sea*
en tren, por tren *by train*
a caballo *on horseback*
a pie *on foot*
vuelo *flight*

{
hacer un viaje *to take a trip*
hacer una parada *to make a stop*
hacer escala *to stop (at a sea-*
  or airport)
volar (vuelo) *to fly*
manejar, conducir *to drive*

---

[1] Normalmente se dice que una **persona** va **en** avión: una **cosa** va **por** avión.

carretera, autopista *highway*
camino *road*
la estación *station*
el salón (*or* sala) de espera
   waiting room
horario *timetable*
boletería *(Sp. Am.)* ; taquilla *(Sp.)*
   ticket office

el muelle *dock, pier*
aeropuerto *airport*
parada (de autobús) *bus stop*
maletero *porter*
boleto *(Sp. Am.)* ; billete *(Sp.)*
   ticket
boletero *(Sp. Am.)* ; taquillero *(Sp.)*
   ticket seller

alojamiento *lodging*

el hotel *hotel*
el mesón, la posada *inn*
el zaguán *lobby*
el botones *bellhop*
   propina *tip*
el baúl *trunk*
la calefacción *heating*

maleta *suitcase*

el equipaje *baggage*
   agua corriente *running water*
un cuarto doble (*or* para dos) *a*
   double room
la recepción *(hotel)* front *desk*

aire acondicionado *air condi-*
   tioning
un cuarto (una cámara) para uno
   single room

Conversación

1. ¿Qué medio de transporte le gusta más? ¿Por qué?
2. ¿Cuántas veces ha volado Ud.? ¿Cuándo? ¿Adónde? ¿Le gustó la primera vez?
3. Para ir a Europa, ¿prefiere Ud. ir en avión o por mar? Para ir a California (o a Nueva York), ¿iría Ud. en coche, en tren o en avión?
4. ¿Sabe Ud. manejar un coche? ¿Maneja Ud. bien? ¿Cuánto tiempo hace que maneja Ud.? ¿Ha tenido que pagar muchas multas *(fines)*?

5. ¿ Sabe Ud. conducir una lancha de motor ? ¿ Tiene Ud. su propia lancha ? ¿ Sabe Ud. conducir un avión ? ¿ Le gustaría aprender si no lo sabe ya ?

6. ¿ Se aloja Ud. *(Do you stay)* frecuentemente en hoteles ? ¿ Qué hotel le ha gustado más ? ¿ Puede Ud. recordar un incidente divertido que haya ocurrido en un hotel ?

7. ¿ Puede Ud. escribir una escena original sobre la llegada de un turista a un hotel mexicano o español ? O tal vez le gustaría más describir la llegada de un turista hispano a un hotel de una gran ciudad norteamericana.

PASAPORTE

Nombre_____ _____ _____
          APELLIDO   NOMBRE DE PILA   INICIAL

Dirección_____ _____ _____ _____
          CALLE   NÚMERO   CIUDAD   PAÍS

Fecha de Nacimiento_____ de _____ de _____
                    DÍA   MES   AÑO

Lugar de Nacimiento_____ _____
          PUEBLO O CIUDAD   PAÍS

Ciudadanía_____

Estado Civil ____Casado(a) ____Soltero(a) ____Viudo(a) ____Divorciado(a)

Nombre de Esposo (Esposa)_____ Hijos_____

Profesión u Oficio_____

Estatura_____ Peso_____

Ojos_____ Pelo_____

Países que piensa visitar:

Razón del viaje:

Ponga aquí una
foto reciente

Lección Dieciocho

Cuento: Teatro sobre Teatro

Liliana Moreno y Carlos Aguilar

en

TENTACIÓN

« El mayor **éxito** de la **temporada**. » *El Sol*   success • season

« No hay nadie que se pueda comparar con la gran Liliana, una **estrella** entre estrellas, una sublime 'Jacqueline'. » *El Globo*   star

« Brillante. **Poderoso**. Un triunfo de prestigio. » *El Mercurio*   powerful

« Carlos Aguilar interpreta a la perfección el **papel** del trágico Guillermo. » *Época*   role

Teatro López de Hoyos   Producido por Oscar de la Huerta
Funciones: 20:00, 23:00 (menos los domingos)

(**Mediados** del primer acto. Liliana y Carlos están **en escena**. Sentémonos en el **auditorio**.)   Around the middle • on stage / audience

> LILIANA: Pero, ¿quién...? ¿cuándo...? ¡Ay, Guillermo, **no quise que lo supieras** antes de que yo misma **pudiera** contártelo, y pedirte **que me perdonaras**. Guillermo, Guillermo...   I didn't want you to know / could tell you / to forgive me
>
> CARLOS: Ya no me importa **lo que digas**, Jacqueline. No hay nada que **me haga** olvidar lo que has hecho.   whatever you may say / can make me
>
> LILIANA: ¿Nada? ¿Nada? ¿Y **si yo te dijera** que te adoro, que aquel otro **no significaba** nada para mí...   if I told you / didn't mean

Un matrimonio baja de prisa por el pasillo, abriéndose paso hacia las **butacas** Números 121 y 123 de la **Fila** C. «Con permiso... Permiso... Ah, lo siento mucho... Con permiso, ¿eh?... Gracias. Muy amable... » Uno **tras otro** los asistentes se levantan para dejarlos pasar, balanceando **en sus rodillas abrigos**, sombreros, **guantes, bufandas**, programas y **cajas** de chocolates. «Ay, perdón. » « **Cuidado** donde caminan, eh? » «Perdone... Con permiso... » «¡Caramba! ¡Esa gente que llega tarde! » «Permiso... Con permiso... » Por fin los   A couple hurries down the aisle, making its way toward • (orchestra) seats • Row / after another • spectators / on their knees coats • gloves, / scarves • boxes • Be careful

rezagados se acercan a las butacas indicadas y **se quedan parados** delante de otro matrimonio que está sentado allí.

latecomers • remain standing

Sr. 1: Perdone, señor. Pero parece que Ud. y esta señora están ocupando nuestros asientos.
Sr. 2: ¿Qué...? ¿Cómo?

LILIANA: Guillermo, **si me permitieras** explicártelo todo, tal vez comprenderías...

if you allowed me

Sr. 1: Es que... lo siento mucho, pero mire Ud., las butacas C121 y 123 **nos corresponden a nosotros.**
Sr. 2: ¿Qué me cuenta, hombre? Estas butacas son nuestras. El **acomodador mismo nos sentó.**

belong to us

usher himself seated us

CARLOS: Jacqueline, **si yo pensara** que tú...

if I thought

Sr. 1: Entonces **los dos se han equivocado.**
Sr. 2: Tal vez si Uds. **vinieran a tiempo**...
Sra. 2: **No les hagamos caso,** querido. Son unos **intrusos.**

both of you were wrong
came on time
Let's ignore them • crashers

LILIANA: Ay, Guillermo, yo...

Sra. 1: ¿Intrusos, nosotros? ¿Has oído, Alonso?

CARLOS: No, Jacqueline, no...

Sr. 1: Voy a llamar al **gerente.** (en voz más alta) Gerente... Señor gerente...
(Se oyen varias voces en el auditorio. «Chist... **Cállense** ahí... Por favor, ¿eh?... ¿Qué pasa? ¿No se van a sentar jamás? »)

manager

Shhh... Be quiet

CARLOS: Jacqueline, **si yo fuera** otro hombre, si tú fueras otra mujer, yo nunca habría...

if I were

Sra. 1: ¡Ay, no!
Sr. 1: María, ¿qué pasó?
Sra. 1: He perdido un **arete.**
Sr. 1: ¿Dónde?
Sra. 1: Aquí mismo, debajo de aquella butaca.
(Se oyen más voces. «Siéntense, he dicho... ¡Por Dios, hombre!... ¡$%¢&! »)

earring

LILIANA (**alzando** la voz para **hacerse oír**): ¿Qué no habrías hecho, Guillermo? ¿Qué...

raising • make herself heard

Sr. 1: ¿No te dije esta mañana **que no te pusieras** los aretes buenos?
Sra. 1: (**agachándose debajo** de una butaca): **Mira.** Creo que ahí está, Alonso. ¿Quieres encender un fósforo?... Bueno. Gracias.

not to put on
bending down • Look.

CARLOS: Jacqueline, **si no te quisiera**...

if I didn't love you

Sra. 3: ¡Fuego! ¡Me están quemando los pies!   Fire! My feet are on fire!

(Voces: «¿Dónde está el gerente?... Siéntense Uds. o yo les hago sentarse... ¡Caramba! ¡@$%¢&¢%$@!» El gerente se acerca, acompañado del acomodador.)

Gerente: Muy bien, señores, me dicen que...

LILIANA: ¡Guillermo, entre nosotros...

Sr. 1: Que estos señores están ocupando nuestros...

Sr. 2: ¡Qué va! Este **tipo** piensa que...   guy

Gerente: Pues si Uds. esperan un momento, voy a ver si hay otros asientos que estén desocupados.

Acomodador: Sí hay, señor, pero están en la última fila.

CARLOS (gritando ya): Jacqueline, yo también tengo un secreto **que confesarte**...   to confess

Sr. 1: ¿En la última fila? **¡En absoluto!** Mire... aquí tiene Ud. nuestros billetes.   Absolutely not!

Gerente (mirándolos): Sí, tiene Ud. razón. (**Se dirige** al otro señor.) ¿Y los suyos, por favor?   He turns to

Sr. 2: Aquí los tiene.

LILIANA (gritando también): ¿Cuál es, mi amor?

Gerente: Ah, sí, Lo siento mucho, señor, pero los suyos son para la Fila D. Así que Uds. tendrán que **mudarse**...   move

Sr. 3: **¡Qué demonios!** Ahí estamos sentados nosotros.   What the...!

Gerente (al señor tercero). Pues **les agradecería mucho si tuvieran la bondad de** mudarse a la Fila E. Y Uds., señores, perdonen la molestia, pero **si me hicieran** el favor de mudarse a la Fila F, y Uds., señores, a la Fila G...   I'd appreciate if you'd be kind enough to / if you would do me

LILIANA: Guillermo...

(Fila tras fila, los **asistentes** se levantan para cambiar **de lugar**. «Con permiso... Ay, perdón...» «**¡La bolsa se me cayó!**» «Permiso... Muy amable...» «**¡Ay no! ¡Mi zapato se perdió!**»)   spectators • places / My purse dropped / My shoe got lost!

Gerente: Y Uds., señores, a la Fila P...

(La puerta **del fondo** se abre y un matrimonio baja de prisa por el pasillo, abriéndose paso hacia las butacas 122 y 124 de la Fila B.)   in the back

ASOCIACIONES

la **función** *show, performance*—teatro, billete; **gerente** *manager*; **estrella** *star*—la escena *scene, stage*; **fila** *row*—asiento; **pasillo** *aisle* **fondo** *back, bottom*—el frente *front*

éxito *success (not "exit"!)*—tener (mucho) éxito *to be successful*
prisa *hurry, haste*—**tener (mucha) prisa,** estar de prisa *to be in a hurry*
el abrigo *overcoat*—frío, invierno ; **los guantes** *gloves*—las manos ; **bufanda** *scarf*—
    cubrir la garganta *(throat)*

---

asistir a *to attend*—una clase, una función ; asistente *spectator, participant*
dirigir *(dirijo, diriges) to direct, lead*—**dirigirse a** *to head for, turn to*
mudar(se) *to move*—a una casa nueva, de una escena a otra, etc.
quemar *to burn*—un fósforo, fuego, incendio ; ¡ Ay, me quemé el dedo ! ; dolor
significar *to mean*—¿ Qué significa « significar » ?

---

parado *standing; stopped*—ni sentado ni en movimiento
desocupado *vacant; idle*—no ocupado ; sin trabajo
medio *half*—medio loco, medio acabado ; un medio = una mitad (1/2)

---

hacia *toward*—hacia adelante ⟶ *forward,* hacia atrás ⟵ *back*
a tiempo *on time*—a la hora precisa, no tarde ; **por fin** *finally, at last*
debajo (de) *under(neath)*—debajo del asiento, etc. ; sobre, encima (de) *over*
¡ Cuidado ! *Careful! Watch out!*—¡ Peligro ! ; tener cuidado *to be careful*

VAMOS A HABLAR

1. ¿ Sabe Ud. mucho acerca del *(about the)* teatro ? ¿ Cuál es la mejor obra *(work)* de teatro que ha visto Ud. ? ¿ y la peor ?
2. ¿ Qué han dicho los críticos sobre el drama *Tentación* ? ¿ Qué ha dicho *El Globo* respecto a Liliana Moreno ?
3. ¿ Cómo empieza el cuento **Teatro sobre Teatro** ? ¿ Quiénes están en escena ?
4. ¿ Qué ocurre mientras tanto *(meanwhile)* en el auditorio ? ¿ A qué butacas se dirige el matrimonio ? ¿ Qué descubren los rezagados cuando llegan a sus asientos ?
5. ¿ Qué dice el señor que ya está sentado allí ? ¿ y su esposa ? ¿ Qué dicen los demás *(other)* asistentes ?
6. ¿ Qué nuevo problema se le presenta ahora a la primera señora ? ¿ Dónde encuentra su arete ? ¿ Qué pasa cuando enciende un fósforo ?
7. Sobre la cuestión de los asientos, en realidad, ¿ quién tiene razón—el señor que vino tarde o el otro ? ¿ Qué hace el gerente para arreglar la situación ?
8. ¿ Cómo termina por fin el episodio ? ¿ Por qué se llama **Teatro sobre Teatro** ?
9. Ahora piense Ud. bien y díganos : ¿ Le ha ocurrido alguna vez un incidente muy gracioso *(amusing)* en el teatro o en el cine ? ¿ o en otro lugar público ?
10. ¿ Cree Ud. que debe haber censura *(censorship)* en el teatro ? ¿ en la televisión ? ¿ en el cine ? En su opinión, ¿ hay alguna cosa que no se deba permitir ?

Estructura

81. UNREALITY (CONTINUED): INDEFINITE ANTECEDENT

When the subordinate clause refers back to someone or something that is *indefinite, hypothetical, or nonexistent,* the subjunctive must be used.

¿ Hay alguien que me preste un millón de dólares ?	Is there someone who will lend me a million dollars ? (There may not be such a person !)
Busca una secretaria que hable francés.	He is looking for a secretary who speaks French. (He hasn't found her yet.)
Quiero comprar un libro que tenga las respuestas.	I want to buy a book that has the answers. (I'm not sure it exists.)
No hay nada que nos guste más que eso.	There is nothing (no specific thing) we like better than that.
Hará lo que yo le diga.	He'll do what(ever) I say. (Indefinite: I haven't told him yet.)

comoquiera que

But if the subordinate clause refers to someone or something that *is* definite, specific, or known to exist, the indicative is used :

Conozco a alguien que te prestará diez dólares.	I know someone who will lend you ten dollars.
Tiene una secretaria que habla francés.	He has a secretary who speaks French.
He comprado un libro que las tiene.	I have bought a book that has them.
Hay sólo una cosa que me gusta más que esto. ¡ Eres tú !	There is only one thing that I like better than this. It's you !
Siempre hace lo que le dices.	He always does what you tell him.

Ejercicios
A. Conteste :

1. Donde Ud. vive, ¿ hay muchas familias que tengan dos coches ?   2. ¿ Hay muchas casas que tengan más de ocho cuartos ?   3. ¿ Hay profesores en su escuela que enseñen más de una lengua ?   4. ¿ Hay un profesor en su departamento de español que se llame Fernández ?   5. ¿ Hay un profesor que se llame González ?   6. ¿ Conoce Ud. a alguien que quiera hacerse actor o actriz ?   7. ¿ Conoce Ud. a una actriz que se llama Ana Margarita ? ¿ a un actor que se llama Rock Hudson ?   8. ¿ Hay algo que le guste más que estudiar español ?   9. ¿ Ha visto Ud. alguna vez una pluma que escriba con diez colores ?   10. ¿ Ha visto Ud. mi pluma que escribe con tres colores ?

No --- (when it is considered an oppinion) --- Sub.

B. Ahora complete las frases siguientes:

[handwritten: coprende esto]   *[handwritten: pueda]*

1. ¿Hay alguien *(who understands this)*? 2. Buscamos un estudiante *(who* *[handwritten: que pueden aydardes]*
can help us) con el español. 3. Hay muchos estudiantes *(who can help you)* *[handwritten: ayudeinos]* *[handwritten: que tenga]*
—pero no aquí. 4. Quiero un marido *(who has)*, inteligencia, buen carácter, y *[handwritten: que vaya]*
una gran fortuna. —Pues yo tengo buen carácter. 5. ¿Es Ud. la persona *(who is* *[handwritten: que baile]*
going to teach me) a bailar? —Yo no. No hay nadie *(who dances)* peor que yo. *[handwritten: que lo accopane]*
6. Le gustaría encontrar alguien *(who'll accompany him)* en el viaje este verano. *[handwritten: que sapa tanto]*
7. ¿Has visto jamás a una persona *(who knows as much)* como él? —En efecto, *[handwritten: lo sabe todo]*
sí. Yo tengo un amigo que cree que *(he knows it all)*. 8. ¿Habrá por aquí una *[handwritten: dondese vendan]*
tienda *(where they sell)* ropa de segunda mano? —Hay varias *(where they sell it)*
en la Tercera Avenida. *[handwritten: donde la venden]*

82. THE IMPERFECT (SIMPLE PAST) SUBJUNCTIVE

A. The imperfect subjunctive is the only simple past subjunctive in Spanish. It is
formed in regular verbs by replacing the infinitive endings as follows:

hablar	comer	vivir
hablara	comiera	viviera
hablaras	comieras	vivieras
hablara	comiera	viviera
habláramos	comiéramos	viviéramos
hablarais	comierais	vivierais
hablaran	comieran	vivieran

† There are alternate imperfect subjunctive forms ending in **-se**. Though they
are essentially interchangeable with the **-ra** forms, they are rarely used in
Latin America. For your purposes, learn to recognize them, that's all.

hablase	comiese	viviese
hablases	comieses	vivieses
hablase	comiese	viviese
hablásemos	comiésemos	viviésemos
hablaseis	comieseis	vivieseis
hablasen	comiesen	viviesen

(Incidentally, **-ar** and **-er** radical changing verbs are conjugated like ordinary
regular verbs in the imperfect subjunctive.)

Ejercicio

Diga la forma correspondiente del imperfecto del subjunctivo:
yo: lavar, quedar, perder, abrir *[handwritten: lavara quedara perdiera abriera]*
tú: recordar, tocar, entender, permitir

[handwritten: recordaras tocara entendiera]

se mudara

Luisa: olvidar, mudarse, ofrecer, recibir
Ud. y yo: comenzar, buscar, comprender, insistir
tú y Emilio: contar, bajar, subir, meter
Uds.: encontrar, sentarse, mover, asistir

B. **-ir** radical changing verbs and *all* irregular verbs add these endings to the stem of the third person plural of the preterite. For example:

tener, **tuvieron: tuviera,** tuvieras, tuviera, tuviéramos, tuvierais, tuvieran

Ahora complete Ud.:

estar, estuvieron: estuviera, *estuvieras estuviera estuviéramos estuvieran*
andar, anduvieron: anduviera, *anduvieras anduviera anduviéramos*
haber, hubieron: hubiera, *hubieras hubiera hubiéramos hubieran*
poder, pudieron: pudiera, *pudieras pudiera pudiéramos, pudieran*

Ejercicios

A. Diga muy rápidamente la primera persona singular del imperfecto del subjuntivo:

poner, pusieron: *pusiera*   saber, supieron: _____
decir, dijeron: *dijera*   conducir, condujeron: _____
venir, vinieron: _____   hacer, hicieron: _____
ser, fueron: *fuera*   ir, fueron: _____
sentir, sintieron: _____   morir, murieron: _____
oír, oyeron: _____   querer, quisieron: _____
traer, trajeron: _____   dar, dieron: _____

B. Cambie según las indicaciones:
   1. Lamenté mucho que no **pudieras** ir.
      (Ud., ellos, nosotros, vosotros, Uds.)
   2. No queríamos que lo **hicieran.**
      (saber, decir, traer, oír, conducir)
   3. ¡Ojalá que **tuviéramos** dinero para comprarla!
      (yo, mi familia, los pobres, mi esposa y yo, tú, vosotros)
   4. No era posible **que estuviera tan enfermo.**
      (sentirse tan mal, morirse de hambre, decir tal cosa, irse sin decirnos nada)

83. USES OF THE IMPERFECT SUBJUNCTIVE

When the concept calls for subjunctive, the *imperfect* subjunctive replaces the imperfect or preterite indicative. These are its uses.

A. When the subordinate clause expresses a past action. Compare, for example:

Dudan que sea él.   They doubt that it is he.
Dudan que **fuera** él.   They doubt that it *was* he.

Es lástima que no puedas ir.   It's a pity that you can't go.
Es lástima que no **pudieras** ir. It's a pity that you *couldn't* go.

B. When the main clause is in the past:

Quiere que asistamos.   He wants us to attend.   — ind com
Quería que **asistiéramos**. He *wanted* us to attend.

No hay nadie que la conozca. There is no one who knows her. — conditonal
No **había** nadie que la **conociera**. There *was* no one who *knew* her.

C. It is also used in *if*-clauses that state a supposition contrary to fact. (See 84.)

Ejercicios

A. Cambie al pasado. Por ejemplo:

Quieren que cantemos. (*Querían*)   **Querían que cantáramos.**
Insiste en que lo haga. (*Insistió*)   **Insistió en que lo hiciera.**

1. ¿Hay alguien que lo comprenda? (*¿Había*) 2. Te pido que me lo des. (*Te pedí*) 3. Se lo daré para que lo use. (*Se lo di*) 4. Quiere que le llamemos. (*Quería*) 5. Dudo que vengan. (*Dudaba*) 6. Es posible que estén enfermos. (*Era*) 7. Esperan que lo reconozcan. (*Esperaban*) 8. No queremos que te vayas. (*No queríamos*)

B. Termine de una manera original:

1. Yo no quería que tú... ¿Por qué lo hiciste? 2. Era imposible que una persona como él.... 3. Le di el número de mi teléfono para que... 4. Dijo que esperaría hasta que nosotros... 5. No era verdad que...

C. Diga en español:

1. He wants us to come. 2. He wanted us to come. 3. I'm happy that you'll receive it. 4. I'm happy that you received it. 5. They insist that she leave at once. 6. They insisted that she leave at once. 7. I hope he does it! 8. I hope he did it. 9. He isn't sure that (*de que*) they are here. 10. He isn't sure that they were here. 11. There isn't anyone who knows us there. 12. There wasn't anyone who knew us there. 13. There are many people who know us here.

84. *IF*-CLAUSES CONTRARY TO FACT

Just as in English, when a clause beginning with *if* makes a supposition that is contrary to fact (*If he were here,* but he isn't. *If they knew,* but they don't), the past subjunctive *must* be used.

Notice that the main clause, which tells what "would happen if," uses the conditional:

Si pudiera, te ayudaría.   If I could, I would help you. (But I can't.)

Si trabajaras, tendrías éxito. If you worked, you'd be successful.
Vendrían si tuvieran tiempo. They would come if they had time.

Sometimes this construction is used with a future action to imply that it is unlikely, that it is probably contrary to fact:

Si te rogara, ¿qué harías?	If I were to beg you, what would you do?
Si nevara, no podrían salir.	If it should (or were to) snow, they wouldn't be able to go out.

When *si (if, whether)* does *not* imply a condition contrary to fact, but merely makes an assumption, the indicative is used. Note: *Never use a present subjunctive after* si.

Si puede, te ayudará.	If he can, he'll help you.
Vendrán si tienen tiempo.	They'll come if they have time.
No sé si lo han recibido.	I don't know whether they have received it.

Ejercicios

A. Cambie las oraciones siguientes para expresar una idea contraria al hecho:

1. Si viene, le veremos. 2. Si llueve, no irán. 3. Si tengo tiempo, lo haré. 4. Si estudia, tendrá mejores notas. 5. Nos llamará si puede. 6. Si no llega en seguida saldrán sin él. 7. Si es difícil, no lo haremos. 8. Me dará el abrigo viejo si se compra otro. 9. Si tenemos dinero, seremos ricos. (¡No me diga!)

B. Complete de una manera original:

1. Si yo tuviera un millón de dólares... 2. Si supiera hablar bien el español... 3. Si mis profesores me conocieran bien... 4. Si no comieras tanto... 5. Si hubiera cuarenta y ocho horas en un día... 6. Si mi familia viviese más cerca de la universidad.... 7. Si nunca tuviéramos exámenes... 8. Si yo fuera presidente de los Estados Unidos... 9. Si mi novio (novia) estuviera aquí en este momento... 10. Si yo pudiera vivir en otra época...

Teatro y Composición

Imagínese que Ud. está escribiendo una "novela" *(soap opera)* para la radio o la televisión y escriba la peor escena que pueda—con los personajes más ridículos y el diálogo más artificial (¡pero con un dominio exquisito del español!). Vamos a ver qué aptitudes tiene Ud. para esa profesión.

Hora de Conversación X

El Automovilismo *(Motoring)*

Narrow Road

Detour at—

Narrow Bridge

Pavement ends

Stop

Slow

Sharp Turn

R.R. Crossing

Curve

Road Crossing

Road Junction

Men at Work

One Way

NO DOBLAR
No Turns

PEATONES
(NO) PASEN
Pedestrians
(Don't) Walk

No Estacionar ni Parar	*No Parking or Standing*
Estacionamiento Prohibido	*Parking Prohibited*
Estacionamiento : 1 Hora	*Parking: 1 Hour*
Parada : 15 Minutos	*Standing: 15 Minutes*
Velocidad : 40 Kilómetros por hora	*Speed: 40 Kilometers per Hour*
Apague el Motor	*Turn Off Engine*
Bomba	*Gasoline Pump*
Estación de Servicio	*Service Station*
Semáforo	*Traffic Light*

el parabrisas   *windshield*
el carburador   *carburetor*
  rueda   *wheel*
  llanta, neumático, goma   *tire*
  desinflado, pinchazo   *flat (tire)*

el **motor**   *motor*

el guardafangos   *fender*
  bocina   *horn*
  freno   *brake*
el acelerador   *accelerator*

el aceite   *oil*
  bujía   *spark plug*
  faro   *headlight*
  neumático de repuesto   *spare tire*
el volante   *steering wheel*
el capó   *hood*

camino   *road*
pista   *lane*
multa   *fine, traffic ticket*
carretera   *highway*
autopista   *expressway*

gasolina

Conversación

1. ¿ Tiene Ud. su propio coche ? ¿ De qué color es ? ¿ De qué marca *(make)* ? ¿ De
qué año es ? ¿ Cuántas puertas tiene ? ¿ Cuánto dinero le costó ? ¿ Cómo obtuvo

(did you obtain) dinero para comprarlo? ¿Cuántos automóviles tiene su familia?

2. ¿A qué edad aprendió Ud. a manejar un coche? ¿Quién le enseñó?

3. ¿Ha tenido Ud. alguna vez un accidente? ¿Obedece Ud. siempre los reglamentos *(Do you always obey the rules)* del tráfico? ¿Ha tenido Ud. alguna vez que pagar una multa?

4. ¿A cuántas millas por hora *(miles per hour)* está permitido ir dentro de la ciudad? ¿y en las grandes carreteras? ¿A qué velocidad le gusta a Ud. ir?

5. ¿Le interesan a Ud. las carreras *(races)* de automóviles? ¿Le gustaría tomar parte en una carrera de automóviles?

6. ¿Qué necesita el motor de un coche para poder funcionar?

7. ¿Qué hace Ud. si tiene un desinflado?

8. ¿Le gustan más a Ud. los automóviles pequeños o los grandes? ¿Prefiere Ud. los coches europeos, los japoneses, o los norteamericanos? ¿Por qué?

9. ¿Cree Ud. que los hombres manejan mejor que las mujeres?

10. Finalmente, imagínese que se encuentra una noche en un camino solitario, y de repente, su coche no funciona. Por fin, Ud. halla un teléfono y llama a una estación de servicio, pero el mecánico tiene pocos deseos de venir. ¿Cómo le explica Ud. su problema? ¿Cómo lo obliga a venir?

Lectura Cultural

X. La Cuestión Económica

HUELGA DE OBREROS PETROLEROS SE EXTIENDE A OTROS CAMPOS
Maracaibo. 3 marzo.

INFLACIÓN CRECE EN ARGENTINA
Manifestaciones de protesta en varios centros urbanos
Mendoza. 26 abril.

AUMENTA LA IMPORTACIÓN DE CARNES Y COMESTIBLES
Bogotá. 10 mayo.

COMITÉ ESTUDIA DESNIVEL DE BALANZA COMERCIAL INTERNACIONAL
Santiago. 15 septiembre.

A la **sombra** de los **sucesos** políticos, las noticias económicas **llegan muy rara vez a** ocupar los **titulares** de los periódicos. Y sin embargo, **las raíces** de la crisis política están **del todo entrelazadas** con el **desequilibrio** económico que ha caracterizado siempre a los países
5 hispánicos. Vamos a ver cómo el problema se desarrolló.

Desde tiempos antiguos, España ya estaba dividida en grandes **latifundios,** patrimonio de la alta nobleza feudal. La tierra quedaba en pocas manos y los **terratenientes casi se igualaban** con el rey en

In the shadow • events • rarely get • headlines

roots • entirely interwined

imbalance

landed estates

landowners almost equalled

Sembrando *(Sowing)* la tierra, a la manera antigua.
Mancheno, Ecuador.

Barca de pescadores. Costa Rica.

el poder político. Las ciudades, donde comenzaba a surgir la bur-
10 guesía, eran sus rivales naturales, y los conflictos entre ciudad y
campo tuvieron grandes repercusiones políticas. Pero con la expulsión
de los judíos y de los moriscos, quenes **integraban** gran parte de la   made up
clase artesana y profesional, España **se consagró de nuevo** a una   turned again
economía predominantemente agrícola y **retrasó** por muchos años el   retarded
15 avance de la revolución industrial. Ésa era entonces la España que
implantó en Hispanoamérica su sistema económico y social.

     Al realizarse la conquista de América, se **repartieron** las tierras   Upon completing • divided
en grandes **encomiendas.** Y los descendientes de los encomenderos,   vast territories entrusted to
juntos con los **caciques** que surgieron después de la independencia,   *encomenderos*
    local "bosses"
20 **llegaron a ser** los ricos **hacendados** que controlaron durante todo   became • landowners
el siglo XIX el destino de las nuevas naciones. Así es que Hispano-
américa **se vio** dividida en dos clases principales—los muy ricos, que   found itself
representaban un **porcentaje** mínimo, y los muy pobres, que tra-   percentage
bajaban las tierras, y eran la gran mayoría.

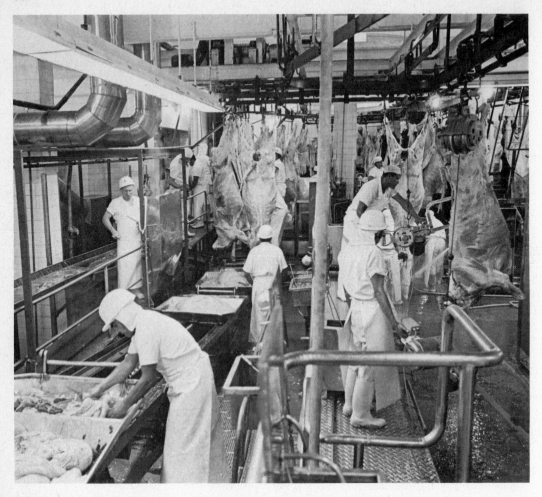

Preparando carnes para la exportación (Buenos Aires). En realidad, Argentina y Uruguay no son los únicos países ganaderos de Latinoamérica.

25   **Agotadas** las minas de metales preciosos, la agricultura quedó   Depleted
como el **sostén** fundamental de la economía. Sí, había otros **recursos**   support • resources
naturales, pero la mayor parte de ellos, **vendidos** por corruptos   having been sold
políticos y caudillos, **se encontraban** en manos extranjeras, **así como**   were • as well as
los principales medios de transporte y comunicación. En fin econó-
30 micamente Hispanoamérica era poco más que una colonia de las
grandes naciones industriales, en particular los Estados Unidos,
Francia, e Inglaterra. Y su gente vivía en la **miseria**.   poverty

El **cuadro** económico de Latinoamérica ha cambiado hasta cierto   picture
punto en años recientes. La tecnología moderna, estimulada mayor-
35 mente por el capital extranjero, ha creado grandes centros metropoli-
tanos, produciendo una nueva clase media y **atrayendo** a multitudes   attracting
de trabajadores campesinos.[1] La influencia de los **sindicatos de**   labor unions
obreros ha aumentado. Y ahora son los grandes **industriales,** no los   industrialists
hacendados de antes, **los que** han tomado las **riendas del poder.** En el   who • reins of power
40 **sentido** físico, Hispanoamérica ha **dado** algunos **pasos hacia adelante**   sense • taken • steps forward
en el siglo XX. Pero sus problemas esenciales siguen sin solución.

Todavía existe una inmensa desproporción en la distribución de
las tierras. En el Ecuador, por ejemplo, menos del 1% de la población
posee más del 50% de la tierra. Por razones geográficas, hay además   owns
45 grandes extensiones de terreno inhabitable o incultivable. En

[1] Sólo en Cuba vemos ahora una emigración de la ciudad hacia el campo.

Pisando las uvas. Fábrica de vinos en
Jerez de la Frontera, España.

La construcción de barcos ha sido una de las industrias principales de España en años recientes. (Cádiz.)

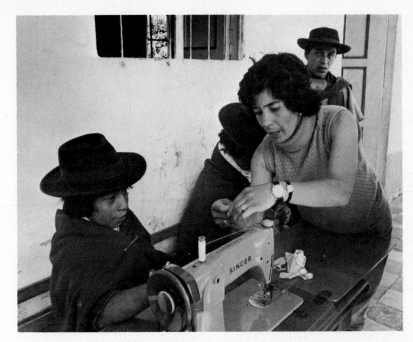

Aprendiendo a usar una
máquina de coser.
Cauca, Colombia. El
gobierno ha instituido
diversos programas para
mejorar el nivel de vida
de los indios.

Nicaragua sólo el 10% de la tierra se puede cultivar. En el Paraguay
sólo el 2% está **siendo cultivado,** y dos **tercios** son **selva** virgen. being cultivated • thirds • forest
En el Perú, hay cientos de pueblos que no tienen acceso a un **solo** single
camino. Y en el Paraguay, con un área de unas 150.000 **millas** square miles
50 **cuadradas,** ¡ hay poco más de 500 millas de caminos que se pueden
usar durante todo el año! **Falta** un sistema adecuado de **ferrocarriles,** There is lacking • railways
aunque las líneas aéreas se han desarrollado mucho en estos últimos
años. Faltan agua **potable** y electricidad, escuelas y **medios eficaces** drinking • efficient means
de comunicación y de **sanidad.** Y sobre todo, la población sigue sanitation
55 **creciendo** tan rápidamente que **hasta** en aquellos países más pro- growing • even
ductivos, es necesario importar gran parte de los productos manu-
facturados y aun de los **comestibles.** Por eso, a pesar de la **expropia-** foodstuffs • takeover
ción de muchas de las **propiedades** extranjeras, Hispanoamérica properties
tiene todavía una **balanza desfavorable en el comercio internacional.** unfavorable trade balance
60   Así es que el **nivel de vida** ha subido relativamente poco para las standard of living
grandes masas hispanoamericanas. Y el pobre, sufriendo hambre,
sufriendo privaciones, se siente **atraído** por todos los «ismos» que attracted
puedan ofrecerle una fácil solución. **Desafortunadamente,** esa solu- Unfortunately
ción no la ha encontrado todavía. ¿ La encontrará **jamás** ? ever
65   En España, como hemos dicho, los largos años de paz que siguie-

Mina de estaño *(tin)*, sostén de la economía boliviana.

ron a la Guerra Civil han traído una relativa prosperidad, por lo menos en la **superficie.** El turismo y las bases militares norteamericanas han **aportado** grandes sumas de dinero **que se han convertido en** elegantes barrios de apartamentos en los centros urbanos y en la multiplicación
70 de coches y caminos. Aunque España sigue siendo una nación esencialmente agrícola, ha podido desarrollar algunas industrias nuevas, **incluso** la manufactura de automóviles y la construcción de **barcos.** Sin embargo, el contraste entre la vida urbana y la vida rural es tan notable como siempre. Es verdad que se han introducido
75 nuevos sistemas de irrigación, y que hasta cierto punto las **máquinas están reemplazando el trabajo manual** en los campos. Pero por lo general la mecanización ha sido **lenta,** y el progreso, lento también. Mientras que Barcelona, Madrid, Bilbao, y Valencia han tomado un

surface

brought • which have turned into

including
ships

machinery is replacing hand work

slow

aspecto moderno, progresista, casi cosmopolita, todavía hay pueblos
80 donde no ha llegado siquiera el agua corriente; donde las mujeres
salen a lavar la ropa contra las **piedras** del **arroyo**; donde el sol **cae
despiadadamente** sobre las tierras amarillas, y las tierras dan poco
de sí. Sin duda, España se ha incorporado a la corriente del siglo XX,
pero le queda todavía mucho **por hacer.**

stones • stream • beats pitilessly

of themselves

to be done

El «oro negro» ilumina el
cielo nocturno. Campos
de petróleo en Villa-
hermosa, México.

Planta moderna de aluminio en Guadalajara, México. La industria llega poco a poco a la América hispana.

Preguntas

1. ¿Cómo era el sistema económico de la España antigua?
2. ¿Qué sistema estableció España en Hispanoamérica?
3. ¿Quiénes dominaron el destino de la América hispana durante todo el siglo XIX?
4. ¿De qué sufría la economía hispanoamericana durante aquel período?
5. ¿Cómo ha cambiado en años recientes el cuadro económico de la América latina?
6. ¿Qué problemas continúan todavía sin solución? ¿Puede Ud. citar algunos ejemplos específicos?
7. ¿Qué cosas faltan para mejorar el nivel de vida? (A propósito, ¿cómo compararía Ud. estas condiciones con las que existen hoy día en nuestro país?)
8. ¿Qué efecto ha tenido sobre España el largo período de paz que siguió a la Guerra Civil?
9. ¿En qué sentidos ha progresado mucho España?
10. ¿Qué contrastes existen todavía?

Lección
Diecinueve

El Cuento del Gato y Otras Profundidades

Cuentan que había un hombre que era tan aficionado a su gato que durante años y años no lo quiso abandonar jamás. Nada de salidas. Nada de vacaciones. «No es que yo no quiera, ¿ entienden ? Pero, ¿ cómo voy a dejar solo a Fifí ? » Hasta que sus amigos comenzaron a preocuparse por él. Mucho le ayudaría un descanso fuera de casa, le decían—un buen paseíto por Europa, un crucero en el mar. Aun ofrecieron cuidar de Fifí hasta que él volviera de su viaje. Y por fin el hombre cedió. Con lágrimas en los ojos, se despidió de Fifí, rogándole a su mejor amigo que lo tratara como si fuera su propio hijo. Y se embarcó en el Reina Isabel rumbo a Inglaterra.

Apenas llegado a Londres, el hombre llamó por teléfono a su amigo.

—Dime—le gritó (la distancia era larguísima), ¿ Cómo está Fifí ?

—Se murió—contestó secamente el amigo.

—¿ Qué me cuentas ? No es posible que eso haya ocurrido. Si Fifí estaba en perfecta salud cuando lo dejé.

—Lo siento mucho, viejo, pero es verdad.

—Pero, ¿ qué le pasó ?

—Bueno, peleó con un ratón. Lo siguió hasta el techo, y Fifí se cayó. El entierro fue ayer.

—¿ Y así me lo dices, sin más ni más ? ¿ Por qué no me diste la noticia poco a poco, para que pudiera soportarla mejor ?

—Pero, ¿ y cómo ?

—Por ejemplo, si lo hubieras pensado bien, me habrías puesto primero un cable : « FIFI HA SUBIDO AL TECHO. » Y al segundo día, otro : « FIFI SE HA CAIDO Y ESTA LEVEMENTE HERIDO. » Y al tercero : « FIFI TIENE UN POCO DE FIEBRE. HEMOS LLAMADO AL MEDICO. » Y al cuarto : « FIFI ESTA ALGO PEOR. » Y finalmente : « FIFI HA PASADO A MEJOR VIDA. R.I.P. » Así habría sido más humano, ¿ no te parece ?

—Tal vez sí. Pero no pensé. No lo sabía… ¿ Me perdonarás ?

They say • fond of his cat
No going out.

worry about • a rest away from home
little trip • cruise at sea.
They even offered
gave in • tears • he took leave
to treat him
Queen Elizabeth bound for
Barely arrived in London

Tell me • very long
drily
Why
health

mouse. She followed it up to the roof • funeral

just like that
stand

you had thought it over • sent

slightly injured
fever
somewhat • finally
Latin : " May he rest in peace "

—**No hay más remedio.** Así es la vida. Pero dime ahora, ¿ qué otras **nuevas** tienes de ahí ? *(There's no other choice / news)*

—¿ Qué te puedo decir, hombre ?... Tu mamá... ha subido al techo...

En fin, la **razón de haberle** contado esta historia es que **hace poco** mi esposo y yo compramos una **lavandería.** Pues siendo profesora yo y abogado él, la dejamos en manos de un buen gerente, ¡ y a **gozar de** los frutos del capitalismo! Pasó un mes. Pasaron dos. Y silencio. **Ni** una llamada del gerente. Ni un solo **aviso.** Hasta que un día **cogimos** el teléfono y lo llamamos. *(reason for having • recently / laundry (dry cleaner) / enjoy / Not • communication / we picked up)*

—Hola. ¿ Qué tal, señor gerente ? ¿ Cómo va el **negocio ?** *(business)*

—Bien. **Bastante** bien. Sólo que esta semana **faltan ocho empleados.** *(Quite • eight employees are out)*

—¿ Ah, sí ? ¿ Y puede **andar** el negocio sin ellos ? *(go on)*

—No tanto como antes. Pero, la verdad, hay muy pocos clientes en esta **temporada. Todo el mundo usa ropa de planchado permanente.** Tal vez en el invierno. *(season. Everybody is wearing permanent-press clothes)*

—Entonces, ¿ volverán los empleados cuando el negocio **mejore ?** *(improves)*

—Claro. Volverán **así que salgan** del hospital. Quedaron bastante **heridos** cuando **explotó la caldera.** *(as soon as they get out / badly hurt • boiler exploded)*

—¡ Cuando explotó la...! ¿ Cuándo fue eso ?

—Hace un par de días. Pero créanme, habría sido peor **si hubiera sucedido la semana pasada,** antes del **incendio.** *(if it had happened last week / fire)*

—¿ Qué incendio, hombre ? ¿¿ Qué incendio ??

—**El que prendieron los ladrones** cuando **se llevaron la caja fuerte. Por suerte...** *(The one the thieves set • they made off with the safe. Luckily)*

Total, que para estimular el negocio y conservar nuestro pobre capital, mi esposo y yo hemos **quedado reducidos a derramar vino disimuladamente** en los manteles de nuestros amigos (se dice que el té fuerte es igualmente **eficaz**) y a servirles a nuestros invitados **helados** de chocolate **bien derretidos, de ésos que se caen** en seguida **del palito.** («No se preocupen. En nuestra lavandería en un momentito la **mancha se quita.**») Y a mandar **cartas anónimas** a los periódicos denunciando las **telas** de planchado permanente como causa del cáncer, si no de algo peor. Y a pasar los sábados **planchando** camisas y pantalones. Así que... pero espere, amigo. Esta **pluma fuente** ya no escribe. ¿ Me hace el favor de **guardármela** por un momento ?... ¡ Ay, no! ¡ **Se le ha derramado la tinta en la** camisa! ¡ **Disculpe,** disculpe! ¡ Y qué **manchota!**... Pero no se preocupe. En seguida en nuestra lavandería... *(been reduced to spilling wine surreptitiously / effective / ice cream • nice and melted, the kind that falls • from the stick / stain comes out • anonymous letters • fabrics / pressing / fountain pen / hold it for me / The ink has spilled on your • Excuse me • big stain)*

ASOCIACIONES

la salud *health*—cuidarse, descansar ; ¡ Salud! *Bless you! To your health!*
la razón *reason*—tener razón, no tener razón *to be right, wrong*
carta *letter*—escribir, mandar ; **las nuevas** *news*—¿ Qué ha pasado ?

tela *cloth*—de planchado permanente ; **mancha** *stain*—lavar, quitar

gato *cat*—¡ Miau ! ; **techo** *roof*—un gato en el techo, «Violinista en el Techo »

---

coger (cojo, coges) *to catch, grab*—un tren, una pelota *ball,* el teléfono

*ofrecer (ofrezco) *to offer*—dar ; **quitar** *to take away or off* ; **guardar** *to keep*—no devolver

preocupar(se) de o por *to worry about*—problemas

gozar de *to enjoy*—buena salud, la familia, la vida

tratar *to treat*—bien, mal ; como a su propio hijo ; **tratar** *to try*—Voy a tratar.

faltar *to be missing*—no estar presente ; *to be short or lacking*—Me faltan seis dólares. Nos falta un billete.

despedirse de (me despido) *to take leave of, say "goodbye" to*—Adiós. Hasta luego.

---

apenas *hardly, scarcely*—Apenas hay tiempo ; **bastante** *(adj. & adv.) enough, plenty*—suficiente ; Hay bastante tiempo para todo ; *(adv.) quite*—bastante difícil, bastante costosa, bastante heridos *injured*

aun *(prep.) even, including*—¿ Aun yo ? ; **todo el mundo** *everybody*—aun tú y ellos y yo y...

fuera de *outside of, away from* ; **dentro de** *(inside) of, within*

así que *(conj.) as soon as*—tan pronto como ; **así que** *and so...*—de manera que...

Disculpe. *Excuse me*—¡ Ay, perdón ! ; **No hay más remedio.** *There's no other choice.*—¡ Qué lástima ! Lo siento.

VAMOS A CONVERSAR

1. ¿ Tienen Uds. un gato o un perro *(dog)* en casa ? ¿ Tienen algún otro protegido *(pet)* ? ¿ Le gustan los pájaros *(birds)* ? ¿ las culebras *(snakes)* ? ¿ los peces *(fish)* tropicales ?

2. En el cuento del gato, ¿ por qué nunca quiso irse de vacaciones el hombre ?

3. ¿ Qué le ofrecieron sus amigos ? ¿ Adónde decidió ir por fin ?

4. ¿ Cuál fue la primera cosa que hizo al llegar a Londres ? ¿ Qué nuevas le contó su amigo ?

5. ¿ Qué le había pasado a Fifí ? Según el hombre, ¿ cómo debía habérselo contado *(should have told it to him)* su amigo ?

6. ¿ Qué pregunta finalmente el hombre ? ¿ Qué le responde su amigo ?

7. ¿ Conoce Ud. a alguien que ame tanto a su animalito como el hombre amaba a Fifí ? ¿ Quién es ? ¿ Recuerda Ud. algún incidente relacionado con ese individuo ? ¿ Podría Ud. amar tanto a un animal ?

8. Volviendo a la segunda parte de nuestro cuento, díganos : ¿ Qué compró la persona que nos habla ? ¿ En qué manos dejó el negocio ?

9. ¿ Qué noticias tuvo de la lavandería durante los dos primeros meses ?

10. ¿ Qué catástrofes le cuenta el gerente cuando habla por fin con ella ?

11. ¿ Cómo tienen que pasar los sábados ahora la señora y su esposa ? ¿ Qué sirven a sus invitados ? ¿ Qué mandan a los periódicos ? Finalmente, ¿ qué remedio proponen para cada nuevo « desastre » que les ocurre a sus amigos ?

12. A propósito, ¿ hay alguien en su familia que haya sufrido una catástrofe en su negocio ? ¿ Ha sufrido Ud. alguna vez una « calamidad » en la escuela ? ¿ o en otra parte ? ¿ Qué pasó ?

Estructura

85. IMPERSONAL EXPRESSIONS WITH SUBJUNCTIVE AND INDICATIVE

A. When there is no change of subject, an impersonal expression is followed by the infinitive[1] :

Es imposible hacerlo hoy.	It is impossible to do it today.
Era importante verla.	It was important to see her.
Hay que (Es necesario) trabajar.	One must (It is necessary to) work.

B. Most impersonal expressions fall within the three basic concepts expressed by the subjunctive. Therefore, when such an expression is followed by a change of subject, the subordinate clause is in the subjunctive :

INDIRECT OR IMPLIED COMMAND

En necesario (importante, urgente, preferible) **que lo haga.**	It is necessary (important, urgent, preferable) *that he do it.* (Note subjunctive in English.)

EMOTION

Es lástima (¡ Ojalá !, Es de esperar) que lo **haya terminado.**	It is a pity (Oh !, if only !, It is to be hoped) he *has finished it.*

UNREALITY (DOUBT, UNCERTAINTY, IMPOSSIBILITY)

Es probable (posible, imposible, increíble, No es verdad) que **lo dijeran.**	It is probable (possible, impossible, incredible, It is not true) that *they said it.*

C. An impersonal expression that states a certainty or the speaker's positive belief is followed by the indicative when there is a change of subject :

Es verdad (No hay duda de, Es seguro, cierto) que **está** vivo.	It is true (There is no doubt, It is sure, certain) that *he is* alive.
But: ¿ Es verdad que está vivo ?	Is it true that he is alive ? (I don't know. Do you ?)
¿ Es verdad que esté vivo ?	Is it true that he is alive ? (I doubt it.)

---

[1] Under certain limited circumstances, the infinitive may be used even when there is a change of subject : **Me es imposible ir hoy** *(It is impossible for me to go today).*

Ejercicios

A. Lea en voz alta, y después cambie según las indicaciones:

1. Es improbable que le **paguen** el dinero.
   (devolver, ofrecer, prometer, dar)
2. **Es imposible** que lo terminen a tiempo.
   (Es necesario, ¡Ojalá! Es seguro, No hay duda de)
3. **Era evidente** que decía la verdad.
   (No era posible, Era importante, Era increíble, Era aparente)
4. **Es necesario** prepararase bien para el futuro.
   (Hay que, Es imposible, Será importante, Es difícil)
5. Ojalá que no **venga** demasiado pronto.
   (salir, revelarlo, quitárselo, volver)

B. Ahora lea bien los diálogos siguientes, y conteste las preguntas:

1. —Es improbable que Juanito vuelva a la universidad este año.
   —¿Por qué?
   —Porque su padre está malo, y Juanito tendrá que trabajar.

Conteste: a. ¿Qué es improbable?
   b. ¿Por qué es importante que trabaje?
   c. ¿Será pobre, rica, o de la clase media la familia de Juanito?

2. —Es evidente que Rosario mentía.
   —¿Por qué dices eso, Ana?
   —Porque no podía mirarme a los ojos. Había que verla *(You should have seen her)*. Se puso *(She turned)* roja y parecía que iba a llorar.

Conteste: a. ¿Por qué era evidente que Rosario mentía?
   b. ¿Por qué había que verla?
   c. ¿Es muy experta en mentir Rosario?

3. —Es lástima que Ricardo no pudiera jugar *(play)* ayer.
   —¿Qué pasó?
   —Pues perdimos el partido *(game)*. Fue imposible ganar sin él.

Conteste: a. ¿Por qué es lástima que Ricardo no pudiera jugar ayer?
   b. ¿Cómo sabemos que es muy buen jugador *(player)*?
   c. ¿A qué deporte cree Ud. que jugaron?

4. —¡Ojalá que tuviéramos más tiempo!
   —¿Para qué?
   —Para acabar la lección. Es muy probable que nuestro profesor nos examine mañana, y no estoy preparado.
   —¡Pobre Manolo!

Conteste: a. ¿Qué deseo expresa Manolo?
   b. ¿Qué dice que es probable?
   c. ¿Qué materia *(subject)* piensa Ud. que está estudiando?

† **86. THE PLUPERFECT SUBJUNCTIVE**

The pluperfect (past perfect) subjunctive consists of the imperfect subjunctive of **haber** + the past participle. It translates the English *had been, had gone,* when a subjunctive is required in the subordinate clause.

hubiera (hubiese) hablado, comido, vivido
hubieras (hubieses)
hubiera (hubiese)
hubiéramos (hubiésemos)
hubierais (hubieseis)
hubieran (hubiesen)

Sentíamos que no hubiera ganado.	We were sorry that he *hadn't won.*
Si hubieran sabido eso, no lo habrían hecho.	If they *had known* that (but they didn't), they wouldn't have done it.
Si hubieras venido, te habrías divertido.	If you *had come,* you would have enjoyed yourself.
Sería mejor si no hubiéramos dicho nada.	It would be better if we *hadn't said* anything.

Ejercicios

A. Conteste, por favor:

1. Si Ud. hubiera nacido en Madrid, ¿qué sería Ud.? ¿Si hubiera nacido en Roma? ¿en Lisboa? ¿en Buenos Aires? ¿en París? 2. Si Ud. hubiera nacido en 1900, ¿cuántos años de edad tendría ahora? ¿si hubiera nacido en 1910? ¿en 1920? ¿en 1820? 3. Si nosotros hubiéramos nacido en el siglo diez y ocho, ¿viviríamos todavía? 4. Si los españoles hubieran colonizado la América del Norte. ¿qué lengua hablaríamos nosotros? 5. Si los ingleses hubieran descubierto la América del Sur, ¿qué lengua hablarían allí ahora? 6. Si no hubiera ocurrido la Revolución Norteamericana, ¿qué serían los Estados Unidos de Norteamérica? 7. Si esta universidad no le hubiera aceptado a Ud., ¿adónde habría ido? 8. Si Tomás Edison no hubiera vivido, ¿qué cosas no tendríamos ahora?

B. Ahora complete usando siempre el pluscuamperfecto del subjuntivo. (¿Comprende en cada caso por qué?)

1. *(If I had known)* que Ud. venía, le habría esperado. 2. Era improbable que *(they had received)* la carta. 3. *(If we had had)* tiempo, habríamos hecho un viaje a Europa. 4. Era lástima que *(they had already gone out).* 5. ¿Era posible que *(he had found it)?* 6. *(If you had known it),* ¿me lo habrías dicho? 7. *(If they had consulted me),* no se habrían ido. 8. No quiso creer que Fifí *(had died).* 9. *(If you had taken)* más vacaciones, no te sentirías

tan cansado ahora.   10. Si el jefe *(had paid)* mejor a los empleados, no habrían declarado una huelga.   *hubiera pagado*

87. SEQUENCE OF TENSES WITH THE SUBJUNCTIVE

MAIN CLAUSE	SUBORDINATE (SUBJUNCTIVE) CLAUSE
Present (future, present perfect)	Same tense as in English
Past (conditional, pluperfect)	Imperfect subjunctive (simple tense) Pluperfect subjunctive (compound tense)

A. When the main clause is in the *present* tense (or in the closely allied future or present perfect), *the subjunctive in the subordinate clause uses the same tense as the English*. Notice again that the present subjunctive refers to future actions as well as to present:

Siento que esté malo.	I am sorry that he is sick.
Es posible que venga.	It is possible that he will come.
Le diré que te llame.	I'll tell him to call you.

| Siento que haya estado malo. | I am sorry that he has been sick. |
| Es posible que haya venido. | It is possible that he has come. |

| Siento que estuviera malo. | I am sorry that he was sick. |
| Es posible que viniera antes. | It is possible that he came before. |

B. When the main clause is in the past or the conditional, only a *past* subjunctive should be used: imperfect subjunctive for a simple tense; pluperfect subjunctive for a compound tense:

| Sentía que estuviera malo. | I was sorry that he was sick. |
| Era posible que viniera. | It was possible that he would (or might) come. |

| Le dije que te llamara. | I told him to call you. |
| Si pudieran, lo comprarían. | If they could, they would buy it. |

Sentía que hubiese estado malo.	I was sorry that he had been sick.
Era posible que hubiera venido.	It was possible that he had come.
Si hubieran podido, lo habrían comprado.	If they had been able to, they would have bought it.

Ejercicios

A. Busque en el Grupo 2 una contestación lógica para cada comentario del Grupo 1:

1	2
No es posible que hayan llegado todavía.	No se preocupe. Se lo darán.
Les rogué que se fueran de paseo, pero no quisieron.	¿Por qué no? Salieron muy temprano esta mañana.
Si me hubiera ofrecido un millón de dólares, no lo habría admitido a mi casa.	Esa gente no sabe gozar de la vida.
Es lástima que les resultara tan mal el negocio.	Si pudieras hablarle un poco, tal vez eso sería suficiente.
¡Ojalá que me den el trabajo!	¿Por qué? ¿Lo odias tanto?
¡Ojalá que yo pudiera ayudarla!	Sí. Han perdido todo su capital.

B. Diga en español: 1. I doubt that he is here. 2. I doubt that he has been here. 3. I doubt that he was here last April. 4. She is hoping that he'll come. 5. She was hoping that he would come. 6. She was hoping that he had come. 7. His mother doesn't want him to go. 8. His mother didn't want him to go. 9. If it were raining, we would stay at home. 10. If it had rained, we would have stayed at home. 11. As soon as he comes, tell him to call me. 12. He said that as soon as he arrived, he would call me. (*Imperfect subjunctive.* He hadn't arrived yet!)

Teatro y Composición

Invente Ud. su propio cuento catastrófico, pero narre las cosas una por una, como en los cuentos del gato y de la lavandería. Por ejemplo, un estudiante puede explicarle a su maestro por qué estuvo ausente para el examen ayer. Una esposa le puede contar a su marido lo que pasó con su coche... o su marido le puede contar a ella cómo perdió el dinero de toda la semana. Mejor todavía, use su propia imaginación. Vamos a ver...

Hora de Conversación XI

LOS NEGOCIOS

remitente

Fernández y Cía., S.A.
Calle San Martín, 35
Valparaíso, Chile

sello

Sr. Rodrigo Mata Ortiz
Avenida 2 de Mayo, 97
Caracas, Venezuela

destinatario
dirección

ENTREGA INMEDIATA   CERTIFICADO

mecanógrafa *typist*
tendero *merchant*
patrón, jefe *boss*
gerente *manager*
dependiente *salesclerk*
estenógrafa

fabricante *manufacturer*
dueño, propietario *owner*
telefonista *operator*
empleado *employee*
tenedor de libros *bookkeeper*

cajero *cashier*
oficina *office*
Sociedad Anónima, *(S.A.)*
    Corporation (Inc.)
máquina de escribir *typewriter*
comerciante *businessman*

almacén *warehouse; store*
obrero *worker*
fábrica *factory*
firma, casa *firm*
el conmutador *switchboard*

carta *letter*
el porte *postage*
tarjeta postal *postcard*

envío, remesa *shipment*
el sobre *envelope*
el paquete *package*

entrega inmediata   *special
delivery*
certificado   *registered*

por avión, correo aéreo   *airmail*

(Casa de) Correos   *post office*

Conversación

1. ¿Qué tipo de trabajo le interesa más a Ud.? ¿Hay hombres de negocios en su familia? ¿Ha trabajado Ud. alguna vez? ¿Cuándo? ¿Dónde?
2. ¿Prefiere trabajar en una oficina, en una fábrica o al aire libre *(in the open air)*?
3. ¿Le gustaría más trabajar en una ciudad o en un pueblo pequeño? ¿y vivir?
4. ¿Prefiere Ud. trabajar para una compañía grande o para un negocio pequeño?
5. ¿Ha visitado Ud. alguna vez una oficina comercial? ¿Cómo la describiría?
6. ¿Cree Ud. que la mayor parte de los hombres de negocios son honrados *(honest)*? ¿Piensa Ud. ser completamente honrado en los negocios?

Lección Veinte

Cuento: Losada y Compañía (2)

Recepcionista: (al teléfono) Buenos días, Losada y Compañía. Sí, señor, **le comunico** en seguida... Señor Losada, el señor Aranda le espera en la extensión 32... Losada y Compañía... Ah, Elenita. **Espera** un momentito. El otro teléfono está **sonando**... Losada y Compañía... Un momento, por favor. La línea está ocupada... Elena, **óyeme**, chica. **Llámame** más tarde, ¿está bien? El jefe me está **vigilando**... Losada y Compañía...

I'll connect you

wait • ringing

listen to me • Call me

watching

* * *

Sr. Losada: Sí, **al habla**... Pero Ernesto, hombre, ¿**qué pedido**?... ¿Hace tres meses?... ¿En octubre?... No puede ser.. Ah, por favor, **no digas** eso. **No lo pienses siquiera**... ¿Estás seguro de que nos lo hayan mandado?... Pues no lo hemos recibido. **Créeme**, si yo lo hubiera sabido, **lo habría atendido** personalmente... ¡Qué va, hombre! ¡Qué va! (Aparte) Elvira, **pásame la carpeta** del señor Aranda, ¿está bien?... Gracias, Elvira. (Otra vez al teléfono) Ahora **déjame** ver... Septiembre..12..16..30.. Octubre..8..14.. Noviembre... (Cubre el teléfono con la mano.) ¡Caramba! Aquí está el pedido! ¿Por qué no me lo mostraron?

speaking • what order?

don't say • Don't even think it
Believe me
I would have attended to it

pass me the file

let me see

Secretaria: No sé, señor. Yo pensé...

Sr. L.: (al teléfono) No, Ernesto, no hay nada. **He revisado** toda tu carpeta. Se habrá perdido en el **correo**. Ahora **dime**, ¿qué es exactamente **lo que nos pedías**?... Bueno... Bueno... Exacto... Muy bien. La mitad **te la entregaremos** mañana, y **lo demás**, lo tendrás **para la semana que viene**. Sí, **por entrega especial**. ¿**Qué te parece**...? Pues gracias, Ernesto, y mil **perdones**, ¿eh?... Sí. Adiós. (**Cuelga** el teléfono.)

I've checked
mail • tell me
what you were ordering
we'll deliver to you • the rest
by next week • by special delivery
How's that? • apologies
He hangs up

* * *

Recepcionista: Losada y Compañía... ¡Cómo no, señora! Ahora mismo la comunico... Losada y Compañía... ¡Rafaela!... Sí, chica. Bien, bien. ¿Y tú?

* * *

(En otra parte de la oficina dos empleados hablan.)

Él: Luisa, ¿te puedo traer algo? Ahí está el **hombre del café**. — coffee man

Ella: Gracias, Julio. Si quieres, **tráeme un expreso** con un **par de** — bring me an expresso • couple of doughnuts
churros. Aquí tienes la plata.

Él: Por favor, Luisa, **guárdatela**. ¿No te puedo **convidar**? Para mí — Put (your money) away. • treat
sería un honor.

Ella: No. **Toma**, toma. Insisto. — Take (it)

Él: Pues... muy bien. Pero **promete** entonces que **cenarás** conmigo — promise • you'll have supper
esta noche.

Ella: ¿Esta noche? No creo que pueda.

Él: Hay una **película** muy buena en el Cine Luxe. — movie

Ella: No sé.

Él: Por favor. Hace meses que quiero **convidarte**, pero nunca me he — invite you out
atrevido.

Ella: En realidad, Julio, estoy muy ocupada. **Mira**. Tu teléfono está — Look
sonando.

Él: Pues... ¿otro día tal vez? (Coge tristemente el teléfono.) Julio
Suárez, al habla... ¡Cómo no, señor Bustamante! Doce puertas
de aluminio, modelo 13A... treinta **cajas de tornillos para metal**, — boxes of metal screws
cien **paquetes** de... — packages

* * *

Sr. Losada: Elvira, **pídele** al señor Montero que venga en seguida a — ask
mi oficina.

* * *

Recepcionista: Losada y Compañía... ¡Miguel! ¡Qué gusto de oír
tu voz! Pensé que te habías olvidado de mí... ¿Sí?... ¿De veras?...
Espera, ¿está bien? **No cuelgues**... Losada y Compañía... Un — Don't hang up.
momentito, por favor... Oye, Miguel...

* * *

Sr. Montero: ¿Ud. deseaba verme, Sr. Losada?

Sr. Losada: **Eso sí**. Sr. Montero, ¿entiendo bien o mal que es Ud. — Yes, indeed.
el gerente de este negocio?

Sr. Montero: Entiende bien, Sr. Losada.

Sr. Losada: Y para conseguir ese **puesto**, ¿se necesita poca o mucha — position
experiencia?

Sr. Montero: Se necesita mucha, señor, muchísima.

Sr. Losada: ¿Y Ud. recibe por su trabajo un **sueldo** bueno o miserable? — salary

Sr. Montero: Muy bueno, señor, gracias. Muy generoso.

Sr. Losada: (gritando) Entonces, Sr. Montero, ¿me puede Ud.

explicar por qué **descuidó** por tres meses el pedido de nuestro   you neglected
mejor cliente, Ernesto Aranda y Compañía?

Sr. Montero: Pero Sr. Losada, déjeme explicar…

Sr. Losada: ¡No hay **explicación que valga**! Sr. Montero, si Ud. no   any worthwhile explanation
puede…

* * *

Recepcionista: Oyeme, Miguel. No te puedo hablar ahora. El jefe
está **rabiando. Ven** a verme pronto… ¿Mañana por la tarde?…   raging mad. Come
Fantástico. Un **beso**… Ciao… **¡Qué día más feliz!**… Losada y   kiss • What a happy day!
Compañía…

ASOCIACIONES

un negocio *a business, a deal;* los negocios *business*—hombre de negocios, jefe,
patrón *boss;* **trabajo** *work, job*—**empleado** *employee;* **puesto** *position*—
gerente, director; **sueldo** *salary*—alto, bajo, ganar; **pedido** *order*—cliente, pedir;
carpeta *file, folder*—pedidos, cartas

caja *box*—para mandar distintas cosas; **un paquete** *package*—de ropa, fósforos,
etc.

el correo *the mail*—echar una carta al correo; estampilla, sello *stamp*

línea *line*—de teléfono, etc.; comunicar; ocupada; «**Al habla.**» *Speaking.*

---

atender a (atiendo) *to attend to*—un pedido, etc.; **revisar** *to check over*
vigilar *to watch over*—cuidar, tener cuidado; **descuidar** *to neglect*
sonar *to sound, ring*—el teléfono; **colgar** (cuelgo) *to hang (up)*
entregar *to deliver; hand over*—entrega especial o inmediata *special delivery*
*****valer** *to be worth*—costar poco, mucho; valer la pena *to be worth while*
cenar *to have supper*—¿a las diez?; **convidar** *to invite, "treat"*—al cine, a cenar

---

mañana por la tarde *tomorrow afternoon*—**la semana que viene** *next week*
lo demás *the rest, the remainder;* los demás *the rest, the others*

VAMOS A HABLAR

1. ¿Dónde ocurre nuestro cuento hoy? ¿Quiénes son algunas de las personas
que trabajan allí? ¿Cómo se llama el jefe?

2. ¿Por qué llama Ernesto Aranda al Sr. Losada? En realidad, ¿ha recibido Losada
y Compañía su pedido? ¿Qué le dice el Sr. Losada a su cliente?

3. En su opinión, ¿hizo bien o mal el Sr. Losada mintiendo *(lying)* a su cliente?
¿Qué habría hecho Ud. si estuviera en su lugar?

4. ¿Cómo se imagina Ud. a Julio? ¿Cuántos años de edad tendrá? ¿Cómo será
su aspecto físico? ¿Qué sabe Ud. de su carácter y personalidad?

5. ¿ Cómo se imagina Ud. a Luisa? ¿ Por qué no desea salir con Julio? ¿ Se identifica Ud. de alguna manera con ella? ¿ Le gusta?

6. ¿A quién llama el Sr. Losada a su oficina? ¿ Cómo le habla? En su opinión, ¿ tiene razón el Sr. Losada? ¿ Qué piensa Ud. de él como hombre de negocios? ¿ como jefe de sus empleados? ¿ como persona?

7. ¿ Por qué queda tan feliz la recepcionista? ¿ Para quiénes ha sido éste un día muy triste?

8. ¿ Es hombre de negocios su padre (u otro miembro de su familia)? ¿ Se interesa por los negocios también su madre? ¿ Conoce Ud. a muchos hombres de negocios? ¿ Le gustaría a Ud. ser como ellos? ¿ Por qué?

Estructura

88. FAMILIAR COMMANDS *(tú, vosotros)*

A. Affirmative

1. The affirmative command form for **tú** is the same as the third person singular of the present indicative:

Habla, niño.	Speak, boy.
Bébelo todo, amorcito.	Drink it all, sweetie.
Canta, Paquito.	Sing, Frankie.

There are only eight exceptions:

ven	*come*	haz	*make, do*
ten	*have*	sé (ser)	*be*
pon	*put*	di	*say, tell*
sal	*go out*	ve	*go*

† 2. The affirmative command for **vosotros** is formed by changing the final **-r** of the infinitive to **-d**. There are no exceptions:

hablar	**hablad**	Speak! (all of you)
hacer	**haced**	Do!
abrir	**abrid**	Open!

When the reflexive pronoun **os** is attached, the **-d** disappears; **-ir** verbs require an accent mark over the last **i** to keep the stress normal:

Hablaos.	Speak to each other.
Poneos los guantes.	Put on your gloves.
Vestíos.	Get dressed.

Only **irse** *(to go away)* keeps the **-d** when **os** is attached:

Idos.	Go away.

B. Negative

The negative commands for *tú* and *vosotros*, just like the commands for *Ud.* and *Uds.*, use the present subjunctive. Of course, the object pronouns *precede.*

Por favor, no te vayas. —Entonces no me molestes. —No seas así.	Please, don't go away. —Then don't bother me. —Don't be like that.
No lo abras. Y no digas nada a nadie. —¿ Por qué tanto misterio ?	Don't open it. And don't tell anybody. —Why such mystery ?
No los convidéis, o no iremos nosotros.—No nos hagáis ningún favor.	Don't invite them, or *we* won't go. —Don't do us any favors.

Ejercicios

A. Cambie a la forma familiar los mandatos siguientes. Por ejemplo :

Hábleme.   **Háblame.**
Siéntese.   **Siéntate.**
† Cierren la puerta.   **Cerrad la puerta.**, etc.

1. a. Levante la mano. Guarde los papeles. Cierre las ventanas. Vigile bien la casa. b. Créalo. Véndamelos. Escríbanos. Pídaselo. c. Despiértese. Acuéstese. Vístase. Duérmase. d. Venga ahora. Salga por aquí. Sea bueno. Póngalos allí. Hágalo otra vez. Dígamelo. ¡ Váyase !

† 2. a. Salgan en seguida. Vengan con nosotros. Repitan la frase juntos. Coman bien. b. Permítanme ayudar. Déjenla ir. Hállenlo pronto. Muévanlos. c. Levántense. (...*os*) Ayúdense. Siéntense. Entiéndanse. Pónganse de acuerdo. d. Vístanse. Sírvanse. Duérmanse.

3. a. No las deje ahí. No lo descuide. No los atienda. No la encienda. b. No se olvide. (No te...) No se atreva. No se dirija a él. No se corte la mano. c. No se vaya. No se caiga. No me los traiga a mí. Nos nos lo impida.

† 4. a. No griten Uds. No cenen todavía. No lo duden. No la entreguen. b. No salgan. No se vayan. (No os...) No se olviden. No se muden. c. No se vayan. No se lo pongan. No se lo sirvan. No se duerman.

B. Diga ahora en español, usando: (1) *tú* (2) † *vosotros* (3) *Ud.* (4) *Uds.* (Remember : Polite commands and all negative commands use the present subjunctive. Attach object pronouns to the end of affirmative commands. Place them immediately before negative commands.)

1. Drive carefully *(con cuidado)*. 2. Don't talk so much *(tanto)*. 3. Give it to me. 4. Don't give it to him. 5. Help us. 6. Tell it to them. 7. Don't tell

it to them. 8. Come at once. 9. Do me a favor. 10. Come back early.
11. Don't complain. 12. Don't go away.

C. Escriba cinco mandatos originales dirigidos a varios miembros de su clase.

89. USES OF *PARA*

Para, translated most frequently by *for, in order to,* generally looks ahead
toward the objective, destination, or logical outcome of the action:

para ⟶ Objective
Destination
Logical outcome

Almost all of its uses reflect this concept. These are its most important meanings:

A. In order to ⟶ objective, logical outcome

Estudio para (ser) abodado.	I am studying (in order) to be a lawyer.
Lo hizo para impresionar a su novia.	He did it (in order) to impress his girlfriend.
Para ser delgada, hay que seguir una dieta estricta.	(In order) To be slim, one must follow a strict diet.

Notice that Spanish uses **para** before an infinitive whenever the English *to*
really means *in order to.*

B. Destined for, headed for ⟶ objective, destination

¿ Para quién es?	Whom is it for?
Lo compró para su cuarto.	He bought it for his room.
Salimos para Madrid hoy.	We leave for Madrid.

C. To be used for ⟶ objective

papel para cartas	letter paper
una taza para té	a teacup
un vaso para vino	a wine glass
But: una taza **de** té	a cup of tea
un vaso **de** vino	a glass of wine

D. By or for (a certain time or date) ⟶ objective

Para la próxima clase…	For the next session. . .
Lo quiero para el sábado.	I want it for (or by) Saturday.
Para el 16, estaremos en Londres.	By the 16th, we'll be in London.

E. Considering, compared with, with relation to ——→ immediate object of reference

Para ella, no hay nada difícil.	For her, there's nothing (too) hard.
Para su edad, habla muy bien.	For his age, he speaks very well.
Para un viejo, es muy fuerte.	For an old man, he is very strong.

Ejercicios

A. Conteste:

1. ¿Ha comprado Ud. algo recientemente para un amigo? ¿para un pariente suyo? ¿para sí mismo? 2. ¿Ha comprado algo para su casa? ¿para su cuarto? 3. ¿Es difícil para Ud. aprender lenguas extranjeras? 4. ¿Fue difícil para Ud. aprender a manejar su coche? 5. Para un estudiante principiante *(beginning)*, ¿cree Ud. que entiende bien el español? 6. ¿Qué tiene Ud. que hacer para mañana? ¿y para la semana que viene *(next week)*? 7. ¿A qué hora sale Ud. para la escuela los lunes? ¿y los martes? ¿los viernes? 8. ¿Para qué profesión u oficio se prepara Ud.? 9. Qué tiene uno que hacer para sacar buenas notas *(grades)*? 10. Si Ud. entra en un restaurante, ¿pide una taza **de** café o una taza **para** café? 11. Si tiene sed, ¿pide un vaso **de** agua o un vaso **para** agua? 12. Si quiere comprar un regalo de bodas *(wedding present)* para unos amigos, ¿les compra vasos **de** vino o vasos **para** vino? ¿Les brinda Ud. *(Do you toast them)* con una copa **de** champaña o con una copa **para** champaña?

B. Complete las oraciones siguientes:

1. Tengo un regalo *(for you)*. — *(For me)*? ¡Qué bien! 2. Los niños habrán salido *(for school by 8:30)*. 3. Quiero que lo tengas terminado *(by tomorrow)*. 4. *(To go)* a la ciudad, hay que tomar el tren. 5. Ayer compré una docena de magníficos *(wine glasses)*. 6. ¿Puedo ofrecerle *(a glass of water)*? —Gracias, pero yo prefiero *(a glass of wine in a water glass)*. 7. En esta tienda vendemos *(children's clothes)*. 8. ¿Es demasiado larga *(for you)* esta lección? —No, *(not for me)*. Me gusta sufrir.

90. USES OF *POR*

Por has two broad categories of uses. One refers to tangible or physical actions: location, position, means, etc. The second looks back ←—— to the motive, the impulse, the reason for the action:

A. Tangible or physical uses (location, position, means, duration of time, etc.)

1. By (an agent), by means of

Por Avión	By Airmail
Llámeme por teléfono.	Telephone me.
Una si por tierra, dos si por mar.	One if by land, two if by sea.
El cuento fue escrito por Galdós.	The story was written by Galdós.

2. Through, along, around

Entramos por la puerta de atrás.	We entered through the back door.
Andaban por la calle.	They were walking along the street.
Vive por ahí.	He lives around there.
Pase por aquí.	Come this way. (Pass through here.)

3. During, for (a period of time), in (the morning, etc.)

Venga el jueves por la tarde.	Come Thursday (in the) afternoon.
No hay clases por la mañana.	There are no classes in the morning.
Vivió en Lima por cinco años.	He lived in Lima for five years.

4. In exchange for

¿Cuánto me da por el coche? —Nada. No sé manejar.	How much will you give me for the car? —Nothing. I don't drive.
No lo haría por nada. —¡Qué va!	I wouldn't do it for anything. —Go on!

5. Per

Cobran por la semana, no por el día. —¿Cobran mucho?	They charge by the week, not by the day. —Do they charge a lot?

B. Motive, impulse ←——— por

1. Motive, impulse ←——— out of, because of, through

Renunció por miedo.	He resigned out of fear.
Se lo dieron por compasión.	They gave it to him out of pity.

2. Motive, impulse ←——— for the sake of, on behalf of

¡Hágalo por mí!	Do it for me!
¡Por Dios!	For Heaven's sake!
Se sacrificó por su patria.	He sacrificed himself for his country.

3. Motive, impulse ←——— for, in search of, in quest of

Pepe, ve por el cura.	Joe, go for the priest.
Los conquistadores no vinieron sólo por oro.	The conquistadors didn't come only for gold.

Ejercicios

A. Complete las frases siguientes, distinguiendo siempre entre **por** y **para**:

1. Lo haré (for you). 2. Decidieron mandar (for the doctor). 3. ¿Se casaría Ud. (for money)? 4. Mándemelo (by Friday night). 5. Le ofreció diez dólares (for her pen). —Está loco. No vale tanto. 6. Trabaja mucho (to) mantener a su familia. 7. Lo envió (by) avión. 8. (For a smart boy), eres muy tonto (dumb). 9. Los niños fueron cantando (through the streets).

B. ¿Puede Ud. terminar las frases del Grupo 1 usando las del Grupo 2?

except

1	2
Esa chica se casó	...para el 16? ...sólo por amor
Rápido, José, ve	...por el médico ...sino por ti ...por un
¿Volverán	kilo? ...por la tarde ...por teléfono
¡Dios mío! ¿Cien pesetas	...por entrega inmediata ...terminen
Para la próxima clase,	la lección ...México y Guatemala
Han de venir mañana	...Uds. hablan maravillosamente
Acaban de llamar	...será para mi cuarto ... por aquí
No lo haríamos por nadie	...hay que ser rico
El televisor	
Para gastar tanto	
Salimos el lunes para	
Para estudiantes nuevos	
Pasen Uds.	
Mandaremos el paquete	

Teatro y Composición

Imagínese que es jefe o gerente de un negocio y que un cliente importante le llama para quejarse *(complain)* de las cosas siguientes: el pedido llegó un mes después del día prometido; la mercancía *(merchandise)* está en muy mala condición; sus empleados se equivocaron en algunas de las cosas que le mandaron; y sobre todo, sus precios son excesivos. Ud. escucha pacientemente y después comienza a hacer sus excusas. A ver cómo se defiende Ud. O si prefiere: Imagínese que Ud. es Luisa, o la recepcionista, o el Sr. Losada, o el Sr. Montero. Ud. acaba de volver a casa y cuenta a su familia lo que *(what)* ocurrió hoy. «¡Ay, pero qué día he tenido hoy! ¿Saben lo que me pasó? Pues, primero...»

hacer

Lectura Cultural

XI. El Hispano por Dentro

«El ideal social del español es que cada uno **lleve en el bolsillo un** [should carry in his pocket a legal document]
fuero que diga: ESTA PERSONA TIENE EL DERECHO DE HACER
LO QUE LE DÉ LA REAL GANA». Así comentó una vez el escritor [anything he darn well pleases]
y filósofo Ángel Ganivet, y bien conocía el carácter de su gente.
5 Individualista—más aún, personalista—el hispano lleva a un **nivel** [level]

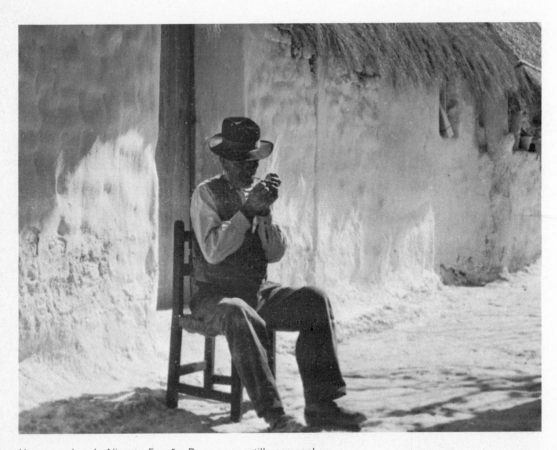

Un campesino de Alicante. España. Rey en su castillo personal.

transcendental el concepto del «yo», y la palabra **brota de** sus   springs from
labios con resonancia. «Soy yo». «¡Lo digo yo!» En efecto, esta
afirmación del «yo» explica en gran parte el curso de su historia.
El español, tan individualista que no puede conformarse **a menudo**   often
10 con la **voluntad** de la mayoría, ha optado muchas veces por el   will
anarquismo **antes que** por la democracia. Y por consecuencia ha   rather than
caído fácil víctima en las manos de hierro del dictador. Tan personalista que **abarca** la sociedad sólo en términos de su mundo inmediato,   he views
siente una **lealtad** mayor a la **tierra** que a la patria; y a su pueblo   loyalty • land
15 o región antes que a la nación. Y así es que España **tardó tantos**   took so many centuries to
siglos en unificarse y que aun hoy existen movimientos separatistas
en todas sus regiones principales. «Yo soy catalán... asturiano...
vasco... andaluz...» Y **al barcelonés se le oye decir**: «Voy a España»,   the Barcelonan is heard to say

Semana Santa en Sevilla.

La fiesta brava. El hombre triunfa por el momento sobre la Muerte.

cuando se dirige a Madrid, la capital. Así se explica también por qué
20 Hispanoamérica se fragmentó en veinte naciones independientes
en vez de buscar la unión de la **hispanidad,** y por qué todos los   instead • Hispanic peoples
esfuerzos **por** crear los Estados Unidos de Hispanoamérica han   to
fracasado. El hispano **odia lo** colectivo, ama lo personal, y tiene en   failed • hates the
común con sus compatriotas el ideal de no tener nada en común.

25   El hispano es profundamente religioso, y el catolicismo influye
en toda su manera de ser. Casi todas sus **fiestas** son fiestas religiosas.   holidays
Los nombres que les da a sus hijos son nombres sacados del **cate-**   catechism
cismo o de las **Sagradas Escrituras.** Y aun más, en lugar de celebrar   Holy Scriptures
su propio **cumpleaños,** celebra el día de su santo. Pero **a pesar** de   birthday • in spite
30 su **adhesión** a los ritos de la iglesia, su religiosidad tiene un carácter   adherence
sumamente íntimo, sumamente individual. Siente que Dios le conoce   extremely
personalmente **de cara** y de nombre. Y por eso, cuando **reza,** le   by face • he prays
habla **de** «**tú**»—«Tú, que estás en los cielos.» «Jesús, Jesusito,   as
escucha mis **oraciones.**» Y **no vacila en llamar** a Dios y a todos   prayers • he doesn't hesitate
35 los **demás seres sagrados** por la más mínima razón. «¡Dios mío!»,   to call • other holy beings

exclama. «¡Por Dios!» «¡José, María, y Jesús!» Y en **lo más** **his innermost soul**
profundo de su alma, espera su contestación. Aunque sabe que es
pequeño ante Dios, se acerca a Él con **cierto orgullo,** construyén- **a certain pride**
dole hermosos altares y magníficas catedrales, trayéndole regalos,
40 tratando de **pactar** con Él **más bien que someterse.** Y cuando pide **make a deal • rather than**
algo, **tiene vergüenza de** presentarse con las manos **vacías** porque **submitting • he is ashamed to •**
su dignidad personal no le permite recibir sin dar también. **empty**

    Orgullo. Ahí tenemos otra cualidad hispánica. Un orgullo que
le hace **rechazar** la comida ofrecida aunque esté **pasando** hambre, **refuse • suffering**
45 porque quiere **aparentar** que sí ha comido. Un orgullo que le hace **make it appear**
vestirse con camisa blanca y **almidonada** cuando sale **de noche** a **starched • in the evening**
pasear, aunque sea la única ropa buena que tenga. Un orgullo en su
«**machismo**», en su **hombría,** en su **valentía** ante la muerte. Un **virility • manliness • valor**
orgullo que **se traduce** en el concepto del honor, la base de su **is translated**
50 **ética** social, y que aun siendo individualista, le hace preocuparse **ethics**
por «**el qué dirán**». Un orgullo que **sobrepasa** la «nobleza de sangre» **what people say about him •**
o la distinción racial. **surpasses**

    Individualista, religioso, y orgulloso, hemos dicho. Así es sin

Celebrando la vendimia *(grape harvest)* en España. «¡A cantar! ¡A beber!»

duda el hispano. Contradictorio, **apasionado,** y dramático también— · passionate
55 dado al **gesto** exagerado, a buscar el momento supremo, **venga lo** · gesture • come what may
que venga después. **Provinciano** y tradicionalista por la mayor parte, · provincial
más bien que cosmopolita o reformador. **Sensible** y **pronto para** · sensitive • quick to get angry
enojarse; más pronto aún para perdonar[1]. Impráctico y **soñador** más · a dreamer
bien que pragmático y materialista. Austero muchas veces **por fuera**; · on the outside
60 **afectuoso y comprensivo** en su «castillo interior». Difícil **de conocer** · warm and understanding • to get to know • Stoic
al principio; amigo leal y para siempre poco después. **Estoico,** teme
a la muerte, y al mismo tiempo la muerte lo fascina—en su arte, en
la corrida, en su religión. Hombre que ha visto la cumbre, y que sabe
aceptar la **derrota** con resignación; hombre tumultuoso, hombre, · defeat
65 como dijo Unamuno, «de lucha y de contradicción». **He aquí a** · Here you have
la hispanidad.

Preguntas
1. Según el escritor Ganivet, ¿cuál es el ideal social del español? ¿Está Ud. de acuerdo con esa filosofía?
2. ¿Qué es lo más importante para él?
3. ¿Cómo ha afectado el curso de la historia ese supremo individualismo?
4. En lo más profundo de su corazón, ¿qué ideal tiene en común con sus compatriotas?
5. ¿Qué manifestaciones externas tiene la religiosidad del hispano?
6. ¿Por qué decimos que en realidad su religiosidad tiene un carácter muy personal?
7. ¿Cómo entra el orgullo en su relación con Dios?
8. ¿En qué otros aspectos de su vida se refleja su carácter orgulloso?
9. ¿Qué otras cualidades o características tiene el hispano?
10. Basándose en lo que acabamos de leer, ¿cómo compararía Ud. el carácter hispánico con el nuestro? ¿y con el de Ud.?

[1] A este respecto es interesante observar que el código *(code)* penal español es uno de los más severos del mundo en asentar castigos *(assessing punishments)*, y tal vez el más benigno y humanitario en administrarlos. En la gran mayoría de los casos la clemencia y la amnistía prevalecen sobre la ejecución de la «justicia».

Lección Veintiuna

El Viaje: Cuento de Terror

Estamos en el **vestíbulo** de un gran hotel. La gente entra y sale y **charla** en grupos animados. Los **ascensores** abren a cada momento sus puertas **doradas**, y una elegante **escalera automática se deja tragar** en el piso del mezanín. En la **Recepción**, un **huésped recién llegado** habla con un señor vestido **de gris**, con **corbata de rayas blancas**. [lobby / chat • elevators / gold-colored • escalator lets itself be swallowed up • Front Desk • newly arrived guest in gray • a tie with white stripes]

Huésped: Buenas tardes. Yo soy el señor Carlos Ruiz Núñez. Y ésta es mi señora.

Sr. de la Recepción: Muy **bienvenidos.** ¿Han hecho Uds. reservación en este hotel? [welcome]

Huésped: Sí. **Se ha reservado a** nuestro nombre un cuarto doble con baño y aire acondicionado. Aquí tiene Ud. la confirmación. [has been reserved in]

Sr.: Ah, sí. Cómo no. A 60 pesos **diarios,** ¿verdad? [a day]

Huésped: Exacto.

Sr.: Lo siento mucho, señor, pero alguien **se ha equivocado.** Aquí no tenemos nada a ese precio. No lo hemos tenido nunca. [has made a mistake]

Huésped: ¿Y qué **quiere decir eso?** [does that mean]

Sr.: Que **no se ha podido honrar** su reservación, porque el precio mínimo aquí es de 300 pesos diarios, sin aire acondicionado. **Además,** el hotel está completamente ocupado. [could not be honored / Besides]

Huésped: Pero si el error fue cometido por Uds., no por…

Sr.: Lo siento, señor.

Huésped: Mire, hemos viajado dieciocho horas para llegar aquí, y estamos cansadísimos. ¿**No se nos puede ofrecer** nada? [Can't we be offered]

Sr.: Nada. El hotel está lleno. Además, ¿no recibieron Uds. nuestro telegrama?

Huésped: No recibimos nada.

Sr.: Pues no sé qué decir. Si Ud. quiere hablar con el gerente…

Huésped: **Seguro que** quiero hablar con él. [Sure]

Sr.: Señor gerente, señor gerente…

(El gerente se acerca. Es un señor alto, también vestido de gris, y con la misma corbata de rayas blancas.)

Ger.: Buenas tardes. ¿Ud. es...?

Huésped: El señor Carlos Ruiz Núñez. He hecho reservación...

Ger.: ¿Ruiz Núñez? ¿Carlos Ruiz Núñez?

Huésped: Y **señora**. Ahora bien, el señor de la Recepción ha dicho que Uds. nos han mandado un telegrama.   wife

Ger.: Así es.

Huésped: Pero no lo hemos recibido.

Ger.: Claro. **Je, je.** Porque Uds. habían muerto ya en el accidente.   (Chuckle)

Huésped: ¿¿¿Qué dice??? ¿En qué accidente habíamos muerto?

Ger:. En la **carretera**. ¿No lo recuerda?   highway

Huésped: ¿Nosotros? ¿Muertos? Pero no es posible. Además, no íbamos en coche. Íbamos en avión.

Ger.: Pues **se cayó** el avión.   crashed

Huésped: No. No íbamos en avión. Íbamos **en barco**.   by ship

Ger.: Y **se hundió** en el mar. Fue dinamitado por...   it sank

Huésped: Pero, ¿puede ser...?

Ger.: Claro. Aquí lo dicen en el periódico. «Carlos Ruiz Núñez y su esposa Elena...» **Así que**... je, je... ¿Ya entiende Ud.? Uds.   So no pueden estar aquí. Pero no importa. El hotel estaba lleno. Además, nunca hemos tenido cuarto doble por 60 pesos diarios...

Sra. Ruiz: ¡Carlos! ¡Carlos! Has estado gritando, ¿sabes? No me gusta despertarte, pero es tiempo **de ponernos ya en camino**.   to get on the road

Carlos: ¿Eh?

Sra. Ruiz: ¿No te acuerdas, querido? Hoy comienza nuestro viaje de vacaciones.

Carlos: Ay, perdón, Elena. Pero, ¿sabes? He estado pensando. Tal vez debemos pasar estas vacaciones en casa, tú y yo, solos. ¿Qué te parece? Podemos **jugar al** tenis, e ir a la playa, y al   play cine, y...

Sra. Ruiz: Pero, las **maletas** ya están **hechas**.   suitcases • packed

Carlos: No importa, querida. **Yo las desharé.** ¿Por favor...?   I'll unpack them

Sra. Ruiz: Muy bien, Carlos, si así lo quieres. Las cosas no van a **resultar** como yo las había planeado. Pero, en fin.. ¿Me perdonas   turn out • planned por un momentito, querido?

Carlos: Cómo no, Elena. Y gracias, ¿eh? (Carlos se instala cómodamente en el **sillón** más grande de la sala, enciende un cigarro, coge   armchair una revista de deportes, y comienza a leer.) ¡Ah, **qué rico**! ¡Qué   how good it feels lindo! Esto **sí se llama vivir**... Pero Elena, ¿ya **cambiaste de**   really is living • changed your **vestido**?... ¿Sabes? No recuerdo **haberte visto** con ese **traje**   clothes • having seen you • suit gris... y esa corbata de rayas blancas... ¡Elena! ¡¡Elena!! ¿¿Qué es eso que **traes en la mano**??   you've got in your hand

ASOCIACIONES

un hotel—**huésped** *guest*; cuarto para uno, cuarto doble; **aire acondicionado** *air conditioning*; **la Recepción** *Front Desk*; **Bienvenido.** *Welcome.*

precio *price*—¿ Cuánto vale?; ¡ Demasiado!

el ascensor, elevador *elevator*—subir, bajar, pisos, botones; **escalera** *staircase*— escalera automática *escalator*

maleta *suitcase*—**hacer las maletas** *to pack*; **viajar** *to travel*—hacer un viaje; en avión, por mar, en coche; **carretera** *highway*—manejar

el mar *the sea*—azul, agua; **barco** *ship*—crucero *cruise*, cruzar el mar

playa *beach*—arena *sand*, bañarse en el mar, nadar *to swim*

un traje *suit, outfit*—saco, pantalones; **corbata** *tie*—camisa

---

jugar *to play* (juego)—al tenis, a las cartas *(cards)*; divertirse, gozar

viajar *to travel*—hacer un viaje, de vacaciones, de negocios, ver mundo

equivocarse *to make a mistake*—cometer un error; ¡ Ay, disculpe!

***querer decir** *to mean (to say)*—«Todos vendrán, quiero decir, todos los que puedan.»

charlar *to chat*—animadamente, con amigos, sobre distintas cosas; conversar

---

lindo *lovely*—¡ Qué hermoso!

gris *gray*—un cielo nublado, un traje gris con corbata de rayas blancas

diario *daily*—todos los días, por el día; un diario—un periódico

además *(adv.) besides*—¡ Todavía hay más!; **además de** *(prep.) besides, aside from*

¿SE ATREVE A CONVERSAR?

1. ¿ Dónde comienza nuestro «cuento de terror»? ¿ Podría Ud. describirnos un poco la escena?

2. ¿ Cómo se llama el huésped recién llegado? ¿ A quién se dirige? ¿ Por qué no se puede honrar su reservación?

3. ¿ A quién llaman para resolver el problema? Según el gerente, ¿ por qué no recibieron los Ruiz su telegrama? ¿ Cómo dice que murieron?

4. ¿ Cómo sabemos que Carlos ha estado soñando? ¿ Qué debían hacer aquel día Carlos y su esposa?

5. ¿ Qué le pide Carlos a Elena? ¿ Cómo le gustaría ahora pasar sus vacaciones? ¿ Está de acuerdo Elena?

6. ¿ Qué cosa curiosísima ocurre ahora? ¿ Qué cree Ud. que trae Elena en la mano? ¿ Cómo lo explica Ud.?

7. ¿ Le gustan por lo general los cuentos de misterio o de terror? ¿ Qué terminación le daría Ud. a éste si fuera su autor(a)?

8. A propósito, ¿ha tenido Ud. alguna vez un sueño como el de Carlos? ¿Son agradables o desagradables por la mayor parte sus sueños? ¿Con qué soñó Ud. anoche?

9. ¿Le ha ocurrido a Ud. alguna vez algo que no se pueda explicar? ¿Cree Ud. en los presentimientos *(premonitions)* o en las «intuiciones»? ¿o en la «percepción extrasensoria»? ¿o en lo sobrenatural?

Estructura

91. MEANING OF THE PASSIVE VOICE

There are two voices in grammatical structure: the active voice and the passive. In the *active* voice, the subject *does* the action of the verb:

Mandó la carta ayer.	He sent the letter yesterday.

In the *passive* voice, the subject *receives* the action of the verb:

La carta fue mandada ayer.	The letter was sent yesterday.

92. THE TRUE PASSIVE IN SPANISH

The true passive in Spanish is formed exactly as in English. In this construction, *to be* is always translated by **ser**, and the past participle agrees with the subject:

SUBJECT +	SER +	PAST PARTICIPLE +	POR[1]
Juan	fue	recibido	por el presidente.
John	*was*	*received*	*by the President.*
Mi profesora	será	honrada	por la universidad.
My teacher	*will be*	*honored*	*by the university.*
Muchas casas	han sido	construidas	por el gobierno.
Many houses	*have been*	*built*	*by the government.*

The true passive *must* be used when the doer of the action is stated. It may often be used as well, even when the agent is not expressed.[2]

Hamlet	fue	escrito	en el siglo XVII.
Hamlet	*was*	*written*	*in the 17th century.*
Sus amigos	serán	invitados	también.
His friends	*will be*	*invited*	*too.*

[1] Occasionally, **de** is used instead of **por**, especially when the action is mental rather than physical: **Es amado de todos** *(He is loved by all).*

[2] The true passive cannot be used when a person is the *indirect* recipient of the action: He has been told (It has been told *to* him). We have been given another chance (It has been given *to* us).

El capitán	ha sido	ascendido	a coronel.
The captain	*has been*	*promoted*	*to colonel.*

Remember that the passive voice always deals with an *action* that is received by the subject. If the sentence deals not with the action itself but with the *result* of the action, **estar** is used. This construction is *not* a passive voice:

La tierra está cubierta de nieve.   The earth is covered with snow.
El niño estaba vestido de blanco.   The child was dressed in white.

Ejercicios

A. Cambie según las indicaciones:

1. El **museo** fue construido en 1925. (plaza, edificios, casas)
2. La carta fue **escrita** ayer. (mandar, *componer, dictar, recibir)
3. Las maletas serán **abiertas** en seguida. (cerrar, revisar, entregar, hacer)
4. **El negocio** ha sido vendido por un agente. (anillos, joyas, barcos, tienda).

B. Ahora complete:

1. La casa *(was built by)* sus abuelos en 1910. —¿Y *(hasn't it been)* renovada jamás?   2. Sus hijos *(will be sent)* a Europa a estudiar. —No le parece muy lejos?   3. La ropa *(has been washed)* pero *(it hasn't been)* planchada todavía. —No importa. Es una tela de planchado permanente.   4. *Don Quijote (was written by)* Cervantes. —No me digas!   5. La confirmación *(was made by)* su hotel, y por eso Uds. son responsables. —¡Qué va!   6. El Nuevo Mundo *(was discovered)* in 1493. —Sí, por Leonardo da Vinci.   7. Las puertas *(were closed)* todavía cuando llegamos. —Entonces, ¿a qué hora *(were they opened)*?   8. Mi vecina siempre *(was seated)* a la ventana del frente, vigilándonos. —¡Qué simpática era!   9. Los tres puestos más altos *(will be offered)* a miembros de nuestra clase. —¡Qué suerte, eh!   10. La comida *(will be served)* en el Salón Verde, señor. —Gracias. Ya voy.

93. THE IMPERSONAL *THEY* FOR THE PASSIVE VOICE

When the doer of the action is *not* stated, Spanish very often uses *they* impersonally as a substitute for the true passive. This also appears frequently in conversational English.

Dicen que va a nevar.   They say (It is said that) it's going to snow.

Enviarán a María a Madrid.   They will send Mary to Madrid. (Mary will be sent . . .)

Los mataron como a perros.   They killed them like dogs. (They were killed) . . .

Le han dejado una fortuna.   They have left him a fortune. (He has been left a fortune.)

Ejercicios

A. Diga de otra manera:

(handwritten: Confiscaron los documentos   Han hallado él niño)

1. Los documentos fueron confiscados.   2. El niño ha sido hallado. (Han...) *(handwritten: found)*

(handwritten: lo salvaron en el)

3. Fue salvado en el último momento. (Lo...)   4. ¿Seré recomendada para *(handwritten: me recomendaron)*
el puesto? (¿Me...)   5. No fuimos convidados. (No nos...)   6. ¿Ha sido
resuelto el problema? (¿Han...)   *(handwritten: convidaron)*   *(handwritten: Han resuelto)*

B. Diga en español usando la tercera persona plural:

(handwritten: dicen   le han dado   me dicen   nos ofres)

1. It is said . . .   2. He has been given . . .   3. I am told . . .   4. We were
(handwritten: hacéron)
offered . . .   5. Dinner will be served at eight. —Will we be invited?

(handwritten: se regran sirvieron   nos invitaron)

C. Ahora conteste, como siempre:

1. ¿Dicen que va a llover mañana? ¿Dicen que va a nevar?   2. ¿Han anun-
ciado ya las fechas *(dates)* de los exámenes finales? ¿En qué mes los darán?
3. ¿A qué hora abren la biblioteca? ¿A qué hora la cierran? *(handwritten: a la)*   4. ¿A qué hora
de la mañana comienzan a servir en la cafetería? ¿A qué hora de la noche
terminan?   5. ¿A cuántos estudiantes admiten aquí cada año? ¿Tienen que
tener calificaciones especiales para que los admitan? (Bueno. ¡Así debe ser!)

(handwritten in left margin: test 20,21)

94. THE REFLEXIVE TO EXPRESS PASSIVE VOICE

Again, when the doer of the action is *not* stated, Spanish may use a reflexive construction in place of the true passive or the third person plural:

A. When the subject of the passive sentence in English is *not* a person, it becomes the subject of a normal reflexive construction in Spanish (as if it
had done the action to itself). The sentence usually begins with the reflexive
verb and the subject follows.

Se construyó este edificio en 1900.	This building was built in 1900.
Se abren las puertas a las diez.	The doors are opened at ten.
Se hallarán allí los libros.	The books will be found there.
Se dice que es riquísima.	It is said that she's very rich.

† B. When the subject of the English passive sentence *is* a person, Spanish
uses the wholly impersonal third person singular reflexive **se** (*one*). *One*
does the action, and the person to whom it is done becomes the direct or
indirect object:

Se nos dijo...	We were told . . . (One told us . . .)
Se la mandará a casa.	She'll be sent home. (One will send . . .)
Se les mató como a perros.	They were killed like dogs. (One . . .)
Se le ha dejado una fortuna.	He has been left a fortune. (One . . .)

In this impersonal reflexive construction, only **le** or **les** is used for a third person masculine object, direct or indirect:

Se le llevó al hospital.	He was taken to the hospital.
Se les llevó al hospital.	They were taken to the hospital.

Ejercicios

A. Lea los diálogos siguientes, y después conteste:

1. —Yo lo vi todo. El coche chocó con *(hit)* un autobús, y...
   —¿Y qué pasó? ¿Fue herido alguien?
   —Sí. Dos personas fueron llevadas al hospital. Pero se dice que no están graves, gracias a Dios.

Conteste: a. ¿Cómo fueron heridas las dos personas?
   b. ¿Adónde las llevaron?
   c. ¿Qué se dice acerca de su condición?
   d. ¿Quiénes cree Ud. que están hablando aquí?

2. —¡Ay, Dios mío! ¡Dicen en la radio que el Presidente acaba de ser asesinado!
   —¡Por Dios, no! Pero, ¿cogieron al asesino?
   —Sí, lo encontraron poco después en un teatro, y lo mataron ahí mismo.
   —Así y todo *(Just the same)* no se le puede devolver la vida al Presidente. ¡Qué lástima!

Conteste: a. ¿Qué acaban de decir en la radio?
   b. ¿Cogieron al asesino?
   c. ¿Dónde lo encontraron?
   d. ¿Qué le hicieron?
   e. ¿Qué no se puede devolver?
   f. ¿Recuerda Ud. un episodio como éste en la historia de nuestro país? ¿Cuándo ocurrió?

3. —¿Dolores? Aquí habla Anita. ¿Sabes, Dolores? Ernesto acaba de ser ascendido. Mañana lo van a anunciar en el periódico.
   —¡Qué felicidad! ¡Enhorabuena! Pero dime, ¿Ernesto será el único?
   —Eso no se sabe todavía. Tal vez haya otros. Posiblemente mañana se publicará la lista.

Conteste: a. ¿Qué noticia le cuenta Anita a Dolores?
   b. ¿Dónde la van a anunciar?
   c. ¿Qué no se sabe todavía?
   d. ¿Qué se publicará mañana?
   e. En su opinión, ¿quiénes son las dos personas que hablan? ¿Quién es Ernesto? ¿Dónde trabaja? ¿Por qué quiere saber Anita si otros van a ser ascendidos también?
   f. ¿Están hablando en persona o por teléfono las dos amigas?

† B. Cambie ahora a la forma reflexiva. Por ejemplo:

> Aquí hablan español... **Aquí se habla español.**
> Nos han dicho que...   **Se nos ha dicho que...**

1. ¿*Saben* si va a venir? 2. ¿Han decidido ya el caso? 3. ¿Explicarán otra vez la voz pasiva? 4. Le han dado más tiempo. (Se le...) 5. ¿Les ofrecerán un sueldo mejor? (¿Se les...) 6. Nos avisarán en caso de peligro. (Se nos...) 7. ¿Le cambiaron el asiento? 8. Me han dicho que no habrá exámenes finales este año. —¿Estás soñando?

† C. Finalmente, diga de tres manera: (a) true passive (b) impersonal *they* (c) reflexive passive

1. He was well received. 2. *Don Quijote* was published in 1605. 3. The children were found at the beach. 4. She will be paid for her work. 5. Our school was built a hundred years ago. 6. Why haven't they been invited? 7. The problem has been avoided *(evitar)*.

Teatro y Composición

Ud. llega a un hotel y pide el cuarto que tiene reservado. Pero resulta que alguien se ha equivocado. No tienen nada que ofrecerle sino *(except)* a un precio mucho más alto y sin las comodidades *(comforts)* que le habían prometido. Ud. se pone furioso y les dice que... Vamos a ver cómo continúa Ud. la conversación. Más aún, vamos a ver quién gana.

O si prefiere, piense un poco en los sueños que ha tenido últimamente y cuéntenos el más interesante, el más emocionante *(exciting)*, ¡o el más horripilante *(horrifying)*! ¿Se atreve a revelar su mundo interior?

Hora de Coversación XII

LA NATURALEZA *(Nature)*

el árbol   *tree*

tierra *the land; earth*	
hoja *leaf*	
la flor *flower*	
hierba, yerba *grass*	
el agua *(f.)* *water*	

el mar, océano *sea*	lodo *mud*
al aire libre *outdoors*	**luna** *moon*
el clima *climate*	**la nube** *cloud*
tiempo *weather*	el monte *hill, mountain; woods*
lluvia *rain*	montaña *mountain*
la nieve *snow*	**el valle** *valley*
cielo *sky*	pantano *swamp*
el sol *sun*	desierto *desert*
prado *meadow*	**piedra** *stone*
el bosque *forest, woods*	roca *rock*
llanura, llano(s) *plains*	isla *island*
meseta *plateau*	**playa** *beach*
selva *jungle; forest*	**arena** *sand*
río *river*	neblina, niebla *fog, haze*
arroyo *stream*	estrella *star*
viento *wind*	el planeta *planet*
polvo *dust*	

Los animales

perro   *dog*

gato *cat*		pollo *chicken*	
caballo *horse*		pato *duck*	
burro, asno *donkey*		pavo *turkey*	
mula *mule*		lobo *wolf*	
puerco, cerdo *pig*		zorro *fox*	
cabra *goat*		oso *bear*	
cordero *lamb*		ciervo, venado *deer*	
oveja *sheep*		el león *lion*	
vaca *cow*		el tigre	
buey *ox*		el elefante	
toro *bull*		mono *monkey, ape*	
culebra *snake*		cocodrilo *crocodile*	
pájaro, el ave *(f.)* *bird*		tortuga *turtle*	

Conversación

1. ¿Cómo es la geografía del estado en que vive Ud.? ¿de los Estados Unidos?
2. ¿Cuál considera Ud. el clima ideal? ¿Le gustaría vivir en un país tropical? ¿Le interesaría visitar la zona ártica? ¿Por qué?
3. ¿Cuál es la primera cosa que se le ocurre cuando oye las palabras siguientes: luna, sol, jardín, arena, estrella, bosque, mar, California, Texas, Suiza, Arabia, la Florida, Londres?

4. ¿Qué animales encontramos normalmente en la casa? ¿en una granja *(farm)*? ¿en el bosque? ¿en una selva tropical? ¿servidos a la mesa?

5. ¿Qué animales usaría Ud. para completar las comparaciones siguientes?
   a. tan valiente como...   b. tan astuto como...   c. tan sucio *(dirty)* como...
   d. tan fuerte como...   e. tan grande como...   f. tan ligero *(swift)* como...
   g. tan testarudo *(stubborn)* como...

6. Finalmente, si Ud. pudiera volver a la vida en la forma de algún animal, ¿cuál escogería? ¿Por qué?

Lección Veintidós

Cuento: Cartelera

Entertainment Section

Ella: Osvaldo, ¿tú quieres salir esta noche?

Él: Depende.

Ella: ¿**De qué**? On what?

Él: ¿Adónde quieres que vayamos?

Ella: Tal vez al cine. ¿Qué te parece, querido?

Él: Muy bien, Carolina. **Tú dirás**. ¿Qué hay en el Teatro Colón? It's up to you.

Ella: A ver... Bueno, aquí tengo el periódico. Ah, sí. **A las 20** y a At 8 PM
las 23, «**Muerte bajo el Sol**», con Ricardo Castellano y Marisa "Death under the Sun"
Orbán.

Él: **Uf.** Ugh!

Ella: ¿Por qué dices «uf»?

Él: No me gusta. ¿Qué **más** hay? else

Ella: Pues en el Cine **Real**, «**Encuentro** Violento», con Alberto Royal • Encounter
Martínez y Eloísa Luz.

Él: Uf.

Ella: ¿**Tampoco**? Not that either?

Él: Tampoco.

Ella: Entonces, en el Teatro California, a las 21, «**El Fantasma del** "Phantom of the Garden"
Jardín». Y a las 22:30, una **función de variedades**. variety show

Él: **No me provoca.** It leaves me cold.

Ella: Pues, a ver... En el **Avenida** Cortés, dos **películas** por el precio Avenue • pictures
de una. «**Beso encima de** Beso» y «Mil Noches de Amor». Kiss on top of

Él: ¿Ah, sí?

Ella: ¿Te gustarían?

Él: No.

Ella: ¡Ay, Osvaldo! Bueno, todavía hay... **Ea,** ¡qué bien! En el Hey
Teatro Orlando, «Ni Pasión ni Amor», con Antonia López y
Roberto Soler. Tú los recuerdas, Osvaldo, ¿verdad?

Él: ¿**A quiénes**? Whom?

Ella: No me escuchabas. A Antonia López, digo, y Roberto Soler. Ella fue la mujer con quien **se fugó** Ernesto Lisondo, **cuya primera esposa lo había dejado por** Arnaldo Rivas, **el que** antes estuvo casado con Linda Montalvo, **cuyo segundo marido** fue Roberto Soler. ¡ Ay, si yo hubiera sabido que eran ellos, ya estaríamos allí ! ¿ Qué te parece, mi vida ?

ran away • whose first wife had left him for • the one who

whose second husband

Él: **Que no.** No me interesa.

No.

Ella: ¡ Ajá ! **Ya lo sabía.**

I knew it all along.

Él: ¿ Qué sabías ?

Ella: Que no es **otra cosa sino pereza.** Pura y simple.

nothing else but laziness

Él: ¿ **Perezoso,** yo ? ¡ Qué va !

Lazy

Ella: Es verdad. ¿ Sabes **lo que** yo pienso, Osvaldo ? Que **lo único** que a ti te gusta es quedarte siempre en casa, **pegado** a la televisión. Tú no quieres ir **a ninguna parte.**

what • the only thing

glued

anywhere

Él: ¿ **Que yo no quiero**… ? **¡ Vaya ! Es que** no me gustan las películas que tú has dicho.

I don't want to? Go on ! It's just that

Ella: Entonces, ¿ por qué no tomas el periódico tú mismo y **tratas de** encontrar algo mejor ?

try to

(Le pasa el periódico.)

Él: Bueno. A ver… En el Teatro **Luna,** « El **Monstruo del Árbol** » y « Los **Pájaros Desnudos** ». El programa no está mal.

Moon • Monster of the Tree

Naked Birds

Ella: ¡ Caramba !

Él: Pues en el Coliseo, hay **lucha libre.** « El Hombre Tigre » contra « El Orangután ».

wrestling

Ella: Por Dios. **No los aguanto.**

I can't stand them.

Él: Y en el Hipódromo, a las 22…

Ella: Pero, Osvaldo, ¿ te has olvidado ?

Él: ¿ Qué ?

Ella: Que a las 22 tenemos que ver « **Diario** de una **Asesina** », en el **Canal** 3.

Diary • Murderess

Channel

Él: ¡ **Qué me cuentas** !… Por supuesto. Hoy es martes. **No me daba cuenta** siquiera.

What's that ! • I didn't realize it

Ella: Y ahora mismo tenemos que **poner** « La Familia Gutiérrez » en el Canal 6.

turn on

Él: Claro. Entonces no podemos salir.

Ella: Exactamente. Si hubiéramos salido, nunca **me habría perdonado.**

would have forgiven myself

Él: Es verdad. Si **me hubieras hecho** salir, nunca te habría perdonado.

you had made me

Ella: ¡ Qué suerte, eh !

Él: Gracias, querida. (Osvaldo pone la televisión.) Ahh. Bien. Ahora, por favor, Carolina, ¿ me quieres traer una **botella** de cerveza ? Y trae tu caja de chocolates, ¿ está bien ?

bottle

ASOCIACIONES

el árbol *tree* ; **pájaro** *bird* ; **el jardín** *garden*—verde, primavera

el sol *the sun*—hacer mucho sol, verano ; **la luna** *the moon*—la noche, amantes

marido *husband*—esposa, mujer ; **besos** *kisses*—amor, amor, amor

película *film, movie*—cámara, el cine, televisión

la parte *part, place*—dos partes iguales, mitad, mitad ; **en** (or **a**) **ninguna parte** *nowhere*—en (*or* a) alguna parte *(somewhere)*

avenida *avenue*—una calle ancha, tránsito, la ciudad

botella *bottle*—de leche, cerveza, vino

---

tratar de *to try to*—Si es posible... Voy a ver si puedo...

depender de *to depend on*—los amigos, la familia, su trabajo

*darse cuenta (de) *to realize, take into account :* ¡ Ay, no me daba cuenta !

aguantar *to put up with, stand*—problemas, sufrimiento, ¡ a ciertas personas !

fugarse *to run away*—de casa, novios ; de la policía, ladrones

---

perezoso *lazy*—No quiere moverse ; ¿ Trabajar, yo ?

pegado *glued, stuck*—a la televisión, a su trabajo

desnudo *naked, bare*—sin ropa, sin nada ; ¡ frío !

---

tampoco *(adv.) not . . . either; neither (opposite of* también*)*—« Yo no voy.—Ni yo tampoco. » « No me gusta. —A mí tampoco. »

sino *but (on the contrary, after a negative)* ; *except*—No es nada sino pereza.

bajo *(prep.) under*—debajo de ; **encima (de)** *on top (of), above*–sobre

¡ Vaya! *Go on!*—¡ Qué me cuentas ! ¡ Qué cosa !

VAMOS A CHARLAR

1. ¿ Qué piensa Ud. del cine hoy día ? ¿ Cree Ud. que era mejor antes ? ¿ Cuál considera Ud. la forma más alta de arte—el cine, el teatro, o la televisión ?

2. ¿ Con qué frecuencia va Ud. al cine ? ¿ una vez a la semana ? ¿ dos veces ? ¿ una vez al año ? ¿ Qué clase de películas le interesa más ver ? ¿ Cuál es la mejor película que ha visto recientemente ? ¿ y la peor ?

3. En su opinión, ¿ hay demasiada violencia ahora en las películas ? ¿ y en los programas de televisión ? ¿ Hay demasiada sexualidad ? ¿ Cree Ud. que debe haber algún tipo de censura *(censorship)* ? ¿ Por qué ?

4. Volviendo ahora a nuestra **Cartelera**, díganos : ¿ Cómo se imagina Ud. a Osvaldo y Carolina ? ¿ Cuántos años de edad tendrán ? ¿ Cuántos años hace que están casados ? ¿ Tienen hijos ? ¿ Es feliz su matrimonio ? ¿ Por qué piensa Ud. así ?

5. ¿Qué clase de trabajo hará Osvaldo? ¿Trabaja Carolina también, o sólo se queda en casa? ¿Conoce Ud. a personas como ellos?
6. De todas las películas mencionadas en este cuento, ¿cuál le gustaría más ver? ¿De qué otros títulos se acuerda Ud.? ¿Ha visto Ud. películas como ésas?
7. ¿Qué otros pasatiempos le gustan a Ud.? ¿Le gusta el boxeo? ¿la lucha libre *(wrestling)*? ¿Le gustan las carreras de caballos *(horse racing)*? ¿Participa Ud. en alguna de estas actividades? Si Ud. tuviera fondos *(funds)* ilimitados, ¿cómo pasaría su tiempo libre?

Estructura

95. *QUE, QUIEN,* AND THEIR ALTERNATES

A. que

Que is the most common of all relative pronouns. It means *who, that,* or *which,* and as direct object of a verb, *whom.* Sometimes English omits the relative completely. Spanish does *not*:

la señora que compró la casa	the lady who bought the house
la obra que presentan ahora	the play (that) they're giving now
el escritor que admiro más	the writer (whom) I admire most

B. quien

Quien (*pl.* **quienes**) means *who* or *whom,* and refers only to persons. It is used mostly after a preposition:

¿Es Ud. el señor a quien escribí?	Are you the man to whom I wrote?
—Si, pero la persona con quien debe comunicarse es el gerente.	Yes, but the person you should speak to is the manager.
Éstos son los artistas de quienes hablaban. ¿Los conoce Ud.?	These are the artists about whom they were speaking. Do you know them?

C. el que

El que, la que, los que, las que mean *the one who* or *those who.*

El que más habla es el que menos hace.	The one who talks most is the one who does least.
Los que votaron por él lo lamentan ahora.	Those who voted for him regret it now.

They may also be used in place of **que** or **quien** when clarification is needed.

La madre de mi novio, **la** que vive en México, nos llevó al Zócalo.

My fiancé's mother, who lives in Mexico City, took us to the Zocalo.

If **que** or **quien** were used here, the logical assumption would be that my fiancé (the last mentioned) lives in Mexico City. **La que** specifies the mother.

† D. el cual

El cual, la cual, los cuales, and **las cuales** may also be used in place of **que** or **quien** for clarification.

La madre de mi novio, **la cual** vive en México...

In addition, they frequently translate *which* after **por, sin,** and after prepositions of two or more syllables.[1]

la casa delante de la cual paramos

the house in front of which we stopped

las puertas por las cuales entramos

the doors through which we entered

los papeles entre los cuales lo escondí

the papers among which I hid it

Ejercicios

A. Lea en voz alta, y después cambie según las indicaciones:

1. **La ventana** que da *(faces)* al parque...
   (Las ventanas, la galería, el balcón)
2. **La columna** detrás de la cual se escondía...
   (Las columnas, el árbol, los árboles)
3. Éstos son los **poemas** de que les hablé.
   (los poetas, las artistas, la poetisa, la música)
4. Los que **vinieron** se divirtieron mucho.
   (quedarse, fueron a la fiesta, asistieron a la función)
5. ¿Es **ella** la que te lo dijo?
   (Juan, ellos, ellas)
6. **El padre** de María, el cual nos ha invitado...
   (Los padres, el esposo, los hermanos)
7. **El que** ríe último, ríe mejor. *(He who laughs last ...)*
   (La que, los que, las que)

---

[1] Although **el cual,** etc. is somewhat more common, **el que** may be used after these prepositions as well.

B. ¿ Qué asocia Ud. con cada una de las cosas siguientes ?

1. la comida que sirven aquí en la cafetería...   2. la casa en que vivo...   3. la gente que habita la casa vecina (o el cuarto vecino)...   4. la primera vez que me enamoré...   5. los chicos con quienes paso mi tiempo libre...   6. la persona con quien me voy a casar...   7. los que nacen ricos...   8. los que nacen pobres...

C. Lea los pequeños diálogos, y después conteste las preguntas :

1. —Mamá, ésta es la muchacha de quien te he hablado tanto.
   —¡ Ay, no, Pepe ! No me hagas llorar. Si tú me dejas sola, tú, mi único hijo...

Conteste : a. ¿ Cómo presenta Pepe a su novia ?
   b. ¿ Cómo recibe su madre la buena noticia ?
   c. Si Ud. fuera la chica. ¿ se casaría con Pepe ?

2. —¿ Quiénes son esos muchachos, Alonso ? No los conozco.
   —Son unos chicos que viven en el piso de arriba.
   —¿ Ah, los que tienen el grupo musical ? ¿ Los que me despiertan con su ruido cada noche ? ¿ Los que voy a matar si los cojo.
   —¡ Por favor, Toñuelo. ¡ Con calma ! *(Take it easy.)* ¡ Con calma !

Conteste : a. ¿ A quiénes ve por primera vez Toñuelo ?
   b. ¿ Por qué está tan enojado con ellos ?
   c. ¿ Dónde cree Ud. que viven estas personas ?

3. —Tú conoces a Luisita Rivera, ¿ no ?
   —Ah, sí. Es la chica que se graduó primera en su clase el año pasado.
   —Sí. Y ahora es la chica con quien me voy a casar en junio.
   —¡ Qué maravilla ! Enhorabuena, Rafael. Me alegro tanto.

Conteste : a. ¿ Qué clase de estudiante fue Luisita Rivera ?
   b. ¿ Por qué está tan orgulloso *(proud)* de ella Rafael ?
   c. ¿ Qué profesión u oficio *(occupation)* cree Ud. que seguirá ahora Luisita ?

96. *LO QUE* AND *LO CUAL*

A. **Lo que** is the only relative pronoun that means *what*.

Dime lo que quieres.	Tell me what you want.
Lo que hizo fue imperdonable.	What he did was unforgivable.
Lo que pide es imposible.	What he is asking for is impossible.

† B. **Lo que** and **lo cual** can both mean *which*, when referring back to a whole idea.

Pepe no viene, lo cual (lo que) nos obliga a invitar a Ramón.	Joe isn't coming, which obliges us to invite Raymond.
No soy miembro, lo cual (lo que) me impide votar.	I am not a member, which prevents me from voting.

Ejercicios

A. Halle en el Grupo 2 la conclusión de cada frase del Grupo 1 :

1	2
Lo que me molesta más que nada	lo que me obligará a pedirle más a
Me has mentido demasiadas veces,	papá... lo cual significa que no
	podremos tener la reunión... es que
He gastado ya todo mi dinero,	se hayan marchado sin despedirse
Bernardo tiene que sufrir una	siquiera... lo que representa un
operación muy delicada,	gran peligro para el pueblo... será
Según lo que me has dicho,	una persona importantísima... lo
Las aguas han subido muchísimo,	que tiene muy preocupada a su
Se han apagado todas las luces	esposa... por lo cual ya no te voy a
	creer jamás...

B. Termine de una manera original las frases siguientes :

1. Lo que ella quiere...   2. No sabemos lo que...   3. No han aceptado nuestra invitación, lo cual...   4. Era muy linda, lo cual ...   5. Nunca decía lo que... 6. Es dificilísimo entender lo que...

† C. Diga finalmente en español :

1. I know very well what you want. —Oh, yes? What do I want?   2. What you are asking for is unfair *(injusto)*. —Why?   3. Joe lives very far away, which prevents us (from) seeing him.   4. Gloria speaks very well, which will help her a lot as a lawyer.   5. Now this is what I want you to do. —Go on!

97. *CUYO VS. ¿DE QUIÉN?*

Cuyo *(whose)* is the only relative that states possession. It always agrees with the noun that follows it :

la niña cuyo gato se perdió	the little girl whose cat got lost
el escritor cuyas obras leemos	the writer whose works we are reading
los García, cuya hija llamó	the Garcías, whose daughter called

Remember that the question *Whose?* is expressed by ¿ **De quién(es) ?**

¿ De quién es ese coche ?	Whose car is that ?

¿De quiénes son estos papeles?   Whose papers are these?
¿De quiénes serán esos anteojos?   Whose glasses can those be?

Ejercicios

A. Cambie según las indicaciones:

1. El señor Ramírez, cuya **casa** fue vendida…
   (fotografías, perro, cuadros)
2. El escritor **cuyo libro** estamos leyendo…
   (poesía, dramas [*m.*], obras)
3. La conferencia, cuya **fecha** *(date)* no se sabe todavía…
   (tema [*m.*], días, tópicos, horas)

B. Complete ahora:

1. Mis amigos, *(whose family)* tiene una magnífica casa de campo, nos han invitado a pasar una semana con ellos.   2. Los Molina, en *(whose neighborhood)* han ocurrido muchos robos recientemente, van a mudarse a otro lugar.
3. Esta señora, *(whose name)* Ud. reconocerá en seguida, desea hablar con Ud.   4. Aquel viejo, *(whose beard)* era tan blanca como la nieve y *(whose eyes)* brillaban como las estrellas, fue el hombre más simpático que conocimos jamás.   5. Silvia Malón, *(whose third marriage)* acabó hoy en el divorcio, se casará secretamente mañana con el cantante Joseíto Manuel, *(whose children)* de sus cuatro matrimonios anteriores… ¡Bastante ya!

C. Conteste usando siempre un pronombre posesivo. Por ejemplo:

¿De quién es esta silla?   Es mía (tuya, suya, de ella, etc.)

1. ¿De quién era el coche en que fueron?   2. De quién es este perrito?
3. ¿De quiénes serán esos asientos?   4. ¿De quién son estos guantes?
5. ¿De quiénes eran esos paquetes?   6. ¿De quién sería aquel reloj tan grande?

D. Diga en español:

1. Whose seat is this? —Which one? —This one. —It's mine. —It's not yours. It's mine! —Then why did you ask?   2. Whose eyeglasses are those?   3. Who's going with me?!   4. Whose exam is this? —Tell me the grade *(nota)* and I'll tell you whose it is.

98. *SINO* VS. *PERO* (but)

Sino *(but)* is used in place of **pero** only when the first part of the sentence is negative and the second part contradicts it[2]:

---

[2] **Sino** is exclusively a preposition. Before a clause, then, it is replaced by the conjunction **sino que**.

Negative always (handwritten)

No es rico, sino pobre.   He isn't rich, but poor.
No le interesa el curso, sino la   He's not interested in the course,
   nota.   but in the grade.

When the second part of a negative sentence does *not* contradict the first, **pero** is used:

No es rico, pero viaja mucho.   He isn't rich, but he travels a lot.

Ejercicio
Complete las frases siguientes, usando **pero** o **sino**:

1. No fue él *sino* su hermano.   2. No lo hizo, *pero* no me importa.   3. Tomó el curso, *pero* no aprendió nada.   4. Se casó con él no por amor, *sino* por dinero.   5. Ya no son niños, *sino* hombres.   6. No comas con las manos, *sino* con el tenedor.   7. Dicen que es muy buena persona, *pero* no me gusta.   8. No levanten la mano izquierda, *sino* la derecha.   9. No lo pongamos ahí *sino* cerca de la ventana.   10. Llamé el número correcto *pero* no contestaron.

99. SPECIAL USES OF *LO*

A. Certain verbs, such as **pedir, preguntar, saber,** and **decir,** almost always require a direct object. If the direct object is not stated, **lo** is used in its place:

¿ Sabe Ud. que ha muerto el Sr.   Do you know that Mr. Gomez has
   Gómez? — Sí, lo sé.   died? —Yes, I know.
Dígaselo en seguida.   Tell him right away.
No quieren pedírtelo.   They don't want to ask you (for it).
Pregúnteselo a ellos.   Ask *them.*

B. When used before a masculine singular adjective, **lo** converts the adjective into a noun. The noun so formed either describes a general quality or is the equivalent of the English *part, thing,* etc., (the best part, the only thing):

Lo único que sabe es...   The only thing she knows is...
Lo mejor fue que...   The best part was that...
Eso fue lo más interesante.   That was the most interesting part.
Hay que distinguir entre lo bueno   One must distinguish between
   y lo útil.   good and (what is) useful.

Ejercicios
A. Conteste las preguntas siguientes, usando **lo** en vez del objeto directo:

1. ¿ Sabía Ud. que su padre es un gran millonario? (Sí, lo sabía. No...)   2. ¿ Le han dicho ya a María que me llame? (Sí, se lo...)   3. ¿ Te han preguntado si quieres hacerlo?   4. ¿ Le pidieron a Fernando que volviera?   5. ¿ Sabían

que el jefe había muerto? 6. ¿Le preguntarán Uds. cuándo se marchará?
7. ¿Sabían Uds. que el aire de aquella ciudad está del todo contaminado?
8. ¿Le dijeron cómo resultaron las elecciones? 9. ¿Sabíais que nuestra casa
nueva tiene ascensor? 10. ¿Debo pedirles que nos ayuden?

B. Termine con sus propias palabras:

1. Lo más importante en este mundo es... 2. Lo hermoso no es... 3. Lo
malo de ser estudiante es... 4. Lo más interesante para mí es... 5. Lo más
difícil para un joven es... 6. Lo más fácil en este mundo es...

Teatro y Composición

¿Qué tal le gustaría preparar hoy su propia Cartelera? Use un poco la imaginación,
y haga una lista de diferentes funciones de cine, de teatro o deportivas *(sports)*,
con sus horas, sus «estrellas», etc. Y si quiere, añádale *(add to it)* un poco de
«propaganda» para estimular el interés de sus lectores *(readers)*.

Por otra parte, si prefiere escribir una composición, tome por favor uno de los
temas siguientes. A ver cómo lo desarrolla *(develop)*:

1. Por qué pienso (o no pienso) que debe haber censura en el arte
2. La mejor (o la peor) película que he visto jamás
3. Yo y la televisión

Lectura Cultural

XII. Escritores y Artistas de Hoy

Siglo XX. Época contemporánea. El siglo comienza en España con un grupo de jóvenes intelectuales—artistas, escritores, filósofos— **pensadores** que quieren despertar, que quieren renovar a una España dormida en el pasado. Miguel de Unamuno, Ramón del Valle Inclán,
5 Pío Baroja, Azorín, y **otros muchos**, miembros de la **llamada** « Generación del 98 »[1]. Destruyendo las viejas convenciones y maneras de pensar, **sembrando** la duda donde antes había **complacencia**, llegando a la base de la existencia del hombre, esta generación crea un arte nuevo, y aun más, una conciencia de la necesidad de construir
10 un futuro nuevo.

    Pasado el primer momento renovador de la Generación del 98, España continúa todavía su **desarrollo** cultural. Jacinto Benavente **infunde** un nuevo vigor en el arte dramático. El poeta Juan Ramón Jiménez, expresando una sencilla filosofía y conciencia humana,
15 gana el Premio Nobel por su obra en prosa poética, *Platero y yo*. Y José Ortega y Gasset, filósofo social, describe en *La rebelión de las masas* los cambios que van afectando la estructura fundamental de nuestra sociedad.

    En los **años 20 aparece** el joven poeta y dramaturgo andaluz
20 Federico García Lorca, muerto durante la Guerra Civil. Hoy se le considera el **valor más alto** de la literatura española contemporánea, muy conocido y traducido en **el extranjero**. Después de la guerra, sigue un período de poca producción literaria. Pero **a partir de 1945** surge una nueva generación de escritores, entre ellos los novelistas
25 Juan Antonio de Zunzunegui, Camilo Cela, Miguel Delibes, y Carmen Laforet. Esencialmente realistas, **a menudo** desilusionados, aun cínicos, corresponden en muchas de sus obras a los « angry young men » de la literatura inglesa contemporánea. Pero aun dentro de su **efectismo** « tremendista »[2], añaden a veces una nota sutil de
30 humorismo que **suaviza** el tono general de **amargura**. El teatro y la poesía también florecen hoy en España. Y además, algunos de los artistas que dejaron su patria por razones políticas continúan sus esfuerzos creadores en Hispanoamérica. Con la suspensión de la censura, el **literato** español ya no pone límites a los **horizontes** de su
35 creación.

---

[1] La catástrofe sufrida por España en 1898 dio ímpetu a estos escritores, y de ahí se deriva el nombre.
[2] Se llama «tremendismo» una técnica literaria contemporánea que quiere chocar la sensibilidad del lector con situaciones, vocabulario, y efectos violentos o exagerados.

Miguel de Unamuno, novelista, dramaturgo y filósofo social.

El viejo Baroja con « Papá » Hemingway.

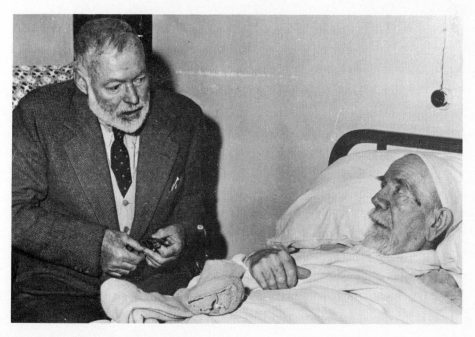

Juan Ramón Jiménez visitando una exposición de sus obras en Puerto Rico, donde vivió a partir de la Guerra Civil española.

Mientras tanto, en Hispanoamérica el siglo comienza bajo el impulso de un joven poeta nicaragüense, Rubén Darío, fundador del movimiento «modernista» cuya influencia va a **traspasar** las fronteras de América. Con el modernismo empieza la verdadera independencia
40 intelectual de Latinoamérica, una independencia que ha producido en el siglo XX una vasta y gran creación artística—pintura, escultura, música, literatura. Las formas literarias más cultivadas son la poesía, el cuento, y la novela, y su variedad es impresionante. Las obras de los chilenos Gabriela Mistral y Pablo Neruda y del guatemalteco
45 Miguel Angel Asturias, ganadores todos del Premio Nobel, gozan

go beyond

El genial arquitecto y escultor catalán
Antonio Gaudí ha contribuido a cambiar
la orientación del arte moderno español.
Gaudí es el creador del estilo neogótico.
Aquí vemos tres ejemplos de su
arquitectura audaz *(bold)*. A la izquierda,
uno de los mosaicos de brillantes colores
que adornan los bancos del Parque
Güell en Barcelona, obra maestra del
arte modernista.

de una fama internacional, y hay otros escritores hispanoamericanos
que también son muy conocidos en Europa. La novela **abunda**—   abounds
novela sociológica, novela de la Revolución mexicana, novela india-
nista (muchas veces de orientación izquierdista), novela filosófica
50 novela histórica, novela de experimentación artística.

   El escritor hispánico de hoy busca formas nuevas, deseando
expresar a través de ellas la verdadera esencia de su pueblo. Y así
lo hace también el músico, el dramaturgo, el pintor. Dejemos ahora
que el arte visual se explique por sí mismo...

Pablo Picasso: «Los Saltimbanquis». Refugiado en Francia desde La Guerra
Civil hasta su muerte en 1975, Picasso fue indudablemente la fuerza creadora
más potente del arte moderno occidental.

Picasso: «Naturaleza muerta» *(Still Life)*, obra maestra del estilo cubista. ▶

«Técnica mixta», del pintor madrileño Lucio Muñoz. ▶

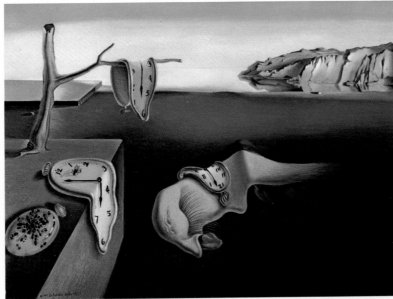

«La Persistencia de la Memoria», por Salvador Dalí, pintor catalán de fama internacional y exponente por excelencia del surrealismo.

«El conde duque de Olivares» acuarela *(water-color)*. El genio satírico de Dalí se manifiesta en este magnífico retrato. ▶

Dalí: «El *Twist* en el Estudio de Velázquez».

Museum of Modern Art, Miró, Dutch Interior.

«Interior holandés» por el célebre pintor catalán Joan Miró es una mezcla de surrealismo y expresionismo en la que predomina siempre la fantasía.

«El Quinteto», de Emilio Pettoruti, ejemplifica la boga del estilo cubista en la Argentina.

La realidad política ejerce *(exerts)* una poderosa influencia en el arte hispano. «Imagen de una revolución» por el español Rafael Canogar.

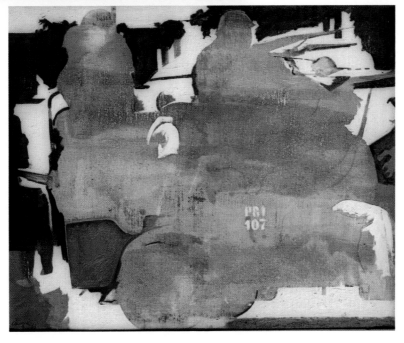

«Catedral», vista con varias perspectivas, es una de las pinturas de la catedral de La Habana por el artista cubano René Portocarrero.

Federico García Lorca.

Gabriela Mistral.

Aquí vemos al controversial poeta chileno Pablo Neruda
recibiendo el premio Nobel de literatura de manos del rey
sueco (1971).

Miguel Ángel Asturias contempla la estatua de Benito Pérez
Galdós en su visita al museo dedicado al gran novelista del siglo
XIX. (Islas Canarias).

Preguntas

1. ¿Con qué movimiento intelectual comienza el siglo XX en España?
2. ¿Quiénes son algunas de las figuras importantes de esa generación? ¿Qué deseaban hacer?
3. ¿Quién fue Federico García Lorca?
4. ¿Qué sabe Ud. acerca de la literatura española a partir de 1945?
5. ¿Qué poeta moderno cambió el curso de la poesía hispanoamericana?
6. ¿Puede Ud. nombrar a algunos de los ganadores latinoamericanos del Premio Nobel?
7. ¿Cuáles son las formas literarias más cultivadas ahora en Hispanoamérica?
8. ¿De qué temas trata la novela contemporánea?
9. ¿Quiénes son los principales pintores españoles de nuestra época? ¿Qué tal le parece a Ud. su obra?
10. ¿Qué pintores contemporáneos hispanoamericanos conoce Ud.? ¿Cómo los compararía con los españoles?

Repaso de Gramática IV

A. Direct commands

	AFFIRMATIVE	NEGATIVE
tú	3rd person singular present indicative (except **ten, ven, pon, haz, sal, sé, di, ve**)	present subjunctive
vosotros	infinitive: final **r** > **d**	present subjunctive
Ud., Uds.	present subjunctive	present subjunctive
nosotros	present subjunctive or **Vamos a** + infinitive	present subjunctive

B. The imperfect (simple past) subjunctive.
The imperfect subjunctive translates a simple past when subjunctive is required:

hablar	**comer**	**vivir**
hablara (hablase)	comiera (comiese)	viviera (viviese)
hablaras (hablases)	comieras (comieses)	vivieras (vivieses)
hablara (hablase)	comiera (comiese)	viviera (viviese)
habláramos (hablásemos)	comiéramos (comiésemos)	viviéramos (viviésemos)
hablarais (hablaseis)	comierais (comieseis)	vivierais (vivieseis)
hablaran (hablasen)	comieran (comiesen)	vivieran (viviesen)

C. The pluperfect (past perfect) subjunctive: imperfect subjunctive of **haber** + past participle

The pluperfect subjunctive translates *had gone, had said,* when subjunctive is required in the subordinate clause:

hubiera (hubiese) ido, dicho	hubiéramos (hubiésemos) ido, dicho
hubieras (hubieses)	hubierais (hubieseis)
hubiera (hubiese)	hubieran (hubiesen)

D. Uses of the subjunctive in Review
Aside from its use in direct commands, the subjunctive belongs almost exclusively in the subordinate clause.

1. Indirect or implied command
   The subjunctive is used in the subordinate clause whenever the idea of the main clause expresses one person's will that someone else do something or that something be done:

Quiero que lo haga en seguida.	I want him to do it at once.
Les rogó que no lo dijeran.	He begged them not to say it.
Es necesario que vayas.	It is necessary that you go.

2. Emotion
   The subjunctive is used in the subordinate clause whenever the main clause expresses emotion about the subordinate clause action:

Siento que no puedan venir.	I'm sorry that they can't come.
Es lástima que haya perdido.	It is a pity that he has lost.

   When there is no change of subject, it is normal to use the infinitive instead of a subordinate clause:

Siento no poder venir.	I am sorry that I can't come.

3. Unreality
   The subjunctive is used in the subordinate clause whenever the idea upon which it depends places it in the realm of the doubtful, uncertain, indefinite, nonexistent, impossible, incomplete.

   a. When the main clause expresses doubt about or denies the existence of the subordinate clause action:

Dudamos que lo haga.	We doubt that he'll do it.
Negó que estuvieran allí.	He denied that they were there.
Es posible que nos llamen.	It's possible that they'll call us.

   b. When the main clause refers back to someone or something that is indefinite, hypothetical, or nonexistent:

Busco un libro que tenga una foto del senador.	I am looking for a book that has a picture of the Senator. (There is no specific book in mind.)
No había nadie que me ayudara.	There wasn't anyone who would help me.
¿Hay alguien que lo entienda?	Is there anyone who understands it?

c. When the conjunction that introduces the subordinate clause states that its action is (1) uncertain or impossible; (2) incomplete, pending at the time the main clause action took place; (3) contrary to fact:

† (1) Aunque me dé permiso, no voy a hacerlo.
Even though he may give me permission, I'm not going to do it.

En caso de que llueva...
In case it rains...

Salió sin que le viéramos.
He left without our seeing him.

† (2) Se lo daré cuando le vea.
I'll give it to him when I see him.

Dijo que se quedaría hasta que volviéramos.
He said he would wait until we returned. (We hadn't returned yet.)

Te lo digo para que[1] te prepares.
I'm telling you so that you may get prepared.

(3) Si le conociera mejor, hablaría con él.
If I knew him better, I would talk to him.

Si lloviera, ¿qué haríamos?
If it were to rain (or should rain), what would we do?

sub   con.

When **si** does *not* state a condition contrary to fact, the indicative is used:

Si llueve, ¿qué haremos?
If it rains, what will we do?

E. The sequence of tenses with subjunctive

MAIN CLAUSE	SUBORDINATE (SUBJUNCTIVE) CLAUSE
present (future, present perfect)	same tense as in English
past (conditional, pluperfect)	imperfect subjunctive (simple tense)
	pluperfect subjunctive (compound)

inorder that

[1] **Para que** takes subjunctive because it includes both the idea of incompleteness at the time of the main clause action and implied command.

F. Uses of **por** and **para**

por	**para**

por

1. Tangible or physical uses (location, position, duration, etc.) : through, along, around; by means of, by (an agent); during, in; (in exchange) for; per
2. Motive, impulse ←— out of, because of, through; for the sake of, on behalf of; in quest of

para

1. (in order) to ——→ objective
2. headed for, destined for ——→ objective
3. to be used for ——→ objective
4. by or for a certain time ——→ objective
5. compared with, with respect to ——→ immediate object of reference

G. The passive voice

   (*Recall :* In the passive voice, the subject does not perform but *receives* the action.)
1. The true passive with agent expressed :

   ser + past participle + **por**

Ha sido	elegido	por el público.
He has been	elected	by the public.

[handwritten: ser sido / sea fue]

2. The passive voice *without* the agent expressed :
   a. The true passive

Ha sido elegido ya.	He has been elected already.

   b. The impersonal "they"—third person plural :

Le han elegido ya.	He has been elected already. (They have elected him.)

   c. The reflexive
   (1) The normal reflexive construction, when the subject is not an animate being that could do the action to itself :

Se construirá una casa allí.	One house will be built there.
Se construirán dos casas aquí.	Two houses will be built here.

   † (2) The impersonal **se** (third person singular reflexive), when the subject of the English passive sentence is a person. *One* does the action, and the person who receives it becomes the object (direct or indirect) of the verb :

Se le ha elegido ya.	He has already been elected.
	(One has already elected him.)

H. Relative pronouns

1. que *(who, that, which;* at times, *whom)*—the normal relative: **el niño que lo encontró; las comidas que tuvimos; el autor que admiro**

2. **quien, quienes** *(who, whom)*—used most often when a person is object of a preposition: **el joven con quien se casó**

† 3. **el cual, la cual, los cuales, las cuales** *(who, which)*—used for clarification in cases of ambiguity, or after **por, sin,** or a long preposition

4. **el que, la que, los que, las que** *(who, which)*—interchangeable with **el cual** in the uses discribed above; in addition, may mean *the one who, he who, those who:* **los que lo hicieron**

† 5. **lo cual** *(which)*—a neuter form that refers to a whole idea rather than to a specific person or thing: **Habla poco, lo cual me gusta.**

6. **lo que** *(what)*—**Dime lo que quieres.**; may also mean *which*—neuter, interchangeable in this sense with the use of **lo cual** as described above

7. **cuyo** *(whose)*—the only relative possessive adjective: **el vecino cuyos hijos nos saludaron**

Remember: Only ¿ *De quién(es)* may be used as an interrogative.

¿ De quién era el coche?	Whose car was it?
¿ De quiénes serán esos asientos?	Whose seats can those be?

Vocabulario Activo: Lecciones XVII-XXII

abrigo   *overcoat* XVIII

además *(adv.)*   *besides*; además de *(prep.)*   *aside from, besides* XXI

aguantar   *to endure, "stand"* XXII

el aire   *air*; aire acondicionado   *air conditioning* XXI

al día siguiente   *the following day* XVII

Al habla.   *"Speaking."* XX

apenas   *hardly, scarcely* XIX

el árbol   *tree* XXII

así que   *as soon as; so...* XIX

el ascensor   *elevator* XXI

asistir a   *to attend (a class, etc.)* XVIII

atender a (ie)   *to attend to* XX

a tiempo   *on time* XVIII

aun *(prep.)*   *even, including* XIX

aunque   *although, even if* XVII

avenida   *avenue* XXII

bajo *(prep.)*   *under* XXII

barco   *ship* XXI

bastante   *enough; quite* XIX

beso   *kiss* XXII

bienvenido   *welcome* XXI

botella   *bottle* XXII

cabeza   *head* XVII

caja   *box* XX

carpeta   *(business) file* XX

carretera   *highway* XXI

carta   *letter* XIX

cenar   *to eat supper* XIX

ciego   *blind* XVIII

coger   *to catch, seize, grab* XIX

colgar (ue)   *to hang (up)* XX

convidar   *to invite, "treat"* XX

corbata   *tie* XXI

correo   *mail* XX

cortar   *to cut* XVII

cruzar   *to cross* XVII

¡Cuidado!   *Careful! Watch out!;* tener (mucho) cuidado   *to be (very) careful* XVIII

cuidar de   *to take care of* XVII

charlar   *to chat* XXI

*darse cuenta de   *to realize* XXII

debajo de *(prep.)*   *under, below* XVIII

delante de   *in front of* XVII

depender de   *to depend on* XXII

descuidar   *to neglect* XX

desnudo   *naked* XXII

despedirse de (i)   *to take leave of, say goodbye to* XIX

detrás de *(prep.)*   *behind, in back of* XVII

¿De veras?   *Really?* XVII

*devolver   *to return, give back (something)* XVII

diario   *daily* XXI

dirigir (dirijo, diriges)   *to direct, lead;* —se a   *to head for, turn to speak to* XVIII

Disculpe.   *Excuse me.* XIX

distinto (a)   *different (from)* XVII

el dolor   *ache, pain*; dolor de cabeza   *headache* XVII

dudar   *to doubt* XVII

empleado   *employee* XX

encima de   *on top of, over* XXII

en fin   *in short, anyway, to sum up* XVII

entregar   *to deliver; hand over* XX

equivocarse   *to make a mistake* XXI

escalera   *staircase;* — automática *escalator* XXI

estrella   *star* XVIII

éxito   *success;* *tener (mucho) éxito   *to be (very) successful* XVIII

faltar   *to be missing; to be short, lacking* XIX

fila   *row (of seats, etc.)* XVIII

fondo   *back (of a room, etc.); bottom* XVIII

fuera de   *outside of; away from* XIX

fugarse   *to run away, flee* XXII

la función   *show; performance* XVIII

gato   *cat* XIX

gerente   *manager* XVIII

gozar de   *to enjoy* XIX

gris   *gray* XXI

guardar   *to keep* XIX

hacia   *toward* XVIII

huésped   *guest* XXI

impedir (i)   *to prevent* XVII

el jardín   *garden* XXII

jugar (ue)   *to play (a game)* XXI

lindo   *lovely, beautiful* XXI

línea   *line* XX

luna   *moon* XXII

maleta   *suitcase;* hacer las maletas   *to pack* XXI

mancha   *stain* XIX

manejar   *to drive* XVII

manera   *manner, way;* de alguna (ninguna) manera   *in some way, no way* XVII

mañana por la tarde   *tomorrow afternoon* XX

el mar   *sea* XXI

marido   *husband* XXII

medio   *(adj.; adv.) half (crazy, etc.)* XVIII

mudar(se)   *to move (to a new house, etc.)* XVIII

negar (ie)   *to deny* XVII

negocio   *(a) business, business matter; (pl.) business* XX

No hay más remedio.   *There's no other choice.* XIX

las nuevas   *news* XIX

ofrecer (zco)   *to offer* XIX

el paquete   *package* XX

parado   *standing; stopped* XVIII

parar(se)   *to stop* XVII

la parte   *part; place;* en alguna — *someplace;* en ninguna — *no place, nowhere* XXII

pedido   *order* XX

pegado   *stuck, glued* XXII
película   *film* XXII
perezoso   *lazy* XXII
perro   *dog* XXIV
playa   *beach* XXI
precio   *price* XXI
preocuparse (de *or* por)   *to worry (about)* XIX
precioso   *cute, adorable* XVII
puesto   *position, post* XX

¡Qué bien!   *How great! Wonderful!* XVII
quemar   *to burn* XVIII
*querer decir   *to mean (to say)* XXI
¡Qué va!   *Go on! Nonsense!* XVII
quitar   *to take away or off* XIX

la razón   *reason* XIX
la Recepción   *Front Desk* XXI
regalo   *gift* XVII
revisar   *to check over* XX

la salud   *health* XIX
la semana que viene   *next week* XX
significar   *to mean* XVIII

siguiente   *following; next;* al día siguiente   *on the next day* XVII
sino   *but (on the contrary—after a negative)* XXII
el sol   *sun* XXII
sonar (ue)   *to sound; ring* XX
sueldo   *salary* XX

tampoco   *(not)… either—opposite of* también XXII
tela   *cloth, material* XIX
todo el mundo   *everybody* XIX
trabajo   *work; job* XX
el traje   *suit, outfit* XXI
tránsito   *traffic* XVII
tratar   *to treat* XIX; — de   *to try to* XXII

*valer   *to be worth* XX
¡Vaya!   *Go on!* XXII
viajar   *to travel* XXI
el viaje   *trip* XVII
vigilar   *to watch (over)* XX

zapato   *shoe* XVIII

Estudio de Vocabulario

1. ¿Cuántos verbos relacionados con sentimientos o emociones conoce Ud.?
2. ¿Puede Ud. encontrar diez palabras que traten de cosas agradables? (bonito, amable, felicidad, etc.) ¿siete palabras relacionadas con cosas desagradables? ¿cinco palabras relacionadas con la ciudad o con la vida moderna? ¿seis palabras que tengan que ver con animales o con la naturaleza?
3. ¿Cuál es la primera cosa que se le ocurre al oír las palabras siguientes: negocio, lágrima, techo, paseo, largo, jabón, jugar, fresco, anteojos, corbata de seda, puerta, árbol, pájaro, perro? ¿Cuáles asocia Ud. más con su vida personal?
4. Use finalmente en oraciones originales: de repente, de prisa, al día siguiente, asistir a, ¡Ojalá!, pensar en, tener… años de edad, hacerse, tratar de, por supuesto, darse cuenta de, atender a.

Apéndices

Cortesias *(Courtesies)*

Por favor.	Please.
Con permiso. Con su permiso.	Excuse me. (I must leave, I'd like to pass.)
Perdón. Perdóneme. (Perdóneme.)	Excuse me. (for interrupting, for bothering you, for saying that)
Dispénseme. Disculpe.	
Con mucho gusto. Con el mayor gusto. Será un honor.	Gladly. I'd be glad to.
Gracias. Muchas gracias. Mil gracias.	Thank you (very much). Thanks a million.
De nada. No hay de qué. A usted. A sus órdenes. Servidor.	Not at all. You're welcome.

Other ways to say *please*

Tenga Ud. la bondad de (cerrar la puerta, pasarme la sal...)	Please (close the door, pass me the salt...)
Haga Ud. (or Hágame Ud.) el favor de (abrir la ventana, traerme un cuchillo...)	Please (open the window, bring me a knife...)
¿Me hace Ud. el favor de (pasar la pimienta, decirme la fecha...)	Will you please (pass the pepper, tell me the date...)?
Sírvase (esperar un momento, escribir su nombre y su dirección...)	Please (wait a moment, write down your name and your address...)

405

Very often, the simple indicative is used to give a command:

Me trae Ud. un vaso de agua, ¿está bien?	Please bring me a glass of water, all right?

Of course, in all these ways of saying *please*, the plural may be used as well:

Tengan Uds. la bondad...   Háganme Uds. el favor...   Sírvanse Uds...

Presentaciones *(Introductions)*

Señorita Moreno, quiero presentarle a Ud. al señor Casal.	Miss Moreno, I should like to introduce to you Mr. Casal.
Mucho gusto en (*or* de) conocerla, señorita.	I'm delighted to meet you, Miss.
Tanto gusto, señorita.	I'm delighted, Miss.
Encantado, señorita.	
Servidor de Ud. Su servidor.	At your service.
A sus órdenes, señorita.	
Encantado, señor.	I'm delighted, sir.
Tanto gusto, señor.	
El gusto es mío.	The pleasure is mine.
Igualmente.	

More hellos
Hola
Hola is a familiar, friendly way to say "hello" when you bump into a friend on the street, in school, etc. It usually implies the beginning of a conversation, not just a passing acknowledgement.

¿Qué tal?
¿Qué tal? is a casual way of greeting an acquaintance and then going on your way: "Hi, there."

(Muy) Buenos. (Muy) Buenas
These, of course, stand for **Buenos días, Buenas tardes, Buenas noches,** and are used especially when greeting in passing a person with whom you are on less familiar terms.

Adiós
Surprisingly enough, **adiós** is used for *hello* when you pass someone on the street and have no intention of stopping to chat. You nod, smile, tip your hat (if you're a gentleman), say «**Adiós**», and keep right on walking.

On the telephone
In Spain, when the phone rings, you pick it up and say «**Dígame**», or if you're

the more concise type, simply « **Diga** ». In Mexico, you say «¿ **Bueno ?** ». And in other parts of Spanish America, you will probably say either: «¿ **Sí ?** » « **Dígame** », or even «¿ **Aló ?** ». The person calling will then say to you something like: « **Buenos días. ¿ Hablo con la casa de... ?** » or « **Buenas tardes. Me gustaría hablar con..., por favor.** » Of course, on more familiar territory, you might say: «¿ **Sofía ? Aquí habla...** » To go on, then: "Who's calling, please ?" is generally « **De parte de quién, por favor ?** » and "Speaking" is « **Al habla** ». *You* carry on from there !

At the door

When you call at someone's door, "Hello... ?" is « **Se puede ?** »—literally, "May one (enter) ?" And "Come in" is « **Pase** » or « **Adelante** ». —"Right on." Once again, from there on, you're on your own.

Canciones Navideñas *(Christmas songs)*

Noche de Paz *(Silent Night)*

Noche de paz, noche de amor ;
Todo duerme en derredor
Entre los astros que esparcen su luz
Bella, anunciando al Niño Jesús,
Brilla la estrella de paz.
Brilla la estrella de paz.

Noche de paz, noche de amor ;
Oye humilde el fiel pastor
Coros celestes que anuncian salud,
Gracias y glorias en gran plenitud,
Por nuestro buen Redentor.
Por nuestro buen Redentor.

Venid, Fieles Todos *(Come All Ye Faithful)*

Venid, fieles todos
A Belén marchemos
De gozo triunfantes
Henchidos de amor ;
Al rey de los cielos

Todos adoremos ;
Vengamos, adoremos,
Vengamos, adoremos,
Vengamos, adoremos
A nuestro Señor.

Oíd un Son *(Hark the Herald Angels Sing)*

Oíd un son en alta esfera,
En los cielos gloria a Dios ;
Y al mortal paz en la tierra
Canta la celeste voz.
Con los cielos alabemos,
Al eterno rey cantemos,
A Jesús que es nuestro bien,
Con el coro de Belén,
Canta la celeste voz,
En los cielos, gloria a Dios.

Príncipe de paz y tierra
Gloria a ti, Señor Jesús,
Entregando el alma tierna
Tú nos traes vida y luz.
Has tu majestad dejado,
Y a buscarnos te has dignado,
Para darnos el vivir,
A la muerte quieres ir.
Canta la celeste voz,
En los cielos, gloria a Dios.

Definitions of grammatical terms

Active voice   A construction in which the subject performs the action of the verb. *The storm knocked down the tree.*

Adjective   A word that describes a noun: a *smart* child.

Adverb   A word that answers the questions "Where?" "How?" "When?" It is used to describe an adjective, another adverb, or the action of a verb: Be *there* on time. They sang *badly.* I'll see you *soon.*

Agreement   A term usually applied to adjectives. An adjective agrees with the noun it describes when its ending changes in accordance with the gender and number of the noun. In Spanish, all adjectives must agree with the nouns they describe: **un niño bueno, una niña buena, los zapatos negros, las medias blancas.**

Antecedent   The noun or pronoun to which a following clause refers: He is the *man* who gave it to me.

Articles   See *Definite article* and *Indefinite article.*

Auxiliary verb   A verb that *helps* in the conjugation of another verb: They *have* arrived. I *will go.*

Clause   A group of words that includes at least a subject and a verb and forms a part or the whole of a sentence. The following sentence contains two clauses: It is a pity/that she is sick.

Comparative   The form of an adjective or adverb that indicates a greater degree or amount: *taller, richer.*

Compound (or perfect) tense   A tense formed by the auxiliary verb *have* (in Spanish **haber**) and the past participle. Compound or perfect tenses refer to actions that have already been or will be completed. The tense of the auxiliary verbs tells *when*: They *have* left. He *will have* come. I *would have* gone with them.

Conjugated verb   Any verb form that has a subject. Only the infinitive and the participles are not conjugated.

Conjugation   The listing of verb forms in order of person (first, second, third singular; first, second, third plural) in their different tenses and moods: *I am, you are, he is.*

Conjunction   A word that joins words, phrases, clauses, or sentences: *and, but, for, because, since, that.*

Definite article   A word standing before a noun and indicating a definite person or object: *the* house.

Demonstrative   An adjective or pronoun that points out one or more of a group: *this, that, these, those.*

Dependent clause   See *Subordinate clause.*

Exclamation   A word used to express emotion: *What* a day! *How* wonderful!

Gender   A distinction of nouns and pronouns based on sex. All nouns in Spanish are either masculine or feminine: **la casa, el libro**; but there are neuter pronouns that refer to whole ideas.

Impersonal expression   An expression that does not have a specific person (I, you, Robert, we, etc.) as subject. For example: *It is necessary... One must... Would that...!*

Indefinite article   A word standing before a noun and indicating an indefinite word or object: *a* man, *an* article.

Indefinites   Adjectives, adverbs, or pronouns that refer to an indefinite person, thing, place or time: *any, some, anywhere, someone.*

Independent clause   See *Main clause.*

Infinitive   The form of the verb preceded in English by *to* and having no subject or number: *to live, to die.*

Interrogative   A word that asks a question: *Who? Why?*

Intransitive verb   A verb that cannot have a direct object: They *went* out.

Irregular verb   One whose stem or endings deviate from those of the regular verb patterns.

Main clause   A clause that has complete meaning by itself: *This is the man* who did it.

Modify   To describe a noun, adjective, adverb, or action of a verb: a *hard* book. He spoke *well.*

Mood   There are three moods: indicative, subjunctive, and imperative. Mood is indicated by changing the verb form to reflect a change in the speaker's basic attitude.

Noun   A word that names a person, place, thing, or abstraction: *money, city, hat, valor.*

Number   Number refers to singular and plural.

Object   Generally a noun or pronoun that receives the action of a verb. A direct object answers the questions "What?" or "Whom?" An indirect object answers the questions "To whom?" or "To what?": Give *them* (direct object) *to me* (indirect). Nouns and pronouns may also be objects of prepositions: It is for *Johnny,* not for *you.* Clauses and infinitives may also serve as objects of a verb.

Part of speech   One of the basic grammatical categories into which words are divided: *noun, pronoun, adverb,* etc.

Passive voice   A construction in which the subject *receives* the action of the verb: The tree *was knocked down by* the storm.

Past participle   The verb form ending in English in *-ed, -t, -en,* etc., and in Spanish, generally in **-do**. The past participle is used after the auxiliary *to have* **(haber)** to form compound tenses and is also frequent as an adjective: The toy has *fallen* down. A *broken* toy.

Person   There are three persons: *I, we, me, us, mine, our(s)* (first person); *you thou, your(s)* (second person); and *he, she, they, it, him, her, their(s), them* (third person). Remember that in Spanish, **Ud.** and **Uds.** *(you)* are in the *third* person. Person affects both verb and pronoun forms.

Phrase   A group of words used together to form a part of speech, but not containing a subject and verb. Phrases are normally introduced by prepositions: He went *to the park.*

Possessive   A word that indicates ownership: *My* father can beat *yours*.

Predicate   That part of the sentence which contains the verb and states something further about the action of the subject: Many of us *have been there within the past year*.

Predicate adjective   An adjective that stands alone (without a noun) after verbs of being: He is very *sick*.

Predicate noun   A noun that is linked to the subject by the verb *to be* or another such verb of state rather than action: His brother is a *doctor*. This is our *class*.

Preposition   A word that introduces a noun, pronoun, adverb, infinitive, or present participle and which indicates their function in the sentence. Such a group of words is called a prepositional phrase: We stayed *in bed* all day. In Spanish, unlike English, the verb form that follows a preposition is the infinitive, not the present participle.

Present participle   In English, the verb form ending in *-ing*: Are they *going*? It is also used in English as a noun or an adjective: *Living* there is too expensive. It is an *interesting* lesson. In Spanish, the present participle is used almost exclusively as a verb (never as a noun, and almost never as an adjective).

Pronoun   A word that replaces a noun: *I, she, you, us, them, his*. A subject pronoun stands for the person or thing that is spoken of: *They* told us. *It* came. A direct object pronoun receives the action of the verb: Have you seen *her*? An indirect object pronoun refers to the person or thing to whom or which the action is directed: He sold it to *them*. A pronoun can also be object of a preposition: Don't go out with *him*.

Proper noun   The name of a specific person or place. Proper nouns are always capitalized.

Radical (or stem) changing verbs   Verbs whose stem vowel undergoes a change under certain conditions. All radical changing verbs conform consistently to patterns that govern their type.

Reflexive pronoun.   A pronoun that refers to the same person as the subject: *myself, yourself, himself, themselves*. A reflexive pronoun may serve either as a direct or indirect object of a verb: He hurt *himself*. She always talks *to herself*. It may also be the object of a preposition: I bought it *for myself*.

Relative pronoun   A pronoun that introduces a subordinate clause and refers to a previously mentioned noun or pronoun: Do you know anyone *who* has been there?

Simple tense   A tense which needs no auxiliary verb: He *came*. They *did* it. *I see* you.

Subject   The person or thing that is spoken of: The *baby* is sleeping. *Who* is there? *What* was that? The *dog* bit him.

Subordinate clause   A clause that does not express a whole idea by itself, but depends upon the main clause to complete its meaning: Call me *when you get there*.   Did you know *that he had died*?

Superlative   The form of the adjective or adverb that denotes the greatest degree or amount: *best, largest, finest*.

Tense   The indication given in verb forms of the time when the action takes place.

Transitive verb   A verb that may take a direct object: *Tell* me the time. Please *pass* it.

Verb   A word that expresses an action or state: Who *goes* there? It *was* my brother.

Punctuation and capitalization

A. An inverted question mark is placed at the beginning of the interrogative part of a sentence, and an inverted exclamation point before the exclamatory part, even though this may mean placing them in the middle of the sentence:

¿ Cómo se llama Ud.?	What is your name?
Es Paquito, ¿no?	It's Frankie, isn't it?
¡No me diga!	You don't say!
Créalo o no, ¡era él!	Believe it or not, it was he!

B. In Spanish, only proper names are capitalized. Names of languages, nationalities, days of the week, and months are not:

Pablo Méndez es de Bolivia.	Paul Mendez is from Bolivia.
Sus amigos son argentinos.	His friends are Argentinians.
No hablan inglés.	They don't speak English.
Vuelven a su país el lunes, dos de mayo.	They are returning to their country on Monday, May 2.

C. **Usted(es), señor(es),** and **don** are capitalized only when they are abbreviated:

¿Qué me pide Ud. (usted)?	What do you want of me?
Muy señor nuestro:	Dear Sir:
¿No conoce Ud. a la Sra. Aldecoa?	Don't you know Mrs. Aldecoa?
¿Dónde está D. Ramón (don Ramón)?	Where is Don Ramón?

200 Common antonyms

Antonyms are often helpful in learning the meaning of words. Here are 200 of the most common. The pairs of words are listed according to their alphabetical position in English. Thus:

against **contra**   *for* **por**;   *bad* **malo**   *good* **bueno**

Irregular verbs that appear in full in the verb appendix are marked with an asterisk. Stem changing verbs show the vowel change in parentheses, and the affected consonant is indicated in verbs that have spelling changes.

a great deal   mucho, muchísimo

able   capaz

above   (por) encima de

accept   aceptar

acquit   absolver (ue) *(past part.* absuelto*)*

admit   admitir

advantage   ventaja

after (adv.)   después; *(prep.)* después de; *(conj.)*   después de que

again   otra vez, una vez más

against   contra

agree to   *convenir en

agreeable, pleasant   agradable; amable, simpático *(persons)*

ahead (adj.)   adelantado (*a watch, etc.)* ; *(adv.)* hacia adelante

alive   vivo

all   todo

all at once   de una vez

alone   solo

allow   permitir, dejar

already   ya

also   también

always   siempre

and   y

anyone   cualquiera, cualquier persona; alguien

anything   cualquier cosa; algo

appreciate   apreciar

approach, draw near   acercarse a

arrive   llegar

ask   preguntar

asleep   dormido

at the beginning, at first   al principio

attend, be present   asistir (a)

awake(n)   despertar(se) (ie)

back (n.)   fondo *(location)*; revés *(m.),* envés *(m.) (reverse side)*; *(adj.)* trasero

bad   mal(o)

badly   mal

be born   nacer (zco)

a little   poco, poquísimo

unable   incapaz

below, under   debajo de

refuse   rehusar; *reject*   rechazar

convict   condenar

deny   negar (ie)

disadvantage   desventaja

before (adv.)   antes; *(prep.)*   antes de; *(conj.)*   antes de que

no more   no más; ya no *(no longer)*

for   por

refuse to   negarse (ie) a

disagreeable, unpleasant   desagradable; antipático *(persons)*

behind (adj.)   atrasado; *(adv.)* hacia atrás

dead   muerto

nothing   nada; *part*   parte *(f.)*

little by little   poco a poco

together   juntos

forbid   prohibir

not yet   todavía no

neither, not...either   (ni)... tampoco

never   nunca, jamás

or   o

no one   nadie

nothing   nada

scorn   despreciar, menospreciar

move away from   alejarse de

depart, go away   *irse

answer   contestar, responder

awake   despierto

finally   al fin, por fin

miss, be absent   faltar

fall asleep   dormirse(ue)

front (n.)   frente *(m.)*; *(adj.)* delantero

good   buen(o)

well   bien

die   morir(ue)

be in   *estar (en casa)

be right   *tener razón

be silent   callar
beautiful   hermoso
before (adv.)   antes
begin   empezar (ie), comenzar (ie)
beginning (n.)   principio
behind   detrás de
believe   *creer
best   mejor
better   mejor
big   grande
bitter   amargo
black   negro
blond(e)   rubio
bored   aburrido, cansado
boring   aburrido, cansado
borrow   pedir (i) prestado, tomar
   prestado
both   los dos, ambos
bottom   fondo ; fin *(m.) (of a page)*

brave   valiente
bravery   valentía, valor *(m.)*
bright   listo *(intelligent)* ; subido
   (color)
busy   ocupado
buy   comprar
buyer   comprador
cheap   barato
city   ciudad *(f.)*
clean   limpio
clear (weather)   despejado
close (v.)   cerrar (ie)
closed   cerrado
cold (n.)   frío
cold (adj.)   frío
come   *venir
cool (adj.)   fresco
cover   cubrir *(past part.* cubierto*)*

crazy, mad   loco
create   crear

be out   no *estar, *estar fuera
be wrong   no *tener razón, *estar
   equivocado, equivocarse
speak   hablar
ugly   feo
later después ; *now* ahora
end, finish   acabar, terminar
end   fin *(m.)*
in front of   delante de
doubt   dudar
worst   peor
worse   peor
small, little   pequeño
sweet   dulce
white   blanco
brunette   moreno, trigueño
interested   interesado
interesting   interesante
lend   prestar

neither   ni uno ni otro
top   cima *(height)* ; principio *(of a*
   page)
cowardly   cobarde
cowardice   cobardía
dull   estúpido, insulso ; apagado

idle   desocupado
sell   vender
seller   vendedor
expensive   caro, costoso
country   campo
dirty   sucio
cloudy   nublado
open (v.)   abrir *(past. part.* abierto*)*
open   abierto
heat, warmth   calor *(m.)*
hot   caliente ; caluroso
go   *ir ; *irse
warm   cálido, calientito, caluroso
discover, uncover,   descubrir *(past*
   part. descubierto*)*
sane   cuerdo
destroy   destruir (uyo)

cruel   cruel

cry (v.)   llorar

dark   oscuro

day   día (m.)

death   muerte (f.)

die   morir (ue), morirse

different   diferente, distinto

difficult   difícil

disobedient   desobediente

disobey   desobedecer (zco)

dress (v.)   vestir(se) (i)

drink (v.)   beber

early   temprano

earth   tierra

easy   fácil

eat (v.)   comer

empty (adj.)   vacío

enemy   enemigo

enough   bastante

enter   entrar

ever, at some time   alguna vez

everyone   todo el mundo ; todos

everything   todo

evil   mal (m.)

except   excepto, exceptuando, salvo

fail   suspender ; *ser suspendido
   (school)

fail   fracasar

fair   justo

faithful   fiel

fall   *caerse

false   falso

famine   hambruna

famous   famoso

far   lejos

fast   adelantado (clock, etc.) ; rápido

fat   gordo

fear (v.)   temer ; (n.) temor (m.)

few   pocos

find   hallar, encontrar (ue)

finish (v.)   terminar, acabar

kind   bondadoso, bueno

laugh (v.)   *reír, *reírse

light   claro

night   noche (f.)

life   vida

live   vivir

similar   semejante ; same   igual

easy   fácil

obedient   obediente

obey   obedecer (zco)

undress (v.)   desnudar(se)

eat   comer

late   tarde

sky   cielo

hard   difícil

fast (v.)   ayunar

full   lleno

friend   amigo

too much   demasiado ; too little
   muy poco

leave   *salir

never, at no time   jamás, nunca

no one   nadie

nothing   nada

good (n.)   bien (m.)

including   incluso

pass   aprobar (ue) ; *ser aprobado

succeed   *tener éxito

unfair   injusto

unfaithful   infiel

get up   levantarse

true   verdad, verdadero

feast   festín (m.), banquete (m.)

unknown   desconocido

near   cerca

slow   atrasado (clock, etc.) ; lento,
   despacioso ; (adv.) despacio

slim   delgado ; thin   flaco, enjuto

hope (v.)   esperar ; (n.) esperanza

many   muchos

lose   perder (ie) ; seek, look for
   buscar

start   empezar (ie)

first primero
follow seguir (i)
forget olvidarse de

freeze (v.) helar(se) (ie), congelar(se)
from de ; desde
future futuro, porvenir *(m.)*
gay alegre
give *dar
go *ir(se)
go (a car, etc.) *andar
go in entrar
go up subir
grandfather abuelo
guilty culpable
handsome buen mozo, guapo
happiness felicidad *(f.)*
happy feliz, contento, alegre
hard duro
hate (v.) odiar
heaven cielo, paraíso
heavy pesado
here aquí ; acá *(with verbs of motion)*
hide ocultar, esconder
high alto
hit (v.) acertar (ie)
hungry hambriento
in (adv.) dentro ; *(prep.)* en ; dentro de
in a loud voice en voz alta
inside (adv.) dentro ; adentro ; *(prep.)* dentro de
keep on (doing something) seguir (i) + *present participle*
land (n.) tierra
land (v.) (an airplane) aterrizar
large grande
last week la semana pasada
learn aprender
least menos ; *the least* lo menos
leave *irse, marcharse, *salir

last último
lead dirigir, *conducir
remember recordar (ue), acordarse (ue) de
melt derretir(se) (i)
to a ; hacia
past pasado
sad triste
take tomar ; quitar ; *receive* recibir
stay quedarse ; *come* *venir
stop parar
go out, come out *salir
go down, come down bajar
grandson, grandchild nieto
innocent inocente
homely feo
sadness tristeza
sad triste
soft muelle, blando
love amar, *querer (ie)
hell infierno
light ligero
there allí ; allá *(yonder)*

reveal revelar ; *show* mostrar (ue)
low bajo
miss *errar
sated, full harto
out (adv.) fuera ; *(prep.) — of* fuera de
softly en voz baja
outside (adv.) fuera ; afuera ; *(prep.)* fuera de
stop, cease dejar de + *infinitive*

sea mar *(m.)*
take off despegar
small pequeño
next week la semana que viene
teach enseñar
most más ; *the most* lo más
return volver(ue) *(past part.* vuelto)

left izquierdo	*right* derecho
less menos	*more* más
lie (n.) mentira	*truth* verdad *(f.)*
liquid líquido	*solid* sólido
little poco	*much* mucho
long largo	*short* corto
lose perder (ie)	*win* ganar
loud alto	*soft* bajo
lower (v.) bajar	*raise* levantar
lucky afortunado	*unlucky* desafortunado
majority mayoría	*minority* minoría
married casado	*single* soltero
necessary necesario	*unnecessary* innecesario
never nunca, jamás	*sometimes* a veces, de vez en cuando
new nuevo	*old* viejo
next próximo	*past, last* pasado; último
nice simpático	*unpleasant, nasty* antipático
nobody, no one nadie	*somebody, someone* alguien
none, no one (of a group) ninguno	*some, some one (or more of a group)* alguno(s)
nothing nada	*something* algo
now ahora	*then* entonces
often a menudo, frecuentemente	*seldom* rara vez, infrecuentemente
old viejo	*young* joven
older mayor	*younger* menor
on the left a la izquierda	*on the right* a la derecha
over (prep.) (por) encima de	*under* debajo de
owe deber	*pay* pagar
peace paz *(f.)*	*war* guerra
poor pobre	*rich* rico
poverty pobreza	*wealth* riqueza
pretty bonito	*ugly* feo
put on *poner(se)	*take off* *quitar(se)
quick rápido	*slow* despacio(so), lento
rapidly rápidamente	*slowly* despacio, lentamente
receive recibir	*send* mandar, despachar
rest (v.) descansar; *tire* cansar	*rested* descansado; *tired* cansado
retail al por menor	*wholesale* al por mayor
right (adj.) correcto; bueno	*wrong* incorrecto, equivocado; malo
right away en seguida	*later* más tarde, después

rise (the sun) *salir	*set (the sun)* *ponerse
round redondo	*square* cuadrado
save ahorrar	*spend* gastar
seated sentado	*standing* de pie, en pie ; parado
short (in height) bajo	*tall* alto
sick enfermo	*well* bien (de salud)
sit down sentarse (ie)	*stand up* *ponerse de pie, levantarse
sour agrio	*sweet* dulce
strong fuerte	*weak* débil
useful útil	*useless* inútil
with con	*without* sin

Weights and Measures

inch pulgada	*ounce* onza
yard yarda	*pound* libra
meter metro *(39.37 inches)*	*kilogram* kilo *(2.2 pounds)*
mile milla	*acre* acre *(m.)*
kilometer kilómetro *(.6 of a mile)*	*hectare* hectárea *(2.47 acres)*

Países y Nacionalidades *(Countries and nationalities)*

Norteamérica (la América del Norte) — norteamericano
los Estados Unidos (E.E.U.U.) *the United States (U.S.A)* — norteamericano, estadounidense
  el Canadá — canadiense
    Méjico, México — mejicano, mexicano

Centroamérica (la América Central) — centroamericano
  el Salvador — salvadoreño
    Honduras — hondureño
    Costa Rica — costarricense
    Guatemala — guatemalteco
    Nicaragua — nicaragüense
    Panamá — panameño

Las Antillas
    Cuba — cubano
    Puerto Rico — puertorriqueño
  la República Dominicana — dominicano
    Haití — haitiano
    Jamaica — jamaicano

Sudamérica (la América del Sur)   sudamericano
   Colombia   colombiano
   Venezuela   venezolano
 el Ecuador   ecuatoriano
 el Perú   peruano
   Bolivia   boliviano
   Chile   chileno
(la) Argentina   argentino
 el Uruguay   uruguayo
 el Paraguay   paraguayo
 el Brasil   brasileño

MAR CARIBE

PANAMÁ

VENEZUELA

Caracas

Río Orinoco

LAS GUAYANAS

Bogotá

COLOMBIA

Quito

EL ECUADOR

Río Amazonas

EL BRASIL

EL PERÚ

Lima

BOLIVIA

La Paz

Brasília

Sucre

EL PARAGUAY

Asunción

Rio de Janeiro

OCÉANO PACÍFICO

ARGENTINA

EL URUGUAY

Santiago

Buenos
Aires

Montevideo

OCÉANO ATLÁNTICO

LA CORDILLERA DE LOS ANDES

CHILE

TIERRA DEL FUEGO

El Cabo
de Hornos

ASTURIAS
PROVINCIAS VASCONGADAS
FRANCIA
NAVARRA
GALICIA
CASTILLA LA VIEJA
LEÓN
ARAGÓN
CATALUÑA
OCÉANO ATLÁNTICO
PORTUGAL
EXTREMADURA
Madrid
CASTILLA LA NUEVA
VALENCIA
MURCIA
MAR MEDITERRÁNEO
ANDALUCÍA
Estrecho de Gibraltar
ÁFRICA

Europa   europeo
Inglaterra *England*   inglés
Irlanda *Ireland*   irlandés
Escocia *Scotland*   escocés
Francia   francés
Italia   italiano
España *Spain*   español
Portugal   portugués
Alemania *Germany*   alemán
Austria   austríaco
Bélgica *Belgium*   belga
Holanda *Holland*   holandés
Suiza *Switzerland*   suizo
Dinamarca *Denmark*   danés
Noruega *Norway*   noruego
Suecia *Sweden*   sueco
Finlandia   finlandés
Rusia   ruso
Grecia *Greece*   griego
Polonia *Poland*   polaco
Rumania   rumano
Checoslovaquia   checoslovaco
Hungría *Hungary*   húngaro
Bulgaria   búlgaro
Yugoslavia   yugoslavo

África	africano
Egipto *Egypt*	egipcio
Marruecos *Morocco*	marroquí, marrueco
Asia	asiático
La China	chino
India	indio
el Japón	japonés
las Filipinas	filipino
el Medio Oriente *the Middle East*	
Arabia	árabe
Israel	israelí, israelita
Turquía	turco
Australia	australiano

Note: The names of languages are usually the same as the nationality, but are accompanied by the definite article: **el español, el portugués, el francés,** etc.

Monetary units

peseta España

peso { Argentina / Colombia / Cuba / México / República Dominicana / Uruguay

boliviano Bolivia

colón { Costa Rica / El Salvador

sucre Ecuador

quetzal Guatemala

escudo Chile

lempira Honduras

córdoba Nicaragua

balboa Panamá

guaraní Paraguay

sol el Perú

bolívar Venezuela

libra esterlina Inglaterra

franco Francia

marco Alemania

rublo Rusia

lira Italia

dólar Estados Unidos

Verbs

1. REGULAR VERBS

INFINITIVE

llorar *to cry*   beber *to drink*   vivir *to live*

PRESENT PARTICIPLE

llorando *crying*   bebiendo *eating*   viviendo *living*

PAST PARTICIPLE

| llorado *cried* | bebido *drunk* | vivido *lived* |

PRESENT

I cry, am crying, do cry	*I drink, am drinking, do drink*	*I live, am living, do live*
lloro	bebo	vivo
lloras	bebes	vives
llora	bebe	vive
lloramos	bebemos	vivimos
lloráis	bebéis	vivís
lloran	beben	viven

IMPERFECT (The imperfect expresses a past action or condition in its process.)

I was crying, used to (or would) cry, cried	*I was drinking, used to (or would) drink, drank*	*I was living, used to (or would) live, lived*
lloraba	bebía	vivía
llorabas	bebías	vivías
lloraba	bebía	vivía
llorábamos	bebíamos	vivíamos
llorabais	bebíais	vivíais
lloraban	bebían	vivían

PRETERITE (The preterite *records* a completed action in the past.)

I cried	*I drank*	*I lived*
lloré	bebí	viví
lloraste	bebiste	viviste
lloró	bebió	vivió
lloramos	bebimos	vivimos
llorasteis	bebisteis	vivisteis
lloraron	bebieron	vivieron

FUTURE

I will (shall) cry	*I will (shall) drink*	*I will (shall) live*
lloraré	beberé	viviré
llorarás	beberás	vivirás
llorará	beberá	vivirá
lloraremos	beberemos	viviremos
lloraréis	beberéis	viviréis
llorarán	beberán	vivirán

CONDITIONAL (The conditional is normally the future of a past action. It tells what would, what was going to happen, or states the result of an *if* clause. In the first person, *should* sometimes replaces *would*.)

I would cry	*I would drink*	*I would live*
lloraría	bebería	viviría
llorarías	beberías	vivirías
lloraría	bebería	viviría
lloraríamos	beberíamos	viviríamos
lloraríais	beberíais	viviríais
llorarían	beberían	vivirían

Simple tenses of the subjunctive mood

(The subjunctive mood is not always translatable in English as indicated below.)

PRESENT

(that) I (may) cry	*(that) I (may) drink*	*(that) I (may) live*
llore	beba	viva
llores	bebas	vivas
llore	beba	viva
lloremos	bebamos	vivamos
lloréis	bebáis	viváis
lloren	beban	vivan

IMPERFECT (The imperfect subjunctive is the only simple past subjunctive.)

(that) I might cry, *I cried*	*(that) I might drink,* *I drank*	*(that) I might live,* *I lived*

-**ra** form

llorara	bebiera	viviera
lloraras	bebieras	vivieras
llorara	bebiera	viviera
lloráramos	bebiéramos	viviéramos
llorarais	bebierais	vivierais
lloraran	bebieran	vivieran

-**se** form

llorase	bebiese	viviese
llorases	bebieses	vivieses
llorase	bebiese	viviese
llorásemos	bebiésemos	viviésemos
lloraseis	bebieseis	vivieseis
llorasen	bebiesen	viviesen

The imperative mood

(The imperative consists of the affirmative commands of **tú** and **vosotros**.)

cry	*drink*	*live*
llora (tú)	bebe	vive
llorad (vosotros)	bebed	vivid

Compound (perfect) tenses

(Compound or perfect tenses are formed by the auxiliary verb **haber** + a past participle.)

PERFECT INFINITIVE	PERFECT PARTICIPLE
to have cried, drunk, lived	*having cried, drunk, lived*
haber llorado, bebido, vivido	habiendo llorado, bebido, vivido

PRESENT PERFECT

I have cried	*I have drunk*	*I have lived*
he llorado	he bebido	he vivido
has llorado	has bebido	has vivido
ha llorado	ha bebido	ha vivido
hemos llorado	hemos bebido	hemos vivido
habéis llorado	habéis bebido	habéis vivido
han llorado	han bebido	han vivido

PLUPERFECT (PAST PERFECT)

I had cried	*I had drunk*	*I had lived*
había llorado	había bebido	había vivido
habías llorado	habías bebido	habías vivido
había llorado	había bebido	había vivido
habíamos llorado	habíamos bebido	habíamos vivido
habíais llorado	habíais bebido	habíais vivido
habían llorado	habían bebido	habían vivido

FUTURE PERFECT

I will (shall) have cried	*I will (shall) have drunk*	*I will (shall) have lived*
habré llorado	habré bebido	habré vivido
habrás llorado	habrás bebido	habrás vivido
habrá llorado	habrá bebido	habrá vivido
habremos llorado	habremos bebido	habremos vivido
habréis llorado	habréis bebido	habréis vivido
habrán llorado	habrán bebido	habrán vivido

CONDITIONAL PERFECT

I would have cried	*I would have drunk*	*I would have lived*
habría llorado	habría bebido	habría vivido
habrías llorado	habrías bebido	habrías vivido
habría llorado	habría bebido	habría vivido
habríamos llorado	habríamos bebido	habríamos vivido
habríais llorado	habríais bebido	habríais vivido
habrían llorado	habrían bebido	habrían vivido

PRESENT PERFECT SUBJUNCTIVE (The subjunctive is not always translatable in English as indicated below.)

(that) I (may) have cried	*(that) I (may) have drunk*	*(that) I (may) have lived*
haya llorado	haya bebido	haya vivido
hayas llorado	hayas bebido	hayas vivido
haya llorado	haya bebido	haya vivido
hayamos llorado	hayamos bebido	hayamos vivido
hayáis llorado	hayáis bebido	hayáis vivido
hayan llorado	hayan bebido	hayan vivido

PLUPERFECT SUBJUNCTIVE

(that) I had cried, (that) I might have cried	*(that) I had drunk, (that) I might have drunk*	*(that) I had lived, (that) I might have lived*

-ra form

hubiera llorado	hubiera bebido	hubiera vivido
hubieras llorado	hubieras bebido	hubieras vivido
hubiera llorado	hubiera bebido	hubiera vivido
hubiéramos llorado	hubiéramos bebido	hubiéramos vivido
hubierais llorado	hubierais bebido	hubierais vivido
hubieran llorado	hubieran bebido	hubieran vivido

-se form

hubiese llorado	hubiese bebido	hubiese vivido
hubieses llorado	hubieses bebido	hubieses vivido
hubiese llorado	hubiese bebido	hubiese vivido
hubiésemos llorado	hubiésemos bebido	hubiésemos vivido
hubieseis llorado	hubieseis bebido	hubieseis vivido
hubiesen llorado	hubiesen bebido	hubiesen vivido

2. RADICAL (STEM) CHANGING VERBS

A radical change is a change in the root (stem) of a verb. In Spanish, this change occurs in the root *vowel* of certain verbs.

-ar and *-er* radical changing verbs

Radical changing verbs that end in **-ar** or **-er** change the stressed **e** to **ie**, the stressed **o** to **ue**. **-ar** and **-er** radical changing verbs change only in the present indicative and present subjunctive.

All other tenses are conjugated regularly. (Just as in regular verbs, the imperative singular—the affirmative command for **tú**—is the same as the third person singular of the present indicative.)

PATTERN OF THE PRESENT INDICATIVE

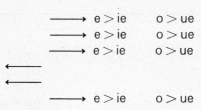

despertar	entender	recordar	volver
to awaken	*to understand*	*to remember*	*to return*
despierto	entiendo	recuerdo	vuelvo
despiertas	entiendes	recuerdas	vuelves
despierta	entiende	recuerda	vuelve
despertamos	entendemos	recordamos	volvemos
despertáis	entendéis	recordáis	volvéis
despiertan	entienden	recuerdan	vuelven

The present subjunctive follows the same pattern, except that **-a** endings change to **-e**, **-e** endings to **-a**:

COMMON VERBS OF THIS TYPE USED IN THE TEXT

acordarse (de)	*to remember*	jugar	*to play*
acostarse	*to go to bed*	llover	*to rain*
atravesar	*to cross*	mostrar	*to show*
comenzar	*to begin*	mover	*to move*
contar	*to count; relate*	negar	*to deny*
costar	*to cost*	nevar	*to snow*
devolver	*to return, give back*	pensar	*to think*
doler	*to hurt*	perder	*to lose*
empezar	*to begin*	probar	*to prove*
encender	*to light*	sonar	*to sound; ring*
encontrar	*to find; meet*	sentarse	*to sit down*

-ir radical changing verbs

There are two types of radical changing verbs ending in **-ir.**

Type I : Those whose stressed **e** changes to **ie** in the present indicative and present subjunctive, and those whose stressed **o** changes to **ue.** Some common verbs of this type used in the text are:

advertir	*to warn*	dormir	*to sleep*
consentir	*to consent*	mentir	*to lie*
convertir	*to convert, change*	morir	*to die*
divertirse	*to have a good time*	sentir	*to feel; regret*

Type II : Those whose stressed **e** changes to **i** in the present indicative and present subjunctive:

concebir	*to conceive*	repetir	*to repeat*
conseguir	*to obtain; achieve*	seguir	*to follow; continue*
impedir	*to prevent*	servir	*to serve*
pedir	*to ask for, request*	vestir(se)	*to dress*

A. The present indicative of **-ir** radical changing verbs

The pattern is exactly the same as that of all other radical changing verbs:

Type I (e > **ie,** o > **ue**)　　　*Type II* (e > **i**)

mentir *to lie*	**morir** *to die*	**servir** *to serve*
miento	muero	sirvo
mientes	mueres	sirves
miente	muere	sirve
mentimos	morimos	servimos
mentís	morís	servís
mienten	mueren	sirven

B. The present subjunctive of **-ir** radical changing verbs

The general pattern of the present indicative is maintained, but a *second* radical change is added. The *unstressed* **e** of the first and second persons plural becomes **i**; the unstressed **o** becomes **u**:

mienta	muera	sirva
mientas	mueras	sirvas
mienta	muera	sirva
mintamos	muramos	sirvamos
mintáis	muráis	sirváis
mientan	mueran	sirvan

C. The preterite of **-ir** radical changing verbs

In the third person, singular and plural, the *unstressed* **e** becomes **i**; the **o** becomes **u**:

mentí	morí	serví
mentiste	moriste	serviste
mintió	murió	sirvió
mentimos	morimos	servimos
mentisteis	moristeis	servisteis
mintieron	murieron	sirvieron

Remember: The preterite of **-ar** and **-er** radical changing verbs undergoes no radical change.

D. The imperfect subjunctive of **-ir** radical changing verbs

The **e > i, o > u** change appears throughout the entire imperfect subjunctive:

mintiera (mintiese)	muriera (muriese)	sirviera (sirviese)
mintieras	murieras	sirvieras
mintiera	muriera	sirviera
mintiéramos	muriéramos	sirviéramos
mintierais	murierais	sirvierais
mintieran	murieran	sirvieran

Note: The imperfect subjunctive of **-ar** and **-er** radical changing verbs undergoes no radical change.

E. The present participle of **-ir** radical changing verbs changes the stem vowel **e** to **i**, **o** to **u**: **mintiendo, muriendo, sirviendo.**

3. IRREGULAR PAST PARTICIPLES

A few regular, irregular, and radical changing verbs have irregular past participles. These include:

abrir, abierto	morir, muerto
cubrir, cubierto	poner, puesto
decir, dicho	resolver, resuelto
escribir, escrito	ver, visto
hacer, hecho	volver, vuelto

4. SPELLING CHANGING VERBS

1. In order to keep the pronunciation of their final consonant the same as it is in the infinitive form, some verbs must change their spelling under certain conditions.

A. Verbs that end in **-ger** or **-gir** change **g** to **j** before an **o** or **a**. This keeps the final consonant soft:

coger   *to catch*   **dirigir**   *to direct*

PRESENT INDICATIVE	PRESENT SUBJUNCTIVE	PRESENT INDICATIVE	PRESENT SUBJUNCTIVE
cojo	coja	dirijo	dirija
coges	cojas	diriges	dirijas
coge	coja	dirige	dirija
cogemos	cojamos	dirigimos	dirijamos
cogéis	cojáis	dirigís	dirijáis
cogen	cojan	dirigen	dirijan

B. Verbs that end in **-cer** or **-cir** preceded by a consonant change the **c** to **z** before an **o** or **a**, thus keeping the final consonant soft:

convencer   *to convince*

PRESENT INDICATIVE	PRESENT SUBJUNCTIVE
convenzo	convenza
convences	convenzas
convence	convenza
convencemos	convenzamos
convencéis	convenzáis
convencen	convenzan

C. Verbs that end in **-gar** change **g** to **gu** before **e**. The **u** is not pronounced, but keeps the **g** hard:

apagar   *to put out, extinguish*

PRETERITE	PRESENT SUBJUNCTIVE
apagué	apague
apagaste	apagues
apagó	apague
apagamos	apaguemos
apagasteis	apaguéis
apagaron	apaguen

D. Verbs that end in **-car** change **c** to **qu** before **e**, thus keeping the final consonant hard:

buscar   *to look for*

PRETERITE	PRESENT SUBJUNCTIVE
busqué	**busque**
buscaste	**busques**
buscó	**busque**
buscamos	**busquemos**
buscasteis	**busquéis**
buscaron	**busquen**

E. Verbs ending in **-guir** drop the **u** before **o** or **a**.

(Since **g** is already hard before **o** or **a**, a **u** inserted between **g** and **o** or **a** would have to be pronounced.)

seguir   *to follow; continue*

*(Notice that **seguir** is also radical changing.)*

PRESENT INDICATIVE	PRESENT SUBJUNCTIVE
sigo	**siga**
sigues	**sigas**
sigue	**siga**
seguimos	**sigamos**
seguís	**sigáis**
siguen	**sigan**

F. Verbs ending in **-quir** change **qu** to **c** before **o** or **a**.

(The combination **quo**, rare in Spanish, would require the sounding of the **u**.)

delinquir   *to transgress*

PRESENT INDICATIVE	PRESENT SUBJUNCTIVE
delinco	**delinca**
delinques	**delincas**
delinque	**delinca**
delinquimos	**delincamos**
delinquís	**delincáis**
delinquen	**delincan**

G. Verbs ending in **-guar** change **gu** to **gü** before **e**.

(Since the **u** is pronounced in the infinitive form, it can be maintained before **e** only by placing the dieresis [¨] above it.)

apaciguar   *to appease, pacify*

PRETERITE	PRESENT SUBJUNCTIVE
apacigüé	**apacigüe**
apaciguaste	**apacigües**
apaciguó	**apacigüe**
apaciguamos	**apacigüemos**
apaciguasteis	**apacigüéis**
apaciguaron	**apacigüen**

2. In order to conform to the rules of Spanish spelling, which try to keep the language as consistent phonetically as possible, other verbs also undergo spelling changes.

A. Verbs that end in **-zar** change **z** to **c** before **e**:

empezar   *to begin*

(Notice that **empezar** *is also radical changing.)*

PRETERITE	PRESENT SUBJUNCTIVE
empecé	**empiece**
empezaste	**empieces**
empezó	**empiece**
empezamos	**empecemos**
empezasteis	**empecéis**
empezaron	**empiecen**

B. Verbs ending in **-eer** change the unstressed **i** to **y** between vowels.

(Spanish spelling does not permit an unstressed **i** between vowels because the actual pronunciation of such an **i** would be **y**. The spelling change thereby maintains phonetic consistency.)

creer   *to believe, think*

PRETERITE	IMPERFECT SUBJUNCTIVE	PARTICIPLES
creí	**creyera** (creyese)	**creyendo**
creíste	**creyeras**	creído
creyó	**creyera**	
creímos	**creyéramos**	
creísteis	**creyerais**	
creyeron	**creyeran**	

C. Verbs ending in **-eír** are radical changing verbs **(e > i).**

For phonetic consistency, they drop one **i** in the third person of the preterite, the entire imperfect subjunctive, and the present participle:

reír *to laugh*

PRETERITE	IMPERFECT SUBJUNCTIVE	PRESENT PARTICIPLE
reí	riera (riese)	riendo
reíste	rieras	
rio	riera	
reímos	riéramos	
reísteis	rierais	
rieron	rieran	

D. Verbs whose stems end in **ll** or **ñ** drop the **i** of the following diphthong **ie** and **io.**

(The sounds **ll** and **ñ** include a palatal **i**, and so the addition of another **i** would be superfluous and phonetically inconsistent.)

bullir *to boil*   **teñir** *to dye* (radical changing)

PRETERITE	IMPERFECT SUBJUNCTIVE	PRETERITE	IMPERFECT SUBJUNCTIVE
bullí	bullera (bullese)	teñi	tiñera (tiñese)
bulliste	bulleras	teñiste	tiñeras
bulló	bullera	tiñó	tiñera
bullimos	bulléramos	teñimos	tiñéramos
bullisteis	bullerais	teñisteis	tiñerais
bulleron	bulleran	tiñeron	tiñeran

5. VERBS THAT HAVE CHANGES IN ACCENTUATION

1. Verbs ending in **-iar**

Some verbs ending in **-iar** bear a written accent on the **i** in all singular forms and in the third person plural of the present indicative and subjunctive, and on the imperative singular:

enviar *to send*

PRESENT INDICATIVE	PRESENT SUBJUNCTIVE	IMPERATIVE
envío	envíe	
envías	envíes	envía
envía	envíe	
enviamos	enviemos	
enviáis	enviéis	enviad
envían	envíen	

2. Verbs ending in -uar

Verbs ending in **-uar** (except those ending in **-guar**) bear a written accent on the **u** in the same forms listed above:

continuar *to continue*

PRESENT INDICATIVE	PRESENT SUBJUNCTIVE	IMPERATIVE
continúo	continúe	
continúas	continúes	continúa
continúa	continúe	
continuamos	continuemos	
continuáis	continuéis	continuad
continúan	continúen	

6. IRREGULAR VERBS

Note: Only the tenses containing irregular forms are given. The conjugation of verbs ending in **-ducir** may be found under **conducir**; those ending in a vowel +**cer** or +**cir** are found under **conocer**; and those ending in **-uir** are under **huir**:

andar *to walk, go*

PRETERITE — anduve, anduviste, anduvo, anduvimos, anduvisteis, anduvieron

IMPERFECT SUBJUNCTIVE — (-ra) anduviera, anduvieras, anduviera, anduviéramos, anduvierais, anduvieran
(-se) anduviese, anduvieses, anduviese, anduviésemos, anduvieseis, anduviesen

asir *to seize*

PRESENT INDICATIVE — asgo, ases, ase, asimos, asís, asen
PRESENT SUBJUNCTIVE — asga, asgas, asga, asgamos, asgáis, asgan

caber *to be contained in, fit within*

PRESENT INDICATIVE — quepo, cabes, cabe, cabemos, cabéis, caben
PRETERITE — cupe, cupiste, cupo, cupimos, cupisteis, cupieron
FUTURE — cabré, cabrás, cabrá, cabremos, cabréis, cabrán
CONDITIONAL — cabría, cabrías, cabría, cabríamos, cabríais, cabrían
PRESENT SUBJUNCTIVE — quepa, quepas, quepa, quepamos, quepáis, quepan
IMPERFECT SUBJUNCTIVE — (-ra) cupiera, cupieras, cupiera, cupiéramos, cupierais, cupieran
(-se) cupiese, cupieses, cupiese, cupiésemos, cupieseis, cupiesen

caer   *to fall*

PRESENT INDICATIVE	caigo, caes, cae, caemos, caéis, caen
PRETERITE	caí, caíste, cayó, caímos, caísteis, cayeron
PRESENT SUBJUNCTIVE	caiga, caigas, caiga, caigamos, caigáis, caigan
IMPERFECT SUBJUNCTIVE	(-ra) cayera, cayeras, cayera, cayéramos, cayerais, cayeran
	(-se) cayese, cayeses, cayese, cayésemos, cayeseis, cayesen
PRESENT PARTICIPLE	cayendo
PAST PARTICIPLE	caído

conducir *to conduct* (similarly, all verbs ending in **-ducir**)

PRESENT INDICATIVE	conduzco, conduces, conduce, conducimos, conducís, conducen
PRETERITE	conduje, condujiste, condujo, condujimos, condujisteis, condujeron
PRESENT SUBJUNCTIVE	conduzca, conduzcas, conduzca, conduzcamos, conduzcáis, conduzcan
IMPERFECT SUBJUNCTIVE	(-ra) condujera, condujeras, condujera, condujéramos, condujerais, condujeran
	(-se) condujese, condujeses, condujese, condujésemos, condujeseis, condujesen

conocer *to know* (similarly, all verbs ending in a vowel +**cer** or +**cir,** except **cocer, hacer, mecer,** and their compounds)

PRESENT INDICATIVE	conozco, conoces, conoce, etc.
PRESENT SUBJUNCTIVE	conozca, conozcas, conozca, conozcamos, conozcáis, conozcan

dar   *to give*

PRESENT INDICATIVE	doy, das, da, damos, dais, dan
PRETERITE	di, diste, dio, dimos, disteis, dieron
PRESENT SUBJUNCTIVE	dé, des, dé, demos, deis, den
IMPERFECT SUBJUNCTIVE	(-ra) diera, dieras, diera, diéramos, dierais, dieran
	(-se) diese, dieses, diese, diésemos, dieseis, diesen

decir   *to say, tell*

PRESENT INDICATIVE	digo, dices, dice, decimos, decís, dicen
PRETERITE	dije, dijiste, dijo, dijimos, dijisteis, dijeron
FUTURE	diré, dirás, dirá, diremos, diréis, dirán

CONDITIONAL	diría, dirías, diría, diríamos, diríais, dirían
PRESENT SUBJUNCTIVE	diga, digas, diga, digamos, digáis, digan
IMPERFECT SUBJUNCTIVE	(-ra) dijera, dijeras, dijera, dijéramos, dijerais. dijeran
	(-se) dijese, dijeses, dijese, dijésemos, dijeseis, dijesen
PRESENT PARTICIPLE	diciendo
PAST PARTICIPLE	dicho
IMPERATIVE	di, decid

errar   *to err*

PRESENT INDICATIVE	yerro, yerras, yerra, erramos, erráis, yerran
PRESENT SUBJUNCTIVE	yerre, yerres, yerre, erremos, erréis, yerren
IMPERATIVE	yerra, errad

estar   *to be*

PRESENT INDICATIVE	estoy, estás, está, estamos, estáis, están
PRETERITE	estuve, estuviste, estuvo, estuvimos, estuvisteis, estuvieron
PRESENT SUBJUNCTIVE	esté, estés, esté, estemos, estéis, estén
IMPERFECT SUBJUNCTIVE	(-ra) estuviera, estuvieras, estuviera, estuviéramos, estuvierais, estuvieran
	(-se) estuviese, estuvieses, estuviese, estuviésemos, estuvieseis, estuviesen
IMPERATIVE	está, estad

haber   *to have*

PRESENT INDICATIVE	he, has, ha, hemos, habéis, han
PRETERITE	hube, hubiste, hubo, hubimos, hubisteis, hubieron
FUTURE	habré, habrás, habrá, habremos, habréis, habrán
CONDITIONAL	habría, habrías, habría, habríamos, habríais, habrían
PRESENT SUBJUNCTIVE	haya, hayas, haya, hayamos, hayáis, hayan
IMPERFECT SUBJUNCTIVE	(-ra) hubiera, hubieras, hubiera, hubiéramos, hubierais, hubieran
	(-se) hubiese, hubieses, hubiese, hubiésemos, hubieseis, hubiesen

hacer   *to do, make*

PRESENT INDICATIVE	hago, haces, hace, hacemos, hacéis, hacen
PRETERITE	hice, hiciste, hizo, hicimos, hicisteis, hicieron
FUTURE	haré, harás, hará, haremos, haréis, harán

CONDITIONAL	haría, harías, haría, haríamos, haríais, harían
PRESENT SUBJUNCTIVE	haga, hagas, haga, hagamos, hagáis, hagan
IMPERFECT SUBJUNCTIVE	(-ra) hiciera, hicieras, hiciera, hiciéramos, hicierais, hicieran
	(-se) hiciese, hicieses, hiciese, hiciésemos, hicieseis, hiciesen
PAST PARTICIPLE	hecho
IMPERATIVE	haz, haced

huir *to flee* (similarly, all verbs ending in **-uir**, except those ending in **-guir** and **-quir**)

PRESENT INDICATIVE	huyo, huyes, huye, huimos, huís, huyen
PRETERITE	huí, huiste, huyó, huimos, huisteis, huyeron
PRESENT SUBJUNCTIVE	huya, huyas, huya, huyamos, huyáis, huyan
IMPERFECT SUBJUNCTIVE	(-ra) huyera, huyeras, huyera, huyéramos, huyerais, huyeran
	(-se) huyese, huyeses, huyese, huyésemos, huyeseis, huyesen
PRESENT PARTICIPLE	huyendo
IMPERATIVE	huye, huid

ir *to go*

PRESENT INDICATIVE	voy, vas, va, vamos, vais, van
IMPERFECT INDICATIVE	iba, ibas, iba, íbamos, ibais, iban
PRETERITE	fui, fuiste, fue, fuimos, fuisteis, fueron
PRESENT SUBJUNCTIVE	vaya, vayas, vaya, vayamos, vayáis, vayan
IMPERFECT SUBJUNCTIVE	(-ra) fuera, fueras, fuera, fuéramos, fuerais, fueran
	(-se) fuese, fueses, fuese, fuésemos, fueseis, fuesen
PRESENT PARTICIPLE	yendo
IMPERATIVE	ve, id

oír *to hear*

PRESENT INDICATIVE	oigo, oyes, oye, oímos, oís, oyen
PRETERITE	oí, oíste, oyó, oímos, oísteis, oyeron
PRESENT SUBJUNCTIVE	oiga, oigas, oiga, oigamos, oigáis, oigan
IMPERFECT SUBJUNCTIVE	(-ra) oyera, oyeras, oyera, oyéramos, oyerais, oyeran
	(-se) oyese, oyeses, oyese, oyésemos, oyeseis, oyesen
PRESENT PARTICIPLE	oyendo

PAST PARTICIPLE	oído
IMPERATIVE	oye, oíd

oler *to smell*

PRESENT INDICATIVE	huelo, hueles, huele, olemos, oléis, huelen
PRESENT SUBJUNCTIVE	huela, huelas, huela, olamos, oláis, huelan
IMPERATIVE	huele, oled

poder *to be able*

PRESENT INDICATIVE	puedo, puedes, puede, podemos, podéis, pueden
PRETERITE	pude, pudiste, pudo, pudimos, pudisteis, pudieron
FUTURE	podré, podrás, podrá, podremos, podréis, podrán
CONDITIONAL	podría, podrías, podría, podríamos, podríais, podrían
PRESENT SUBJUNCTIVE	pueda, puedas, pueda, podamos, podáis, puedan
IMPERFECT SUBJUNCTIVE	(-ra) pudiera, pudieras, pudiera, pudiéramos, pudierais, pudieran
	(-se) pudiese, pudieses, pudiese, pudiésemos, pudieseis, pudiesen
PRESENT PARTICIPLE	pudiendo

poner *to put, place*

PRESENT INDICATIVE	pongo, pones, pone, ponemos, ponéis, ponen
PRETERITE	puse, pusiste, puso, pusimos, pusisteis, pusieron
FUTURE	pondré, pondrás, pondrá, pondremos, pondréis, pondrán
CONDITIONAL	pondría, pondrías, pondría, pondríamos, pondríais, pondrían
IMPERFECT SUBJUNCTIVE	(-ra) pusiera, pusieras, pusiera, pusiéramos, pusierais, pusieran
	(-se) pusiese, pusieses, pusiese, pusiésemos, pusieseis, pusiesen
PAST PARTICIPLE	puesto
IMPERATIVE	pon, poned

querer *to wish*

PRESENT INDICATIVE	quiero, quieres, quiere, queremos, queréis, quieren
PRETERITE	quise, quisiste, quiso, quisimos, quisisteis, quisieron
FUTURE	querré, querrás, querrá, querremos, querréis, querrán
CONDITIONAL	querría, querrías, querría, querríamos, querríais, querrían
PRESENT SUBJUNCTIVE	quiera, quieras, quiera, queramos, queráis, quieran

IMPERFECT SUBJUNCTIVE   (-ra) quisiera, quisieras, quisiera, quisiéramos, quisierais, quisieran

(-se) quisiese, quisieses, quisiese, quisiésemos, quisieseis, quisiesen

saber   *to know*

PRESENT INDICATIVE	sé, sabes, sabe, sabemos, sabéis, saben
PRETERITE	supe, supiste, supo, supimos, supisteis, supieron
FUTURE	sabré, sabrás, sabrá, sabremos, sabréis, sabrán
CONDITIONAL	sabría, sabrías, sabría, sabríamos, sabríais, sabrían
PRESENT SUBJUNCTIVE	sepa, sepas, sepa, sepamos, sepáis, sepan
IMPERFECT SUBJUNCTIVE	(-ra) supiera, supieras, supiera, supiéramos, supierais, supieran
	(-se) supiese, supieses, supiese, supiésemos, supieseis, supiesen

salir   *to go out, leave*

PRESENT INDICATIVE	salgo, sales, sale, salimos, salís, salen
FUTURE	saldré, saldrás, saldrá, saldremos, saldréis, saldrán
CONDITIONAL	saldría, saldrías, saldría, saldríamos, saldríais, saldrían
PRESENT SUBJUNCTIVE	salga, salgas, salga, salgamos, salgáis, salgan
IMPERATIVE	sal, salid

ser   *to be*

PRESENT INDICATIVE	soy, eres, es, somos, sois, son
IMPERFECT INDICATIVE	era, eras, era, éramos, erais, eran
PRETERITE	fui, fuiste, fue, fuimos, fuisteis, fueron
PRESENT SUBJUNCTIVE	sea, seas, sea, seamos, seáis, sean
IMPERFECT SUBJUNCTIVE	(-ra) fuera, fueras, fuera, fuéramos, fuerais, fueran
	(-se) fuese, fueses, fuese, fuésemos, fueseis, fuesen
IMPERATIVE	sé, sed

tener   *to have*

PRESENT INDICATIVE	tengo, tienes, tiene, tenemos, tenéis, tienen
PRETERITE	tuve, tuviste, tuvo, tuvimos, tuvisteis, tuvieron
FUTURE	tendré, tendrás, tendrá, tendremos, tendréis, tendrán
CONDITIONAL	tendría, tendrías, tendría, tendríamos, tendríais, tendrían

PRESENT SUBJUNCTIVE	tenga, tengas, tenga, tengamos, tengáis, tengan
IMPERFECT SUBJUNCTIVE	(-ra) tuviera, tuvieras, tuviera, tuviéramos, tuvierais, tuvieran
	(-se) tuviese, tuvieses, tuviese, tuviésemos, tuvieseis, tuviesen
IMPERATIVE	ten, tened

traer *to bring*

PRESENT INDICATIVE	traigo, traes, trae, traemos, traéis, traen
PRETERITE	traje, trajiste, trajo, trajimos, trajisteis, trajeron
PRESENT SUBJUNCTIVE	traiga, traigas, traiga, traigamos, traigáis, traigan
IMPERFECT SUBJUNCTIVE	(-ra) trajera, trajeras, trajera, trajéramos, trajerais, trajeran
	(-se) trajese, trajeses, trajese, trajésemos, trajeseis, trajesen
PRESENT PARTICIPLE	trayendo
PAST PARTICIPLE	traído

valer *to be worth*

PRESENT INDICATIVE	valgo, vales, vale, valemos, valéis, valen
FUTURE	valdré, valdrás, valdrá, valdremos, valdréis, valdrán
CONDITIONAL	valdría, valdrías, valdría, valdríamos, valdríais, valdrían
PRESENT SUBJUNCTIVE	valga, valgas, valga, valgamos, valgáis, valgan
IMPERATIVE	val(e), valed

venir *to come*

PRESENT INDICATIVE	vengo, vienes, viene, venimos, venís, vienen
PRETERITE	vine, viniste, vino, vinimos, vinisteis, vinieron
FUTURE	vendré, vendrás, vendrá, vendremos, vendréis, vendrán
CONDITIONAL	vendría, vendrías, vendría, vendríamos, vendríais, vendrían
PRESENT SUBJUNCTIVE	venga, vengas, venga, vengamos, vengáis, vengan
IMPERFECT SUBJUNCTIVE	(-ra) viniera, vinieras, viniera, viniéramos, vinierais, vinieran
	(-se) viniese, vinieses, viniese, viniésemos, vinieseis, viniesen
PRESENT PARTICIPLE	viniendo
IMPERATIVE	ven, venid

ver *to see*

PRESENT INDICATIVE	veo, ves, ve, vemos, veis, ven
IMPERFECT INDICATIVE	veía, veías, veía, veíamos, veíais, veían
PRESENT SUBJUNCTIVE	vea, veas, vea, veamos, veáis, vean
PAST PARTICIPLE	visto

Vocabularios

The gender of all nouns, except masculine nouns ending in -**o** and feminine nouns ending in -**a,** or nouns that refer to a masculine or feminine person, is indicated by *m.* or *f.* Parts of speech are abbreviated as follows: *n.,* noun; *v.,* verb; *adj.,* adjective; *adv.,* adverb; *conj.,* conjunction; *prep.,* preposition; *pron.,* pronoun; *refl.,* reflexive; *part.,* participle; *rel.,* relative; *dem.,* demonstrative. Radical changing verbs are followed by the change that the stem vowel undergoes in the present indicative. The change is placed in parentheses. The stem vowel that takes the change appears in italics. Thus: ent*e*nder (ie), c*o*ntar (ue), p*e*dir (i). Irregular verbs that appear in full in the verb appendix are marked with an asterisk. So are verbs derived from these. Thus: *poner, *tener, *suponer, *contener. The conjugation of verbs ending in -**ducir** may be found under **conducir,** of those ending in -**eer,** under **creer,** and so forth. Verbs of the type of **huir** and of **conocer,** and those that require a written accent, are followed by the ending of the first person singular of the present indicative placed in parentheses. Thus: **construir (uyo), parecer (zco), enviar (ío).** Spelling changing verbs are indicated by italicizing the affected consonant: co*g*er, sa*c*ar.

The Spanish–English vocabulary includes all verbs and idioms that appear in ·the reading passages and exercises, except for exact or very close cognates. The English–Spanish vocabulary includes all words and idioms that are used in the exercises, plus a general glossary of high-frequency expressions.

Español–Inglés

A

a to; toward; at; also used before a direct object that is a person (not translated)
abajo down; below; **¡Abajo!** Down with...!
abar*c*ar to include; view, comprehend
abierto open
abismo abyss, low point
abogado lawyer
abrazar(se) to embrace, hug
abrazo hug
abrelatas, *m.* can opener
abri*g*ar to shelter; house

abrigo coat; overcoat
abril April
abrir(se) *(past part.* **abierto***)* to open
abro*g*ar to abrogate, nullify
absoluto absolute; **lo —** the absolute; **¡En —!** Absolutely not!
absuelto acquitted, absolved
abuela grandmother
abuelo grandfather
abundar to abound
aburrido bored; boring
A.C. (antes de Cristo) B.C.

acá   here

acabar   to finish; — de (+infin.)   to have just
  (present and imperfect); — con   to do away
  with

accidente, m.   accident

aceite, m.   oil

aceituna   olive

aceptar   to accept

acera   sidewalk

acerca de   about, concerning

acercar   to bring near(er); —se a   to approach,
  go up to

acero   steel

acomodador   usher

acompañar   to accompany

acondicionador, m.   air conditioner

aconsejar   to advise

acordarse(ue) de   to remember

acosar   to beset, beleaguer

acostar (ue)   to put to bed; —se   to go to bed

acostumbrado   accustomed

actitud, f.   attitude

actriz   actress

actuar (úo)   to act

acuerdo   agreement; de —   OK, all right; estar
  de —   to be in agreement; ponerse de —,
  llegar a un —   to come to an agreement, agree
  to

acusar   to accuse

adecuado   adequate

adelantar   to move ahead

adelante   ahead; forward; onward; hacia —
  forward

adelgazar   to get slim, reduce

además   besides; — de   aside from

adentro, adv.   inside; hacia —   (toward the)
  inside

adhesión, f.   adherence; devotion

adiós   goodbye

adjetivo   adjective

admirado   awed, amazed

admirador(a)   admirer

admirar   to admire; cause wonder

admitir   to admit

¿adónde? ¿a dónde?   (to) where

adorar   to adore; idolize

adornado(de)   adorned (with)

adorno   adornment, decoration

advertir (ie)   to warn; notice

aéreo, adj.   air

aeronáutica   aeronautics

aeropuerto   airport

afecto   affection

afeitar(se)   to shave

aficionado a   fond of

afortunado   fortunate, lucky

afuera   outside; hacia —   facing or heading out

agacharse   to bend over

agencia   agency; — de viajes, seguros, bienes
  raíces   travel, insurance, real estate agency

agosto   August

agotado   exhausted

agotar   to use up; exhaust

agradable   pleasant, agreeable

agradecer (zco)   to thank for

agrario   agrarian, agricultural

agregar   to add

agrícola   agricultural

agua. f. (But: el agua)   water; pasado por —
  boiled

aguafuerte, m.   etching

aguantar   to stand, endure, bear

ahí   there (near you); de — en adelante   from
  then on

ahora   now; — bien   well, now; — mismo
  right now

ahorros, m. pl.   savings

aire, m.   air; al — libre   in the open air

aislamiento   isolation

ajustar(se)   to adjust

al (+infin.)   upon (doing something); — entrar
  on entering; — día siguiente   on the following
  day

alabar   to praise

alargar   to lengthen

alcalde   mayor

alcanzar   to reach

alcoba   bedroom

alcurnia   lineage; pedigree

alfombra   rug

alegrarse de (que)   to be happy (that); Me
  alegro   I'm glad

alejado   distant, far away

alemán   German

Alemania   Germany

algo   something; adv. somewhat, rather

algodón, m.   cotton

alguien   someone, somebody

alguno, algún (alguna, algunos, etc.)   some; any;
  alguna vez   ever, at some time; algún día
  some day; de alguna manera   somehow; en
  alguna parte   somewhere

alivio   relief

alma, f. (But: el alma)   soul; heart (fig.)

almacén, m.   store; warehouse

almidonado   starched

almohada   pillow
almorzar (ue)   to eat lunch
almuerzo   lunch
alojar(se)   to lodge; stay (somewhere)
alrededor de   around (position)
altavoz, *m.*   loudspeaker
alto   tall; high; loud; tener... de —   to be...
tall; ¡Alto!   Stop
altura   height
aluminio   aluminum
alzar   to raise, lift
allá   over there, yonder
allí   there
amable   nice, kind, amiable
amanecer, *m.*   dawn
amante   lover
amar   to love
amargo   bitter
amargura   bitterness
amarillo   yellow
ambiente, *m.*   atmosphere, environment
ambos   both
amenaza   menace, threat
amigo   friend
amistad, *f.*   friendship
amistoso   friendly
amo   master
amor, *m.*   love
ampliamente   broadly
ampliarse (ío)   to broaden
amuleto   amulet, charm
analfabetismo   illiteracy
analfabeto   illiterate
analizar   to analyze
anaranjado   orange-colored
anarquista   anarchist
anciano   ancient; very old (a person)
ancho   wide
anchoa   anchovy
andaluz   Andalusian
*andar   to walk; to work, run (a car, a machine, etc.)
anestésico   anesthetic
angosto   narrow
angustia   anguish, anxiety
anillo   ring
animado   animated
anoche   last night
anónimo   anonymous
ante   before, faced with, confronted with
antecesor(a)   ancestor
anteojos, *m.pl.*   eyeglasses; sunglasses
anterior   previous, prior

antes, *adv.*   before, earlier; — de, *prep.*   before;
— de que, *conj.*   before; — que   rather than
anticuado   antiquated, out-of-date
antiguo   old, former; ancient
anunciar   to announce
anuncio   announcement; — comercial
advertisement
añadir   to add
año   year; al —   per year; el — pasado   last
year
añorar   to long for or to
apagar   to turn off; put out (a light, fire, etc.); die
down
aparato   machine; set, appliance
aparecer (zco)   to appear, turn up
aparentar   to appear to be, feign
apartar   to set aside
aparte   apart, aside
apasionado   passionate; impassioned
apellido   surname
apenas   hardly, scarcely, barely
apéndice, *m.*   appendix
aplausos, *m. pl.*   applause
aportar   to bring, to contribute
apoyar   to support, back up
aprender   to learn
apretar (ie)   to press, squeeze
aprobación, *f.*   approval
aprobar (ue)   to approve; to pass a course
apropiado   appropriate
aprovechar(se de)   to take advantage of
apto   apt; appropriate
apuntar   to point; aim; note down
aquel (aquella, aquellos, aquellas), *dem. adj.*
that (over there), those;   aquél (aquélla,
aquéllos, aquéllas), *pron.*   that one, those
aquello, *neuter pron.*   that
aquí   here;   de — en adelante   from now on;
por —   around here
araña   ceiling fixture, chandelier
árbol, *m.*   tree
arco   arch; — iris   rainbow
arena   sand
arete, *m.*   earring
Argel, *m.*   Algiers
arma   arm, weapon
armar   to arm
armario   closet
aroma, *m.*   odor, aroma
arquitectónico   architectural
arrastrar   to drag
arreglar   to arrange, fix
arreglo   repair; arrangement

arriba up, above; ¡ **Arriba**! Up with…!.
 Hooray for…!; **hacia** — upward
arriesgar(se) to risk (oneself)
arrojar to throw, fling
arroyo stream
arroz, *m.* rice
arrugado wrinkled
arruinar to ruin, spoil
arte *(usually m.)* art; **las Bellas Artes** Fine Arts
ártico Arctic
artículo article
asado roasted; **bien** — well done; — **a punto**
 medium
asalto attack, assault
ascender to ascend; promote
ascensor, *m.* elevator
asegurar to assure; make firm or steady
aseo lavatory
asesinar to kill
asesino murderer; assassin
así so, thus; in this way, like this, like that; — **que**
 so (that); as soon as; **así así** so-so; — **y**
 todo with all that
asiento seat
asistente spectator
asistir a to attend (school, etc.)
asociado associate; associated
asociar to associate
asombrado astonished
asombroso astonishing
aspecto aspect; appearance
áspero harsh
astro star
astucia shrewdness
astuto shrewd
asunto matter
atacar to attack
ataque, *m.* attack
atención, *f.* attention; **prestar** — to pay
 attention
atender (ie) a to attend to
atentamente attentively; devotedly
aterrizaje, *m.* landing
atleta athlete
atlético athletic
atracar to hold up, rob
atraco holdup
***atraer** to attract
atrás, *adv.* backward; behind; **hacia** —
 heading back
atrasado, *adj.* backward
atravesar (ie) to cross
atreverse a to dare to

atrevido daring, bold
auditorio audience
aumentar to augment, increase
aun even
aún still
aunque although, even though
ausente absent
auténtico authentic, genuine
autobús, *m.* bus
automóvil, *m.* car
automovilismo motoring
autopista expressway, parkway
autor(a) author(ess)
avance, *m.* advance
avanzado advanced
avanzar to advance
avenida avenue
aventura adventure
averiguar to find out, ascertain
ávidamente eagerly
avión, *m.* airplane; **en** — by air; **por** —
 airmail
avisar to advise; warn
aviso communication, notice
ayer yesterday
ayuda help
ayudante assistant
ayudar to help
azafata stewardess
azúcar, *m.* sugar
azul blue

B

bailar to dance
baile, *m.* dance
bajar to go down; to lower
bajo short (in height); low; soft (voice, etc.)
bala bullet
balancear to balance
balanza balance; scale
balcón, *m.* balcony
banco bank
bandeja tray
bandera flag
bando band, group
banquero banker
banquillo small bench; — **de los testigos**
 witness stand
bañar(se) to bathe
baño bath; **cuarto de** — bathroom
barba beard
barbarie, *f.* barbarism, barbarity
bárbaro barbaric; barbarian

barbería   barbershop
barco   ship
barrera   barrier
barrio   neighborhood, district
basar   to base
base, *f.*   base; basis; **a — de**   based on
bastante   enough; quite, rather
bastar   to be enough, suffice; **Basta**   That's enough
bata   robe, housecoat
bazar, *m.*   department store
beber   to drink
bebida   beverage, drink
béisbol, *m.*   baseball
Belén   Bethlehem
bello   pretty
besar   to kiss
beso   kiss
biblioteca   library
bien   well; **está —**   very well; all right; **más —** rather; **más — que**   rather than, instead of; *m.* good; *pl.* goods, possessions
bienestar, *m.*   welfare
bienvenido   welcome
billete, *m.*   ticket
bisabuelo   great-grandfather; *pl.* ancestors
bisté, *m.*   steak
blanco, *adj.* white; *m.* blank; white
blanqueado   bleached
blanquísimo   stark white
blusa   blouse
boca   mouth
bocadillo   morsel, snack
bocado   bite, mouthful
bocina   car horn
boda   wedding; **regalo de —**   wedding present
bodega   grocery store *(Sp. Am.)*
bodeguero   grocer
boga   vogue
boina   beret
boletín, *m.*   bulletin
boleto   ticket
bolsa   bag; purse; stock market
bolsillo   pocket
bomba   bomb; pump; gas station *(Sp. Am.)*
bombero   fireman
bombilla   light bulb
bondad, *f.* kindness; **Tenga la — de...**   Please...
bonito   pretty
boquiabierto   open-mouthed
borde, *m.*   edge; **al —**   on the verge
bordo: a — de   on board
bosque, *m.*   forest, woods

bota   boot
bote, *m.*   small boat
botella   bottle
botica   drugstore
boticario   druggist
botón, *m.*   button
boxeador   boxer
brazo   arm
brillar   to shine
brindar   to toast
británico   British
broma   joke
bronce, *m.*   bronze
brotar   to spring forth, arise
Bruselas   Brussels
buen mozo   handsome
buen(o)   good; **Bueno**   All right; Well, ...; **Buenos días**   Good morning   **Buenas tardes, noches**   Good afternoon, evening
bufanda   scarf
burgués   bourgeois, middle class
burguesía   middle class, bourgeoisie
buscar   to look for; seek
butaca   orchestra seat; armchair

C

caballo   horse; **a —**   on horseback
caballero   gentleman
*caber   to fit
cabeza   head
cabina   cabin; **— delantera**   forward cabin (aircraft)
cable, *m.*   cablegram
cabo   end; cape *(geog.)*
cacerola   casserole dish
cada   each; every
cadáver, *m.*   corpse
*caer   to fall; **dejar —**   to drop; **—se**   to fall down
café, *m.*   coffee; cafe
caída   fall
caído   sunken, fallen
caja   box; **— fuerte**   safe
cajero   cashier
calcetín, *m.*   sock
cálculos, *m. pl.*   calculations
caldera   boiler
calefacción, *f.*   heating
calendario   calendar
calentador, *m.*   heater
calentar (ie)   to heat
cálido   warm (weather)
caliente   warm; hot

calificaciones, *f. pl.*   qualifications
calmar   to calm; **—se** to calm down
calor *m.*   heat; **hacer —** to be warm or hot out;
   tener — to be (feel) warm
caluroso   warm; heated
callar   to be quiet, hush
calle, *f.*   street
cama   bed
cámara   camera; chamber
camarero   waiter
camarón, *m.*   shrimp
camarote, *m.*   stateroom
cambiar   to change; exchange
cambio   change; exchange
camello   camel
caminar   to walk
camino   road; way; **— a** on the way to;
   seguir (i) su — to continue on one's way
camión, *m.*   truck; bus *(Mex.)*
camisa   shirt; **— de noche** nightgown
camiseta   undershirt
campamento   camp
campaña   campaign
campeón   champion
campeonato   championship
campesino   farmer, rural dweller
campo   country *(opp. of city)*
canadiense   Canadian
canción, *f.*   song
cancha   court (tennis, etc.); (parking, landing)
   field
cansado   tired
cansancio   fatigue; boredom; **muerto de —**
   dead tired
cansar   to tire; bore
cantante   singer
cantar   to sing
cantidad, *f.*   quantity
caña   cane; sugar cane
caos, *m.*   chaos
capataz   foreman
capaz *(pl.* capaces*)*   capable
capital, *f.*   capital city; *m.* capital (money)
capitaneado   captained, led
capítulo   chapter
capota   roof of a car
captar   to capture
cara   face
carácter, *m. (pl.* caracteres*)*   character
¡Caramba!   Well, I'll be…!
caramelo   candy
carbón, *m.*   coal
cárcel, *f.*   jail

cargado de   laden, loaded with
cargar   to load
carie   cavity (teeth)
cariño   affection
cariñosamente   affectionately
carne *f.*   meat; flesh
carnicero   butcher
caro   expensive, dear
carpeta   file, folder
carrera   race; career
carretera   highway
carro   car; cart
carta   letter
cartaginés   Carthaginian
cartel, *m.*   poster
cartelera   list of events, movies, etc.
cartera   wallet
cartero   mailman
cartón, *m.*   cardboard; carton
cartucho   cartridge
casa   house; home; **a —** (toward) home; **en**
   — at home
casado   married; **recién —** newlywed
casarse (con)   to marry, get married
casi   almost
caso   case; **en — de que** in case; ***hacer —**
   de or **a** to pay attention to
castigar   to punish
castillo   castle
casualidad, *f.*   coincidence
catalán   Catalonian
catarro   (a) cold
catedral, *f.*   cathedral
categoría   category; status
catorce   fourteen
caucho   rubber
caudillo   political "strong man"
cazar   to hunt
cebolla   onion
ceder   to yield, give in
celebrar   to celebrate; **—se** to take place
celeste   heavenly; **azul —** light blue
celoso   jealous
celtíbero   Celtiberian (fusion of ancient Celts and
   Iberians)
cenar   to eat supper
cenicero   ashtray
censura   censorship; censure
centavo   cent
centenar, *m. (generally pl.)*   a hundred
centro   center; downtown, business area
cepillo   brush; **— dental** toothbrush
cerca, *adv.*   nearby; **— de,** *prep.* near

cercano, *adj.* close
cero   zero
cerrado   closed
cerrar (ie)   to close
cerro   hill
certificado, *adj.*   registered (mail); certified
cerveza   beer
Cía. (Compañía)   Co. (Company)
ciego   blind
cielo   sky; heaven; **— raso**   ceiling
ciencia   science
ciento, cien   one hundred
científico   scientific; scientist
cierto   certain, sure; a certain
cigarrillo   cigarette
cima   top, summit
cinco   five
cincuenta   fifty
cine, *m.*   the movies; movie house
cínico   cynical
cinta   tape; ribbon
cirugía   surgery
cita   date, appointment
ciudad, f.   city
ciudadanía   citizenship
civil   civil(ian); **estado —**   marital status
claro   clear; light (colored); **a las claras**   clearly;
   Claro   Of course
clase, f.   class; kind; **sala de —**   classroom
cliente, *m.*   customer; client
clima, *m.*   climate
clínica   clinic, hospital; doctor's office
cobarde   coward; cowardly
cobardía   cowardice
cobija   blanket
cobrar   to charge; collect
cobre, *m.*   copper
cocer (ue)   to cook; boil
cocina   kitchen; cooking
cocinar   to cook
cocodrilo   crocodile
coctel, *m.*   cocktail
coche, *m.*   car; **en —**   by car
cochecito   small car
codo   elbow; angle *(mech.)*
cofre, *m.*   coffer
coger   to catch; seize
coincidir   to coincide; concur
cojo   lame; crippled
cola   tail; stub; line (of people), queue
colectividad, f.   (the) whole
colega   colleague

colegio   (high) school; junior college
colgar (ue)   to hang
Coliseo   Colosseum
colmar de   to overwhelm with
colocar   to place
colonizador(a)   colonizer; colonizing
colonizar   to colonize
colono   colonist
columna   column
collar, *m.*   necklace
combatir   to combat
combustible, *m.*   fuel
comedia   play; comedy
comedor, *m.*   dining room
comentar   to comment
comentario   comment
comenzar (ie)   to begin
comer   to eat; **dar de —**   to feed
comerciante   businessman
comerciar   to trade
comestible, *m.*   foodstuff
cometer   to commit; **— una falta**   to make a
   mistake
comida   meal; dinner; food
comienzo   start, beginning
comisaría   police station
comité, *m.*   committee
como   like; as; **tan... —**   as... as; **tanto(s)...**
   —   as much (many)...as
¿Cómo?   How? What (did you say)?; ¿ **— le**
   va?   How goes it?; ¡ **— no!**   Of course!;
   ¿ **— se llama?**   What is your name?
comodidad, f.   comfort
cómodo   comfortable
compañero   companion; **— de cuarto**
   roommate
compañía   company, firm
comparación, f.   comparison
compartir   to share
compás, *m.*   beat, rhythm
competidor   competitor
*componer   to compose; fix
compositor(a)   composer
compra   purchase; **ir de —s**   to go shopping
comprar   to buy
comprender   to understand
comprensión, f.   comprehension; understanding
comprensivo   understanding
compuesto, *m.*   composite; compound; *adj.*
   composed
computadora   computer
común   common
comunicación, f. *(often pl.)*   communication

comunicar   to communicate; connect (telephone)
con   with; — permiso   excuse me; — tal que   provided that
conciencia   consciousness; conscience
condenar   to condemn; convict
*conducir   to lead; conduct; drive
confesar (ie)   to confess
confianza   confidence, trust
confitería   sweets shop
conforme   willing, in agreement
confundir   to confuse; —se   to get confused
congestionado   congested, crowded
conjetura   conjecture, guess
conmigo   with me
conmutador, m.   switchboard
*conocer (zco)   to know (a person or place). be familiar with; (preterite) to meet for the first time
conocido, m.   acquaintance
conocimientos, m. pl.   knowledge
conquistador   conqueror
consagrar   to devote, consecrate
consciente   conscious, aware
consecuencia: por —   consequently
conseguir (i)   to get, obtain
consejero   adviser
consejo   advice
consentido   spoiled
consentir (ie)   to consent; spoil
conserje   concierge, hall porter
conservador(a)   conservative
conservar   to keep; conserve, save
consigo   with himself, herself, yourself, themselves, yourselves
consistir en   to consist of
construir (uyo)   to build
consulta   doctor's office
contado: al —   in cash
contaminación, f.   pollution
contaminar   to pollute, contaminate
contar (ue)   to count; relate, tell; — con   to count on
contemporáneo   contemporary
*contener   to contain
contentar   to satisfy
contento de   pleased with
contestación, f.   answer
contestar   to answer
contigo   with you
continuar (úo)   to continue
continuo   continuous
contorno   outline, shape
contra   against

contraparte f.   counterpart
contrario   contrary; al —   on the contrary
contribuir (uyo)   to contribute
convertir (ie)   to convert; —se en   to become, turn into
convidar   to invite
copa   glass, goblet
copia   copy
copita   dim. of drink (generally alcoholic)
coqueta   flirt; flirtatious
coquetear   to flirt
corazón, m.   heart
corbata   tie
cordillera   mountain range
coro   chorus; choir
corona   crown
coronel   colonel
corpulento   heavy-set
corredor, m.   corridor
corregir (i)   to correct
correo   mail; Oficina de —s or del —   Post Office; — aéreo   airmail
correr   to run
corresponder   to correspond; belong to; be someone's turn
correspondiente   corresponding
corrida: — de toros   bullfight
corriente   current; running
cortar   to cut
corte, f.   court
cortés   polite, courteous
cortesano   courtier; courtly
cortesía   courtesy
cortina   curtain
corto   short (in length)
cosa   thing
coser   to sew
cosita   little thing
cosmonave, f.   spaceship
cosmopolita   sophisticate(d)
costa   coast
costado   side
costar (ue)   to cost; —le trabajo a uno   to be hard to
costoso   costly
costumbre, f.   custom
costurero   designer
creador(a)   creator; creative
crear   to create
crecer (zco)   to grow
creciente   growing
crecimiento   growth
*creer   to believe; think

crema   cream; — **dental**   toothpaste

criada   maid

criatura   baby; creature

crimen, *m.*   crime

criollo   Spanish-American of pure Spanish ancestry

cristal, *m.*   crystal

crítico *adj.*   critical

cruce, *m.* : — **de caminos**   crossroad

crucero   cruise

cruz, *f.*   cross

cruzar   to cross

cuaderno   notebook

cuadra   (city) block

cuadrado   square; **milla cuadrada**   square mile

cuadro   picture

¿ **Cuál** ?   Which one ? What…? ;   ¿ **Cuáles** ?   Which ? What…?

cualidad, *f.*   quality, trait

cualquier   any (at all)

cualquiera   anyone; **un —**   an ordinary guy

cuando   when

cuanto, *rel. pron.*   all that; **en — a**   as for

¿ **Cuánto(s)** ?   How much ?   How many ? ;   **unos cuantos**   a few

cuarenta   forty

cuarto   room; fourth; quarter

cuatro   four

cuatrocientos   four hundred

cubierto de   covered with

cubrir *(past part.* **cubierto***)*   to cover

cuchara   spoon

cucharita   teaspoon

cuchillo   knife

cuello   neck

cuenca   river basin

cuenta   account; bill; **— de crédito**   charge account; **darse — de**   to realize; **por su propia —**   on one's own

cuento   story

cuerda   cord

cuero   leather

cuerpo   body

cuestión, *f.*   question, matter, issue

cueva   cave

cuidado   care; ¡ **—** !   Be careful! ; **con —**   carefully; **perder —**   not to worry

cuidar   to take care

culebra   snake

culpable, *n.*   culprit, guilty one; *adj.* guilty

cultivo   growing, cultivation

culto   cultured

cumbre, *f.*   top, summit

cumpleaños, *m. sing.*   birthday

cumplir   to fulfill, complete; — **años**   to reach a certain age

cuñada   sister-in-law

cuñado   brother-in-law

cura, *m.*   priest; *f.* cure.

curso   course

cuyo   whose

Ch

champaña, *m.*   champagne

champú, *m.*   shampoo

chaqueta   jacket; — **salvavidas**   life jacket

charla   talk, chat

charlar   to chat

cheque, *m.*   check

chica   girl

chico   boy

chileno   Chilean

chino   Chinese

cho*car* (con)   collide; crash into; knock against

choque, *m.*   shock; collision

chófer,   chauffeur; driver

churro   doughnut

D

dado que   granted that

dama   lady

dañar   to damage

daño   damage; harm; **hacer —**   to hurt

*dar   to give; — a   to face; — de comer   to feed; —se cuenta de   to realize; — un paso, un salto, un paseo   to take a step, a jump, a walk

D.C. (después de Cristo)   A.D.

de   of; from; about; *also states possession*

debajo, *adv.*   underneath; — **de,** *prep.*   under

deber, *v.*   to be obliged to; should, ought to; *m.* duty

debido   due; proper, appropriate

débil   weak

debilitar   to weaken

década   decade

*de*caer*   to decline

decidir   to decide

décimo   tenth

*decir   to say; tell

dedi*car*   to dedicate

dedo   finger

defender (ie)   to defend; —se   to defend oneself; "get by" *(coll.)*

definido   definite

dejar   to let; allow; leave (behind); — **caer**   to drop

del of the

delante, *adv.* in front; — **de,** *prep.* in front of; **por** — up front

delantero, *adj.* front

delgado slim; thin

demás others, (the) rest; **lo** — the rest, remainder

demasiado too much; *pl.* too many

demonio devil

demostrar (ue) to demonstrate, show

dentro, *adv.* inside; **por** — on the inside; — **de,** *prep.* within, inside of

denunciar to denounce

dependiente, dependienta salesclerk

deporte, *m.* sport

deportista sportsman, athlete, etc.

deportivo, *adj.* (referring to) sports.

derecho, *n.* right, privilege; *adj.* right (location); **a la derecha** on the right

derramar to spill

derretido melted

derrota defeat

derrotar to defeat; overthrow

desafío challenge; defiance

desafortunadamente unfortunately

desagradable disagreeable

desangrar to bleed dry

desaparecer (zco) to disappear

desarrollar(se) to develop

desarrollo development

desastre, *m.* disaster

desayunar(se) to eat breakfast

desayuno breakfast

descansar to rest

descanso rest; sleep

descendiente descendant

descenso descent; fall

describir *(past part.* **descrito)** to describe

descubridor discoverer

descubrimiento discovery

descubrir *(past part.* **descubierto)** to discover

descuidar to neglect

desde, *prep.* from; since (a certain time); — **que,** *conj.* since (time); — **luego** of course

desear to desire, wish

deseo desire

deseoso desirous

desechado crumpled, cast away

desequilibrio imbalance

desesperado desperate

desesperante frustrating

desgracia misfortune

desgraciadamente unfortunately

deshumanizar to dehumanize

desigual unequal

desinflado flat tire

desmayarse to faint

desnivel, *m.* imbalance

desnudo naked; bare

desocupado vacant; idle

desodorante, *m.* deodorant

despacio slow(ly)

desparramar to spread about

despedida farewell

despedir (i) to fire, dismiss; — **se de** to take leave of, say goodbye to

despejado clear (weather)

despertar (ie) to awaken someone; — **se** to wake up (oneself)

despierto awake

después, *adv.* later, after(wards); — **de,** *prep.* after; — **de que,** *conj.* after

desteñido faded

destierro exile

destinatario addressee

destino destination; destiny; **con** — **a** bound for

destrozar to ruin, wreck, destroy

destruir (uyo) to destroy

desunido disunited

desván, *m.* attic

desvanecer (zco) to vanish

desviación, *f.* detour

detallado detailed

detalle, *m.* detail

***de**tener** to stop; arrest; detain; — **se** to stop

detrás, *adv.* in back; — **de,** *prep.* behnd, in back of

devolver (ue) *(past part.* **devuelto)** to return, give back

día, *m.* day; **de** — by day; **Buenos días** Good morning; **todos los días** every day

diablo devil

diamante, *m.* diamond

diario, *adj.* daily; *n.* newspaper

diciembre December

dictado dictation

dictadura dictatorship

dicho, *past part.* of **decir** said; *n.* saying, adage

diente, *m.* tooth

diestro skilled

diez ten

diferencia: a — **de** unlike

difícil difficult, hard

dificultad, *f.* difficulty

dignarse to deign, condescend
dineral, *m.* (a) fortune
dinero money
Dios God; **¡ Válgame — !** God help me!
dirección, *f.* direction; address
dirigir to direct, lead; **—se a** to turn to, approach, address
disco record
disculparse to apologize; **Disculpe** Excuse me
discurrir to discourse, talk on
discutir to discuss; argue
diseminar to disseminate, spread
disfrutar (de) to enjoy
disimuladamente surreptitiously
disminuir (uyo) to diminish
disparar to shoot
disparo shot
*disponer to dispose; make ready
dispuesto ready; disposed
distinguir to distinguish
distintivo distinctive
distinto a different from
distrito district
divertir (ie) to amuse; **—se** to enjoy oneself
divorciado divorced
doblar to turn; fold
doble double
doce twelve
docena dozen
dócil docile, gentle
dólar, *m.* dollar
doler (ue) to hurt
dolor, *m.* pain
dominar to command (a language); rule
domingo Sunday
dominio command; rule; domination
donde where; **¿ Dónde?** Where?
dorado golden
dormir (ue) to sleep; **—se** to fall asleep
dormitorio dormitory; bedroom
dos two
doscientos two hundred
dotado de endowed with
drama, *m.* drama
dramatizar to dramatize
dramaturgo dramatist
droguista druggist
ducha shower
ducharse to shower
duda doubt; **sin —** doubtless
dudar to doubt
dudoso doubtful
duelo duel

dueña chaperone; proprietress
dueño owner
dulce sweet
durante during
durar to last

E

e and (before *i* or *hi*)
ecuador equator
echar to throw; cast; **— una siesta** to take a nap
edad, *f.* age; ***tener— años de —** to be... years old
edificio building
educación, *f.* education
educar to educate
educativo educational
efecto effect; **en —** in fact
efectuar (úo) to effect, bring about
eficaz *(pl.* **eficaces***)* efficient
ejemplo example; **por —** for example
ejercer to exercise, wield
ejercicio exercise
ejército army
él he; him
elegir (i) to elect; choose
elemental elementary
ella she; her
embajador ambassador
embargo: sin — nevertheless, however
emigrado emigré, emigrant
emocionante exciting
empaparse de to become saturated with
emperador emperor
empezar (ie) to begin
empleado employee
emplear to employ; use
empujar to push
en in; on; at
enamorado de in love with
enamorarse de to fall in love with
encantado delighted, charmed
encantar to delight, charm
encarcelamiento imprisonment
encargarse to take charge
encender (ie) to light, turn on
encerrado enclosed, locked up
encima, *adv.* above, on top; **por —** on the top; **— de,** *prep.* over, above
encontrar (ue) to find; meet
encuentro encounter
enchufar to plug in
enchufe, *m.* plug

enemigo   enemy

enérgico   energetic

enero   January

enfadarse   to get angry

énfasis, *m.*   emphasis, stress

enfermo   sick

enfurecido   infuriated

engordar   to get fat

enhorabuena   congratulations

enojar   to anger; **—se** to get angry

enorme   enormous

ensalada   salad

ensayar   to attempt; try; try out

ensayo   essay; rehearsal, tryout; attempt

enseñar   to teach; show

ensordecedor   deafening

ensuciar   to dirty

ent*e*nder (ie)   to understand

eterno   eternal

enterarse de   to find out about

entero   entire, whole

entierro   funeral

entonces   then

entrada   entrance

entrañas, *f. pl.*   innards

entrar en *(Spain),* **— a** *(Sp. Am.)*   to enter

entre   between; among

entrega   delivery; **— inmediata** special delivery

entregado   devoted, given (to)

entr*e*gar   to hand over, deliver; **—se** to surrender

entrelazar   to link, intertwine

entretanto   meanwhile, in the meantime

entretenimiento   entertainment

entrevista   interview

entusiasmado   enthusiastic

entusiasmarse   to become enthusiastic

enviar (ío)   to send

env*o*lver (ue) *(past part.* envuelto*)*   to wrap; involve

época   epoch

equipo   team

equivocado   wrong, mistaken

equiv*o*carse   to make a mistake

erudito   scholar

escala   ladder, step-ladder

escalera   stairway; **— automática** escalator

escaso   scarce

escena   scene; stage

esclavitud, *f.*   slavery

esc*o*ger   to choose

escolar, *adj.*   school, academic

esconder(se)   to hide

escondite, *m.*   hiding place

escribir *(past part.* **escrito***)*   to write

escritor(a)   writer

escritura   writing; scripture

escuadra   squad; **— de muerte** firing squad

escuchar   to listen to

escuela   school; **— superior** high school

escultor(a)   sculptor, sculptress

escultura   sculpture

ese, esa, esos, esas, *dem. adj.* that, those (near you); **ése, etc.,** *pron.* that one, those

esfuerzo   effort

eslabón, *m.*   link

esmeralda   emerald

eso, *neuter pron.* that (in general); **a — de** about (a certain time); **por —** therefore, that's why

espalda   back; shoulder

español   Spanish; Spaniard

esparcir   to scatter; shed

especie, *f.*   species

específico   specific

espectáculo   spectacle

espectador(a)   spectator

espejo   mirror

espera   wait

esperado   expected; hoped for

esperanza   hope

esperar   to wait for; hope; expect

espinacas, *f. pl.*   spinach

esplendor, *m.*   splendor

esposa   wife

esposo   husband

esquina   (street) corner

estabilizar   to stabilize

estable, *adj.*   stable

establecer (zco)   to establish

establecimiento   establishment

estación, *f.*   season; station; **— de servicio** gas station

estadística   statistic

estado   state; **— civil** marital status

estallar   to burst out; explode

estancado   stagnant

estante, *m.*   shelf

estaño   tin

*estar   to be (located or in a certain position, condition, or state); **Está bien** All right; **— de acuerdo** to agree; **— conforme** to be willing

estatua   statue

estatura   stature, height

este, *m.*   east

este, esta, *dem. adj.* this ; **estos, estas** these ;
  éste, etc., *pron.* this one

estilo style ; **algo por el —** something like that

estimado esteemed

estimular to stimulate

estirar to stretch

esto, *neuter pron.* this

estoico stoic

estómago stomach

estrecho, *adj.* narrow ; tight ; *n.* strait

estrella star

estropear to ruin, spoil

estructura structure

estudiante, *m.* and *f.* student

estudiantil, *adj.* student

estudiar to study

estudio study

estufa stove

eterno eternal

ética ethics

etiqueta label

europeo European

evitar to avoid

exaltar to excite, stimulate ; exalt

examen, *m.* exam

exceptuando excluding, except for

excitación, *f.* excitement

exigir to demand, exact

éxito success ; **tener —** to be successful

experimentar to experience ; experiment

explicación, *f.* explanation

explicar to explain

explotar to exploit ; explode

exportadar(a) exporter ; *adj.* exporting

expresar to express

expulsar to expel

estender (se) (ie) to extend

exterior : el — abroad

externo external

extranjero foreign

extrañar to surprise

extraño strange

F

fábrica factory

fabricar to manufacture

fácil easy

facultad faculty ; school (law, medicine, etc.)

falda skirt

falta mistake ; fault ; lack

faltar to be lacking, needed, or missing ; **— a**
  to fail in, be remiss

falla fault *(geol.)*

familiar, *adj.* of the family ; familiar

farmaceútico pharmacist

farmacia drugstore

favor, *m.* favor ; **Haga el — de**+*inf.* Please... ;
  por — please

favorecer (zco) to favor

fe, *f.* faith

febrero February

fecha date (of the month)

felicidad, *f.* happiness ; *pl.* congratulations

felicitaciones, *f. pl.* congratulations

felicitar to congratulate

feliz *(pl.* **felices***)* happy

fenicio Phoenician

feo ugly, homely

feroz *(pl.* **feroces***)* fierce

ferrocarril, *m.* railway

fidelismo political system of Fidel Castro

fiebre, *f.* fever

fiel faithful

fiesta holiday, festival ; party ; **— brava**
  bullfight

figurarse to imagine

figurilla figurine

fijarse en to notice

fijo (af)fixed ; firm

fila row

filósofo philosopher

fin, *m.* end ; **— de semana** weekend ; **al —**
  at the end, finally ; **en —** well, anyway, to
  sum up ; **por —** finally, at last

fino fine ; thin

firma business firm ; signature

fiscal, *m.* prosecutor

física physics

físico physical

flaco thin, skinny

flamenco Flamenco (referring to gypsy music and
  dance)

Flandes Flanders (Holland and Belgium)

flor, *f.* flower

florecer (zco) to flourish

florecimiento flourishing

florido in flower, blooming

foco focus

fondo background ; bottom ; **puerta del —**
  back door ; *pl.* funds

formar to form

fósforo match

foto, *f.* photo

fotógrafo photographer

fracasar to fail

fracaso fiasco, failure

fraile   friar
francés   French ; Frenchman
franqueza   frankness
frasco   small bottle ; flask
frase, *f.*   phrase ; sentence
frenético   frenzied
frente, *m.*   front ; *f.* forehead
fresco   cool ; fresh
frío, *adj.* and *n.* cold ;   **hacer (mucho)** —   to be
   (very) cold out ;   **tener** —   to feel cold
frito   fried
frontera   frontier ; border
fruta   fruit
fruto   fruit *(fig.)* ;   profit
fuego   fire
fuente, *f.*   fountain ; source
fuera, *adv.*   outside ;   **por** —   on the outside ;
   — **de.** *prep.*   outside of
fuero   right, privilege
fuerte   strong ; loud
fuerza   force ; strength ;   **a la** —   by force
fugarse   to flee ; elope ; escape
fugaz *(pl.* **fugaces***)*   fleeing
fulgor, *m.*   glow
función, *f.*   performance ; showing (of a movie) ;
   function
funcionar   to function, work (run)
funcionario   government official
funda   pillow case
fundador   founder
fundar   to found, establish
fundir   to fuse
fúnebre   funereal
fútbol, *m.*   soccer

G

gafas, *f. pl.*   eyeglasses
gana   desire ;   **tener** —**(s) de, darle a uno** —**(s)**
   de   to feel like (doing something)
ganadería   stockraising
ganador(a)   winner
ganar   to earn ; win ; gain
ganga   bargain
garganta   throat
gastado   spent ; worn out
gastar   to spend (money)
gato   cat
general : **por lo** —   in general
genial   brilliant
genio   genius
gente, *f.*   people
gerente   manager
gesto   gesture

giro   word, expression ; trip
gitano   gypsy
gobernador   governor
gobierno   government
godo   Goth
golpe, *m.*   blow, knock ;   — **de estado**   coup
   d'état
goma   rubber ; gum
gordo   fat
gota   drop
gótico   Gothic
gozar de   to enjoy
grabado   recorded ; engraved ;   *n.* engraving
grabadora   tape recorder
grabar   to record ; engrave
gracias   thanks
gracioso   funny ; witty
grado   degree ; grade
graduarse **(úo)**   to graduate
gramática   grammar
gran *(contraction of* **grande***)*   great
granada   grenade
grande   large, big ; great
grandeza   greatness
granja   farm
grasa   grease ; fat
grato   pleasant
griego   Greek
gris   gray
gritar   to scream, shout
grito   shout, scream
grueso   thick ; heavy
guante, *m.*   glove
guapo   handsome
guarda, *m.*   guard
guardar   to keep ; hold, save ;   — **la lengua**   to
   hold one's tongue
guatemalteco   Guatemalan
guerra   war
guerrero   warlike ; warrior
gustar   to be pleasing ;   —**le a uno**   to like ;
   Me gusta   I like it
gusto   pleasure ; taste ;   **Mucho (Tanto)** — **de**
   conocerle   Pleased to meet you

H

*haber *(aux. v.)*   to have ;   — **de**   to be
   supposed to ; *(see also* **hay***)*
habichuela   stringbean
habilidad, *f.*   ability
habitación, *f.*   room
habitante   inhabitant
habitar   to inhabit

habla speech; **al —** speaking (telephone)
hablador(a) talkative
hablar to speak
hace *(+period of time after verb in the past)* ago; **— poco** a little while ago; **—... que** *(+a verb in the present)* for (still continuing period of time)
hacendado landowner; rancher
***hacer** to make; to do; **— buen (mal) tiempo** to be nice (bad) weather; **— caso de** or **a** pay attention to; **— daño** to hurt; **— frío, calor, viento** to be cold, warm, windy; **— una pregunta** to ask a question; **— un viaje** to take a trip; **—se** to become
hacia toward
hacienda ranch
hallar to find; **—se** to be (in a place or condition)
hambre, *f. (But:* el hambre) hunger; **tener (mucha) —** to be (very) hungry
hasta, *prep.* until; (up) to; even; **— luego** so long; **— que,** *conj.* until
hay there is, there are; **— que** one must; **No — de qué** You're welcome
He aquí Here is, Behold
helado, *n.* ice cream
henchido de swollen with, full of
heredar to inherit
heredero heir
herido wounded; hurt, injured
herir (ie) to wound; hurt
hermana sister
hermandad, *f.* brotherhood
hermano brother
hermoso beautiful
héroe hero
hielo ice
hiebra grass
hierro iron
hija daughter
hijo son
hilo thread
hispano Hispanic
historia history; story
historiador(a) historian
hoja leaf
hola, hi, hello
holandés Dutch(man)
hombre man; **— de negocios** businessman
hombría masculinity; bravery
hongo mushroom
honrado honest; honorable
honrar to honor

hora hour; time (of day); **¿Qué—es?** What time is it?; **— de comer** eating time
horario schedule; timetable
horizonte, *m.* horizon
horno oven
hoy today; **— (en) día** nowadays
hueco hollow; empty
huelga strike
hueso bone
huésped guest
huevo egg; **—cocido** boiled egg; **— revuelto** scrambled egg
***huir (uyo)** to flee
humanizar to humanize
humedad, *f.* humidity
húmedo humid; wet
humilde humble
humo smoke
hundir to sink

I

ibero Iberian
idealista idealist(ic)
identificar(se) to identify
ídolo idol
iglesia church
igual equal; identical, same
igualarse con to rival
igualdad, *f.* equality
ilimitado unlimited
iluso illusionary, "nut"
ilustre illustrious
imagen, *f.* image; picture
imaginarse to imagine
impedir (i) to prevent; impede
imperdonable unpardonable
imperio empire
impermeable, *m.* raincoat
imponente imposing
***imponer(se)** to impose
importar to matter; be important; to import; **No importa** It doesn't matter
impresionante impressive
impresionar to impress
impuesto tax
inaguantable unbearable
incaico Incan
incendio fire
inclinado leaning
***incluir (uyo)** to include
incluso including
inconsciente unconscious
incrédulo incredulous, disbelieving

increíble   incredible, unbelievable
indicar   to indicate
indígena   native
indio   Indian
individuo, *n.*   (an) individual
indomable   unconquerable
indudablemente   undoubtedly
industrial, *n.*   industrialist
inequidad, *f.*   inequality, inequity
inesperado   unexpected
infante   crown prince
infierno   inferno, hell
infinito: lo —   the infinite
influir (uyo) en   to influence
infundir   to infuse
ingeniería   engineering
ingeniero   engineer
Inglaterra   England
inglés   English(man)
iniciar   to initiate, begin
injusto   unjust, unfair
inmediatamente   immediately
inmoral   immoral
inquietud, *f.*   uneasiness
inseguro   insecure; unsure; unsafe
insistir en   to insist on
insoportable   unbearable
instantáneamente   instantly
instinto   instinct
instituir (uyo)   to institute
insufrible   insufferable
integrar   to include, incorporate; to compose;
   integrate
íntegro   intact, whole
interés, *m.*   interest; *pl.* (bank) interest
interesante   interesting
interesar   to interest
interno   internal
interpretar   to interpret
interrogar   to interrogate
interrumpir   to interrupt
*intervenir   to intervene
íntimo   intimate
*introducir   to introduce (something), bring in
intruso   intruder; crasher
inútil   useless
invadir   to invade
invasor   invader
invierno   winter
invitado   guest
inyectar   to inject
*ir   to go; —se   to go away, leave
irrumpir   to burst out, spring up

isla   island
islámico   Islamic
izquierdista   leftist
izquierdo   left; a la izquierda   on the left

J

jabón, *m.*   soap
jamás   never, not... ever
jamón, *m.*   ham
Japón, *m.*   Japan
japonés   Japanese
jardín, *m.*   garden
jaula   cage
jefe   boss; leader
joven *(pl.* jóvenes*)*   young; youth; young person
joya   jewel
joyería   jewelry shop
judío   Jew(ish)
juego   game
jueves   Thursday
juez   judge
jugador(a)   player
*jug*ar (ue)   to play; — al fútbol   to play soccer
juguete, *m.*   toy
julio   July
junio   June
junta   governing body, often military
junto, *adj. (generally pl.)*   together; — a, *prep.*
   next to, near
jurado   jury
justificar   to justify
juventud, *f.*   youth

K

kilo   a unit of weight equaling slighty more than
   two pounds
kilómetro   six-tenths of a mile

L

la   the *(f.);*   her, it *(direct obj.)*
labio   lip
labor, *f.*   labor, work
labrar   to work; till
lado   side; al — de alongside
ladrar   to bark
ladrillo   brick
ladrón   thief
lago   lake
lágrima   tear (crying)
laguna   lagoon
lamentar   to regret; weep
lámpara   lamp
lana   wool

lancha   launch; — **de motor**   motorboat
lanzar   to hurl, throw; to launch
lápiz, *m.*   pencil
largo   long
larguísimo   very long
las   the *(f. pl.);*   them *(direct obj.)*
lástima   pity
lata   can; tin
lavandería   laundry; dry cleaner
lavandero   laundryman; cleaner
lavaplatos, *m. sing.*   sink; — **eléctrico**   dishwasher
lavar(se)   to wash
le   *(to)* him, her, you *(Ud.)*
leal   loyal
lealtad, *f.*   loyalty
lección, *f.*   lesson
lectura   reading
leche, *f.*   milk
lechería   dairy; milk bar
lechero   milkman
lechuga   lettuce
*leer   to read
legumbre, *f.*   vegetable
lejano   distant
lejos, *adv.*   far away; — **de,** *prep.*   far from
lengua   language; tongue
lenguaje, *m.*   language (usage)
lentes, *m. pl.*   eyeglasses
lentitud, *f.*   slowness
lento   slow
león, *m.*   lion
letargo   lethargy, sluggishness
letra   letter (of the alphabet); *pl.*   literature,
   humanities
letrero   sign, billboard
levantar   to lift, raise; —**se**   to rise, get up
levemente   slightly
ley, *f.*   law
leyenda   legend
libra   pound
libre   free; **al aire** —   in the open air
librería   bookstore
librero   bookseller
libro   book
líder   leader
ligar   to link
ligero   light; slight; swift
limitar   to limit; — **con**   to border on
limosín, *m.*   limousine
limpiar   to clean
limpio   clean
lindo   beautiful

línea   line
Lisboa   Lisbon
lisonjero   flattering
lista   list; roster, roll
listo   ready; bright, smart
literato   writer
loco   crazy
locutor   radio or TV announcer
Londres   London
los   the *(m. pl.);*   them *(direct obj.)*
loza   pottery, "china"
lucir (zco)   to shine; show off, sport
lucha   fight; struggle; — **libre**   wrestling
luchar   to fight; struggle
luego   then; **desde** —   of course; **hasta** —
   so long
lugar, *m.*   place; — **de veraneo**   summer resort;
   en — **de**   in place of; **tener** —   to take place
lujo   luxury
luna   moon
lunes   Monday
luz, *f.*   light

LL

llamada   call; knock (at the door)
llamar   to call; —**se**   to be named
llanta   (automobile) tire
llave, *f.*   key
llegada   arrival
llegar a   to arrive at; — **a ser**   to become
llenar   to fill
lleno de   filled with, full of
llevar   to carry; wear; bring, take (a person)
llorar   to cry
llover (ue)   to rain
lluvia   rain

M

macarrones, *m. pl.*   macaroni
machismo   virility; masculine pride
madera   wood
madre   mother
maestro   teacher
magnífico   magnificent
maíz, *m.*   corn
majestad, *f.*   majesty
mal, *adv.*   badly; *m.*   evil, bad; **menos** —
   well, not so bad
mal(o), *adj.*   bad
maleta   suitcase
mancha   spot, stain
mandamiento   commandment
mandar   to send; order, command

mandato   command
manejar   to drive
manera   way, manner;   **de la misma —**   in the same way;   **de — que**   so that
manifestación, *f.*   (protest) demonstration; manifestation
manifestar (ie)   to manifest, show
mano, *f.*   hand;   **a —**   by hand;   **dar la —**   to shake hands
mantel, *m.*   tablecloth
*man*ten*er*   to maintain; support
mantequilla   butter
manzana   apple
mañana   tomorrow; *n.* morning;   **por la —**   in the morning
máquina   machine;   **— de lavar**   washing machine;   **escribir a —**   to type
maquinaria   machinery
mapa, *m.*   map
mar, *m.*   sea;   **por —**   by sea
maravilla   marvel, wonder;   **a las mil —** marvelous;   **¡ Qué — !**   How wonderful !
maravilloso   wonderful
marca   brand
marcar   to mark; dial
marcharse   to go away, leave
marido   husband
marina   navy
marisco   shellfish
Marruecos   Morocco
Marte   Mars
martes, *m.*   Tuesday
marzo   March
más   more; most;   **— bien**   rather;   **— bien que** rather than;   **— que nada**   more than anything, above all
matar   to kill
materia   matter; subject
materialista   materialist(ic)
matrícula   registration
matricularse   to register
matrimonio   marriage; married couple
Matusalén   Methuselah
máximo   highest; greatest
mayo   May
mayonesa   mayonnaise
mayor   older; oldest; greater;   **el —**   greatest; **al por —**   wholesale
mayormente   mainly, mostly
me   (to) me, myself *(obj. of v.)*
meca   Mecca, Moslem holy place
mecanografía   typing
media   stocking

mediados : **a — de**   around the middle of
mediano   average ; mediocre
medianoche, *f.*   midnight
médico   doctor
medida   measure
medio   half ; *n.*   middle ; means ;   **en — de**   in the midst of ;   **el — Oriente**   the Middle East
mediodía, *m.*   noon
medir (i)   to measure
mejor   better ;   **el —**   best
mejorar   to improve
memoria : **de —**   by heart
mencionar   to mention
menor   younger ; smaller ; lesser ; minor ; youngest ; smallest ; least
menos   less ; least ; minus ; except ;   **a lo —**, **por lo —**   at least
mensaje, *m.*   message
mentir (ie)   to lie
mentira   lie
mentiroso   liar ; lying
menú, *m.*   menu
menudo : **a —**   often
mercancía   merchandise
merecer (zco)   to deserve, merit
meridional   Southern
merienda   light snack
mero   mere
mes, *m.*   month
mesa   table ; desk
meseta   high plateau
mestizo   person of mixed white and Indian blood
metal, *m.*   metal
meter   to put, place
metido   engaged, involved
método   method
metralleta   submachine gun
metro   subway
metrópoli   chief city or capital ; motherland
mezcla   mixture
mezclar   to mix
mi(s)   my
mí   me *(obj. of prep.)*
miedo   fear ;   **tener —**   to be afraid
miembro   member
mientras (que), *conj.*   while ;   **— tanto**   meanwhile, in the meantime
miércoles, *m.*   Wednesday
mil   a thousand
militar   military ; soldier
milla   mile
mina   mine
minero   miner ; mining

minifalda   miniskirt

mínimo   minimum; least; **en lo más —**   (not) in the least

ministerio   ministry (government)

ministro   minister; Secretary; **primer —**   prime minister

minoría   minority

mío   mine, of mine

mirada   look, glance

mirar   to look at

miseria   poverty

misionero   missionary

mismo   himself, herself, etc.; same; very (emphatic); **ahora —**   right now

misterio   mystery

mitad, *f.*   half

mocoso   pipsqueak

moda   fashion

modalidad, *f.*   way of life

modo   mode, manner, way; **de — que** *conj.*   so that; so

molestar   to bother, annoy

molestia   bother

molesto   annoyed; annoying

monarca   monarch

monárquico   monarchist

monstruo   monster

montaje   montage, artistic composition combining several different elements

montaña   mountain

montañoso   mountainous

monte, *m.*   mountain; woods

montón, *m.*   pile, mound

morado   purple

morder (ue)   to bite

moreno   brunet(te)

moribundo   dying

morir (u) *(past part.* **muerto***)*   to die

morisco   (art) in the Moorish style

moro   Moor(ish)

mosaico   mosaic

mostrar (ue)   to show

motín, *m.*   riot

motocicleta   motorcycle

mover(se) (ue)   to move

movimiento   movement

mozo   boy; waiter; **buen —**   handsome

muchacha   girl

muchacho   boy

muchedumbre, *f.*   crowd

mucho   much; a great deal; *pl.* many

mudar(se)   to move; change

mueblería   furniture store

muebles, *m. pl.*   furniture

mueca   grimace

muela   back tooth

muerte, *f.*   death

muerto   dead

mujer   woman; wife

mula   mule

multa   fine (traffic, etc.)

multiplicar(se)   to multiply

mundial, *adj.*   world

mundo   world; **todo el —**   everybody

muro   wall

músculo   muscle

museo   museum

músico   musician

musulmán   Moslem

mutuo   mutual

muy   very

N

nacer (zco)   to be born

nacimiento   birth; Nativity

nada   nothing; **de —**   you're welcome

nadador(a)   swimmer

nadar   to swim

nadie   nobody, no one

naranja   orange

nariz, *f.*   nose

natural: **a lo —**   natural style

naturaleza   nature

navegante   navigator

Navidad, *f.*   Christmas

navideño, *adj.*   Christmas

neblina   haze

necesidad, *f.*   need; necessity

necesitar   to need

negar (ie)   to deny; **—se a**   to refuse to

negocios   business

negro   black

nene   baby

neoyorquino   New Yorker

nervio   nerve

nevar (ie)   to snow

ni   neither; **ni... ni**   neither... nor; **— siquiera**   not even

nicaragüense   Nicaraguan

nieta   granddaughter

nieto   grandson

nieve, *f.*   snow

ningún, ninguno   no, none, not... any (of a group); **de ninguna manera**   in no way; **en ninguna parte**   nowhere

niña   girl

niño   boy

nivel, *m.*   level; **— de vida**   standard of living

nobleza   nobility

noche, *f.*   night; **de —**   at night; **esta —** tonight, this evening; **Buenas —s**   Good evening; Good night.

nodriza   nursemaid

nombrar   to name; nominate; appoint

nombre, *m.*   name; **— de pila**   given name

nordeste, *m.*   northeast

noroeste, *m.*   northwest

norte, *m.*   north

nos   (to) us, ourselves *(obj. of verb)*

nosotros, nosotras   we; us *(after a prep.)*

nota   note; grade

noticia   news item; *pl.* news

noticiero   newscast

novecientos   nine hundred

novela   novel

noveno   ninth

noventa   ninety

novia   sweetheart; bride

novio   fiancé; groom

noviembre   November

nube, *f.*   cloud

nublado   cloudy

nuestro   our; ours, of ours

nuevas, *f. pl.*   news

nueve   nine

nuevecito   brand new, nice and new

nuevo   new; **de —**   again

número   number

nunca   never

O

o   or; **o... o**   either... or

obedecer (zco)   to obey

objeción, *f.*   objection

objeto   object

obli*g*ar   to oblige, force

obra   work (of art); **— maestra**   masterpiece

obrero   worker

observador(a)   observer

observar   to observe

obstáculo   obstacle

*obtener   obtain, get

obvio   obvious

occidental   Western

ocre   ochre, reddish-colored

octavo   eighth

octubre   October

ocultar(se)   to hide

ocupado   occupied; busy

ocupar   to occupy

ocurrir   to occur; take place

ochenta   eighty

ocho   eight

ochocientos   eight hundred

odiar   to hate

odio   hatred

oeste, *m.*   west

ofender   to offend

oficina   office

oficio   trade, occupation; office, position

ofrecer (zco)   to offer

ofrenda   offering

oído   (inner) ear; **al —**   into someone's ear

*oír   to hear

¡ Ojalá!   If only...! Oh, how I hope!

ojo   eye

ola   wave

¡ Ole!   Hurray!

*oler   to smell

olor, *m.*   smell

olvidado   forgotten; oblivious

olvidar   to forget

olla   pot

omitir   to omit

once   eleven

optar por   to choose

optimista   optimist(ic)

opuesto   opposite, opposed; **lo —**   the opposite

oración, *f.*   sentence; prayer

orador   speaker

orden, *f.*   order, command; *m.* order, orderliness; succession; **a sus órdenes**   at your service

ordenar   to order

orgullo   pride

orgulloso   proud

oriental   Eastern

origen, *m.*   origin

oro   gold; **Siglo de —**   Golden Age

os   (to) you, yourselves *(fam. pl. Spain)*

oscilar   to oscillate; waver

oscuridad, *f.*   darkness; obscurity

oscuro   dark; **a oscuras**   in the dark

otoño   autumn

otro   another; **el —**   the other

P

paciencia   patience

pactar   to make a pact

padre   father; *pl.* parents

pa*g*ar   to pay (for); **— al contado**   to pay cash

página   page

país, *m.* country
pájaro bird
palabra word
pálido pale
palito little stick; wand
palma palm (of the hand); palm trees
pampa large, fertile flatland in Argentina and Uruguay, gaucho country
pan, *m.* bread
panadero baker
panorama, *m.* panorama
pantalón, *m. (often pl.)* pants
pañuelo handkerchief; kerchief
papa potato; *m.* Pope
papá Dad
papel, *m.* paper; role; **hacer un —** to play a role
paquete, *m.* package
par, *m.* pair; **un — de** a couple of
para, *prep.* for; (in order) to; by (a certain time or date); considering, with relation to; **— que,** *conj.* in order that, so that; **— siempre** forever
parada stop (bus, train, etc.)
parado standing; stopped
paraguas, *m. sing.* umbrella
parar(se) to stop
pardo brown
parecer (zco) to seem, appear, look; **—se a** to resemble
pared, *f.* wall
pareja couple
pariente relative
parque, *m.* park
párrafo paragraph
parte, *f.* part; **de — de** on the part of, on behalf of; **¿ De — de quién?** Who's calling?; **en otra —** somewhere else; **en ninguna —** nowhere; **la mayor —** most, the majority; **por todas partes** everywhere
particular private
partido game, match; party (political)
partir to leave; **a — de** from (a certain time) on
pasado past; last; **la semana pasada** last week
pasajero passenger
pasaporte, *m.* passport
pasar to pass; happen; spend (time); **— por alto** to pass by, overlook
pasatiempo pastime
Pascuas, *f. pl.* Easter
pasearse to take a walk, stroll
paseíto a little walk or trip

paseo walk; trip; excursion; **dar un —** to take a walk, ride, etc.
pasillo aisle
paso step; **abrirse —** to make one's way; **dar un —** to take a step
pastor shepherd; pastor
patata potato *(Spain)*
patria fatherland
patrocinar to sponsor
patrón (ona) boss
pavimento pavement
paz, *f.* peace; **dejar en —** to leave or let alone
peatón pedestrian
pecho chest; breast
pedazo piece; bit
pedido order (business)
pedir (i) to ask for, request
pegar to hit, beat; affix, stick on
peinar(se) to comb
peine, *m.* comb
pelear to fight
película film, movie
peligro danger
peligroso dangerous
pelo hair
pelota ball
peluquería hairdresser, barber shop
pena sorrow; pain, trouble; **valer la —** to be worthwhile
pensador thinker
pensamiento thought
pensar (ie) to think; **— de** to have an opinion of; **— en** to think about or of; **— +** *infin.* to intend to
peón farm worker
peor worse; worst; **de mal en —** from bad to worse
pequeño little (in size)
perder (ie) to lose; waste; miss (a train, etc.)
perdón, *m.* pardon; **P—** Excuse me
perdonar to pardon, forgive
pereza laziness
perezoso lazy
perfección, *f.* perfection
periódico newspaper
periodismo journalism
periodista journalist
perla pearl
permiso permission; **Con —** Excuse me
permitir to permit, allow, let
pero but
perro dog
persona *(always f.)* person

personaje, *m.*   character; personage
pertenecer (zco)   to belong
peruano   Peruvian
pesado   heavy; boring
pesar   to weigh;   a — de   in spite of
pescado   fish (caught)
pescador   fisherman
peseta   monetary unit of Spain
pesimista   pessimist(ic)
peso   weight; monetary unit of several Spanish-
  American countries
pestaña   eyelash
petrolero, *adj.*   oil, petroleum
pez, *m.*   fish (live)
pie, *m.*   foot;   a — on foot;   en — standing;
  ponerse de —   to stand up
piedra   stone
piel, *f.*   skin; fur
pierna   leg
pijama   pajama
pila: nombre de —   given name
pimentero   pepper mill
pimentón, *m.*   green pepper
pimienta   pepper
pintar   to paint
pintor(a)   painter
pintura   painting
pinzas, *f. pl.*   tongs
pirata, *m.*   pirate
pisar   to trample; step on
piscina   swimming pool
piso   floor, story; apartment
pista   lane; track; runway
pizarra   blackboard
placer, *m.*   pleasure
planchado   ironing; ironed;   — permanente
  permanent press
planchar   to iron
planear   to plan
planeta, *m.*   planet
planta   floor (of a building);   — baja   ground
  floor
plata   silver; *(coll.)* money
platino   platinum
plato   plate; dish
playa   beach
plaza   plaza, town square
plazo   time payment
plenitud, *f.*   plenty, abundance
plomero   plumber
pluma   pen; feather;   — fuente   fountain pen
población, *f.*   population
poblado   inhabited

pobre   poor
poco   little (in amount); *pl.* few;   a — shortly
  thereafter;   hace — not long ago;   — a —
  gradually;   un — de   a little (bit of)
*poder   to be able; can, *m.* power
poderoso   powerful
podrido   rotten
poema, *m.*   poem
poesía   poetry; poem
poeta   poet
poetisa   poetess
policía, *f.*   police force; *m.* policeman
policíaco, *adj.*   police
política   policy; politics
político   political; politician
póliza   policy (insurance)
polvo   dust
pollo   chicken
*poner   to put, place; to turn on (a radio, etc.); to
  set (a table);   —se   to become *(+adj.)*; to
  put on (clothes);   —se a   *(+infin.)*   to begin
  to;   —se de acuerdo   to agree
por   by; along; through; by means of; for (a
  period of time); during; (in exchange) for;
  instead of; for (the sake of); out of, because
  of; on account of;   — favor   please;   — la
  mañana   in (during) the morning;   mañana —
  la mañana   tomorrow morning;   — supuesto
  of course;   — todas partes   everywhere
porcelana   porcelain
porcentaje, *m.*   percentage
porque   because
¿Por qué?   Why?
portal, *m.*   doorway
portátil   portable
porvenir, *m.*   future
*poseer   to possess
postre, *m.*   dessert
potable   drinkable
potente   powerful, potent
práctica   practice
practicar   to practice
práctico   practical
pragmático   pragmatic, practical
precio   price
precioso   precious; adorable, cute
precisamente   exactly, precisely
preciso   precise; necessary
precolombino   pre-Columbian, before Columbus
preferir (ie)   to prefer
pregunta   question;   hacer una —   to ask a
  question
preguntar   to ask a question

premio   prize

prendedor, *m.*   brooch

prender   to seize, catch; set (fire)

prensa   press

preocupar(se) de   to worry about

presentador   introducer

presentar   to present; introduce (a person);
   —se   to appear

presentimiento   premonition

prestar   to lend; — atención   to pay attention

primavera   spring

primario   primary; elementary

primer(o)   first

primo   cousin

príncipe   prince

principiante   beginning; beginner

principiar   to begin

principio   beginning; al —   at first; para —s
   by the early part

prisa   hurry, haste; de —   in a hurry; tener —
   to be in a hurry

prisionero   prisoner

privado   private

probar (ue)   to try; test; prove; —se   to try on

problema, *m.*   problem

proceso   process; trial

*producir   to produce

productor(a)   producer; *adj.*   producing

profesor(a)   teacher; professor

profundidad, *f.*   depth

profundo   deep; profound

programa, *m.*   program

progresista   progressive

promesa   promise

prometedor, *adj.*   promising

prometer   to promise

promulgar   to enact

pronombre   pronoun

pronto   soon; quick

pronunciar   to pronounce

propaganda: — comercial   advertising

propenso a   susceptible to

propiedad, *f.*   property

propietario   owner

propio   (one's) own

*proponer   to propose

propósito   purpose; a —   by the way

protagonista   main character

proteger   to protect

protegido   pet; protegé

provecho   benefit; profit; ¡Buen — !   Enjoy
   your food!

provinciano   provincial

provocar   to provoke; entice, appeal to

próximo   next

psicólogo   psychologist

psiquiatra   psychiatrist

publicar   to publish

puchero   stew

pueblo   town; (a) people

puente, *m.*   bridge

puerta   door; gate

puerto   port; — de mar   seaport

pues   well

puesto   put, placed; set; turned on; tuned in;
   n. post; position; place; — que   since, now
   that

pulgada   inch

pulmón, *m.*   lung

pulsera   bracelet

punto   point; a — de   about to; en —   on
   the dot

puntual   punctual

Q

que   who; that; which; whom

¿Qué?, *pron.*   What?; *adj.* What?, Which?;
   ¿— tal?   How are things?; ¿ — hay?
   What's new?   ¿— tiempo hace?   How is the
   weather?;   ¡Qué (+*adj.* or *adv.)!*   How...!;
   ¡ — va!   Go on!, Nonsense!

quebrado   broken

quedar(se)   to remain; stay; —le a alguien *(cf.*
   gustar)   to have left or remaining; —se con
   to take, decide to buy

quejarse de   to complain about

quemar   to burn

*querer   to want; like (a person); to love;
   — decir   to mean

querido   dear

queso   cheese

¿Quién (es)?   Who?; quien(es)   who

química   chemistry

químico   chemical; chemist

quince   fifteen

quinientos   five hundred

quinto   fifth

quitar   to take away; —se   to take off (apparel,
   etc.)

R

rabiar   to be furious

radio *m. and f.*   radio

raíz, *f. (pl.* raíces)   root

rapidez, *f.*   speed

raro   unusual, rare; rara vez   rarely

ratero   pickpocket ; thief
rato   short while
ratón, *m.*   mouse
raya   stripe
razón, *f.*   reason ; **con —**   right ; **sin —**
   wrong ; **tener —**   to be right
reaccionar   to react
real   real ; royal
realidad, *f.*   reality ; **en —**   really, actually
realista, *adj.*   realistic ; royalist
realización, *f.*   realization, fulfillment
realizar   to bring about, put into effect, realize
rebelde   rebel ; rebellious
rebosar de   to burst with
Recepción, *f.*   Front Desk (hotel)
receptor, *m.*   receiver, set
recibir   to receive
recién *(shortened form of* **reciente***)*   recently ;
   — casados   newlyweds ; **— llegados**   new
   arrivals ; **— nacido**   newborn
reciente   recent, new
recíproco   reciprocal, mutual
reco*g*er   to pick up ; retrieve
recomendar (ie)   to recommend
reconocer (zco)   to recognize
reconocido   famous
Reconquista   Reconquest (specifically of Spain
   from the Arabs, 711–1492)
recordar (ue)   to remember ; to remind of
rectificar   to rectify
rector   principal (of a school)
recuerdo   memory ; *pl.* regards
recuperar   to recover, regain
recurso   recourse ; resource
rechazar   to reject ; refuse
redentor   redeemer
redondo   round
***reducir**   to reduce
referirse (ie)   to refer
reflejar   to reflect
Reforma   (Protestant) Reformation
reformador   reformer
refrán, *m.*   refrain ; proverb
refrescar   to refresh
refuerzo   reenforcement
regalo   gift
régimen, *m.*   regime ; diet
re*g*ir (i)   to rule
regla   rule ; ruler (measure)
reglamento   rule, law
regresar   to return
reina   queen
reinado   reign

reinar   to reign
reino   kingdom
reír(se) (río)   to laugh ; **—se de**   to laugh at
reja   grill
relacionar   to relate, associate
relatar   to relate, recount, tell
relieve, *m.*   (art) relief
reloj, *m.*   watch ; clock
reluciente   shiny
rematado   exhausted
remedio   remedy ; alternative ; **No hay más —**
   There's no other choice
remiendo   patch
remitente   sender
remontarse   to hark back
renacentista, *adj.*   Renaissance
renacer (zco)   to be reborn
Renacimiento   Renaissance
rendido   exhausted
renombre, *m.*   renown, fame
renovar (ue)   to renew ; renovate
rentas, *f. pl.*   income
renunciar a   to renounce
repartir   to share ; distribute
repasar   to review
repaso   review
repente : de —   suddenly
repentino   sudden
repetidamente   repeatedly
repetir (i)   to repeat
representante   representative
representar   to represent ; perform
resaltar   to stand out
resbalar(se)   to slide ; glance off
resentimiento   resentment
reserva   reservation ; reserve
resolver(se) (ue)   to resolve ; solve
resonar (ue)   to resound
respecto   respect, aspect ; **— a**   with respect to,
   concerning ; **a ese —**   in that regard
respeto   respect, admiration
responder   to respond
responsable (de)   responsible (for)
respuesta   response, reply
restaurar   to restore
resto   rest, remainder
restorán, *m.*   restaurant
restituir (uyo)   to restore
resucitar   to bring back to life
resuelto   resolved ; settled
resultado   result
resultar   to turn out, result
retirar(se)   to withdraw ; retire

retrasar   to delay, slow up

retrato   portrait

retumbar   to resound

reunido, *(usually pl.)*   gathered together

reunirse (úno)   to meet, gather

revelado   developing (photography)

revelar   to reveal; develop (a photo)

revés, *m.*   reverse; al —   to the contrary

revisar   to check (through)

revista   magazine

rey   king

rezagado, *n.*   latecomer

rezar   to pray

rico   rich

riel, *m.*   rail

rienda   rein

rifle, *m.*   rifle

rincón, *m.*   corner (inside)

río   river

riqueza   wealth

riquísimo   very rich

rito   rite

rivalidad, *f.*   rivalry

robar   to rob, steal

robo   robbery

roca   rock

rodear   to surround

rodilla   knee

rogar (ue)   to beg; pray

rojo   red

romper   *(past part.* **roto***)*   to break

ropa   clothing; dress

ropería   clothing store

rosa   rose

rosado   pink

roto   broken

rubí, *m.*   ruby

rubio   blond

rueda   wheel

ruido   noise

ruidoso   noisy

rumbo: — a   bound for

ruso   Russian

ruta   route

S

sábado   Saturday

sábana   sheet

*saber   to know (a fact, how to, etc.)

sabroso   tasty

sacar   to take out; pull out;   — una foto   take a
   picture

sacerdote, *m.*   priest

saco   jacket

sacrificar   to sacrifice

sacudir   to shake; dust

sagrado   sacred; holy

sal, *f.*   salt

sala   living room;   — de clase   classroom

salado   salty; "spicy"

salida   exit; departure; going out

*salir   to go out; leave (a place); come out of;
   rise (the sun); turn out, work out

salón, *m.*   hall; salon;   — de belleza   beauty
   salon

salpicado   spattered

salsa   dressing; sauce

saltar   to jump

salud, *f.*   health

saludar   to greet; to wave

saludo   greeting

salvar   to save (a life)

salvavidas: chaqueta —   life jacket

san(to)   saint

sandalia   sandal

sangre, *f.*   blood

sanidad, *f.*   sanitation; health

sartén, *m. or f.*   frying pan

sastre   tailor

sastrería   tailor's shop

se   (to) himself, herself, yourself (Ud.), themselves,
   yourselves *(obj. of v.)* ; cf. also used as indirect obj.

secar   to dry

seco   dry

secuestrador   hijacker; kidnapper

secuestrar   to hijack; kidnap

secuestro   hijacking; kidnapping

sed, *f.*   thirst;   tener (mucha) —   to be (very)
   thirsty

seda   silk

seguida: en —   immediately, at once

seguir (i)   to continue, keep on; follow;
   — por la derecha   to keep to the right

según   according to

segundo   second

seguramente   surely

seguro,   sure, certain; safe

seis   six

seiscientos   six hundred

selva   forest; jungle

sello   stamp; seal

semana   week

sembrar (ie)   to sow

semejante   similar

semestre, *m.*   semester

Senado   Senate

sencillo   simple
sensible   sensitive
sentado   seated, sitting
sentido, *m.*   meaning; sense
sentimiento   feeling; sentiment
sentir (ie)   to feel; regret; **—se**   to feel *(+adj.)*
señal, *f.*   sign; mark; signal
señalar   to point out
señor   mister; gentleman; Mr.
señora   lady; wife; Mrs.
señorita   young lady; Miss
septiembre, *m.*   September
séptimo   seventh
*ser   to be; to be from, for, made of; to belong
   to; *(with adj.)* to be essentially characterized
   by; *m.* being;   **un — humano**   a human being
serie *f.*   series
serio   serious;   **en —**   seriously
serpiente, *f.*   snake
servilleta   napkin
servir (i)   to serve; to be used or good for;   **— de**
   to serve as;   **— para**   to be useful for
sesenta   sixty
setenta   seventy
setecientos   seven hundred
sexto   sixth
si   if
sí   yes; *pron.* himself, herself, yourself, themselves,
   etc. *(obj. of prep.)*
siempre   always
sierra   mountain range
siesta   nap;   **echar una —**   to take a nap
siete   seven
siglo   century
significación, *f.*   meaning; significance
significado   meaning
significar   to mean
siguiente   following;   **al día —**   the next day
sílaba   syllable
silla   chair
simbolizar   to symbolize
símbolo   symbol
simpático   nice; agreeable
simpatizar   to sympathize; feel for or with
sin, *prep.*   without;   **— que,** *conj.*   without
sindicato   union
sino   but; (used after a negative) on the contrary
síntoma, *m.*   symptom
siquiera: ni —   not even
sistema, *m.*   system
sobre   on, upon; above; on, about, concerning;
   — todo   especially
sobrenatural   supernatural

*sobre*poner*se   to overcome
*sobre*venir*   to befall, come about
sobrevivir   to survive
sobrina   niece
sobrino   nephew
sociedad, *f.*   society
socorro   help
sofocar   to quell, out down; suffocate
sol, *m.*   sun;   **hacer —**   to be sunny
solamente   only
soldado   soldier
soledad, *f.*   solitude
solicitud, *f.*   request
solo   alone
sólo   only
soltero   unmarried
solucionar   to solve
sombra   shade; shadow;   **a la —**   in the shadow
   or shade
sombrero   hat
someter   to subject;   **—se**   to submit
sonar (ue)   to sound; ring
sonido   sound
sonreír (ío)   to smile
sonrisa   smile
soñador(a)   dreamer
soñar (ue) con   to dream of
sopa   soup
soportar   to stand, endure
sóquer, *m.*   soccer
sorprender   to surprise
sorpresa   surprise
sospecha   suspicion
sostén, *m.*   support
*sos*tener*   to sustain, support
sótano   basement
su(s)   his, her, its, your, their
suave   smooth; soft; gentle
suavizar   to soften
subasta   auction
subir   to go up;   **— a**   to board, get into
subjuntivo   subjunctive
sublevación, *f.*   uprising
sublevarse   to revolt
subterráneo   subway
subyugar   to subjugate
suceder   to happen, take place; to succeed (in
   order)
suceso   event
sucio   dirty
Sudamérica   South America
suegro   father-in-law
sueldo   salary

suelo   floor; earth, soil

sueño   dream; sleep; **tener (mucho) —** to be (very) sleepy

suerte, *f.*   luck; chance; **tener (mucha) —** to be (very) lucky

sufrir   to suffer; undergo

Suiza   Switzerland

sujeto   subject

suma   sum; **en —** to sum up

sumamente   extremely

sumir(se)   to plunge, sink

suntuoso   sumptuous

superar   to overcome

superficie, *f.*   surface

superior: escuela **—** high school

suprimir   to suppress

supuesto   supposed; **por —** of course

sur, *m.*   South

surgir   to arise

suroeste, *m.*   southwest

suspender   to fail, flunk

sustancia   substance

sustantivo   noun

sustituir (uyo)   to substitute

susto   fright, scare

susurrar   to whisper

susurro   whisper

sutil   subtle

suyo   his, hers, its, theirs, yours; of his, etc.

T

tacaño   stingy

tal   such a; **— vez** perhaps; **¿Qué — ?** How goes it?

tamaño   size

tambalear(se)   to stagger

también   also, too

tampoco   neither, not... either

tan, *adv.*   so; as; **—...como** as... as

tanque, *m.*   tank

tanto   so much, as much; *pl.* so many, as many; **—... como** as much (many)... as

tardar   to delay; to take (a certain amount of) time; **sin más —** without further ado

tarde, *f.*   afternoon; evening; *adv.* late; **más —** later

tarea   task; homework

tarjeta   card

tarta   cake, tart

taza   cup

te   (to) you, *fam. sing.* **—** *(obj. of v.)*

té, *m.*   tea

teatro   theater

técnica   technique

técnico   technician

techo   roof

tejedor(a)   weaver

tejido   woven fabric

tela   cloth

telefónico, *adj.*   telephone; **llamada telefónica** phone call

televisor, *m.*   TV set

tema, *m.*   theme

temblar (ie)   to tremble; shake

temblor, *m.*   tremor; **— de tierra** earthquake

temer   to fear

templado   temperate

templo   temple

temporada   season (racing, etc.)

temprano   early

tendero   shopkeeper

tenedor, *m.*   fork

*tener   to have; **—... años de edad** to be... years old; **— calor, frío, hambre, miedo, sed, sueño** to be hot, cold, hungry, thirsty, afraid, sleepy; **— cuidado** to be careful; **— ganas de** to feel like; **— lugar** to take place; **— que** *(+infin.)* to have to; **— que ver con** to have to do with; **— puesto** to have on, to be wearing; **— razón** to be right

tenis, *m.*   tennis

tentación, *f.*   temptation

tercer(o)   third

tercio: un **—** one-third

terminación, *f.*   ending

terminar   to finish; end

término   term; end

terrateniente   landowner

tesoro   treasure

testarudo   stubborn

testigo   witness

ti   you *(obj. of prep.)*

tía   aunt

tiempo   time; weather; **a —** on time; **desde hace mucho —** for a long time; **¿Qué — hace?** How is the weather?

tienda   store; **ir de tiendas** to go shopping

tierra   land; earth

tijeras, *f. pl.*   scissors

timbre, *m.*   bell

tinta   ink

tintero   inkwell

tío   uncle

tipo   type; kind; guy

tirar   to throw; to shoot

tiro   shot

titular, *m.*   headline
título   title
tiza   chalk
toalla   towel
toallita   washcloth
tocadiscos, *m. sing.*   record player
to*c*ar   to touch; play (an instrument)
tocino   bacon
todavía   still; yet; — no   not yet
todo   all; whole; every, — el día   all day;
   — el mundo   everybody; del —   entirely;
   todos los días   everyday; *pl.* all; everybody
tomar   to take; to eat or drink
tomate, *m.*   tomato
tonto   silly, stupid; fool(ish)
toque, *m.*   touch
tormenta   storm
tormentoso   torturous; stormy
tornillo   screw
torre, *f.*   tower
torta   cake
tortilla   omelet; pancake *(Mex.)*
tortuga   turtle
tostador, *m.*   toaster
to*s*tar (ue)   to toast
trabajador(a)   worker; *adj.* hard-working
trabajar   to work
trabajo   work; job
*tra*ducir*   to translate
*traer   to bring
tragar(se)   to swallow
traje, *m.*   suit; outfit
tranquilo   calm; quiet; tranquil
transferir (ie)   to transfer
tránsito   traffic
transparencia   transparency, *(photo)* slide
transporte, *m.*   transportation
tranvía, *m.*   trolley
tras   after, following
trasero, *adj.*   back (seat, etc.)
traspasar   to overstep
tratar   to treat; — de   to try to; deal with;
   —se de   to be a question of
través: a — de   across; through
trazar   to trace; draw
trece   thirteen
treinta   thirty
tren, *m.*   train
trescientos   three hundred
tribu, *f.*   tribe
tribunal, *m.*   court, tribunal
trinchera   trench
tripulación, *f.*   crew

triste   sad
tristeza   sadness
triun*f*ar   to triumph
triunfo   triumph
tronar (ue)   to thunder
trono   throne
tropa   troop; troupe
trozo   bit, piece
tú   you *(fam. sing.)*
tu(s)   your *(fam. sing.)*
tubo   tube; pipe
tumbar   to knock down
tuyo   yours *(fam. sing.)*

U

u   or *(before a word beginning with* o *or* ho*)*
últimamente   recently
último   last; latest; por —   lastly
un, una   a, an; *pl.* some; about, approximately;
   unos cuantos   a few
único   only; unique
unidad, *f.*   unity; unit
unido   united
unifi*c*ar(se)   to unify, unite
*unir(se)   (úno, unes, úne)   to unite, join
universitario, *adj.*   college
uña   fingernail
usar   to use
usted (Ud., Vd.), *pl.* ustedes (Uds., Vds.)   you
útil   useful
utilizar   to utilize
uva   grape

V

vaca   cow
vacaciones, *f. pl.*   vacation; de —   on vacation
vacilar   to hesitate
vacío   empty
vainilla   vanilla
valentía   bravery
*valer   to be worth; — la pena   to be worth
   while
¡Válgame Dios!   Heaven help me!
valiente   valiant, brave
valor, *m.*   bravery, valor
valle, *m.*   valley
¡Vamos!   Let's go!; — a   Let's
vano   vain; en —   in vain
vapor, *m.*   ship
varios   various; several
vasco   Basque
vaso   (drinking) glass
vecino   neighbor; *adj.* neighboring

vehículo   vehicle
veinte   twenty
vela   candle
velocidad, *f.*   speed
ven*c*er   to conquer
vendedor(a)   salesperson ; seller ; auctioneer
vender   to sell
Venecia   Venice
venezolano   Venezuelan
venida   coming
***venir**   to come
venta   sale
ventana   window
ventilador, *m.*   fan ; ventilator
***ver**   to see ;   **tener que — con**   to have to do
   with
verano   summer
veras : de —   truly, really
verdad, *f.*   truth ;   **¿ — ?**   really?
verdadero   true ; real
verde   green
vergüenza   shame ;   **tener —**   to be ashamed
vestido   dress ; *pl.* clothes ; *adj.* dressed
vestir(se) (i)   to dress ; get dressed
vez, *f.*   time, occasion, instance ;   **alguna —**
   ever, at any time ;   **de una —**   all at once ; once
   and for all ;   **en — de**   instead of ;   **de — en**
   cuando   from time to time ;   **otra —**   once more,
   again ;   **por primera —**   for the first time ;
   tal —   perhaps ;   **una — , dos veces**   once,
   twice ;   **una — más**   once more ;   **a veces**
   at times
vía   road, street ;   **una —**   one way
viajar   to travel
viaje, *m.*   trip ;   **hacer un —**   to take a trip ;
   un — al extranjero   a trip abroad
viajero   traveler
víctima *(always f.)*   victim
vida   life
vidrio   glass (substance)
viejo   old
viento   wind ;   **hacer (mucho) —**   to be (very)
   windy
viernes, *m.*   Friday
vigilar   to watch (over)
vinagre, *m.*   vinegar

vino   wine
viñeta   vignette
virgen   virgin
virtud, *f.*   virtue
visita   visit ; visitor
visitante   visitor
visitar   to visit
visón, *m.*   mink
vista   view
viuda   widow
viudo   widower
vivienda   dwelling
vivir   to live
vivo   alive, living ; bright, lively (color, etc.)
vocal, *f.*   vowel
v*o*lar (ue)   to fly
volátil   volatile, highly charged
volumen, *m.*   volume
voluntad, *f.*   will
v*o*lver (ue) *(past part.* **vuelto***)*   to return, go back ;
   — a *(+infin.)*   to do (something) again ;   **—se**
   to become, turn ;   **—se loco**   to go mad
vosotros, vosotras   you *(fam. pl.)*
votar,   to vote
voz, *f.*   voice ;   **en — alta, baja**   in a loud, soft
   voice
vuelo   flight
vuelta   return ; turn ; change (money) ;   **dar —s**
   to revolve ; turn round ;   **estar de —**   to be
   back
vuestro   yours

Y

y   and
ya   already ;   **— no**   longer, not any more
yerba (hierba)   grass
yo   I

Z

zafiro   sapphire
zapatería   shoestore
zapatero   shoemaker ; shoestore man ; shoemaker
zapatilla   slipper
zapato   shoe
zona   zone

Inglés–Español

A

a   un, una
able   capaz;   to be —   *poder, *ser capaz de
about   de, sobre, acerca de *(concerning)*
   a eso de, unos *(approximately + a number)*
above   sobre; encima de
absent   ausente
accept   aceptar
accident   accidente, *m.*
accompany   acompañar
across   a través de
address   dirección, *f.;*   to — (speak to)
   dirigirse a
afraid: to be —   *tener (mucho) miedo, temer
after, *prep.*   después de; *conj.* después de que
afternoon   tarde, *f.;*   in the —   por la tarde
again   otra vez, una vez más;   to do
   (something) —   volver (ue) a + *infin.*
against   contra
agency   agencia;   insurance, real estate, travel —
   agencia de seguros, bienes raíces, viajes
ago   hace *(+ period of time)*
air   aire, *m.;*   by —   en avión
air conditioner   acondicionador, *m.*
air conditioning   aire acondicionado
air force   fuerza aérea
airmail   vía aérea, por avión, correo aéreo
airplane   avión, *m.*
album   álbum, *m.*
all   todo *(everything);* adj. todo el..., toda la...,
   todos los..., todas las...;   — day   todo el día;
   — right   muy bien, está bien
almost   casi
alone   solo
aloud   en voz alta
already   ya
also   también
although   aunque
aluminum   aluminio
always   siempre
ambition   ambición, *f.*
American   (notre) americano
among   entre
and   y; e *(before a word beginning with* i *or*
   hi, *but not* hie!)
animal, *m.*   animal

announce   anunciar
another   otro
answer, *v.*   contestar; responder;
   n. contestación *f.,* respuesta
anyone   cualquier persona; alguien
   (someone); not —   nadie
anything   cualquier cosa; algo   (something);
   not —   nada
anyway   sin embargo
apartment   apartamento, piso;   — house   casa
   de apartamentos
appear   *parecer (zco) *(seem);* *aparecer (zco)
   (put in an appearance)
apple   manzana
approach, *v.*   acercarse a
April   abril, *m.*
architect   arquitecto
arm   brazo
army   ejército
arrive   llegar (a)
art   arte *(usually* m.);   Fine Arts   Bellas Artes
as   como; mientras que *(while);* — ...—
   tan ... como;   — much *(many)* ... —
   tanto(s) ... como;   — soon—   tan pronto
   como, así que
ask   preguntar *(a question);* pedir (i)
   (request);   to — for   pedir
aspirin   aspirina
at   a *(time of day)*;   en *(a place);*   — once
   en seguida, inmediatamente
athletic   atlético
attend   asistir a
attic   desván, *m.*
August   agosto
aunt   tía *
authentic   auténtico
autumn   otoño
avenue   avenida
avocado   aguacate, *m.*
avoid   evitar
awaken   despertar(se) (ie)

B

back *adv.*   hacia atrás; *adj.*   trasero, de atrás;
   n. espalda;   in — of   detrás de
bacon   tocino

bad   mal(o)

badly   mal

bag   bolsa; bolso *(purse)*

bank   banco

bargain   ganga

basement   sótano

bath   baño; **— room**   (cuarto de) baño;
   aseo *(lavatory)*

bathe   bañar(se), lavar(se)

bathing suit   traje de baño, *m.*, trusa

bathrobe   bata

be   *ser; *estar; **to — sunny, windy, cold,**
   hot out *hacer sol, viento, frío, calor, **to —**
   (feel) hot, cold, thirsty, hungry, afraid, sleepy
   *tener calor, frío, sed, hambre, miedo, sueño;
   to — right   *tener razón; **to — supposed to**
   *haber de

beach   playa

beans   frijoles, *m. pl.;* **string or green —**
   habichuelas

bear *v.*   llevar; aguantar *(stand, endure);* *n.* oso

beard   barba

beater   batidor (eléctrico)

beautiful   hermoso

because   porque

become   *hacerse; llegar a ser; *ponerse
   (+adj.)

bed   cama; **to go to —**   acostarse (ue);
   to put to —   acostar (ue)

bedroom   alcoba

bedspread   sobrecama

beer   cerveza

beet   remolacha

before, *prep.*   antes de; *conj.*   antes de que;
   —hand, *adv.*   antes

beg   rogar (ue)

begin   empezar (ie), comenzar (ie);
   *ponerse a

beginning   principio

behind, *prep.*   detrás de; *adj.* atrasado

believe   *creer

belong   pertenecer (zco); *ser de

bench   banco, banqueta

beside   junto a; al lado de; además de *(in*
   addition to)

besides, *adv.*   además; *prep.* además de

best   mejor(es)

better   mejor(es)

between   entre

bicycle   bicicleta

big   grande, gran

bird   pájaro

bitter   amargo

black   negro

blackboard   pizarra

blanket   cobija, manta, frazada

block (of a city)   cuadra, manzana

blond(e)   rubio

blood   sangre, *f.*

blue   azul

body   cuerpo

bone   hueso

book   libro

boot   bota

bore   aburrir, cansar

boring   aburrido, cansado

born: to be —   nacer (zco)

boss   jefe; patrón, patrona

bother, *v.*   molestar; *n.* molestia

bottle   botella

box   caja

boy   muchacho, niño; chico

brake, *n.*   freno; *v.* frenar

brand   marca

brass   latón, *m.*

bread   pan, *m.*

break   romper *(past part.* roto)

breakfast   desayuno; **to have —**   desayunarse

breathe   respirar

brick   ladrillo

bridge   puente, *m.*

bring   *traer; llevar *(a person)*

broken   roto

bronze   bronce, *m.*

brother   hermano

brown   pardo

brunet(te)   moreno

brush   cepillo

build   *construir (uyo)

building   edificio

bulb   bombilla, bombillo (eléctrico)

bull   toro; **— fight**   corrida de toros

bumper   parachoques, *m. sing.*

bus   autobús, *m.* (ómni)bus, *m.*

business   negocio *(often pl.);* **—man**   hombre
   de negocios

busy   ocupado

but   pero; sino *(contradiction after a negative)*

butter   mantequilla

button   botón, *m.*

buy   comprar

by   por *(by way of, by means of);* para *(by a*
   certain date or time); **— the way**   a propósito

C

cake   torta, tarta, pastel, *m.*

call, v. llamar; n. llamada (telefónica, etc.)
can, v. *poder; n. lata
Canadian canadiense
can opener abrelatas, m. sing.
captain capitán
car coche, m., carro, automóvil, m.
carburetor carburador, m.
card tarjeta; **post —** tarjeta postal
cardboard cartón, m.
care, n. cuidado; **to take — of** cuidar de or a;
   I don't —. No me importa.
careful: to be — *tener cuidado
carefully con cuidado
carrot zanahoria
carry llevar
carton cartón, m. bulto, paquete, m.
case caso; **in —** en caso de que
cashier cajero
cat gato
catch coger
celery apio
cement cemento
certain cierto, seguro; **a —** cierto
chair silla
chalk tiza
chance oportunidad, f.
channel canal, m.
Charles Carlos
charming encantador(a)
cheap barato; tacaño (stingy)
check cheque, m. giro; **traveler's —** cheque
   de viaje(ro)
cheese queso; **— seller** quesero
chest pecho (body); cómoda (furniture)
chicken pollo
child niño, niña; hijo, hija
children niños; hijos
choose escoger
chrome, chromium cromo
chum compañero
cigarette cigarrillo
city ciudad, f.
class clase, f.
classroom (sala de) clase
clean, v. limpiar; adj. limpio
clear claro
climate clima, m.
climb subir a
clock reloj, m.
close, v. cerrar (ie); adv. cerca; **— to,** prep.
   cerca de; adj. íntimo
closed cerrado
closet armario

cloth tela
clothes ropa, vestidos, m. pl.
cloud nube, f.
cloudy nublado
coal carbón, m.
coat abrigo
coffee café, m.
coffee pot cafetera
cold frío; catarro (illness); **to be (feel) —**
   *tener (mucho) frío; **to be — out**
   *hacer frío
college universidad, f.
colony colonia
color color. m.
comb, v. peinar(se); n. peine, m.
come *venir
comfortable cómodo
companion compañero
company compañía
complain quejarse
complete v. completar; adj. completo
concert concierto
confused confundido, confuso
conquer conquistar, vencer; superar
contain *contener
continue continuar (úo), seguir (i)
cookie pasta, bizcocho, galleta dulce
cool fresco
copper cobre, m.
corn maíz, m.
corner esquina (outside, as of a street); rincón,
   m. (inside)
correct, v. corregir (i); adj. correcto
cost, v. costar (ue); n. costo, m.
cotton algodón, m.
count, v. contar (ue)
country país; patria (homeland); nación, f.;
   campo (opp. of city)
course curso
cousin primo
cover, v. cubrir (past part. cubierto)
cow vaca
cracker galleta
crazy loco
cream crema
create crear
crime crimen, m.; delincuencia
crocodile cocodrilo
cross, n. cruz, f.; v. cruzar, atravesar (ie)
cry, v. llorar; **to — out** gritar
cup taza
curtain cortina
customer cliente

cut, *v.* cortar

D

Dad papá
dance, *v.* bailar ; *n.* baile
dancer bailarín, bailarina
danger peligro
dangerous peligroso
darling amor mío ; querido
daughter hija
dead muerto
deal: a great — muchísimo
dear querido ; caro, costoso *(expensive)*
death muerte, *f.*
December diciembre
decide decidir(se) a
decision decisιón, *f.*
deer ciervo, venado
demonstration manifestación, *f. (political)* ;
    demostración, *f.*
dentist dentista
deny ne*g*ar (ie)
department departamento
depend on depender de
deposit, *n.* depósito ; *v.* depositar
desert, *n.* desierto
desire, *v.* desear ; *n.* deseo
desk mesa ; escritorio
dessert postre, *m.*
destroy destruir (uyo)
develop desarrollar(se)
dial, *v.* marcar (un número)
diamond diamante, *m.*
die morir (ue) *(past part.* muerto*)*
difference diferencia
different diferente, distinto
difficult difícil
dining room comedor, *m.*
dinner comida
dirty sucio
discover descubrir *(past part.* descubierto*)*
dish plato
dishwasher lavaplatos (eléctrico), *m. sing.*
district distrito
do *hacer
doctor médico ; doctor *(title)*
document documento
dog perro
donkey burro, asno
door puerta
dorm dormitorio
doubt, *v.* dudar, *n.* duda
down (hacia) abajo ; **to go —** bajar

downtown centro ; *adj.* del centro
drama drama, *m.*
drawer cajón, *m.,* gaveta
dream, *v.* soñar (ue) con ; *n.* sueño
dress, *v.* vestir(se) (i) ; *n.* ropa, vestido
dressed vestido
drink beber ; tomar
drive manejar, *conducir
drop dejar caer
drugstore botica, farmacia, droguería
dry seco
dryer secadora ; secador, *m. (for hair)*
duck, *n.* pato
dust polvo

E

each cada
ear oreja *(outer part)* ; oído *(inner)*
early temprano
earn ganar
earth tierra ; suelo
earthquake temblor, *m.* de tierra
easy fácil
eat comer ; tomar
economy economía
education educación, *f.*
egg huevo
eight ocho
eighteen diez y ocho, dieciocho
eighth octavo
eighty ochenta
either... or o... o
elect ele*g*ir (i)
election elección, *f. (usually pl.)*
electricity electricidad, *f.*
elephant elefante
elevator elevador, *m.,* ascensor, *m.*
eleven once
employ emplear
employee empleado
end, *v.* acabar, terminar ; *n.* fin, *m.* ;
    terminación, *f.*
energy energía
England Inglaterra
English inglés, *m.*
enough bastante
enter entrar (en *or* a)
entertainment entretenimiento
entire entero
entirely enteramente, del todo
entrance entrada
escalator escalera automática
Europe Europa

uropean   europeo

even *prep.*   aun, hasta; **not —**   ni siquiera;
— **though**   aunque

evening   tarde, *f.;* noche, *f.;*   **Good —**   Buenas
noches

ever   alguna vez *(at any time);* jamás
(negative implication)

every   cada, todo; todos los..., todas las...

everything   todo

everywhere   en *or* por todas partes

examination   examen, *m.*

example   ejemplo; **for —**   por ejemplo

excellent   excelente

except   excepto; menos

exercise   ejercicio

exhausted   agotado, rendido; rematado

exist   existir

exit   salida

expect   esperar

expensive   caro, costoso

explain   explicar

eye   ojo

eyebrow   ceja

eyeglasses   lentes, *m. pl.,* gafas, espejuelos,
m. pl., anteojos

eyelash   pestaña

F

fabric   tela

face, *n.*   cara; *v.* dar a *(a place);* encararse con
(a situation)

facing   frente a

fact   hecho; dato; **in —**   en efecto

factory   fábrica

fail   fracasar; ser suspendido *(in a course)*

fair   justo *(just)*

fall, *v.*   *caer(se);   **to — asleep**   dormirse (ue);
to — in love with   enamorarse de; *n.* caída;
otoño *(season)*

family   familia

fan   ventilador (eléctrico)

fantastic   fantástico

far   lejos; **— from**   lejos de

fashion   moda; **to be in —**   *estar de moda *o*
en boga

fat   gordo

father   padre, papá

faucet   llave, *f.*

favor   favor, *m.*

favorite   favorito

fear, *v.*   temer, *tener miedo (de *or* a);
n. temor, *m.;* miedo

February   febrero

feed   *dar de comer

feel   sentir (ie); sentirse *(+adj.)*

fender   guardafango

few   pocos

fifteen   quince

fifth   quinto

fifty   cincuenta

fight, *v.*   luchar, pelear; *n.* lucha, pelea

film   película

finally   por fin; al fin, finalmente

find   hallar, encontrar (ue)

fine, *adj.*   fino;   **Fine Arts**   Bellas Artes;
n. multa *(traffic, etc.)*

finger   dedo

fingernail   uña

finish, *v.*   acabar, terminar

fire, *v.*   despedir (i) *(from a job);* *n.* fuego

first   primer(o)

fish   pescado *(caught);* pez. *m. (live)*

five   cinco

five hundred   quinientos

flat (tire)   desinflado; pinchazo

flesh   carne, *f.*

flood   crecida de agua; inundación, *f.,* diluvio

floor   suelo, piso

flower   flor, *f.*

fly, *v.*   volar (ue); *n.* mosca

fog   niebla

follow   *segu*ir (i)

foot   pie, *m.;*   **on —**   a pie

football   fútbol (norteamericano)

for   para *(destination, objective; intended for: by
or for a certain point in time, etc.)* ; por *(for a
period of time, for the sake of, out of, in
exchange for, etc.) Cf. Less. XX;*
—**ever** para siempre

forest   bosque, *m.;* selva *(tropical)*

foreign   extranjero

forget   olvidar(se) de

forgive   perdonar

fork   tenedor, *m.*

forty   cuarenta

forward   (hacia) adelante

four   cuatro

fourteen   catorce

fourth   cuarto

fox   zorro

France   Francia

frankfurter   salchicha, perro caliente

free   libre; gratis *(of charge)*

freedom   libertad, *f.*

freezer   congelador, *m.*

French   francés (-esa)

Friday viernes, *m.*
fried frito
friend amigo
from de; desde
front frente, *m.;* **in — of** delante de
frozen congelado; helado
fruit fruta(s); fruto *(fig.)*
fuel combustible, *m.*
full lleno
fun: to have — divertirse (ie)
funny divertido; gracioso; curioso
furniture muebles, *m. pl.;* **— seller** mueblero

G

gas gas, *m.;* gasolina
gasoline gasolina
generator generador, *m.*
genuine genuino, auténtico
genius genio
German alemán (-ana)
get *obtener; coger; *also used reflexively;*
   to — angry enojarse; **— dressed** vestirse
   (i); **to — lost** perderse; **to — married**
   casarse; **to — sick** *ponerse enfermo; **to**
   — up levantarse
gift regalo
girl muchacha, chica; niña *(little)*
girlfriend novia
give *dar
glad contento; alegre; **to be — that** alegrarse
   de que; **I'm glad** Me alegro
gladly con mucho gusto
glass vaso *(drinking);* vidrio *(substance);*
   wine — vaso para vino
glove guante, *m.*
glue cola
go *ir; **to — away** *irse; **— crazy**
   volverse (ue) loco; **— down** bajar;
   — out *salir; **— to bed** acostarse (ue);
   — toward or **over to** dirigirse a; **— up**
   subir; **Go on!** ¡Qué va!; ¡Vamos!
goat cabra
God Dios
gold oro
good buen(o)
goodbye adiós
goodness bondad. *f.;* **My —!** ¡Dios mío!
government gobierno
grade grado; nota *(in school)*
grandfather abuelo
grandmother abuela
grandson nieto
grape uva

grapefruit toronja
grass hierba, yerba
gray gris
great gran(de)
green verde
ground suelo; tierra
guest invitado

H

hair pelo
half, *n.* mitad, *f.; adj. & adv.* medio
ham jamón, *m.*
hamburger hamburguesa
hand mano, *f.*
handkerchief pañuelo
handsome guapo, buen mozo
hang colgar (ue)
hanger gancho
happen ocurrir, pasar, suceder
happiness felicidad, *f.*
happy feliz *(pl.* felices); contento; **to be — that**
   alegrarse de que
hard duro *(opp. of soft);* difícil
hardly apenas
hat sombrero; **— seller** sombrerero
have *tener; *haber *(only as aux. v.);* **to —**
   just acabar de *(+infin.);* **to — left**
   quedarle a uno; **to — to** tener que;
   to — to do with tener que ver con
he él
head cabeza
headache dolor *(m.)* de cabeza, jaqueca
health salud, *f.*
hear *oír
heart corazón, *m.;* **by —** de memoria
heat calor, *m.;* calefacción, *f. (heating)*
heavy pesado
Helen Elena
Hello Hola
help, *v.* ayudar; *n.* ayuda
Henry Enrique
her, *poss. adj.* su(s); de ella; *direct obj.* la;
   indirect obj. le; *obj. of prep.* ella
here aquí; **right —** aquí mismo
hers suyo(a, os, as); ...de ella
high alto
highway carretera, autopista
him, *direct obj.* le, lo; *indirect obj.* le;
   obj. of prep. él
his, *adj.* su(s); *pron.* suyo(a, os, as); de él
hit, *v.* pegar
home casa; **at —** en casa; **to go —** *ir a
   casa, volver (ue) a casa

ɔmely   feo
honest   honrado
honeymoon   luna de miel
hope, *v.* esperar; *n.* esperanza
horse   caballo
hot   caliente; caluroso; **to be —** *hacer
  (mucho) calor; **to feel —** *tener calor
hour   hora
house   casa
How?   ¿Cómo? ¿Qué tal...? *(opinion);* **— old
  are you?** ¿Cuántos años tiene Ud.?;
  — much, many ¿Cuánto(s)?
How!   ¡Qué! *(+adj. or adv.);* **— happy I am!**
  ¡Cuánto me alegro! ¡Qué contento estoy!
human   humano
hundred   cien(to)
hunger   hambre, *f. (But:* el hambre)
hungry: **to be —** *tener hambre
hurricane   huracán, *m.*
hurry, *n.* prisa; **to be in a —** *tener prisa;
  v. *darse prisa
hurt, *n.* herida; *v.* doler (ue): **My foot hurts.**
  Me duele el pie.
husband   esposo, marido

I

I   yo
ice   hielo
ice cream   helado *(often pl.)*
idea   idea
if   si
imagine   imaginarse
important   importante; **the most — thing**
  lo más importante
impossible   imposible
improve   mejorar
in   en; dentro
including   incluso
incredible   increíble
inside, *adv.* (por) dentro; *prep.* dentro de
insist on   insistir en
intelligent   inteligente
interest   interés, *m.*
interested   interesado
interesting   interesante
interrupt   interrumpir
intersection   bocacalle, *f.*
introduce   *introducir; presentar *(a person)*
invite   invitar, convidar
Iran   Irán, *m.*
iron   hierro; **Iron Curtain** Cortina de Hierro;
  v. planchar
island   isla

isn't it?   ¿verdad?, ¿no?
it *(Don't translate as subject); direct obj.*
  lo, la; *obj. of prep.* él, ella; ello *(neuter)*
Italian   italiano

J

jail   cárcel, *f.*
January   enero
Jim   Jaime, Diego
job   trabajo, empleo
Joe   Pepe
John   Juan
Johnny   Juanito
joke   chiste, *m.;* broma
joy   alegría
judge   juez
July   julio
jump   saltar
June   junio
jungle   jungla, selva tropical
jury   jurado
just: **to have —** acabar de *(+ infin.)*

K

keep   guardar
key   llave, *f.*
kill   matar
kind, *n.* tipo, clase, *f.; adj.* bueno, bondadoso
kiss, *v.* besar; *n.* beso
kitchen   cocina
knife   cuchillo
knob   botón, *m.*
know   *saber *(a fact, how to, etc.);* conocer
  (zco) *(a person, place, etc.);* **I don't —** No sé

L

lady   señora; **old —** vieja
lamb   cordero
lamp   lámpara
land   tierra
landslide   derrumbe, *m.*
language   lengua, idioma, *m.;* lenguaje, *m.*
large   grande
last   pasado; último *(end)* **— night** anoche;
  — year el año pasado; **— week** la semana
  pasada
late   tarde
later   más tarde; después
Latin America   Latinoamérica
laugh *v.* reír(se) (ío); **to — at** reírse de;
  n. risa
launch *n.* lancha; *v.* lanzar

law   ley, *f.;* derecho *(in general)*
lawyer   abogado
lead, *v.*   *conducir, dirigir
leaf   hoja
learn   aprender
least   menos;   at —   a lo menos, por lo menos, al menos
leave, *v.*   salir, irse; dejar *(leave behind)*
left, *adj.*   izquierdo;   on the —   a la izquierda
leg   pierna
lemon   limón, *m.*
lend   prestar
lesson   lección, *f.*
let   dejar, permitir;   let's   vamos a (+*infin.)*
letter   carta
lettuce   lechuga
liberty   libertad, *f.*
library   biblioteca
lie, *v.*   mentir (ie); *n.* mentira
life   vida
light, *n.*   luz, *f. (pl. luces) adj.* ligero, leve; *v.* encender (ie)
like, *v.*   gustarle a uno, *querer a *(a person); prep.* como; *adj.* igual, semejante, similar;   to look —   parecerse (zco) a;   What is he —? ¿Cómo es?
line   línea
lion   león
lip   labio
listen   escuchar
literature   literatura
little   pequeño *(size);* poco *(amount)*
live, *v.*   vivir; *adj.* vivo, viviente
living room   sala
loan, *v.*   prestar; *n.* préstamo
long   largo;   a — time   mucho tiempo
look, *v.*   parecer (zco); *estar   (happen to be);*   to — at   mirar;   — for   buscar;   — like parecerse (zco) a
lose   perder (ie)
lost   perdido
loud   alto;   in a — voice   en voz alta
love, *v.*   amar; *n.* amor
low   bajo
luck   suerte, *f.*
lucky   afortunado;   to be —   *tener suerte, ser afortunado
lunch, *v.*   almorzar (ue); *n.* almuerzo
lung   pulmón, *m.*

M

machine   máquina
mad   loco; enojado *(angry)*
made of   hecho de

magazine   revista
magnificent   magnífico
make   *hacer
mail, *n.*   correo; *v.* echar al correo
man   hombre
manager   gerente
many   muchos;   How —?   ¿Cuántos?, too — demasiados
March   marzo
marriage   matrimonio; boda *(wedding)*
marry   casar(se) con
marvelous   maravilloso
Mary   María
match, *n.*   fósforo
mathematics   matemáticas, *f. pl.*
matter   asunto;   to —   importar;   It doesn't —. No importa.;   What's the —?   ¿Qué pasa?
mattress   colchón, *m.*
may *(to be permitted)*   *poder
May   mayo
maybe   tal vez, quizá(s)
mayor   alcalde
me, *obj. of v.*   me; *obj. of prep.* mí
meal   comida
meat   carne, *f.*
medicine   medicina; medicamento
medium *adj.*   a término medio;   — rare   a punto
meet   encontrar(se) (ue), reunirse (me reúno)
member   miembro
message   mensaje, *m.*, recado
metal   metal, *m.*
method   método
Mexican   mexicano
Mike   Miguelito
mile   milla
milk   leche, *f.*
milkman   lechero
million   millón, *m.*
mine *adj. & pron.*   mío (a, os, as)
minute   minuto
mirror   espejo
miss, *v.*   perder (ie) *(a train, etc.);* echar de menos
Miss   señorita, Srta.
Mr.   señor, Sr.
Mrs.   señora, Sra.
modesto   modest
Monday   lunes, *m.*
money   dinero
monkey   mono
month   mes, *m.*
moon   luna
more   más;   — than ever   más que nunca; not any —   ya no

orning   mañana
mother   madre, mamá
motor   motor, m.
motorcycle   motocicleta
mountain   montaña
mouth   boca
movies   cine, m. sing.
much   mucho;   How —? ¿Cuánto?;   so —
  tanto;   too —   demasiado;   very —
  muchísimo
mule   mula
murder   homicidio, asesinato
murderer   asesino, homicida
museum   museo
music   música
must   *tener que; deber; use future of probability
  for conjecture
my   mi(s)
myself   me, a mí mismo

N

naked   desnudo
name, v.   nombrar; llamar;   to be named
  llamarse; n. nombre, m.; apellido (last);   What
  is your —? ¿Cómo se llama Ud.?
napkin   servilleta
nation   nación, f.
naturally   naturalmente
nature   naturaleza
navy   marina
near, adv.   cerca; prep. cerca de
nearby   cerca
neck   cuello; nuca (nape)
necklace   collar, m.
necktie   corbata
need, v.   necesitar; n. necesidad, f.; falta (lack)
neighbor   vecino
neighorhood   vecindad, f., barrio
neither   ni; tampoco;   Neither do I. Ni yo
  tampoco.;   — ... nor   ni ... ni
nervous   nervioso
never   nunca; jamás
nevertheless   sin embargo
new   nuevo
news   noticias, f. pl.; nuevas, f. pl.
newspaper   periódico
next   próximo, siguiente; que viene;   — week
  la semana que viene;   — to   junto a; al lado
  de
nice   simpático; amable; agradable
night   noche, f.   Good —   Buenas noches;
  last —   anoche
nightgown   camisa de noche

nine   nueve
nineteen   diez y nueve, diecinueve
ninety   noventa
ninth   noveno
no, adj.   ningún, ninguno;   — one   nadie
nobody   nadie
noise   ruido
Nonsense!   ¡Qué va!
nose   nariz, f.
not   no
notebook   cuaderno
nothing   nada
notice   notar, fijarse en
novel   novela
November   noviembre
now   ahora;   right —   ahora mismo
nowadays   hoy (en) día
number   número
nylon   nilón, m.

O

ocean   oceano, océano
October   octubre
of   de
offer   ofrecer (zco)
office   oficina
often   a menudo, frecuentemente
oil   aceite, m.; petróleo
old   viejo; antiguo (former)
olive   aceituna;   — oil   aceite, m.
on   en, sobre (upon);   sobre, acerca de (about,
  concerning)
once   una vez;   at —   en seguida, inmediatamente
one   uno; un, una;   the — who   el que, la que
only   sólo, solamente
open   abrir (past part. abierto); adj. abierto
opportunity   oportunidad, f.
or   o; u (before a word beginning with o or ho);
  either... —   o... o
orange   naranja
order, v.   mandar; n. mandato, orden, f.
  (command); orden, m. (orderliness; succession)
original   original
other   otro;   each — (refl. pron. +)   uno a otro
ought   deber
our, ours   nuestro(a, os, as)
ourselves   nos; (a) nosotros mismos
out   fuera
outdoors   afuera; al aire libre
outside adv.   afuera; por fuera; prep. fuera de
over, prep.   sobre, encima de
overcoat   abrigo, sobretodo

owe deber
ox buey

P

package paquete, *m.*, bulto
pajama pijama
pale pálido
pants pantalones, *m. pl.*; calzones, *m. pl.*
parents padres
park parque, *m.*
parking estacionamiento, aparcamiento
part parte, *f.*; **the best —** lo mejor; **the hardest —** lo mas difícil
party fiesta; tertulia; partido *(political)*
pass pasar; aprobar(ue) *(a course)*
passenger pasajero
past pasado
Paul Pablo
pawnshop prendería
pay pagar
pea guisante, *m. (usually pl.)*
peace paz, *f.*
peach durazno, melocotón, *m.*
pear pera
pen pluma
pencil lápiz, *m.*
people gente, *f.*; personas; **a —** un pueblo
pepper pimienta
perfect perfecto
perhaps tal vez
performance función, *f.*; representación, *f.*
person persona *(always f.)*
picture cuadro
piece pedazo; pieza; **— of paper** (hoja de) papel
pig cerdo, marrano
pillow almohada; **— case** funda
pin *n.* alfiler, *m.*
pineapple piña, ananá(s), *m.*
pipe pipa (smoking); tubo, conducto
pity lástima, compasión, *f.*; **What a —!** ¡Qué lástima!
place, *n.* lugar, *m.*; *v.* *poner, colocar
plains llanura, llanos *(geog.)*
planet planeta, *m.*
plastic plástico
plate plato
play, *v.* jugar (ue) a *(a sport)*; tocar *(an instrument)*; *n.* obra de teatro, comedia, drama, *m.*
pleasant agradable; amable *(person)*
please por favor; haga Ud. el favor de *(+infin.)*

pleased contento
pocket bolsillo
pocketbook bolsa
policy política; póliza *(insurance)*
politics política *(always sing.)*
pollution contaminación, *f.*
polyester poliestro
poor pobre
popular popular
Portuguese portugués (esa)
postcard tarjeta postal
Post Office Casa (Oficina) de Correos *or* del Correo
pot olla
potato papa, patata; **French fried —s** papas fritas
pottery loza; cerámica
pound *n.* libra
power poder, *m.*; potencia (eléctrica, etc.)
prefer preferir (ie)
prepare preparar
present, *v.* presentar; *n.* regalo
president presidente
press, *n.* prensa; *v.* apretar (ie) *(a button, etc.)*; planchar *(clothes)*
pretty bonito
prevent impedir (i)
price precio
pride orgullo
prison prisión, *f.*, cárcel, *f.*
probably probablemente; *also use future or conditional tense*
problem problema, *m.*
professor profesor(a)
program programa, *m.*
prohibit prohibir
promise, *v.* prometer; *n.* promesa
property propiedad, *f.*
publish publicar
punish castigar
purpose propósito
purse bolsa
push empujar
put *poner; colocar; **— in(to)** meter; **— on** ponerse

Q

question *n.* pregunta
quick(ly) rápido; rápidamente
quilt colcha

R

race raza; carrera *(horses, etc.)*

ain, *n.* lluvia; *v.* llover (ue)
raincoat impermeable, *m.*
raise levantar, subir; educar *(children):* criar (ío)
(plants or animals)
rapidly rápido, rápidamente
rare raro
razor navaja; afeitadora (eléctrica)
reach, *v.* alcanzar
read *leer
ready listo
real real, verdadero
realize *darse cuenta de; realizar *(fulfill, achieve)*
really realmente, en realidad; —? ¿de veras?
reason razón, *f.*
receive recibir
record disco; — player tocadiscos, *m. sing.*
red rojo
refrigerator refrigerador, *m.*, nevera
refuse, *v.* rehusar, rechazar; — to negarse
(ie) a
regards recuerdos, *m. pl. (greetings)*
regret, *v.* sentir (ie), lamentar
relate contar (ue); relacionar
relative, *n.* pariente
remain quedar(se)
remember recordar (ue), acordarse (ue) de
repeat repetir (i)
rest, *v.* descansar; *n.* resto *(remainder)*;
los demás *(the others)*; descanso *(from fatigue)*
restaurant restaurante, *m.* restorán, *m.*
return volver (ue) *(past part.* vuelto) *(go back)*;
devolver (ue) *(past part.* devuelto) *(give back)*;
n. vuelta
review, *v.* repasar; *n.* repaso
rice arroz, *m.*
rich rico
Richard Ricardo
right derecho *(privilege); adj.* derecho; on the
— a la derecha; to be — *tener razón
ring, *v.* sonar (ue); *n.* anillo
riot motín, *m.*
rise subir; levantarse; ascender (ie)
river río
road camino; carretera
rock roca; piedra
room cuarto, habitación, *f.*, pieza
roommate compañero de cuarto
rose rosa
rough áspero; duro
round redondo
route ruta
rubber caucho, goma
rug alfombra

run, *v.* correr

S

sad triste
salad ensalada
sale venta; liquidación, *f. (clearance)*
salt sal, *f.*
salty salado
same mismo; the — lo mismo
sand arena
satisfied contento, satisfecho
Saturday sábado
sauce salsa
save salvar *(a life, etc.)*; ahorrar *(money)*
say *decir
scarf bufanda
school escuela, colegio; grade — escuela
primaria *or* elemental; high — colegio, escuela
superior *or* secundaria
science ciencia
scissors tijeras, *f. pl.*
sea mar, *m.*
season estación, *f. (of the year)*; temporada
(baseball, etc.)
seat, *n.* asiento
seated sentado
second segundo
see *ver
seem *parecer (zco)
sell vender
semester semestre, *m.*
send mandar, enviar (ío)
September septiembre, *m.*
serve servir (i); to — as servir de
seven siete
seventeen diez y siete, diecisiete
seventh séptimo
seventy setenta
several varios, algunos
share, *v.* compartir; *n.* acción, *f. (stock)*
shave, *v.* afeitar(se)
she ella
sheep oveja
sheet sábana *(bed)*
shelf estante, *m.*
shirt camisa
shoe zapato
shoemaker *or* seller zapatero
shop, *n.* tienda; *v.* *ir de tiendas *or* de
compras
shopping: to go — *ir de tiendas *or* de compras
short bajo *(height)*; corto, breve *(length)*
shorts calzoncillos *(m. pl)*

should   deber *(ought to)*
shoulder   espalda, hombro
shout, *v.*   gritar; *n.*   grito
show, *v.*   mostrar (ue), enseñar; *n.*   función, *f.*,
  presentación, *f.* (dramática, etc.)
shower, *n.*   ducha; *v.*   ducharse
sick   enfermo, malo
side   lado; **on the other —**   al otro lado
sidewalk   acera
sign, *n.*   letrero, cartel, *m.*; *v.*   firmar
signature   firma
silk   seda
silver   plata
since, *prep.*   desde *(a certain time); conj.*   desde
  que; ya que, puesto que, pues *(because)*
sing   cantar
singer   cantante
singing   el cantar
sink, *n.*   lavamanos, *m. sing.* lavaplatos,
  m. sing.; v.   hundir(se)
sister   hermana
sit (down)   sentarse (ie)
six   seis
sixteen   diez y seis, dieciséis
sixth   sexto
sixty   sesenta
size   número; tamaño
skin   piel, *f.*
skinny   flaco
skirt   falda
sky   cielo
skyscraper   rascacielos, *m. sing.*
sleep, *v.*   dormir (ue); **to fall asleep**
  dormirse (ue); **to go to —** (bed)
  acostarse (ue)
sleepy: to be —   *tener sueño
slim   delgado
slip   combinación, *f.*, refajo *(undergarment)*
slipper   zapatilla
slow   lento, despacio(so)
slowly   lentamente, despacio
small   pequeño *(size);* poco *(quantity)*
smart   listo, inteligente
smile, *v.*   sonreír, (ío); *n.*   sonrisa
smoke, *n.*   humo; *v.*   fumar
smooth   sauve
snake   serpiente, *f.*, culebra
snow, *v.*   nevar (ie); *n.*   nieve, *f.*
so, *adv.*   tan *(+ adj. or adv.);* así *(thus, in this
  way); conj.*   de modo que; **— that**   para que
soap   jabón, *m.*
socks   calcetines, *m. pl.*
soft   suave; blando, tierno; bajo *(voice)*

some   unos; algunos
someone   alguien
something   algo
son   hijo
song   canción, *f.*
soon   pronto
sorry: to be —   sentir (ie); **I'm —**   Lo siento
sound, *v.*   sonar (ue); *n.*   sonido
soup   sopa
spaghetti   fideos, *m. pl.*
Spanish   español(a); *n.*   español, *m.*
spare parts   piezas de repuesto
spark plug   bujía
speak   hablar
spend   gastar *(money);* pasar *(time)*
spinach   espinacas, *f. pl.*
spoon   cuchara
sport   deporte, *m.*
spring   primavera *(season)*
stairs   escalera
stamp (postage)   sello, estampilla
standing   parado, de pie, en pie
star   estrella, astro
state   estado
station, *n.*   estación, *f.*; **service —**   estación de
  servicio
stay, *v.*   quedarse; **to — home**   quedarse en
  casa
steal   robar
steel   acero; **stainless —**   acero inoxidable
steering wheel   volante, *m.*, timón, *m.*
still, *adv.*   todavía, aún
stocking   media
stone   piedra
store   tienda, almacén, *m.*
storm   tormenta
story   cuento; piso *(of a house)*
stove   estufa, cocina
stream   arroyo
street   calle, *f.*
strength   fuerza
strike   huelga, paro
strong   fuerte
student   estudiante
study, *v.*   estudiar; *n.*   estudio
stuffing   relleno
suburbs   las afueras
subway   metro, subterráneo
success   éxito
successful: to be —   *tener éxito
such (a), *adj.*   tal; *pl.*   tales
suddenly   de repente, de pronto
suffer   sufrir

sugar azúcar, *m.*
suit traje, *m.*
summer verano
sun sol, *m.*
Sunday domingo
sunglasses anteojos para el sol, *m. pl.*
sunny: to be — *hacer sol
sure seguro
surprise, *v.* sorprender; **to be surprised**
  sorprenderse (de); *n.* sorpresa
swamp pantano
sweater suéter, *m.*, jersey, *m.*
sweet dulce
swim nadar

T

table mesa
take tomar; coger *(pick up);* llevar *(a person);*
  to — a trip *hacer un viaje; **to — away**
  (from someone) quitar; **— off** *(clothes, etc.)*
  quitarse; **— out** sacar
talk, *v.* hablar
tall alto
tape cinta; **cellophane** *or* **adhesive —** cinta
  adhesiva
taxi taxi, *m.*
tea té, *m.*
teach enseñar
teacher maestro, profesor(a)
team equipo
teaspoon cucharita
telephone teléfono; **— call** llamada telefónica
tell *decir, contar (ue); avisar
ten diez
tenth décimo
terrible terrible
than que; de *(before a number)*
thanks gracias
that, *dem. adj.* ese, esa *(near you);* aquel,
  aquella *(over there); neuter pron.* eso;
  aquello; **— one** ése, ésa; aquél, aquélla;
  conj. que; **— way** así
the el, la, los, las
theater teatro; **movie —** cine, *m.*
their su(s)
theirs suyo(a, os, as)
them, *direct obj.* los, las; *indirect obj.* les;
  obj. of prep. ellos, ellas
then entonces, luego
there allí; **— is, — are** hay
these, *dem. adj.* estos, estas; *pron.* éstos, éstas
they ellos, ellas
thin delgado

thing cosa
think pensar (ie); *creer *(believe)*
third tercer(o)
thirst sed, *f.*
thirsty: to be — *tener (mucha) sed
thirteen trece
thirty treinta
this, *dem. adj.* este, esta; *neuter pron.* esto;
  — one éste, ésta
those, *dem. adj.* esos, esas *(near you);* aquellos,
  aquellas *(over there); pron.* ésos, aquéllos,
  etc.
thousand mil
three tres
throat garganta
through por; a través de
throw echar; lanzar
Thursday jueves, *m.*
ticket billete, *m. (Spain),* boleto *(Sp. Am);*
  multa *(traffic)*
ticket office *or* **window** boletería; taquilla
  (Spain)
tie, *n.* corbata *(clothing)*
tiger tigre
time tiempo; hora *(of day);* vez. *f. (occasion,*
  instance); **at the same time** al mismo
  tiempo; **from — to —** de vez en cuando;
  on — a tiempo; **at times** a veces
tin estaño *(substance);* lata *(product)*
tire, *n.* llanta, neumático; goma *(automobile)*
tired cansado
to a
toaster tostador, *m.*
today hoy
toe dedo (del pie)
together juntos
tomato tomate, *m.*
tomorrow mañana
tongue lengua
tonight esta noche
too también; demasiado *(excessive);* **— much,**
  many demasiado(s)
tooth diente, *m.*, muela
toothbrush cepillo dental
toothpaste crema dental
touch, *v.* tocar
tow, *v.* remolcar
toward hacia
towel toalla
town pueblo
traffic, *n.* tránsito, tráfico
train, *n.* tren, *m.*
travel viajar

traveler   viajero
tree   árbol, *m.*
trial   proceso *(criminal)*
trip   viaje, *m.*; to take a —   *hacer un viaje
trolley   tranvía, *m.*
true, *adj.*   verdadero; It is —.   Es verdad.
truly   verdaderamente, realmente; de veras
try to   tratar de
Tuesday   martes, *m.*
turkey   pavo
turn, *v.*   volver (ue), doblar; *n.*   turno; vuelta
turtle   tortuga
twelve   doce
twenty   veinte
two   dos
type, *v.*   escribir a máquina
typewriter   máquina de escribir

U

ugly   feo
umbrella   paraguas, *m. sing.*
uncle   tío
under   debajo de, bajo
undershorts   calzoncillos, *m. pl.*
understand   comprender, entender (ie)
underwear   ropa interior
unfair   injusto
union   unión, *f.;* sindicato de obreros *(labor)*
united   unido(s); United States   Estados
   Unidos
university   universidad, *f.*
unless   a menos que *(+ subjunctive)*
until, *prep.*   hasta; *conj.*   hasta que
upon   sobre; en; — *(doing something)*
   al *(+ infin.);* — entering   al entrar
upset   agitado
us, *obj. of v.*   nos; *obj. of prep.*   nosotros
use, *v.*   usar; *n.*   uso
useful   útil
useless   inútil

V

vacation   vacaciones, *f. pl.*
valley   valle, *m.*
vegetable   legumbre, *f.,* verdura
Venezuelan   venezolano
very   muy; — much   muchísimo
visit, *v.*   visitar; *n.*   visita
voice   voz, *f.*
volume   tomo *(book)*; volumen, *f.*
vote, *v.*   votar; *n.*   voto

W

wait (for)   esperar
waiting room   sala *or* salón de espera
wake up   despertar(se) (ie)
walk, *v.*   caminar, *andar; *n.*   paseo; to take a —
   *dar un paseo
wall   pared, *f.*
wallet   cartera, billetera
want, *v.*   *querer; desear; *n.*   deseo
war   guerra
warm   caliente; caluroso; to be — out   *hacer
   calor; to feel —   *tener calor
warn   avisar
wash, *v.*   lavar(se)
washcloth   toallita
washing machine   lavadora, máquina de lavar
watch, *n.*   reloj; — maker   relojero
water   agua, *f. (But:* el agua)
way   modo, manera *(means):* camino *(direction);*
   in this —   así, de esta manera
we   nosotros, nosotras
wealth   riqueza
wear   llevar, usar
weather   tiempo; clima, *m.*
Wednesday   miércoles, *m.*
week   semana
weekend   fin de semana, *m.*
welcome   bienvenido; You're —   De nada,
   No hay de qué
well   bien; pues bien, bueno *(well, ...)*; to be —
   *estar bien de salud
What?, *pron.*   ¿ Qué...? ¿ Cuál...? *(selection);*
   adj. ¿ Qué...?; — did you say? — was that?
   ¿ Cómo? —'s the matter?   ¿ Qué hay?
   ¿ Qué pasa?
what, *rel. pron.*   lo que
wheel   rueda
when   cuando
where   donde; Where?   ¿ Dónde?; ¿ Adónde?
   (in what direction)
whether   si
Which?, *pron.*   ¿ Cuál(es)?; *adj.*   ¿ Qué...?
which   *rel. pron.*   que; lo que, lo cual
while   mientras (que); *n.*   a little — un rato
white   blanco
Who?   ¿ Quién(es)?
who, *rel. pron.*   que; quien; el que, la que, los
   que, las que; el cual, la cual, los cuales, etc.
whom   quien(es)
whose   cuyo
Why?   ¿ Por qué?
wide   ancho
wife   esposa, mujer, señora

will, *v.* querer; *(also cf. future tense)*;
 n. voluntad, *f.*; deseo
win ganar
wind viento
window ventana
windshield parabrisas, *m. sing.;* — **wiper**
 limpiaparabrisas, *m. sing.*
windy : to be very — *hacer mucho
 viento
wine vino
winter invierno
wire alambre, *m.*
wish, *v.* desear; *n.* deseo
with con; — **me** conmigo; — **you** *fam. sing.*
 contigo
without, *prep.* sin; *conj.* sin que
witness testigo
wolf lobo
woman mujer, señora
wonderful maravilloso
wood madera; *adj.* de madera
wool lana
word palabra
work, *v.* trabajar; funcionar, *andar
 (a machine); *n.* trabajo; obra *(of art, etc.)*
world mundo
worried preocupado
worry preocupar(se)
worse peor

worst (el) peor
worth : to be — *valer; **to be — while** valer
 la pena
write escribir (*past part.* escrito)
wrong, *adj.* incorrecto; malo; equivocado
 (mistaken), **to be —** no *tener razón;
 *estar equivocado, equivocarse

Y

year año; **last —** el año pasado
yellow amarillo
yes sí
yesterday ayer
yet ya *(already)*; todavía *(with negative)*;
 not — todavía no
you, *subj. pron.* tú *(fam. sing.);* vosotros
 (fam. pl.), Ud., Uds. *(polite);* *obj. pron.*
 te; os; lo, le, la *(direct obj. —* Ud.); le
 (indirect obj. — Ud.); los, las, les *(direct*
 obj. — Uds.); les *(indirect obj.—* Uds.)
young joven *(pl.* jóvenes)
younger más joven; menor
your tu(s); vuestro(a, os, as); su(s)
yours tuyo(a, os, as); vuestro(a, os, as);
 suyo(a, os, as); de Ud., de Uds.

Z

zero cero

Índice

77 78 79 80 9 8 7 6 5 4 3 2 1